Agota Kristof

Agota Kristof *Trilogie*

Das große Heft
Der Beweis
Die dritte Lüge

Büchergilde Gutenberg

Inhalt

Das große Heft

Die Ankunft bei Großmutter

Wir kommen aus der Großen Stadt. Wir sind die ganze Nacht gereist. Unsere Mutter hat rote Augen. Sie trägt einen großen Karton und jeder von uns beiden einen kleinen Koffer mit seinen Kleidern, außerdem das große Wörterbuch unseres Vaters, das wir uns weitergeben, wenn unsere Arme müde sind.

Wir gehen lange. Das Haus von Großmutter ist weit vom Bahnhof, am andern Ende der Kleinen Stadt. Hier gibt es keine Straßenbahn, weder Busse noch Autos. Es verkehren nur ein paar Militärlastwagen.

Es gibt wenige Passanten, die Stadt ist still. Wir hören das Geräusch unserer Schritte; wir gehen, ohne zu sprechen, unsere Mutter in der Mitte, zwischen uns beiden.

Vor der Tür zu Großmutters Garten sagt unsere Mutter:

– Wartet hier auf mich.

Wir warten ein bißchen, dann betreten wir den Garten, gehen um das Haus herum, wir kauern uns unter ein Fenster, aus dem Stimmen kommen. Die Stimme unserer Mutter:

– Es gibt nichts mehr zu essen bei uns, weder Brot noch Fleisch, noch Gemüse, noch Milch. Nichts. Ich kann sie nicht mehr ernähren.

Eine andere Stimme sagt:

– Und da hast du dich an mich erinnert. Zehn Jahre hast du dich nicht erinnert. Du bist nicht gekommen, du hast nicht geschrieben.

Unsere Mutter sagt:

– Sie wissen genau, warum. Ich, ich liebte meinen Vater.

Die andere Stimme sagt:

– Ja, und jetzt erinnerst du dich, daß du auch eine Mutter hast. Du kommst her und bittest mich, dir zu helfen.

Unsere Mutter sagt:

– Ich bitte um nichts für mich. Ich möchte nur, daß meine Kinder diesen Krieg überleben. Die Große Stadt wird Tag und Nacht bombardiert, und es gibt nichts mehr zu essen. Man evakuiert die Kinder aufs Land, schickt sie zu Verwandten oder zu Fremden, irgendwohin.

Die andere Stimme sagt:

– Du hättest sie zu Fremden schicken sollen, irgendwohin.

Unsere Mutter sagt:

– Es sind Ihre Enkel.

– Meine Enkel? Ich kenne sie nicht mal. Wieviel sind es?

– Zwei. Zwei Jungen. Zwillinge.

Die andere Stimme fragt:

– Was hast du mit den andern gemacht?

Unsere Mutter fragt:

– Welchen andern?

– Hündinnen werfen vier oder fünf Junge auf einmal. Man behält ein oder zwei, die andern ersäuft man.

Die andere Stimme lacht sehr laut. Unsere Mutter sagt nichts, und die andere Stimme fragt:

– Haben sie wenigstens einen Vater? Du bist nicht verheiratet, soviel ich weiß. Ich bin zu deiner Hochzeit nicht eingeladen worden.

– Ich bin verheiratet. Ihr Vater ist an der Front. Ich habe seit sechs Monaten keine Nachricht.

– Dann kannst du gleich ein Kreuz drüber machen.

Die andere Stimme lacht erneut, unsere Mutter weint. Wir gehen wieder vor die Gartentür. Unsere Mutter kommt mit einer alten Frau aus dem Haus. Unsere Mutter sagt zu uns:

– Das ist eure Großmutter. Ihr werdet eine Weile bei ihr bleiben, bis der Krieg aus ist.

Unsere Großmutter sagt:

– Das kann lang dauern. Aber ich sorge schon dafür, daß sie arbeiten, keine Bange. Auch hier ist das Essen nicht umsonst.

Unsere Mutter sagt:

– Ich werde Ihnen Geld schicken. In den Koffern sind ihre Kleider. Und in dem Karton Laken und Decken. Seid brav, meine Kleinen. Ich werde euch schreiben.

Sie küßt uns und geht weinend fort.

Großmutter lacht sehr laut und sagt zu uns:

– Laken, Decken! Weiße Hemden und Lackschuhe! Ich werde euch zeigen, wie man lebt!

Wir strecken unserer Großmutter die Zunge raus. Sie lacht noch lauter und schlägt sich dabei auf die Schenkel.

Großmutters Haus

Großmutters Haus ist fünf Minuten Fußmarsch von den letzten Häusern der Kleinen Stadt entfernt. Danach kommt nur noch die staubige Straße, bald von einer Barriere durchschnitten. Es ist verboten, weiter zu gehen, ein Soldat hält dort Wache. Er hat eine Maschinenpistole, ein Fernglas, und wenn es regnet, stellt er sich in einem Schilderhaus unter. Wir wissen, daß es hinter der Barriere, durch Bäume verborgen, einen geheimen Militärstützpunkt gibt und, hinter dem Stützpunkt, die Grenze und ein anderes Land.

Großmutters Haus ist von einem Garten umgeben, hinter dem ein Fluß fließt, dann kommt der Wald.

Der Garten ist mit allerlei Gemüse und Obstbäumen bepflanzt. In einer Ecke ist ein Kaninchenstall, ein Hühnerstall, ein Schweinestall und ein Verschlag für die Ziegen. Wir haben versucht, auf den Rücken des dicksten Schweins zu steigen, aber es ist unmöglich, darauf sitzen zu bleiben.

Das Gemüse, das Obst, die Kaninchen, die Enten, die Hühner

werden von Großmutter auf dem Markt verkauft, auch die Eier der Hühner und Enten und der Ziegenkäse. Die Schweine werden an den Metzger verkauft, der sie mit Geld bezahlt, aber auch mit Schinken und geräucherten Würsten.

Es gibt auch einen Hund, um Diebe zu jagen, und eine Katze, um Mäuse und Ratten zu jagen. Man darf ihr nichts zu fressen geben, damit sie immer Hunger hat.

Großmutter besitzt auch einen Weinberg auf der andern Seite der Straße.

Man betritt das Haus durch die Küche, die groß und warm ist. Das Feuer brennt den ganzen Tag im Holzofen. Am Fenster steht ein riesiger Tisch und eine Eckbank. Auf dieser Bank schlafen wir. Von der Küche führt eine Tür zu Großmutters Zimmer, aber es ist immer abgeschlossen. Nur Großmutter geht abends hinein, um zu schlafen.

Es gibt noch ein anderes Zimmer, in das man hinein kann, ohne durch die Küche zu gehen, direkt vom Garten aus. Dieses Zimmer wird von einem fremden Offizier bewohnt. Seine Tür ist ebenfalls abgeschlossen.

Unter dem Haus gibt es einen Keller voll eßbarer Sachen und unter dem Dach eine Kammer, in die Großmutter nicht mehr hinaufsteigt, seit wir die Leiter angesägt haben und sie sich beim Fallen weh getan hat. Der Eingang zur Dachkammer befindet sich genau über der Tür des Offiziers, und wir klettern an einem Seil hinauf. Dort oben verstecken wir das Aufsatzheft, das Wörterbuch unseres Vaters und die andern Dinge, die wir verbergen müssen.

Bald fertigen wir einen Schlüssel an, der alle Türen öffnet, und wir bohren Löcher in den Fußboden der Dachkammer. Dank dem Schlüssel können wir uns frei im Haus bewegen, wenn niemand da ist, und dank den Löchern können wir Großmutter und den Offizier in ihren Zimmern beobachten, ohne daß sie es merken.

Großmutter

Unsere Großmutter ist die Mutter unserer Mutter. Bevor wir zu ihr zogen, wußten wir nicht, daß unsere Mutter noch eine Mutter hatte.

Wir nennen sie Großmutter.

Die Leute nennen sie die Hexe.

Sie nennt uns ›Hundesöhne‹.

Großmutter ist klein und mager. Sie hat ein schwarzes Tuch auf dem Kopf. Ihre Kleider sind dunkelgrau. Sie trägt alte Militärschuhe. Wenn schönes Wetter ist, geht sie barfuß. Ihr Gesicht ist voll Runzeln, brauner Flecke und Warzen, aus denen Haare sprießen. Sie hat keine Zähne mehr, wenigstens keine sichtbaren Zähne.

Großmutter wäscht sich nie. Sie wischt sich den Mund mit dem Zipfel ihres Kopftuchs ab, wenn sie gegessen hat oder wenn sie getrunken hat. Sie trägt keine Unterhose. Wenn sie urinieren muß, bleibt sie stehen, wo sie sich gerade befindet, macht die Beine breit und pißt auf die Erde unter ihren Röcken. Natürlich tut sie es nicht im Haus.

Großmutter zieht sich nie aus. Wir haben abends in ihr Zimmer geschaut. Sie zieht ihren Rock aus, es ist ein anderer Rock darunter. Sie zieht ihre Bluse aus, es ist eine andere Bluse darunter. So legt sie sich hin. Sie nimmt ihr Kopftuch nicht ab.

Großmutter spricht wenig. Außer abends. Abends holt sie eine Flasche von einem Regal, sie trinkt direkt aus der Flasche. Bald fängt sie an, in einer Sprache zu reden, die wir nicht kennen. Es ist nicht die Sprache, die die fremden Soldaten sprechen, es ist eine ganz andere Sprache.

In dieser unbekannten Sprache stellt Großmutter sich Fragen und antwortet darauf. Manchmal lacht sie, oder sie wird wütend und schreit. Am Schluß beginnt sie fast immer zu weinen, sie torkelt in ihr Zimmer, sie fällt auf ihr Bett, und wir hören sie in der Nacht lange schnarchen.

Die Arbeiten

Wir müssen einige Arbeiten für Großmutter verrichten, sonst gibt sie uns nichts zu essen und läßt uns die Nacht draußen verbringen. Anfangs wollen wir ihr nicht gehorchen. Wir schlafen im Garten, wir essen Obst und rohes Gemüse.

Morgens, vor Sonnenaufgang, sehen wir Großmutter aus dem Haus kommen. Sie spricht nicht mit uns. Sie füttert die Tiere, sie melkt die Ziegen, führt sie dann zum Fluß, wo sie sie an einen Baum bindet. Dann gießt sie den Garten und pflückt Gemüse und Früchte, die sie auf ihren Schubkarren lädt. Sie stellt auch einen Korb Eier darauf, einen kleinen Käfig mit einem Kaninchen und einem Huhn oder einer Ente mit zusammengebundenen Beinen.

Sie geht auf den Markt, ihren Schubkarren schiebend, dessen Gurt, um den mageren Hals gelegt, ihren Kopf herabdrückt. Sie schwankt unter der Last. Die Unebenheiten des Wegs und die Steine bringen sie aus dem Gleichgewicht, aber sie geht mit einwärts gedrehten Füßen, wie die Enten. Sie geht in die Stadt bis zum Markt, ohne stehenzubleiben, ohne ihren Schubkarren ein einziges Mal abzusetzen.

Wenn sie vom Markt zurückkommt, macht sie eine Suppe aus dem Gemüse, das sie nicht verkauft hat, und Marmelade aus den Früchten. Sie ißt, sie geht in ihren Weinberg, um dort Mittagsruhe zu halten, sie schläft eine Stunde, dann kümmert sie sich um den Weinberg oder kehrt, wenn es dort nichts zu tun gibt, ins Haus zurück, sie hackt Holz, sie füttert erneut die Tiere, sie führt die Ziegen zurück, sie melkt sie, sie geht in den Wald und bringt Pilze und trockenes Holz mit, sie macht Käse, sie trocknet Pilze und Bohnen, anderes Gemüse weckt sie ein, sie gießt erneut den Garten, schafft Sachen in den Keller, und so weiter, bis es Nacht wird.

Am sechsten Morgen, als sie das Haus verläßt, haben wir den Garten schon gegossen. Wir nehmen ihr die schweren Eimer mit dem Schweinefutter aus den Händen, wir führen die Ziegen zum Fluß, wir helfen ihr, den Schubkarren zu beladen. Als sie vom Markt zurückkommt, sind wir dabei, Holz zu sägen.

Beim Essen sagt Großmutter:

– Ihr habt verstanden. Dach und Nahrung müssen verdient werden.

Wir sagen:

– Das ist es nicht. Die Arbeit ist anstrengend, aber jemand zuzuschauen, der arbeitet, ohne selber was zu tun, ist noch anstrengender, besonders wenn er alt ist.

Großmutter feixt:

– Hundesöhne! Wollt ihr sagen, ihr habt Mitleid mit mir gehabt?

– Nein, Großmutter. Wir haben uns über uns selbst geschämt.

Am Nachmittag holen wir Holz im Wald.

Von nun an tun wir alle Arbeiten, die wir tun können.

Der Wald und der Fluß

Der Wald ist sehr groß, der Fluß ist ganz klein. Um in den Wald zu gehen, muß man den Fluß überqueren. Wenn er wenig Wasser führt, können wir ihn überqueren, indem wir von einem

Stein zum andern springen. Aber manchmal, wenn es stark geregnet hat, reicht uns das Wasser bis zur Taille, und dieses Wasser ist kalt und schlammig. Wir beschließen, eine Brücke aus den Backsteinen und Brettern zu bauen, die wir rings um die zerbombten Häuser finden.

Unsere Brücke ist fest. Wir zeigen sie Großmutter. Sie probiert sie aus, sie sagt:

– Sehr gut. Aber geht nicht zu weit in den Wald. Die Grenze ist nah, die Militärs werden auf euch schießen. Und verirrt euch bloß nicht. Ich würde euch nicht suchen.

Als wir die Brücke bauten, haben wir Fische gesehen. Sie verstecken sich unter den dicken Steinen oder im Schatten der Büsche und Bäume, deren Zweige sich stellenweise über dem Fluß berühren. Wir suchen die größten Fische aus, wir fangen sie und legen sie in die mit Wasser gefüllte Gießkanne. Am Abend, als wir sie ins Haus bringen, sagt Großmutter:

– Hundesöhne! Wie habt ihr sie gefangen?

– Mit den Händen. Es ist leicht. Man muß bloß still bleiben und warten.

– Also, dann fangt viele. Soviel ihr könnt.

Am nächsten Tag lädt Großmutter die Gießkanne auf ihren Schubkarren und verkauft unsere Fische auf dem Markt.

Wir gehen oft in den Wald. Wir verirren uns nie; wir wissen, auf welcher Seite sich die Grenze befindet. Bald kennen uns die Wachtposten. Sie schießen nie auf uns. Großmutter bringt uns bei, die eßbaren Pilze von den giftigen zu unterscheiden.

Aus dem Wald bringen wir Reisigbündel auf dem Rücken mit, Pilze und Kastanien in Körben. Wir stapeln das Holz ordentlich an den Hauswänden unter dem Vordach, und wir rösten Kastanien auf dem Herd, wenn Großmutter nicht da ist.

Einmal, tief im Wald, am Rand eines großen Lochs, das eine Bombe gerissen hat, finden wir einen toten Soldaten. Er ist noch ganz, nur die Augen fehlen ihm wegen der Raben. Wir nehmen sein Gewehr, seine Patronen, seine Handgranaten: das Gewehr in einem Reisigbündel versteckt, die Patronen und die Handgranaten in unseren Körben, unter den Pilzen.

Bei Großmutter angekommen, packen wir diese Gegenstände sorgsam in Stroh und Kartoffelsäcke, und wir vergraben sie unter der Bank vor dem Fenster des Offiziers.

Der Schmutz

Bei uns zu Hause, in der Großen Stadt, wusch unsere Mutter uns oft. Unter der Dusche oder in der Badewanne. Sie zog uns saubere Kleider an, sie schnitt uns die Nägel. Zum Haareschneiden ging sie mit uns zum Friseur. Wir putzten uns die Zähne nach jeder Mahlzeit.

Bei Großmutter ist es unmöglich, sich zu waschen. Es gibt kein Badezimmer, es gibt nicht einmal fließendes Wasser. Man muß das Wasser aus dem Brunnen im Hof pumpen und es in einem Eimer tragen. Es gibt keine Seife im Haus, auch keine Zahnpasta oder Waschpulver für die Wäsche.

Alles ist schmutzig in der Küche. Der holprige rote Fliesenboden klebt unter den Füßen, der große Tisch klebt unter den Händen und Ellbogen. Der Herd ist völlig schwarz vor Fett, auch die Wände ringsum, wegen des Rußes. Obwohl Großmutter das Geschirr spült, sind die Teller, die Löffel, die Messer nie ganz sauber, und die Töpfe sind mit einer dicken Dreckschicht bedeckt. Die Putzlappen sind grau und stinken.

Anfangs mögen wir nicht einmal essen, besonders wenn wir sehen, wie Großmutter das Essen zubereitet, ohne sich die Hände zu waschen, und dabei in ihren Ärmel schneuzt. Später achten wir nicht mehr darauf.

Wenn es warm ist, baden wir im Fluß, wir säubern uns das Gesicht und die Zähne am Brunnen. Wenn es kalt ist, ist es unmöglich, sich ganz zu waschen. Es gibt im Haus kein Gefäß, das groß genug ist. Unsere Laken, unsere Decken, unsere Badetücher sind verschwunden. Wir haben den großen Karton, in dem unsere Mutter sie mitgebracht hat, nie wiedergesehen.

Großmutter hat alles verkauft.

Wir werden immer schmutziger, auch unsere Kleider. Wir holen saubere Kleider aus unsern Koffern unter der Bank, aber bald gibt es keine sauberen Kleider mehr. Diejenigen, die wir tragen, zerreißen, unsere Schuhe nutzen sich ab, werden löchrig. Wenn es geht, laufen wir barfuß und tragen nur eine Unterhose oder eine Hose. Unsere Fußsohlen werden hart, wir spüren die Dornen und Steine nicht mehr. Unsere Haut wird braun, unsere Beine und Arme sind voller Schrammen, Schnittwunden, Krusten, Insektenstichen. Unsere Nägel, die nie geschnitten werden, brechen ab, unsere Haare, die wegen der Sonne fast weiß sind, reichen uns bis zu den Schultern.

Die Toilette ist hinten im Garten. Es gibt nie Papier. Wir wischen uns mit den größten Blättern bestimmter Pflanzen ab.

Wir riechen nach einer Mischung aus Mist, Fisch, Gras, Pilzen, Rauch, Milch, Käse, Schlamm, Schlick, Erde, Schweiß, Urin, Schimmel.

Wir stinken wie Großmutter.

Übung zur Abhärtung des Körpers

Großmutter schlägt uns oft mit ihren knochigen Händen, mit einem Besen oder einem nassen Lappen. Sie zieht uns an den Ohren, sie packt uns an den Haaren.

Auch andere Leute geben uns Ohrfeigen und Fußtritte, wir wissen nicht einmal, warum.

Die Schläge tun weh, sie bringen uns zum Weinen.

Die Stürze, die Schrammen, die Schnittwunden, die Arbeit, die Kälte und die Hitze verursachen ebenfalls Schmerzen.

Wir beschließen, unseren Körper abzuhärten, um den Schmerz ertragen zu können, ohne zu weinen.

Wir beginnen damit, uns gegenseitig Ohrfeigen zu geben, dann Faustschläge. Als Großmutter unser geschwollenes Gesicht sieht, fragt sie:

– Wer war das?

– Wir selber, Großmutter.

– Ihr habt euch geprügelt? Weswegen?

– Wegen nichts, Großmutter. Machen Sie sich keine Sorgen, es ist nur eine Übung.

– Eine Übung? Ihr seid völlig übergeschnappt! Na ja, wenn's euch Spaß macht …

Wir sind nackt. Wir schlagen uns gegenseitig mit einem Gürtel. Wir sagen jedesmal:

– Es tut nicht weh.

Wir schlagen fester, immer fester.

Wir halten unsere Hände über eine Flamme. Wir schneiden unsern Schenkel, unsern Arm, unsere Brust mit einem Messer ein und gießen Alkohol auf unsere Wunden. Wir sagen jedesmal:

– Es tut nicht weh.

Nach einiger Zeit spüren wir tatsächlich nichts mehr. Es ist jemand anderes, der Schmerzen hat, es ist jemand anderes, der sich verbrennt, sich schneidet, leidet.

Wir weinen nicht mehr.

Wenn Großmutter wütend ist und schreit, sagen wir zu ihr:

– Hören Sie auf zu schreien, Großmutter, schlagen Sie lieber.

Wenn sie uns schlägt, sagen wir zu ihr:

– Weiter, Großmutter! Schauen Sie, wir halten die andere

Backe hin, wie es in der Bibel heißt. Schlagen Sie auch die andere Backe, Großmutter.

Sie antwortet:

– Hol euch der Teufel mit eurer Bibel und euren Backen!

Der Adjutant

Wir liegen auf der Eckbank in der Küche. Unsere Köpfe berühren sich. Wir schlafen noch nicht, aber unsere Augen sind geschlossen. Jemand stößt die Tür auf. Wir öffnen die Augen. Das Licht einer Taschenlampe blendet uns. Wir fragen:

– Wer ist da?

Eine Männerstimme antwortet:

– Keine Angst. Ihr keine Angst. Ihr sein zwei oder ich zuviel trinken?

Er lacht, zündet die Petroleumlampe auf dem Tisch an und macht seine Taschenlampe aus. Wir sehen ihn jetzt gut. Es ist ein fremder Soldat, ohne Dienstgrad. Er sagt:

– Ich sein Adjutant von Oberst. Was ihr hier machen?

Wir sagen:

– Wir wohnen hier. Bei unserer Großmutter.

– Ihr Enkel von Hexe? Ich euch noch nie gesehen. Ihr hier sein seit wann?

– Seit zwei Wochen.

– Ah! Ich gewesen auf Urlaub zu Hause, in mein Dorf. Viel lachen.

Wir fragen:

– Wie kommt es, daß Sie unsere Sprache sprechen?

Er sagt:

– Meine Mutter hier geboren, in euer Land. Bei uns arbeiten

gekommen, Kellnerin in Kneipe. Meinen Vater kennenlernen, ihn heiraten. Wenn ich klein sein, meine Mutter eure Sprache mit mir sprechen. Euer Land und mein Land befreundete Länder. Gegen Feind gemeinsam kämpfen. Woher kommen ihr zwei?

– Aus der Großen Stadt.

– Große Stadt, viel Gefahr. Bum! Bum!

– Ja, und nichts mehr zu essen.

– Hier gut für Essen. Äpfel, Schweine, Hühner, alles. Ihr lange bleiben? Oder bloß Ferien?

– Wir bleiben, bis der Krieg aus ist.

– Krieg bald aus. Ihr hier schlafen? Bank nackt, hart, kalt. Hexe euch nicht wollen im Zimmer?

– Wir wollen nicht in Großmutters Zimmer schlafen. Sie schnarcht, und sie stinkt. Wir hatten Decken und Laken, aber sie hat sie verkauft.

Der Adjutant nimmt heißes Wasser aus dem Kessel auf dem Herd und sagt:

– Ich müssen Zimmer saubermachen. Oberst auch zurückkommen von Urlaub heute abend oder morgen früh.

Er geht hinaus. Ein paar Minuten später kommt er zurück. Er bringt uns zwei graue Militärdecken.

– Das nicht verkaufen alte Hexe. Wenn sie sein zu böse, ihr mir sagen. Ich, bum, bum, ich töte.

Er lacht wieder. Er deckt uns zu, löscht die Lampe und geht.

Tagsüber verstecken wir die Decken in der Dachkammer.

Übung zur Abhärtung des Geistes

Großmutter sagt zu uns:

– Hundesöhne!

Die Leute sagen zu uns:

– Hexensöhne! Hurensöhne!

Andere sagen:

– Schwachköpfe! Spitzbuben! Rotzbengel! Esel! Ferkel! Schweine! Gesindel! Luder! Kleine Scheißer! Galgenstricke! Mörderbrut!

Wenn wir diese Wörter hören, wird unser Gesicht rot, unsere Ohren dröhnen, unsere Augen brennen, unsere Knie zittern.

Wir wollen nicht mehr rot werden und zittern, wir wollen uns an die Beschimpfungen, an die verletzenden Wörter gewöhnen.

Wir setzen uns einander gegenüber an den Küchentisch und sagen uns, uns in die Augen sehend, immer gräßlichere Wörter.

Der eine:

– Mistkerl! Arschloch!

Der andere:

– Drecksack! Schweinehund!

Wir machen so lange weiter, bis die Wörter nicht mehr in unser Hirn dringen, nicht einmal mehr in unsere Ohren. Wir üben täglich etwa eine halbe Stunde, dann gehen wir durch die Straßen spazieren.

Wir richten es so ein, daß die Leute uns beschimpfen, und wir stellen fest, daß es uns schließlich gelingt, gleichgültig zu bleiben.

Aber es gibt auch die alten Wörter.

Unsere Mutter sagte zu uns:

– Meine Lieblinge! Meine Süßen! Mein Glück! Meine allerliebsten Babys!

Wenn wir uns an diese Wörter erinnern, füllen sich unsere Augen mit Tränen.

Diese Wörter müssen wir vergessen, weil uns jetzt niemand solche Wörter sagt und weil die Erinnerung an sie eine zu schwere Last für uns ist.

Daher setzen wir unsere Übung auf andere Weise fort.

Wir sagen:

– Meine Lieblinge! Meine Süßen! Ich liebe euch ... Ich werde euch nie verlassen ... Ich werde nur euch lieben ... Immer ... Ihr seid mein ganzes Leben ...

Durch vieles Wiederholen verlieren die Wörter allmählich ihre Bedeutung, und der Schmerz, den sie in sich tragen, läßt nach.

Die Schule

Das hat sich vor drei Jahren zugetragen.

Es ist Abend. Unsere Eltern glauben, wir schlafen. Im anderen Zimmer sprechen sie über uns.

Unsere Mutter sagt:

– Sie werden es nicht ertragen, getrennt zu sein.

Unser Vater sagt:

– Sie werden nur während der Schulstunden getrennt sein.

Unsere Mutter sagt:

– Sie werden es nicht ertragen.

– Es muß aber sein. Es ist notwendig für sie. Alle sagen es. Die Lehrer, die Psychologen. Anfangs wird es schwer sein, aber sie werden sich daran gewöhnen.

Unsere Mutter sagt:

– Nein, niemals. Ich weiß es. Ich kenne sie. Sie sind ein und dieselbe Person.

Unser Vater hebt die Stimme:

– Eben, das ist nicht normal. Sie denken zusammen, sie handeln zusammen. Sie leben in einer Welt für sich. In ihrer Welt. Das alles ist nicht sehr gesund. Es ist sogar beängstigend. Ja, sie ängstigen mich. Sie sind merkwürdig. Man weiß nie, was sie denken. Sie sind zu weit für ihr Alter. Sie wissen zuviel.

Unsere Mutter lacht:

– Du wirst ihnen doch nicht ihre Intelligenz vorwerfen!

– Das ist nicht komisch. Warum lachst du?

Unsere Mutter antwortet:

– Zwillinge machen immer Probleme. Das ist kein Drama. Es wird sich geben.

Unser Vater sagt:

– Ja, es wird sich alles geben, wenn man sie trennt. Jeder Mensch muß sein eigenes Leben haben.

Ein paar Tage später beginnen wir die Schule. Jeder in einer anderen Klasse. Wir setzen uns in die erste Reihe.

Wir sind durch die ganze Länge des Gebäudes voneinander getrennt. Diese Entfernung zwischen uns erscheint uns ungeheuerlich, der Schmerz, den wir deswegen empfinden, ist unerträglich. Es ist, als habe man uns die Hälfte unseres Körpers weggenommen. Wir haben kein Gleichgewicht mehr, uns wird schwindlig, wir fallen, wir verlieren das Bewußtsein.

Wir erwachen in der Ambulanz, die uns ins Krankenhaus bringt.

Unsere Mutter holt uns ab. Sie lächelt, sie sagt:

– Ab morgen seid ihr in derselben Klasse.

Zu Hause sagt unser Vater lediglich:

– Simulanten!

Bald darauf geht er an die Front. Er ist Journalist, Kriegsberichterstatter.

Wir gehen zweieinhalb Jahre zur Schule. Auch die Lehrer gehen an die Front; sie werden durch Lehrerinnen ersetzt. Später schließt die Schule, denn es gibt zuviel Alarm und Bombenangriffe.

Wir können lesen, schreiben, rechnen.

Bei Großmutter beschließen wir, ohne Lehrer weiterzulernen, allein.

Der Kauf des Papiers, des Hefts und der Bleistifte

Bei Großmutter gibt es weder Papier noch Bleistift. Wir gehen welche holen in dem Geschäft, das ›Bücher/Schreibwaren‹ heißt. Wir suchen ein Paket kariertes Papier aus, zwei Bleistifte und ein großes dickes Heft. Wir legen alles auf die Theke vor einen fetten Herrn, der dahinter steht. Wir sagen zu ihm:

– Wir brauchen diese Sachen, aber wir haben kein Geld.

Der Buchhändler sagt:

– Was? Aber ... man muß zahlen.

Wir wiederholen:

– Wir haben kein Geld, aber wir brauchen diese Sachen unbedingt.

Der Buchhändler sagt:

– Die Schule ist geschlossen. Niemand braucht Hefte und Bleistifte.

Wir sagen:

– Wir machen die Schule bei uns. Ganz allein, wir selber.

– Bittet eure Eltern um Geld.

– Unser Vater ist an der Front, und unsere Mutter ist in der Großen Stadt geblieben. Wir wohnen bei unserer Großmutter, auch sie hat kein Geld.

Der Buchhändler sagt:

– Ohne Geld könnt ihr nichts kaufen.

Wir sagen nichts mehr, wir schauen ihn an. Auch er schaut uns an. Seine Stirn ist feucht von Schweiß. Nach einer Weile schreit er:

– Schaut mich nicht so an! Raus hier!

Wir sagen:
– Wir sind gewillt, einige Arbeiten auszuführen für diese Sachen. Ihren Garten gießen, zum Beispiel, Unkraut jäten, Päckchen austragen ...
Er schreit wieder:
– Ich habe keinen Garten. Ich brauche euch nicht! Und überhaupt, könnt ihr nicht normal reden?
– Wir reden normal.
– In eurem Alter zu sagen: ›gewillt, auszuführen‹, ist das etwa normal?
– Wir sprechen korrekt.
– Zu korrekt, ja. Ich kann eure Redeweise überhaupt nicht leiden! Auch nicht, wie ihr mich anschaut. Raus hier!
Wir fragen:
– Besitzen Sie Hühner, mein Herr?
Er betupft sein weißes Gesicht mit einem weißen Taschentuch.
Er fragt, ohne zu schreien:
– Hühner? Wieso Hühner?
– Weil, wenn Sie keine haben, wir über eine gewisse Anzahl Eier verfügen und sie Ihnen bringen können für diese Sachen, die uns unverzichtbar sind.
Der Buchhändler schaut uns an, er sagt nichts.
Wir sagen:
– Der Eierpreis steigt täglich. Der Preis für Papier und Bleistifte dagegen ...
Er wirft unser Papier, unsere Bleistifte, unser Heft zur Tür und brüllt:
– Raus! Ich brauche eure Eier nicht! Nehmt das alles, und kommt nie wieder!
Wir heben die Sachen sorgsam auf und sagen:
– Wir werden aber wiederkommen müssen, wenn wir kein Papier mehr haben oder wenn unsere Bleistifte verbraucht sind.

Unsere Studien

Für unsere Studien haben wir das Wörterbuch unseres Vaters und die Bibel, die wir hier bei Großmutter gefunden haben, in der Dachkammer.

Wir haben Unterrichtsstunden in Rechtschreibung, Aufsatz, Lesen, Kopfrechnen, Mathematik und Gedächtnisübungen.

Wir benutzen das Wörterbuch für die Rechtschreibung und um Erklärungen zu erhalten, aber auch um neue Wörter zu lernen, Synonyme, Antonyme.

Die Bibel dient uns zum laut Lesen, für die Diktate und für die Gedächtnisübungen. Wir lernen also ganze Teile der Bibel auswendig.

Und so geht eine Aufsatzstunde vor sich:

Wir sitzen am Küchentisch mit unsern karierten Blättern, unsern Bleistiften und dem Großen Heft. Wir sind allein.

Einer von uns sagt:

– Die Überschrift deines Aufsatzes ist: ›Die Ankunft bei Großmutter‹.

Der andere sagt:

– Die Überschrift deines Aufsatzes ist: ›Unsere Arbeiten‹.

Wir beginnen zu schreiben. Wir haben zwei Stunden, um das Thema zu behandeln, und zwei Blatt Papier zur Verfügung.

Nach zwei Stunden tauschen wir unsere Blätter aus, jeder von uns korrigiert die Schreibfehler des andern mit Hilfe des Wörterbuchs und schreibt unten auf die Seite: ›Gut‹ oder ›Nicht gut‹. Wenn es ›Nicht gut‹ ist, werfen wir den Aufsatz ins Feuer und versuchen, dasselbe Thema in der nächsten Stunde zu behandeln. Wenn es ›Gut‹ ist, können wir den Aufsatz in das Große Heft abschreiben.

Um zu entscheiden, ob es ›Gut‹ oder ›Nicht gut‹ ist, haben wir eine sehr einfache Regel: Der Aufsatz muß wahr sein. Wir müssen beschreiben, was ist, was wir sehen, was wir hören, was wir machen.

Zum Beispiel ist es verboten zu schreiben: ›Großmutter sieht wie eine Hexe aus‹, aber es ist erlaubt zu schreiben: ›Die Leute nennen Großmutter eine Hexe.‹

Es ist verboten zu schreiben: ›Die Kleine Stadt ist schön‹, denn die Kleine Stadt kann für uns schön und für jemand anders häßlich sein.

Auch wenn wir schreiben: ›Der Adjutant ist nett‹, ist das keine Wahrheit, weil der Adjutant vielleicht zu Gemeinheiten imstande ist, die wir nicht kennen. Wir werden also einfach schreiben: ›Der Adjutant gibt uns Decken.‹

Wir werden schreiben: ›Wir essen viele Nüsse‹, und nicht: ›Wir lieben Nüsse‹, denn das Wort ›lieben‹ ist kein sicheres Wort, es fehlt ihm an Genauigkeit und Sachlichkeit. ›Nüsse lieben‹ und ›unsere Mutter lieben‹ kann nicht dasselbe bedeuten. Der erste Ausdruck bezeichnet einen angenehmen Geschmack im Mund und der andere ein Gefühl.

Die Wörter, die die Gefühle definieren, sind sehr unbestimmt, es ist besser, man vermeidet sie und hält sich an die Beschreibung der Dinge, der Menschen und von sich selbst, das heißt an die getreue Beschreibung der Tatsachen.

Unsere Nachbarin und ihre Tochter

Unsere Nachbarin ist weniger alt als Großmutter. Sie wohnt mit ihrer Tochter im letzten Haus der Kleinen Stadt. Es ist eine völlig verfallene Hütte, das Dach ist an mehreren Stellen durchlöchert. Ringsum ist ein Garten, aber er ist nicht bepflanzt wie Großmutters Garten. Es wächst nur Unkraut darin.

Die Nachbarin sitzt den ganzen Tag auf einem Schemel in ihrem Garten und sieht vor sich hin, man weiß nicht auf was. Abends oder wenn es regnet, nimmt ihre Tochter sie am Arm und führt sie ins Haus. Manchmal vergißt ihre Tochter sie oder ist nicht da, dann bleibt die Mutter die ganze Nacht draußen, bei jedem Wetter.

Die Leute sagen, daß unsere Nachbarin verrückt ist, daß sie den Verstand verloren hat, als der Mann, der ihr das Kind gemacht hat, sie verlassen hat.

Großmutter sagt, daß die Nachbarin bloß faul ist und lieber in Armut lebt, als sich an die Arbeit zu machen.

Die Tochter der Nachbarin ist nicht größer als wir, aber sie ist ein bißchen älter. Tagsüber bettelt sie in der Stadt, vor den Kneipen, an den Straßenecken. Auf dem Markt liest sie das verfaulte Gemüse und Obst auf, das die Leute wegwerfen, und bringt es nach Hause.

Sie stiehlt auch alles, was sie stehlen kann. Wir haben sie mehrmals aus unserm Garten verjagen müssen, wo sie Früchte und Eier zu stehlen versuchte.

Einmal überraschen wir sie dabei, wie sie Milch aus dem Euter einer unserer Ziegen trinkt.

Als sie uns sieht, steht sie auf, wischt sich den Mund mit dem Handrücken ab, sie weicht zurück und sagt:

– Tut mir nichts!

Sie fügt hinzu:

– Ich kann sehr schnell laufen. Ihr fangt mich nicht.

Wir schauen sie an. Zum erstenmal sehen wir sie von nahem. Sie hat eine Hasenscharte, sie schielt, sie hat Rotz an der Nase und in den Winkeln ihrer roten Augen gelben Dreck. Ihre Beine und Arme sind voller Pusteln.

Sie sagt:

– Man nennt mich Hasenscharte. Ich mag Milch.

Sie lächelt. Sie hat schwarze Zähne.

– Ich mag Milch, aber besonders gern sauge ich am Euter. Es ist gut. Es ist hart und weich zugleich.

Wir antworten nicht. Sie kommt näher.

– Ich sauge auch gern an was anderm.

Sie streckt die Hand aus, wir weichen zurück. Sie sagt:

– Ihr wollt nicht? Ihr wollt nicht mit mir spielen? Ich möchte so gern. Ihr seid so schön.

Sie senkt den Kopf, sie sagt:

– Ihr ekelt euch vor mir.

Wir sagen:

– Nein, wir ekeln uns nicht vor dir.

– Ich verstehe. Ihr seid zu jung, zu schüchtern. Aber bei mir braucht ihr euch nicht zu genieren. Ich werde euch sehr lustige Spiele beibringen.

Wir sagen ihr:

– Wir spielen nie.

– Was macht ihr dann den ganzen Tag?

– Wir arbeiten, wir lernen.

– Ich, ich bettle, ich stehle und ich spiele.

– Du kümmerst dich um deine Mutter. Du bist ein gutes Mädchen.

Sie sagt, näherkommend:

– Ihr findet mich gut? Wirklich?

– Ja. Und wenn du was brauchst für deine Mutter oder für dich, frag uns nur. Wir werden dir Obst, Gemüse, Fische, Milch geben.

Sie beginnt zu schreien:

– Ich will euer Obst, eure Fische, eure Milch nicht! Das alles kann ich stehlen. Ich will, daß ihr mich mögt. Niemand mag mich. Nicht mal meine Mutter. Aber auch ich mag niemand. Weder meine Mutter noch euch! Ich hasse euch!

Übung im Betteln

Wir ziehen schmutzige und zerrissene Kleider an, wir ziehen unsere Schuhe aus, wir machen uns das Gesicht und die Hände schmutzig. Wir gehen auf die Straße. Wir bleiben stehen, wir warten.

Wenn ein fremder Offizier an uns vorbeikommt, heben wir den rechten Arm zum Gruß und strecken die linke Hand aus. Meistens geht der Offizier vorbei, ohne stehenzubleiben, ohne uns zu sehen, ohne uns anzuschauen.

Schließlich bleibt ein Offizier stehen. Er sagt etwas in einer Sprache, die wir nicht verstehen. Er stellt uns Fragen. Wir antworten nicht, wir bleiben unbewegt, einen Arm erhoben, den andern ausgestreckt. Da wühlt er in seinen Taschen, er legt eine Münze und ein Stück Schokolade in unsere schmutzige Hand und geht kopfschüttelnd weg.

Wir warten weiter.

Eine Frau kommt vorbei. Wir strecken die Hand aus. Sie sagt:

– Arme Kleinen. Ich habe nichts für euch.

Sie streichelt unsere Haare.

Wir sagen:

– Danke.

Eine andere Frau gibt uns zwei Äpfel, eine andere Kekse.

Eine Frau kommt vorbei. Wir strecken die Hand aus, sie bleibt stehen, sie sagt:

– Schämt ihr euch nicht zu betteln? Kommt mit zu mir, da gibt es kleine leichte Arbeiten für euch, Holzhacken, zum Beispiel, oder die Terrasse schrubben. Ihr seid groß und stark genug dafür. Danach, wenn ihr gut arbeitet, gebe ich euch Suppe und Brot.

Wir antworten:

– Wir haben keine Lust, für Sie zu arbeiten, gnädige Frau. Wir haben keine Lust, Ihre Suppe und Ihr Brot zu essen. Wir haben keinen Hunger.

Sie fragt:

– Warum bettelt ihr dann?

– Um zu wissen, wie das ist, und um die Reaktion der Leute zu beobachten.

Weggehend schreit sie:

– Dreckige kleine Lausebengel! Und frech dazu!

Auf dem Heimweg werfen wir die Äpfel, die Kekse, die Schokolade und die Münzen ins hohe Gras, das die Straße säumt.

Die Liebkosung auf unseren Haaren läßt sich nicht wegwerfen.

Hasenscharte

Wir angeln am Fluß. Hasenscharte kommt angerannt. Sie sieht uns nicht. Sie legt sich ins Gras, zieht ihren Rock hoch. Sie trägt keinen Schlüpfer. Wir sehen ihren nackten Hintern und die Haare zwischen den Beinen. Wir haben noch keine Haare zwischen den Beinen. Hasenscharte hat welche, aber sehr wenige.

Hasenscharte pfeift. Ein Hund kommt. Es ist unser Hund. Sie nimmt ihn in die Arme, sie rollt sich mit ihm im Gras. Der Hund bellt, macht sich los, schüttelt sich und läuft weg. Hasenscharte ruft ihn mit sanfter Stimme und streichelt dabei ihr Geschlecht mit den Fingern.

Der Hund kommt zurück, schnuppert mehrmals am Geschlecht von Hasenscharte und beginnt es zu lecken.

Hasenscharte spreizt die Beine, drückt den Kopf des Hundes mit beiden Beinen auf ihren Bauch. Sie atmet sehr stark und windet sich.

Das Geschlecht des Hundes wird sichtbar, es wird immer länger, es ist dünn und rot. Der Hund hebt den Kopf, er versucht auf Hasenscharte zu klettern.

Hasenscharte dreht sich um, sie liegt auf den Knien, sie streckt dem Hund ihren Hintern entgegen. Der Hund stellt seine Vorderbeine auf den Rücken von Hasenscharte, seine Hinterbeine zittern. Er sucht, rückt immer näher, drängt sich zwischen die Beine von Hasenscharte, preßt sich gegen ihre Hinterbacken. Er bewegt sich sehr schnell vor und zurück. Hasenscharte schreit und fällt nach einer Weile auf den Bauch.

Der Hund entfernt sich langsam.

Hasenscharte bleibt eine Weile liegen, dann steht sie auf, sieht uns, sie wird rot. Sie schreit:

– Dreckige kleine Spione! Was habt ihr gesehen?

Wir antworten:

– Wir haben dich mit unserm Hund spielen sehen.

Sie fragt:

– Bin ich noch eure Kameradin?

– Ja. Und wir erlauben dir, mit unserm Hund zu spielen, so oft du willst.

– Und ihr sagt niemand, was ihr gesehen habt?

– Wir sagen nie jemand was. Du kannst auf uns zählen.

Sie setzt sich ins Gras, sie weint:

– Nur die Tiere mögen mich.

Wir fragen:

– Stimmt es, daß deine Mutter verrückt ist?

– Nein. Sie ist bloß stumm und blind.

– Was ist ihr passiert?

– Nichts. Nichts Besonderes. Eines Tages ist sie blind geworden, und später ist sie taub geworden. Sie sagt, mir wird es genauso gehen. Habt ihr meine Lider gesehen? Morgens, wenn ich aufwache, sind meine Lider verklebt, meine Augen sind voller Eiter.

Wir sagen:

– Das ist bestimmt eine Krankheit, die die Medizin heilen kann.

Sie sagt:

– Vielleicht. Aber wie soll ich ohne Geld zu einem Arzt gehen? Außerdem gibt es keinen Arzt. Sie sind alle an der Front.

Wir fragen:

– Und deine Ohren? Tun dir die Ohren weh?

– Nein, mit meinen Ohren habe ich keine Probleme. Und ich glaube, auch meine Mutter nicht. Sie tut so, als ob sie nichts hört, das ist bequem für sie, wenn ich ihr Fragen stelle.

Übung in Blindheit und Taubheit

Einer von uns spielt den Blinden, der andere spielt den Tauben. Zur Einübung bindet anfangs der Blinde ein schwarzes Kopftuch von Großmutter um seine Augen, der Taube verstopft sich die Ohren mit Gras. Das Tuch stinkt wie Großmutter.

Wir geben uns die Hand, wir gehen während des Alarms spazieren, wenn die Leute sich in den Kellern verstecken und die Straßen leer sind.

Der Taube beschreibt, was er sieht.

– Die Straße ist gerade und lang. Sie ist von niedrigen einstöckigen Häusern gesäumt. Sie sind weiß, grau, rosa, gelb und blau. Am Ende der Straße sieht man einen Park mit Bäumen und einem Brunnen. Der Himmel ist blau mit ein paar weißen Wolken. Man sieht Flugzeuge. Fünf Bomber. Sie fliegen tief.

Der Blinde spricht langsam, damit der Taube von seinen Lippen lesen kann:

– Ich höre die Flugzeuge. Sie erzeugen ein ruckartiges, tiefes Geräusch. Ihr Motor müht sich. Sie sind mit Bomben beladen. Jetzt sind sie weg. Ich höre wieder die Vögel. Sonst ist alles still.

Der Taube liest von den Lippen des Blinden und antwortet:

– Ja, die Straße ist leer.

Der Blinde sagt:

– Nicht mehr lange. Ich höre Schritte kommen in der Seitenstraße, links.

Der Taube sagt:

– Du hast recht. Da ist er, es ist ein Mann.

Der Blinde fragt:

– Wie ist er?

Der Taube antwortet:

– So wie alle. Arm, alt.

Der Blinde sagt:

– Ich weiß. Ich erkenne den Schritt der Alten. Ich höre auch, daß er barfuß geht, also ist er arm.

Der Taube sagt:

– Er ist kahl. Er trägt eine alte Armeejacke. Er trägt zu kurze Hosen. Seine Füße sind schmutzig.

– Seine Augen?

– Ich sehe sie nicht. Er blickt zu Boden.

– Sein Mund?

– Zu eingefallene Lippen. Bestimmt hat er keine Zähne mehr.

– Seine Hände?

– In den Taschen. Die Taschen sind riesig und mit irgendwas gefüllt. Mit Kartoffeln oder Nüssen, es sieht aus wie kleine Beulen. Er hebt den Kopf, er schaut uns an. Aber ich kann die Farbe seiner Augen nicht erkennen.

– Siehst du sonst nichts?

– Falten, tief wie Narben, auf seinem Gesicht.

Der Blinde sagt:

– Ich höre die Sirenen. Es ist das Ende des Alarms. Gehen wir nach Hause.

Später, mit der Zeit, brauchen wir kein Tuch mehr für die Augen und kein Gras mehr für die Ohren. Derjenige, der den Blinden spielt, wendet einfach seinen Blick nach innen, der Taube verschließt seine Ohren vor jedem Geräusch.

Der Deserteur

Wir finden einen Mann im Wald. Einen lebenden Mann, einen jungen Mann, ohne Uniform. Er liegt hinter einem Busch. Er schaut uns an, ohne sich zu rühren.

Wir fragen ihn:

– Warum bleiben Sie da liegen?

Er antwortet:

– Ich kann nicht mehr laufen. Ich komme von der andern Seite der Grenze. Ich bin seit zwei Wochen auf den Beinen. Tag und Nacht. Besonders in der Nacht. Ich bin jetzt zu schwach. Ich habe Hunger. Ich habe seit drei Tagen nichts gegessen.

Wir fragen:

– Warum haben Sie keine Uniform? Alle jungen Männer haben eine Uniform. Sie sind alle Soldaten.

Er sagt:

– Ich will nicht mehr Soldat sein.

– Sie wollen nicht mehr gegen den Feind kämpfen?

– Ich will gegen niemand kämpfen. Ich habe keine Feinde. Ich will nach Hause zurück.

– Wo ist Ihr Zuhause?

– Noch weit weg. Ich werde nicht hinkommen, wenn ich nichts zu essen finde.

Wir fragen:

– Warum kaufen Sie sich nicht was zu essen? Haben Sie kein Geld?

– Nein, ich habe kein Geld, und ich kann mich nicht zeigen. Ich muß mich verstecken. Man darf mich nicht sehen.

– Warum?

– Ich habe mein Regiment unerlaubt verlassen. Ich bin geflohen. Ich bin ein Deserteur. Wenn man mich fände, würde man mich erschießen oder aufhängen.

Wir fragen:
– Wie einen Mörder?
– Ja, genau wie einen Mörder.
– Dabei wollen Sie doch niemand töten. Sie wollen bloß nach Hause zurück.
– Ja, bloß nach Hause zurück.
Wir fragen:
– Was sollen wir Ihnen zu essen bringen?
– Irgend etwas.
– Ziegenmilch, harte Eier, Brot, Obst?
– Ja, ja, irgend was.
Wir fragen:
– Und eine Decke? Die Nächte sind kalt, und es regnet oft.
Er sagt:
– Ja, aber man darf euch nicht sehen. Und ihr sagt niemand etwas, nicht wahr? Nicht mal eurer Mutter.
Wir antworten:
– Man wird uns nicht sehen, wir sagen nie jemand etwas, und wir haben keine Mutter.
Als wir mit dem Essen und der Decke wiederkommen, sagt er:
– Ihr seid nett.
Wir sagen:
– Wir wollten nicht nett sein. Wir haben Ihnen diese Sachen gebracht, weil Sie sie unbedingt brauchten. Das ist alles.
Er sagt noch:
– Ich weiß nicht, wie ich euch danken soll. Ich werde euch nie vergessen.
Seine Augen füllen sich mit Tränen. Wir sagen:
– Sie wissen, weinen nutzt nichts. Wir weinen nie. Dabei sind wir noch keine Männer wie Sie.
Er lächelt und sagt:
– Ihr habt recht. Verzeiht mir, ich werde es nicht wieder tun. Es war nur wegen der Erschöpfung.

Übung in Fasten

Wir verkünden Großmutter:

– Heute und morgen werden wir nicht essen. Wir werden nur Wasser trinken.

Sie zuckt die Achseln:

– Das ist mir egal. Aber ihr arbeitet wie gewöhnlich.

– Natürlich, Großmutter.

Am ersten Tag schlachtet sie ein Huhn und brät es im Ofen. Mittags ruft sie uns:

– Kommt essen!

Wir gehen in die Küche, es riecht sehr gut. Wir haben ein bißchen Hunger, aber nicht zu sehr. Wir schauen zu, wie Großmutter das Huhn zerteilt. Sie sagt:

– Wie gut das riecht. Riecht ihr, wie gut das riecht? Wollt ihr jeder einen Schenkel?

– Wir wollen nichts, Großmutter.

– Das ist schade, weil es wirklich sehr gut ist.

Sie ißt mit den Händen, leckt sich die Finger, wischt sie an ihrer Schürze ab. Sie knabbert und saugt an den Knochen.

Sie sagt:

– Sehr zart, dieses Huhn. Ich kann mir nichts Besseres vorstellen.

Wir sagen:

– Großmutter, seit wir bei Ihnen sind, haben Sie noch nie ein Huhn für uns gekocht.

Sie sagt:

– Heute habe ich eins gekocht. Ihr braucht bloß zu essen.

– Sie wußten, daß wir heute nichts essen wollen, und morgen auch nicht.

– Dafür kann ich nichts. Das ist wieder eine von euren Blödsinnigkeiten.

– Es ist eine von unsern Übungen. Um uns daran zu gewöhnen, den Hunger zu ertragen.

– Dann gewöhnt euch dran. Niemand hindert euch.

Wir verlassen die Küche, wir erledigen Arbeiten im Garten. Gegen Ende des Tags haben wir wirklich großen Hunger. Wir trinken viel Wasser. Am Abend können wir schlecht einschlafen. Wir träumen von Essen.

Am nächsten Mittag ißt Großmutter den Rest des Huhns auf. Wir schauen ihr in einer Art Nebel beim Essen zu. Wir haben keinen Hunger mehr. Uns ist schwindlig.

Am Abend macht Großmutter Pfannkuchen mit Marmelade und Quark. Uns ist übel, und wir haben Magenkrämpfe, aber als wir im Bett liegen, sinken wir in tiefen Schlaf. Als wir aufstehen, ist Großmutter schon zum Markt gegangen. Wir wollen frühstücken, aber es gibt nichts zu essen in der Küche. Weder Brot noch Milch, noch Käse. Großmutter hat alles im Keller verschlossen. Wir könnten ihn aufmachen, aber wir beschließen, nichts anzurühren. Wir essen Tomaten und rohe Gurken mit Salz.

Großmutter kommt vom Markt zurück, sie sagt:

– Ihr habt heute morgen eure Arbeit nicht getan.

– Sie hätten uns wecken müssen, Großmutter.

– Ihr hättet eben von allein aufwachen sollen. Aber ausnahmsweise gebe ich euch trotzdem was zu essen.

Sie macht uns eine Gemüsesuppe aus den Resten vom Markt, wie gewohnt. Wir essen wenig. Nach dem Essen sagt Großmutter:

– Das ist eine dämliche Übung. Und schlecht für die Gesundheit.

Großvaters Grab

Eines Tages sehen wir, wie Großmutter mit ihrer Gießkanne und ihren Gartengeräten das Haus verläßt. Doch statt in ihren Weinberg zu gehen, nimmt sie eine andere Richtung. Wir folgen ihr von weitem, um zu sehen, wohin sie geht.

Sie betritt den Friedhof. Sie bleibt vor einem Grab stehen, sie legt ihre Geräte ab. Der Friedhof ist leer, nur Großmutter und wir sind darin.

Uns hinter den Büschen und Grabsteinen versteckend, nähern wir uns mehr und mehr. Großmutter sieht und hört schlecht. Wir können sie beobachten, ohne daß sie es merkt.

Sie reißt das Unkraut vom Grab, gräbt mit einer Schaufel, harkt die Erde, pflanzt Blumen, holt Wasser vom Brunnen, kommt zurück und gießt das Grab.

Als sie ihre Arbeit beendet hat, räumt sie ihre Geräte zusammen, kniet sich dann vor das Holzkreuz, wobei sie sich aber auf ihre Fersen setzt. Sie faltet ihre Hände auf ihrem Bauch, als wolle sie ein Gebet sprechen, aber wir hören vor allem Schimpfwörter:

– Mistkerl ... Drecksack ... Schweinehund ... verfaulter ... verfluchter ...

Als Großmutter weggeht, sehen wir uns das Grab an: Es ist sehr gepflegt. Wir betrachten das Kreuz: Der Name, der darauf steht, ist der unseres Großvaters. Der Vorname ist ein Doppelname mit einem Bindestrich, und diese beiden Vornamen sind unsere eigenen Vornamen.

Auf dem Kreuz stehen auch Geburts- und Todesdatum. Wir rechnen nach, daß unser Großvater im Alter von vierundvierzig Jahren gestorben ist, vor dreiundzwanzig Jahren.

Am Abend fragen wir Großmutter:

– Wie war unser Großvater?

Sie sagt:
– Wie? Was? Ihr habt keinen Großvater.
– Aber wir hatten früher einen.
– Nein, nie. Als ihr geboren wurdet, war er schon tot. Also habt ihr nie einen Großvater gehabt.
Wir fragen:
– Warum haben Sie ihn vergiftet?
Sie fragt:
– Was sind das für Geschichten?
– Die Leute erzählen, daß Sie Großvater vergiftet haben.
– Die Leute erzählen ... die Leute erzählen ... Laßt sie erzählen.
– Sie haben ihn nicht vergiftet?
– Laßt mich in Ruhe, Hundesöhne! Nichts ist bewiesen worden! Die Leute erzählen alles mögliche.
Wir sagen noch:
– Wir wissen, daß Sie Großvater nicht mochten. Warum pflegen Sie dann sein Grab?
– Eben deswegen! Wegen dem, was die Leute erzählen. Damit sie aufhören zu erzählen und zu erzählen! Und woher wißt ihr, daß ich sein Grab pflege, he? Ihr habt mir nachspioniert, Hundesöhne, ihr habt mir wieder nachspioniert! Der Teufel soll euch holen!

Übung in Grausamkeit

Es ist Sonntag. Wir fangen ein Huhn, und wir schneiden ihm die Kehle durch, wie wir es Großmutter haben tun sehen. Wir bringen das Huhn in die Küche, und wir sagen:
– Man muß es kochen, Großmutter.
Sie fängt an zu schreien:

– Wer hat euch das erlaubt? Dazu habt ihr kein Recht! Ich bin es, die hier befiehlt, verdammte Scheißkerle! Ich werde es nicht kochen! Lieber krepiere ich!

Wir sagen:

– Das ist egal. Wir werden es selber kochen.

Wir beginnen, das Huhn zu rupfen, aber Großmutter reißt es uns aus den Händen:

– Ihr wißt nicht, wie man das macht! Kleine Dreckfinken, Elend meines Lebens, die Strafe Gottes, ja, das seid ihr!

Während das Huhn kocht, weint Großmutter:

– Es war das schönste. Sie haben mit Absicht das schönste genommen. Es war gerade richtig für den Dienstagsmarkt.

Das Huhn essend, sagen wir:

– Es ist sehr gut, dieses Huhn. Wir werden jeden Sonntag eins essen.

– Jeden Sonntag? Seid ihr verrückt! Wollt ihr mich zugrunde richten?

– Wir werden jeden Sonntag ein Huhn essen, ob Sie es wollen oder nicht.

Großmutter fängt wieder zu weinen an:

– Was habe ich ihnen bloß getan? Was für ein Elend! Sie wollen meinen Tod. Eine arme, wehrlose alte Frau. Das habe ich nicht verdient. Wo ich doch so gut zu ihnen bin!

– Ja, Großmutter, Sie sind gut, sehr gut. Deshalb werden Sie uns aus Güte jeden Sonntag ein Huhn kochen.

Als sie sich ein bißchen beruhigt hat, sagen wir ihr noch:

– Wenn es was zu töten gibt, müssen Sie uns rufen. Wir werden es tun.

Sie sagt:

– Ihr mögt das, was?

– Nein, Großmutter, wir mögen es nicht. Gerade deswegen müssen wir uns daran gewöhnen.

Sie sagt:

– Ich verstehe. Eine neue Übung. Ihr habt recht. Man muß töten können, wenn es nötig ist.

Wir beginnen mit den Fischen. Wir packen sie am Schwanz, und wir schlagen ihren Kopf gegen einen Stein. Wir gewöhnen uns schnell daran, die Tiere zu töten, die zum Essen bestimmt sind: Hühner, Kaninchen, Enten. Später töten wir Tiere, die zu töten nicht nötig wäre. Wir fangen Frösche, wir nageln sie fest, und wir öffnen ihren Bauch. Wir fangen auch Schmetterlinge, wir spießen sie auf ein Stück Pappe. Bald haben wir eine schöne Sammlung.

Eines Tages hängen wir unsere Katze an einen Ast, einen roten Kater. Aufgehängt zieht er sich in die Länge, wird riesengroß. Er wird von Zuckungen, Krämpfen geschüttelt. Als er sich nicht mehr rührt, hängen wir ihn ab. Er bleibt flach im Gras liegen, reglos, dann springt er plötzlich auf und rennt davon.

Seitdem sehen wir ihn manchmal von weitem, aber er kommt nicht mehr in die Nähe des Hauses. Er trinkt nicht einmal die Milch, die wir in einem kleinen Teller vor die Tür stellen.

Großmutter sagt zu uns:

– Diese Katze wird immer scheuer.

Wir sagen:

– Keine Bange, Großmutter, wir kümmern uns um die Mäuse.

Wir basteln Fallen, und die Mäuse, die sich fangen lassen, ersäufen wir in kochendem Wasser.

Die anderen Kinder

Wir treffen andere Kinder in der Kleinen Stadt. Da die Schule geschlossen ist, sind sie den ganzen Tag draußen. Es gibt große und kleine. Manche haben ihr Haus und ihre Mutter hier, andere kommen von woanders, wie wir. Vor allem aus der Großen Stadt.

Viele dieser Kinder wohnen bei Leuten, die sie vorher nicht kannten. Sie müssen auf den Feldern und in den Weinbergen arbeiten; die Leute, die sie hüten, sind nicht immer nett zu ihnen.

Die großen Kinder greifen oft die kleinen an. Sie nehmen ihnen alles weg, was sie in den Taschen haben, manchmal sogar ihre Kleider. Sie schlagen sie auch, vor allem die, die von woanders herkommen. Die Kleinen von hier werden von ihren Müttern beschützt und gehen nie allein aus dem Haus.

Wir werden von niemand beschützt. Daher lernen wir, uns gegen die Großen zu wehren.

Wir stellen Waffen her: Wir schärfen Steine, füllen Socken mit Sand und Kies. Wir haben auch ein Rasiermesser, das wir in der Truhe in der Dachkammer gefunden haben, neben der Bibel. Wir brauchen nur unser Rasiermesser herauszuziehen, damit die Großen weglaufen.

An einem heißen Tag sitzen wir neben dem Brunnen, aus dem die Leute, die keinen eigenen Brunnen haben, Wasser holen. Ganz in der Nähe liegen Jungen, die größer sind als wir, im Gras. Es ist kühl hier unter den Bäumen, in der Nähe des Wassers, das ununterbrochen fließt.

Hasenscharte kommt mit einem Eimer, den sie unter den Hahn stellt, aus dem ein dünner Wasserfaden rinnt. Sie wartet, bis ihr Eimer voll ist.

Als der Eimer voll ist, steht einer der Jungen auf und spuckt hinein. Hasenscharte leert den Eimer, spült ihn aus und stellt ihn wieder unter den Hahn.

Der Eimer ist wieder voll, ein anderer Junge steht auf und spuckt hinein. Hasenscharte stellt den ausgespülten Eimer wieder unter den Hahn. Sie wartet nicht mehr, bis der Eimer voll ist, sie füllt ihn nur halb und versucht, schnell fortzulaufen.

Einer der Jungen rennt ihr nach, packt sie am Arm und spuckt in den Eimer.

Hasenscharte sagt:

– Hört doch auf! Ich muß sauberes und trinkbares Wasser heimbringen.

Der Junge sagt:

– Es ist sauberes Wasser. Ich habe bloß reingespuckt. Du willst doch nicht behaupten, meine Spucke ist schmutzig! Meine Spucke ist sauberer als alles, was bei euch ist.

Hasenscharte leert ihren Eimer aus, sie weint.

Der Junge öffnet seinen Hosenlatz und sagt:

– Lutsche! Wenn du ihn mir lutschst, lassen wir dich deinen Eimer füllen.

Hasenscharte hockt sich hin. Der Junge weicht zurück:

– Glaubst du, ich stecke meinen Pimmel in deinen dreckigen Mund? Schlampe!

Er tritt Hasenscharte gegen die Brust und macht seinen Hosenlatz wieder zu.

Wir nähern uns. Wir heben Hasenscharte auf, wir nehmen den Eimer, wir spülen ihn gut aus und stellen ihn unter den Hahn des Brunnens.

Einer der Jungen sagt zu den beiden andern:

– Kommt, wir spielen woanders.

Ein anderer sagt:

– Bist du verrückt? Jetzt wird's erst richtig lustig.

Der erste sagt:

– Vergiß es! Ich kenne sie. Sie sind gefährlich.

– Gefährlich? Diese kleinen Trottel? Ich knöpfe sie mir vor. Ihr werdet schon sehen!

Er kommt auf uns zu, will in den Eimer spucken, aber einer von uns stellt ihm ein Bein, der andere schlägt ihm mit einem Sandsack auf den Kopf. Der Junge fällt hin. Er bleibt liegen, betäubt. Die beiden andern sehen uns an. Einer von ihnen macht einen Schritt auf uns zu. Der andere sagt:

– Paß auf! Diese kleinen Schweine sind zu allem fähig. Einmal haben sie mir die Schläfe mit einem Stein aufgeschlitzt. Sie haben auch ein Rasiermesser und scheuen sich nicht, es zu benutzen. Sie würden dir skrupellos den Hals abschneiden. Sie sind völlig verrückt.

Die Jungen gehen weg.

Wir reichen Hasenscharte den vollen Eimer. Sie fragt uns:

– Warum habt ihr mir nicht gleich geholfen?

– Wir wollten sehen, wie du dich wehrst.

– Was hätte ich tun können gegen drei Große?

– Ihnen deinen Eimer an den Kopf werfen, ihnen das Gesicht zerkratzen, sie in die Eier treten, schreien, brüllen. Oder aber weglaufen und später wiederkommen.

Der Winter

Es wird immer kälter. Wir suchen in unsern Koffern und ziehen fast alles an, was wir darin finden: mehrere Pullover, mehrere Hosen. Aber wir können kein zweites Paar Schuhe über unsere abgetragenen und durchlöcherten Stadtschuhe ziehen. Außerdem haben wir keine andern. Wir haben auch keine Handschuhe und keine Mütze. Unsere Hände und Füße sind voller Frostbeulen.

Der Himmel ist dunkelgrau, die Straßen der Stadt sind leer, der Fluß ist zugefroren, der Wald ist verschneit. Wir können nicht mehr hinein. Und so werden wir bald kein Holz mehr haben.

Wir sagen zu Großmutter:

– Wir brauchen zwei Paar Gummistiefel.

Sie antwortet:

– Und was noch? Wo soll ich Geld hernehmen?

– Großmutter, es ist fast kein Holz mehr da.

– Ihr müßt eben sparsam damit sein.

Wir gehen nicht mehr aus dem Haus. Wir machen alle möglichen Übungen, wir schnitzen Gegenstände aus Holz, Löffel, Brotbretter, und wir lernen bis spät in die Nacht. Großmutter bleibt fast immer in ihrem Bett. Sie kommt nur selten in die Küche. Wir haben Ruhe.

Wir essen schlecht, es gibt kein Gemüse und Obst mehr, die Hühner legen nicht mehr. Großmutter holt jeden Tag ein paar Bohnen und Kartoffeln aus dem Keller, dabei ist er voller Rauchfleisch und Marmeladengläser.

Manchmal kommt der Briefträger. Er läßt die Klingel seines Fahrrads so lange klingeln, bis Großmutter aus dem Haus kommt. Dann feuchtet der Briefträger seinen Bleistift an, schreibt etwas auf ein Stück Papier, reicht den Stift und das Papier Großmutter, die unten auf das Papier ein Kreuz macht. Der Briefträger gibt ihr Geld, ein Paket oder einen Brief und fährt pfeifend in die Stadt zurück.

Großmutter schließt sich mit dem Paket oder mit dem Geld in ihr Zimmer ein. Wenn ein Brief da ist, wirft sie ihn ins Feuer.

Wir fragen:

– Großmutter, warum werfen Sie den Brief weg, ohne ihn zu lesen?

Sie antwortet:

– Ich kann nicht lesen. Ich bin nie in die Schule gegangen, ich habe immer nur gearbeitet. Ich bin nicht so verwöhnt worden wie ihr.

– Wir können Ihnen die Briefe vorlesen, die Sie bekommen.

– Niemand darf die Briefe lesen, die ich bekomme.

Wir fragen:

– Wer schickt Geld? Wer schickt Pakete? Wer schickt Briefe?

Sie antwortet nicht.

Am nächsten Tag, während sie im Keller ist, durchsuchen wir ihr Zimmer. Unter ihrem Bett finden wir ein geöffnetes Paket. Es sind Pullover drin, Schals, Mützen, Handschuhe. Wir sagen Großmutter nichts, sonst würde sie merken, daß wir einen Schlüssel zu ihrem Zimmer haben.

Nach dem Abendessen warten wir. Großmutter trinkt ihren Schnaps und schließt dann, schwankend, mit dem an ihrem Gürtel hängenden Schlüssel die Tür ihres Zimmers auf. Wir folgen ihr, stoßen sie in den Rücken. Sie fällt auf ihr Bett. Wir tun so, als würden wir das Paket suchen und finden.

Wir sagen:

– Das ist nicht nett, Großmutter. Wir frieren, wir haben keine warmen Kleider, wir können nicht mehr hinausgehen, und Sie wollen alles verkaufen, was unsere Mutter für uns gestrickt und uns geschickt hat.

Großmutter antwortet nicht, sie weint.

Wir sagen noch:

– Es ist unsere Mutter, die Geld schickt, es ist unsere Mutter, die Ihnen Briefe schreibt.

Großmutter sagt:

– Nicht mir schreibt sie. Sie weiß genau, daß ich nicht lesen kann. Vorher hat sie mir nie geschrieben. Jetzt, wo ihr da seid, schreibt sie. Aber ich brauche ihre Briefe nicht! Ich brauche nichts, was von ihr kommt!

Der Briefträger

Von nun an warten wir vor der Gartentür auf den Briefträger. Es ist ein alter Mann mit einer Schirmmütze. Er hat ein Fahrrad mit Ledertaschen am Gepäckträger.

Als er kommt, lassen wir ihm keine Zeit zu klingeln: Ganz schnell schrauben wir seine Klingel ab.

Er sagt:

– Wo ist eure Großmutter?

Wir sagen:

– Kümmern Sie sich nicht um sie. Geben Sie uns, was sie mitgebracht haben.

Er sagt:

– Es gibt nichts.

Er will wegfahren, aber wir stoßen ihn. Er fällt in den Schnee. Sein Fahrrad fällt auf ihn. Er flucht. Wir durchsuchen seine Satteltaschen, wir finden einen Brief und eine Überweisung. Wir nehmen den Brief, wir sagen:

– Geben Sie uns das Geld!

Er sagt:

– Nein. Es ist an eure Großmutter gerichtet.

Wir sagen:

– Aber es ist für uns bestimmt. Unsere Mutter schickt es uns. Wenn Sie es uns nicht geben, lassen wir Sie nicht aufstehen, bis Sie erfroren sind.

Er sagt:

– Einverstanden, einverstanden. Helft mir aufstehen, mein Bein ist unter dem Fahrrad eingeklemmt.

Wir heben das Fahrrad hoch und helfen dem Briefträger aufstehen. Er ist mager, sehr leicht.

Er holt das Geld aus seiner Tasche und gibt es uns.

Wir fragen:

– Wollen Sie eine Unterschrift oder ein Kreuz?

Er sagt:

– Das Kreuz reicht. Ein Kreuz ist soviel wert wie das andere.

Er fügt hinzu:

– Ihr habt recht, euch zu wehren. Alle Welt kennt eure Großmutter. Keiner ist so geizig wie sie. Also eure Mama schickt euch das alles? Sie ist sehr nett. Ich habe sie gekannt, als sie ganz klein war. Es war richtig, daß sie weggegangen ist. Hier hätte sie nie heiraten können. Bei all dem Gerede …

Wir fragen:

– Was für ein Gerede?

– Daß sie ihren Mann vergiftet haben soll. Ich meine, eure Großmutter hat euren Großvater vergiftet. Eine alte Geschichte. Daher kommt es, daß man sie Hexe nennt.

Wir sagen:

– Wir wollen nicht, daß man Schlechtes über Großmutter sagt.

Der Briefträger dreht sein Fahrrad um:

– Gut, gut, schließlich solltet ihr Bescheid wissen.

Wir sagen:

– Wir wußten schon Bescheid. Von jetzt an werden Sie uns die Post geben. Sonst werden wir Sie töten. Haben Sie verstanden?

Der Briefträger sagt:

– Dazu wärt ihr imstande, Mörderbrut. Ihr sollt eure Post haben, mir ist das egal. Ich pfeife auf die Hexe.

Er geht, sein Fahrrad schiebend. Er zieht das Bein nach, um zu zeigen, daß wir ihm weh getan haben.

Am nächsten Tag gehen wir, warm angezogen, in die Stadt, um mit dem Geld, das unsere Mutter uns geschickt hat, Gummistiefel zu kaufen.

Ihren Brief tragen wir unter unserm Hemd, einer nach dem andern.

Der Schuster

Der Schuster wohnt und arbeitet im Souterrain eines Hauses in der Nähe des Bahnhofs. Das Zimmer ist geräumig. In einer Ecke ist sein Bett, in einer andern seine Küche. Seine Werkstatt befindet sich vor dem Fenster, das zu ebener Erde geht. Der Schuster sitzt auf einem niedrigen Schemel, umgeben von Schuhen und Werkzeugen. Er betrachtet uns über seine Brille hinweg; er betrachtet unsere rissigen Lackschuhe.

Wir sagen:

– Guten Tag. Wir möchten Gummistiefel, wasserfest, warm. Verkaufen Sie welche? Wir haben Geld.

Er sagt:

– Ja, ich verkaufe welche. Aber die gefütterten, warmen sind sehr teuer.

Wir sagen:

– Wir brauchen sie unbedingt. Wir haben kalte Füße.

Wir legen das Geld, das wir haben, auf den niedrigen Tisch.

Der Schuster sagt:

– Das reicht gerade für ein Paar. Aber ein Paar kann reichen. Ihr habt dieselbe Schuhgröße. Ihr geht eben abwechselnd aus dem Haus.

Wir sagen:

– Das ist nicht möglich. Nie geht einer von uns ohne den andern aus dem Haus. Wir gehen immer zusammen.

– Bittet eure Eltern um mehr Geld.

– Wir haben keine Eltern. Wir wohnen bei unserer Großmutter, die man die Hexe nennt. Sie wird uns kein Geld geben.

Der Schuster sagt:

– Die Hexe ist eure Großmutter? Meine armen Kleinen! Und ihr seid von ihr bis hierher gekommen in diesen Schuhen!

– Ja, wir sind gekommen. Wir können den Winter nicht ohne Stiefel verbringen. Wir müssen im Wald Holz holen; wir müssen den Schnee wegräumen. Wir brauchen unbedingt ...

– Zwei Paar warme und wasserfeste Stiefel.

Der Schuster lacht und reicht uns zwei Paar Stiefel:

– Probiert sie an.

Wir probieren sie an; sie passen sehr gut.

Wir sagen:

– Wir behalten sie. Wir zahlen Ihnen das zweite Paar im Frühling, wenn wir Fische und Eier verkaufen. Oder wenn es Ihnen lieber ist, bringen wir Ihnen Holz.

Der Schuster reicht uns unser Geld:

– Da. Nehmt es zurück. Ich will euer Geld nicht. Kauft euch lieber warme Socken. Ich schenke euch diese Stiefel, weil ihr sie unbedingt braucht.

Wir sagen:

– Wir nehmen nicht gerne Geschenke an.

– Und warum nicht?

– Weil wir nicht gern danke sagen.

– Ihr müßt überhaupt nichts sagen. Geht. Nein. Wartet! Nehmt noch diese Pantoffeln und diese Sandalen für den Sommer, und auch diese Halbschuhe. Sie sind sehr fest. Nehmt alles, was ihr wollt.

– Aber warum wollen Sie uns das alles geben?

– Ich brauche es nicht mehr. Ich werde bald weggehen.

Wir fragen:

– Wo gehen Sie hin?

– Woher soll ich das wissen? Man wird mich abholen und mich töten.

Wir fragen:

– Wer will Sie töten, und warum?

Er sagt:

– Stellt keine Fragen. Geht jetzt.

Wir nehmen die Schuhe, die Pantoffeln, die Sandalen.

Wir haben die Stiefel an den Füßen. Wir bleiben vor der Tür stehen, wir sagen:

– Wir hoffen, daß man Sie nicht abholt. Oder, wenn man Sie abholt, daß man Sie nicht tötet. Auf Wiedersehen, und danke, vielen Dank.

Als wir heimkommen, fragt Großmutter:

– Wo habt ihr das gestohlen, Galgenstricke?
– Wir haben nichts gestohlen. Es ist ein Geschenk. Nicht jeder ist so geizig wie Sie, Großmutter.

Der Diebstahl

Mit unsern Stiefeln, unsern warmen Kleidern können wir wieder hinaus. Wir schlittern auf dem zugefrorenen Fluß, wir holen Holz im Wald.

Wir nehmen eine Axt und eine Säge. Man kann das heruntergefallene tote Holz nicht mehr aufsammeln; die Schneedecke ist zu dick. Wir klettern auf die Bäume, wir sägen die toten Äste ab und zerkleinern sie mit der Axt. Bei dieser Arbeit frieren wir nicht. Wir schwitzen sogar. So können wir unsere Handschuhe ausziehen und sie in unsere Taschen stecken, damit sie sich nicht so schnell abnützen.

Eines Tages, als wir mit unsern beiden Reisigbündeln heimgehen, machen wir einen Abstecher, um Hasenscharte zu besuchen.

Der Schnee vor der Hütte ist nicht weggefegt, und es führt keine Fußspur hin. Der Kamin raucht nicht.

Wir klopfen an die Tür, niemand antwortet. Wir treten ein. Zuerst sehen wir nichts, so finster ist es, aber unsere Augen gewöhnen sich schnell an die Dunkelheit.

Es ist ein Raum, der als Küche und Schlafzimmer dient. In der dunkelsten Ecke des Raumes steht ein Bett. Wir nähern uns. Wir rufen. Jemand bewegt sich unter den Decken und alten Kleidern; der Kopf von Hasenscharte taucht auf.

Wir fragen:

– Ist deine Mutter da?

Sie sagt:

– Ja.

– Ist sie tot?

– Ich weiß nicht.

Wir stellen unsere Bündel ab, und wir zünden das Feuer im Herd an, denn in dem Zimmer ist es genauso kalt wie draußen. Dann gehen wir zur Großmutter und holen Kartoffeln und Bohnen aus dem Keller. Wir melken eine Ziege und gehen zur Nachbarin zurück. Wir machen die Milch warm, wir lassen Schnee in einem Topf schmelzen und kochen die Bohnen darin. Die Kartoffeln rösten wir im Ofen.

Hasenscharte steht auf und setzt sich, schwankend, ans Feuer.

Die Nachbarin ist nicht tot. Wir gießen ihr Ziegenmilch in den Mund. Wir sagen zu Hasenscharte:

– Wenn alles gar ist, iß und gib deiner Mutter zu essen. Wir kommen wieder.

Mit dem Geld, das der Schuster uns zurückgegeben hat, haben wir einige Paar Socken gekauft, aber wir haben nicht alles ausgegeben. Wir gehen in ein Lebensmittelgeschäft, um etwas Mehl zu kaufen und Salz und Zucker mitzunehmen, ohne zu bezahlen. Wir gehen auch zum Metzger; wir kaufen eine dünne Scheibe Speck und nehmen eine dicke Wurst mit, ohne sie zu bezahlen. Wir gehen zu Hasenscharte zurück. Sie und ihre Mutter haben schon alles gegessen. Die Mutter ist im Bett geblieben. Hasenscharte spült das Geschirr.

Wir sagen ihr:

– Wir werden euch jeden Tag ein Bündel Holz bringen. Auch ein paar Bohnen und Kartoffeln. Aber für alles andere braucht man Geld. Wir haben keins mehr. Ohne Geld kann man in kein Geschäft gehen. Man muß etwas kaufen, um etwas anderes stehlen zu können.

Sie sagt:

– Wahnsinnig, wie schlau ihr seid. Ihr habt recht. Mich läßt man nicht mal in die Geschäfte rein. Ich hätte nie gedacht, daß ihr imstand wärt zu stehlen.

Wir sagen:

– Warum nicht? Das wird unsere Geschicklichkeitsübung sein. Aber wir brauchen ein bißchen Geld. Unbedingt.

Sie denkt nach und sagt:

– Geht zum Herrn Pfarrer und bittet ihn um welches. Er gab mir manchmal welches, wenn ich bereit war, ihm meinen Schlitz zu zeigen.

– Er bat dich darum?

– Ja. Und manchmal steckte er seinen Finger rein. Und danach gab er mir Geld, damit ich niemand was sage. Sagt ihm, Hasenscharte und ihre Mutter brauchen Geld.

Die Erpressung

Wir gehen zum Herrn Pfarrer. Er wohnt neben der Kirche in einem großen Haus, das Pfarrhaus heißt.

Wir ziehen an der Schnur der Glocke. Eine alte Frau öffnet die Tür:

– Was wollt ihr?

– Wir wollen den Herrn Pfarrer sehen.

– Weswegen?

– Wegen jemand, der im Sterben liegt.

Die Alte läßt uns in ein Vorzimmer eintreten. Sie klopft an eine Tür.

Sie schreit:

– Herr Pfarrer, es geht um eine letzte Ölung.

Eine Stimme antwortet hinter der Tür:

– Ich komme. Man soll auf mich warten.

Wir warten ein paar Minuten. Ein großer, magerer Mann mit strengem Gesicht kommt aus dem Zimmer. Er trägt eine Art weißgoldenen Umhang über seinen dunklen Kleidern. Er fragt uns:

– Wo ist es? Wer hat euch geschickt?

– Hasenscharte und ihre Mutter.

Er sagt:

– Ich bitte euch um den genauen Namen dieser Leute.

– Wir kennen ihren genauen Namen nicht. Die Mutter ist blind und taub. Sie wohnen im letzten Haus der Stadt. Sie sind gerade im Begriff, vor Hunger und Kälte zu sterben.

Der Pfarrer sagt:

– Obwohl ich diese Personen überhaupt nicht kenne, bin ich bereit, ihnen die letzte Ölung zu geben. Gehen wir. Führt mich.

Wir sagen:

– Sie brauchen noch keine letzte Ölung. Sie brauchen ein bißchen Geld. Wir haben ihnen Holz gebracht, ein paar Kartoffeln und Bohnen, aber mehr können wir nicht tun. Hasenscharte hat uns hergeschickt. Sie haben ihr manchmal ein bißchen Geld gegeben.

Der Pfarrer sagt:

– Das ist möglich. Ich gebe vielen Armen Geld. Ich kann mich nicht an alle erinnern. Nehmt das!

Er wühlt in seinen Taschen unter dem Umhang und gibt uns ein paar Münzen. Wir nehmen sie und sagen:

– Es ist wenig. Es ist zu wenig. Das reicht nicht einmal, um einen Laib Brot zu kaufen.

Er sagt:

– Ich bedaure. Es gibt viele Arme. Und die Kirchgänger geben fast keine Opfer mehr. Alle Welt ist im Augenblick in Schwierigkeiten. Geht, Gott segne euch!

Wir sagen:

– Für heute können wir uns mit dieser Summe zufriedengeben, aber wir sind gezwungen, morgen wiederzukommen.

– Wie? Was soll das heißen? Morgen? Ich werde euch nicht hereinlassen. Verlaßt sofort dieses Haus.

– Morgen werden wir so lange läuten, bis Sie uns hereinlassen. Wir werden an die Fenster klopfen, wir werden mit den Füßen gegen Ihre Tür treten, und wir werden allen erzählen, was Sie mit Hasenscharte gemacht haben.

– Ich habe nie irgend etwas mit Hasenscharte gemacht. Ich weiß nicht einmal, wer das ist. Sie hat euch Dinge erzählt, die sie erfunden hat. Das Gerede eines schwachsinnigen Mädchens wird man nicht ernst nehmen. Niemand wird euch glauben. Alles, was sie erzählt, ist falsch!

Wir sagen:

– Unwichtig, ob es wahr oder falsch ist. Die Hauptsache ist die Verleumdung. Die Leute mögen den Skandal.

Der Pfarrer setzt sich auf einen Stuhl, wischt sich sein Gesicht mit einem Taschentuch ab.

– Das ist ungeheuerlich. Wißt ihr überhaupt, was ihr da tut?

– Ja, Herr Pfarrer. Erpressung.

– In eurem Alter... Es ist traurig.

– Ja, es ist traurig, daß wir dazu gezwungen sind. Aber Hasenscharte und ihre Mutter brauchen unbedingt Geld.

Der Pfarrer steht auf, legt seinen Umhang ab und sagt:

– Es ist eine Prüfung, die Gott mir schickt. Wieviel wollt ihr? Ich bin nicht reich.

– Zehnmal soviel, wie Sie uns gegeben haben. Einmal pro Woche. Wir verlangen nichts Unmögliches.

Er zieht Geld aus seiner Tasche, gibt es uns:

– Kommt jeden Samstag. Aber bildet euch nur nicht ein, daß ich es tue, um eurer Erpressung nachzugeben. Ich tue es aus Nächstenliebe.

Wir sagen:

– Genau das haben wir von Ihnen erwartet, Herr Pfarrer.

Eines Nachmittags betritt der Adjutant die Küche. Wir haben ihn lange nicht gesehen. Er sagt:

– Ihr kommen helfen Jeep ausladen?

Wir ziehen unsere Stiefel an, wir folgen ihm zum Jeep, der auf der Straße vor der Gartentür steht. Der Adjutant reicht uns Kisten und Schachteln, die wir in das Zimmer des Offiziers tragen.

Wir fragen:

– Wird der Herr Offizier heute abend kommen? Wir haben ihn noch nie gesehen.

Der Adjutant sagt:

– Offizier nicht kommen im Winter her. Vielleicht nie kommen. Er haben Liebeskummer. Vielleicht finden jemand andern später. Muß vergessen. Ist nichts für euch so Geschichten. Ihr bringen Holz, um Zimmer zu heizen.

Wir bringen Holz, wir machen Feuer in dem kleinen Ofen. Der Adjutant öffnet die Kisten und Schachteln und stellt Wein-, Schnaps-, Bierflaschen auf den Tisch sowie viele eßbare Sachen: Würste, Fleisch- und Gemüsekonserven, Reis, Kekse, Schokolade, Zucker, Kaffee.

Der Adjutant öffnet eine Flasche, beginnt zu trinken und sagt:

– Ich Konserven warm machen im Blechnapf auf Spirituskocher. Heute abend essen, trinken, singen mit Kameraden. Feiern Sieg gegen Feind. Wir bald Krieg gewinnen mit neuer Wunderwaffe.

Wir fragen:

– Der Krieg ist also bald aus?

Er sagt:

– Ja. Sehr schnell. Warum ihr so anschauen Essen auf dem Tisch? Wenn ihr haben Hunger, Schokolade essen, Kekse, Wurst.

Wir sagen:

– Es gibt Leute, die verhungern.

– Na und? Nicht dran denken. Viele Leute an Hunger sterben oder an was anders. Wir nicht denken. Wir essen und nicht sterben.

Er lacht. Wir sagen:

– Wir kennen eine blinde und taube Frau, die mit ihrer Tochter hier in der Nähe wohnt. Sie werden diesen Winter nicht überleben.

– Ich nicht schuld dran.

– Doch, Sie sind daran schuld. Sie und Ihr Land. Ihr habt uns den Krieg gebracht.

– Vor dem Krieg, was sie tun, um zu essen, die Blinde und Tochter?

– Vor dem Krieg lebten sie von Almosen. Die Leute gaben ihnen alte Kleider, alte Schuhe. Sie brachten ihnen zu essen. Jetzt gibt ihnen niemand mehr was. Die Leute sind alle arm oder haben Angst, es zu werden. Der Krieg hat sie geizig und egoistisch gemacht.

Der Adjutant schreit:

– Ich auf alles das pfeifen! Genug! Schnauze halten!

– Ja, Sie pfeifen darauf, und Sie essen unsere Nahrung.

– Nicht eure Nahrung. Ich das nehmen aus Kasernenvorrat.

– Alles, was auf diesem Tisch steht, kommt aus unserm Land: die Getränke, die Konserven, die Kekse, der Zucker. Es ist unser Land, das Ihre Armee ernährt.

Der Adjutant wird rot. Er setzt sich auf das Bett, nimmt den Kopf in die Hände:

– Ihr glaubt, ich wollen Krieg und in euer Scheißland kommen? Ich viel lieber zu Haus, ruhig, Stühle und Tische machen. Landwein trinken, mit unsern netten Mädchen lustig sein. Hier alle böse, ihr auch, kleine Kinder. Ihr sagen, alles meine Schuld. Ich was kann machen? Wenn ich sagen, nicht in Krieg gehen, nicht in euer Land kommen, ich erschossen. Ihr alles nehmen, los, alles nehmen auf dem Tisch. Das Fest aus, ich traurig, ihr zu böse mit mir.

Wir sagen:

– Wir wollen nicht alles nehmen, bloß ein paar Konserven und ein bißchen Schokolade. Aber Sie könnten von Zeit zu Zeit, wenigstens während des Winters, Milchpulver mitbringen, Mehl oder irgend was anderes zu essen.

Er sagt:

– Gut. Das ich kann. Ihr morgen mit mir kommen zu Blinden. Aber dann ihr nett sein zu mir. Ja?

Wir sagen:

– Ja.

Der Adjutant lacht. Seine Freunde kommen. Wir gehen. Wir hören sie die ganze Nacht singen.

Die Magd des Pfarrers

Eines Morgens, gegen Ende des Winters, sitzen wir mit Großmutter in der Küche. Es klopft an der Tür; eine junge Frau tritt ein. Sie sagt:

– Guten Tag. Ich komme, um Kartoffeln zu holen für …

Sie hört auf zu sprechen, sie schaut uns an:

– Sie sind allerliebst!

Sie holt einen Schemel, sie setzt sich:

– Komm her, du.

Wir rühren uns nicht.

– Oder du.

Wir rühren uns nicht. Sie lacht:

– So kommt doch, kommt näher. Mache ich euch Angst?

Wir sagen:

– Niemand macht uns Angst.

Wir gehen zu ihr; sie sagt:

– Himmel! Wie schön ihr seid! Aber wie schmutzig!

Großmutter fragt:

– Was wollen Sie?

– Kartoffeln für den Herrn Pfarrer. Warum seid ihr so schmutzig? Wascht ihr euch nie?

Großmutter sagt, ärgerlich:

– Das geht Sie nichts an. Warum ist die Alte nicht gekommen?

Die junge Frau lacht von neuem:

– Die Alte? Sie war jünger als Sie. Aber sie ist gestern gestorben. Es war meine Tante. Ich vertrete sie im Pfarrhaus.

Großmutter sagt:

– Sie war fünf Jahre älter als ich. So, sie ist gestorben ... Wieviel Kartoffeln wollen Sie?

– Zehn Kilo, oder mehr, wenn Sie welche haben. Und auch Äpfel. Und auch... Was haben Sie denn sonst noch? Der Herr Pfarrer ist dürr wie ein Stock, und er hat nichts in seiner Speisekammer.

Großmutter sagt:

– Er hätte im Herbst dran denken müssen.

– Diesen Herbst war ich noch nicht bei ihm. Ich bin erst seit gestern abend dort.

Großmutter sagt:

– Ich sag's Ihnen gleich, in dieser Jahreszeit ist alles Eßbare teuer.

Die junge Frau lacht wieder:

– Nennen Sie Ihren Preis. Wir haben keine Wahl. Es gibt fast nichts mehr in den Geschäften.

– Bald wird es nirgends mehr was geben.

Großmutter feixt und geht hinaus. Wir bleiben allein mit der Magd des Pfarrers. Sie fragt uns:

– Warum wascht ihr euch nie?

– Es gibt kein Badezimmer, es gibt keine Seife. Es gibt keine Möglichkeit, sich zu waschen.

– Und eure Kleider! Wie furchtbar! Habt ihr keine andern?

– Wir haben welche in den Koffern, unter der Bank. Aber sie sind schmutzig und zerrissen. Großmutter wäscht sie nie.

– Die Hexe ist eure Großmutter? Es gibt wirklich Wunder.

Die Hexe kommt mit zwei Säcken zurück:

– Das macht zehn Silberstücke oder ein Goldstück. Ich nehme keine Scheine. Die haben bald keinen Wert mehr, es ist Papier.

Die Magd fragt:

– Was ist in den Säcken?

Großmutter antwortet:

– Was Eßbares. Sie können es nehmen oder stehenlassen.

– Ich nehme es. Ich bringe Ihnen das Geld morgen. Können die Kleinen mir die Säcke tragen helfen?

– Sie können, wenn sie wollen. Sie wollen nicht immer. Sie gehorchen niemand.

Die Magd fragt uns:

– Ihr wollt doch, nicht wahr? Jeder von euch trägt einen Sack, und ich trage eure Koffer.

Großmutter fragt:

– Was ist das für eine Geschichte mit Koffern?

– Ich werde ihre schmutzigen Kleider waschen. Ich bringe sie morgen mit dem Geld wieder zurück.

Großmutter feixt:

– Ihre Kleider waschen? Wenn es Ihnen Spaß macht ...

Wir gehen mit der Magd weg. Wir gehen bis zum Pfarrhaus hinter ihr her. Wir sehen zwei blonde Zöpfe auf ihrem schwarzen Halstuch tanzen, ihre dicken, langen Zöpfe. Sie reichen ihr bis zur Taille. Ihre Hüften tanzen unter dem roten Rock. Man kann ein Stück ihrer Beine zwischen dem Rock und den Stiefeln sehen. Die Strümpfe sind schwarz, und der rechte hat eine Laufmasche.

Das Bad

Wir kommen mit der Magd im Pfarrhaus an. Sie läßt uns durch die Hintertür herein. Wir stellen die Säcke in die Speisekammer und gehen in die Waschküche. Dort sind überall Wäscheseile gespannt. Es gibt Behälter aller Art, darunter eine sonderbar geformte Zinkbadewanne, wie ein tiefer Sessel.

Die Magd öffnet unsere Koffer, weicht unsere Kleider in kaltem Wasser ein, macht dann Feuer, um das Wasser in zwei großen Kesseln heißzumachen. Sie sagt:

– Ich werde sofort waschen, was ihr gleich braucht. Während ihr euch badet, wird es trocknen. Morgen oder übermorgen bringe ich euch die andern Kleider. Man muß sie auch flicken.

Sie gießt kochendes Wasser in die Badewanne; sie schüttet kaltes dazu:

– Also, wer fängt an?

Wir rühren uns nicht. Sie sagt:

– Du, oder du? Los, zieht euch aus!

Wir fragen:

– Wollen Sie hierbleiben, während wir uns baden?

Sie lacht sehr laut:

– Und ob ich hierbleiben werde! Ich werde euch sogar den Rücken schrubben und euch die Haare waschen. Ihr werdet euch vor mir doch nicht genieren! Ich könnte fast eure Mutter sein.

Wir rühren uns immer noch nicht. Da fängt sie an, sich auszuziehen:

– Dann fange ich eben an. Ihr seht, ich geniere mich nicht vor euch. Ihr seid bloß ganz kleine Jungen.

Sie trällert, aber ihr Gesicht wird rot, als sie merkt, daß wir sie anschauen. Sie hat feste und spitze Brüste wie Luftballons, die noch nicht ganz aufgeblasen sind. Ihre Haut ist sehr weiß, und sie hat überall viele blonde Haare. Nicht nur zwischen den Beinen und unter den Armen, sondern auch auf dem Bauch und auf den Schenkeln. Sie fährt fort, im Wasser zu singen, und reibt sich dabei mit einem Waschlappen ab. Als sie aus dem Bad steigt, schlüpft sie schnell in einen Bademantel. Sie erneuert das Wasser der Badewanne und fängt an, die Wäsche zu waschen, uns den Rücken kehrend. Da ziehen wir uns aus und steigen gemeinsam ins Bad. Es ist reichlich Platz für uns beide.

Nach einer Weile reicht uns die Magd zwei große weiße Handtücher.

– Ich hoffe, ihr habt euch überall ordentlich abgerieben.

Wir sitzen auf einer Bank, in unsere Tücher gewickelt, und warten, daß unsere Kleider trocknen. Die Waschküche ist voll Dampf, und es ist sehr heiß. Die Magd kommt mit einer Schere:

– Ich werde euch die Nägel schneiden. Und hört auf, euch so anzustellen; ich fresse euch nicht.

Sie schneidet unsere Finger- und Fußnägel. Sie schneidet uns auch die Haare. Sie küßt uns auf das Gesicht und auf den Hals; und sie hört nicht auf zu sprechen:

– Oh, was für hübsche Füße, wie niedlich, wie sauber! Oh, was für allerliebste Ohren, was für ein zarter Hals! Oh! Wie gern hätte ich zwei so schöne, so hübsche kleine Jungen, ganz für mich allein! Ich würde sie überall kitzeln, überall, überall.

Sie streichelt uns und küßt uns auf den ganzen Körper. Sie kitzelt uns mit ihrer Zunge am Hals, unter den Armen, zwischen den Arschbacken. Sie kniet sich vor die Bank und lutscht unsere Geschlechtsteile, die in ihrem Mund wachsen und hart werden.

Jetzt sitzt sie zwischen uns beiden; sie drückt uns an sich:

– Wenn ich zwei so schöne kleine Babys hätte, würde ich ihnen gute süße Milch zu trinken geben, hier, da, da, so.

Sie zieht unsre Köpfe an ihre Brüste, die aus dem Bademantel hervorgequollen sind, und wir saugen an den sehr hart gewordenen Spitzen. Die Magd steckt die Hände unter ihren Bademantel und reibt sich zwischen den Beinen:

– Wie schade, daß ihr nicht größer seid! Oh! Wie gut das tut, wie gut es tut, mit euch zu spielen!

Sie seufzt, sie keucht, und plötzlich wird sie steif.

Als wir gehen, sagt sie uns:

– Ihr werdet jeden Samstag kommen, um zu baden. Ihr bringt eure schmutzige Wäsche mit. Ich will, daß ihr immer sauber seid.

Wir sagen:

– Wir werden Ihnen Holz mitbringen für Ihre Arbeit. Und Fische und Pilze, wenn es welche gibt.

Der Pfarrer

Am folgenden Samstag kommen wir wieder, um unser Bad zu nehmen. Danach sagt die Magd zu uns:

– Kommt in die Küche. Ich mache Tee, und wir essen Butterbrote.

Wir sind gerade dabei, Butterbrote zu essen, als der Pfarrer in die Küche kommt.

Wir sagen:

– Guten Tag, Herr Pfarrer.

Die Magd sagt:

– Hochwürden, das sind meine Schützlinge. Die Enkel der alten Frau, die die Leute Hexe nennen.

Der Pfarrer sagt:

– Ich kenne sie. Kommt mit mir.

Wir folgen ihm. Wir gehen durch ein Zimmer, in dem nur ein großer runder Tisch mit Stühlen drum herum ist und ein Kruzifix an der Wand. Dann betreten wir ein dunkles Zimmer, dessen Wände bis zur Decke mit Büchern bedeckt sind. Gegenüber der Tür ein Betstuhl mit einem Kruzifix, am Fenster ein Schreibtisch, ein schmales Bett in einer Ecke, drei Stühle an der Wand entlang: das ist das ganze Mobiliar des Zimmers.

Der Pfarrer sagt:

– Ihr habt euch sehr verändert. Ihr seid sauber. Ihr seht aus wie zwei Engel. Setzt euch.

Er stellt zwei Stühle vor seinen Schreibtisch; wir setzen uns. Er setzt sich hinter seinen Schreibtisch. Er reicht uns einen Umschlag:

– Hier ist das Geld.

Wir nehmen den Umschlag und sagen:

– Bald können Sie aufhören, uns welches zu geben. Im Sommer kommt Hasenscharte allein zurecht.

Der Pfarrer sagt:

– Nein. Ich werde diesen beiden Frauen weiter helfen. Ich schäme mich, daß ich es nicht früher getan habe. Und wenn wir jetzt von etwas anderm sprechen würden?

Er sieht uns an; wir schweigen. Er sagt:

– Ich sehe euch nie in der Kirche.

– Wir gehen nicht hin.

– Betet ihr manchmal?

– Nein, wir beten nicht.

– Arme Schäflein. Ich werde für euch beten. Könnt ihr wenigstens lesen?

– Ja, Herr Pfarrer. Wir können lesen.

Der Pfarrer reicht uns ein Buch:

– Da, lest dieses. Ihr findet darin schöne Geschichten über Jesus Christus und das Leben der Heiligen.

– Diese Geschichten kennen wir schon. Wir haben eine Bibel. Wir haben das Alte und Neue Testament gelesen.

Der Pfarrer zieht seine schwarzen Augenbrauen hoch:

– Wie? Ihr habt die ganze Heilige Schrift gelesen?

– Ja, Herr Pfarrer. Wir können sogar einige Stellen auswendig.

– Welche zum Beispiel?

– Stellen aus der Genesis, dem Exodus, den Sprüchen Salomos und der Apokalypse und andere.

Der Pfarrer schweigt einen Augenblick, dann sagt er:

– Ihr kennt also die zehn Gebote. Beachtet ihr sie?

– Nein, Herr Pfarrer, wir beachten sie nicht. Niemand beachtet sie. Es steht geschrieben: ›Du sollst nicht töten‹, und alle Welt tötet.

Der Pfarrer sagt:

– Leider ... es ist Krieg.

Wir sagen:

– Wir würden gern andere Bücher lesen als die Bibel, aber wir haben keine. Sie haben welche. Sie könnten uns welche leihen.

– Die Bücher sind zu schwierig für euch.

– Sind sie schwieriger als die Bibel?

Der Pfarrer sieht uns an. Er fragt:

– Welche Art Bücher möchtet ihr gern lesen?

– Geschichtsbücher und Geographiebücher. Bücher, die wirkliche Dinge erzählen, keine erfundenen.

Der Pfarrer sagt:

– Bis nächsten Samstag werde ich geeignete Bücher für euch finden. Laßt mich jetzt allein. Geht wieder in die Küche und eßt eure Brote auf.

Die Magd und der Adjutant

Wir pflücken mit der Magd Kirschen im Garten. Der Adjutant und der fremde Offizier kommen im Jeep an. Der Offizier geht geradewegs in sein Zimmer. Der Adjutant bleibt bei uns stehen. Er sagt:

– Guten Tag, kleine Freunde, guten Tag, das hübsche Fräulein.

Kirschen schon reif? Ich Kirschen sehr mögen, ich hübsches Fräulein sehr mögen.

Der Offizier ruft aus dem Fenster. Der Adjutant muß ins Haus. Die Magd sagt zu uns:

– Warum habt ihr mir nicht gesagt, daß bei euch Männer sind?

– Es sind Fremde.

– Na und? Was für ein schöner Mann, der Offizier!

Wir fragen:

– Der Adjutant gefällt Ihnen nicht?

– Er ist klein und dick.

– Aber er ist nett und lustig. Er spricht unsere Sprache gut.

Sie sagt:

– Das ist mir egal. Mir gefällt der Offizier.

Der Offizier setzt sich auf die Bank vor dem Fenster. Der Korb der Magd ist voller Kirschen, sie könnte ins Pfarrhaus zurückkehren, aber sie bleibt da. Sie betrachtet den Offizier, sie lacht sehr laut. Sie hängt sich an einen Ast, sie schaukelt, sie springt, sie legt sich ins Gras, und schließlich wirft sie dem Offizier ein Gänseblümchen vor die Füße. Der Offizier steht auf, geht wieder in sein Zimmer. Kurz danach kommt er heraus und fährt mit dem Jeep weg.

Der Adjutant beugt sich aus dem Fenster und schreit:

– Wer kommen und helfen armen Mann sehr schmutziges Zimmer saubermachen?

Wir sagen:

– Wir wollen Ihnen gern helfen.

Er sagt:

– Brauchen eine Frau, um zu helfen. Brauchen hübsches Fräulein.

Wir sagen zur Magd:

– Kommen Sie. Wir helfen ihm ein bißchen.

Wir gehen alle drei ins Zimmer des Offiziers. Die Magd nimmt einen Besen und beginnt zu fegen. Der Adjutant setzt sich auf das Bett.

Er sagt:

– Ich träumen. Ich eine Prinzessin sehen im Traum. Prinzessin soll mich zwicken für aufwachen.

Die Magd lacht, sie zwickt den Adjutanten sehr fest in die Backe.

Der Adjutant schreit:

– Ich jetzt aufgewacht. Auch ich wollen zwicken böse Prinzessin.

Er nimmt die Magd in die Arme und zwickt ihr in den Hintern. Die Magd windet sich, aber der Adjutant drückt sie sehr fest. Er sagt zu uns:

– Ihr, raus! Und Tür zumachen.

Wir fragen die Magd:

– Wollen Sie, daß wir bleiben?

Sie lacht:

– Wozu? Ich kann mich sehr gut allein wehren.

Also gehen wir aus dem Zimmer, wir machen die Tür hinter uns zu. Die Magd geht ans Fenster, sie lächelt uns zu, sie zieht die Fensterläden zu und schließt das Fenster. Wir steigen in die Dachkammer und beobachten durch die Löcher, was im Zimmer des Offiziers vorgeht.

Der Adjutant und die Magd liegen auf dem Bett. Die Magd ist ganz nackt; der Adjutant hat nur sein Hemd und seine Socken an. Er liegt auf der Magd und beide bewegen sich vor und zurück und von rechts nach links. Der Adjutant grunzt wie Großmutters Schwein, und die Magd stößt Schreie aus, als ob man ihr weh täte, aber gleichzeitig lacht sie auch und schreit:

– Ja, ja, ja, oh, oh, oh!

Von diesem Tag an kommt die Magd oft her, und sie schließt sich mit dem Adjutanten ein. Wir schauen ihnen manchmal zu, aber nicht immer.

Der Adjutant hat es gern, wenn die Magd sich bückt oder auf allen vieren hockt, und er nimmt sie von hinten.

Die Magd hat es gern, wenn der Adjutant auf dem Rücken liegt. Dann setzt sie sich auf den Bauch des Adjutanten, und sie bewegt sich auf und ab, als würde sie auf einem Pferd reiten.

Der Adjutant schenkt der Magd manchmal Seidenstrümpfe oder Kölnisch Wasser.

Der fremde Offizier

Wir machen unsere Unbeweglichkeitsübung im Garten. Es ist heiß. Wir liegen auf dem Rücken im Schatten des Nußbaums. Durch die Blätter sehen wir den Himmel, die Wolken. Die Blätter des Baums sind unbeweglich; auch die Wolken, wie es scheint, aber wenn man lange und aufmerksam hinschaut, merkt man, daß sie sich verformen und dehnen.

Großmutter kommt aus dem Haus. Als sie an uns vorbeikommt, spritzt sie mit dem Fuß Sand und Kies auf unser Gesicht und unsern Körper. Sie murmelt etwas und geht in den Weinberg, um ihren Mittagsschlaf zu halten.

Der Offizier sitzt mit nacktem Oberkörper und geschlossenen Augen auf der Bank vor seinem Zimmer, den Kopf an die weiße Wand gelehnt, mitten in der Sonne. Plötzlich kommt er auf uns zu; er spricht zu uns, aber wir antworten nicht, wir schauen ihn nicht an. Er geht zu seiner Bank zurück.

Später sagt der Adjutant zu uns:

– Der Herr Offizier bitten euch zu kommen und mit ihm reden.

Wir antworten nicht. Er sagt noch:

– Ihr aufstehen und kommen. Offizier böse, wenn ihr nicht gehorchen.

Wir rühren uns nicht.

Der Offizier sagt etwas, und der Adjutant geht ins Zimmer. Man hört ihn beim Aufräumen singen.

Als die Sonne das Dach des Hauses neben dem Schornstein berührt, stehen wir auf. Wir gehen zum Offizier, wir bleiben vor ihm stehen. Er ruft den Adjutanten. Wir fragen:

– Was will er?

Der Offizier stellt Fragen; der Adjutant übersetzt:

– Herr Offizier fragen, warum ihr euch nicht rühren, nicht sprechen?

Wir antworten:

– Wir haben unsere Unbeweglichkeitsübung gemacht.

Der Adjutant übersetzt weiter:

– Herr Offizier sagen, ihr viele Übungen machen. Auch andere. Er euch mit Gürtel hat schlagen sehen.

– Das war unsere Abhärtungsübung.

– Herr Offizier fragen, warum ihr das alles machen?

– Um uns an den Schmerz zu gewöhnen.

– Er fragen, ob ihr gern haben weh?

– Nein. Wir wollen nur den Schmerz besiegen, die Hitze, die Kälte, den Hunger, alles, was weh tut.

– Herr Offizier euch bewundern. Er euch finden wunderbar.

Der Offizier sagt noch ein paar Worte. Der Adjutant sagt zu uns:

– Gut, fertig. Ich jetzt müssen gehen. Ihr auch, abhauen, angeln gehen.

Aber der Offizier hält uns lächelnd am Arm zurück und gibt dem Adjutanten ein Zeichen zu verschwinden. Der Adjutant macht ein paar Schritte, dreht sich um:

– Ihr, weglaufen! Schnell! In Stadt spazierengehen.

Der Offizier sieht ihn an, und der Adjutant entfernt sich bis zur Gartentür, von wo aus er noch mal schreit:

– Abhauen, ihr! Nicht bleiben! Nicht verstehen, Dummköpfe?

Er geht. Der Offizier lächelt uns an, schickt uns in sein

Zimmer. Er setzt sich auf einen Stuhl, er zieht uns an sich, hebt uns hoch, setzt uns auf seine Knie. Wir legen unsere Arme um seinen Hals, wir drücken uns an seine behaarte Brust. Er wiegt uns.

Unter uns, zwischen den Beinen des Offiziers, spüren wir eine warme Bewegung. Wir schauen uns an, dann schauen wir dem Offizier in die Augen. Er schiebt uns sanft weg, er zerzaust unsere Haare, er richtet sich auf. Er reicht uns zwei Peitschen und legt sich bäuchlings auf sein Bett. Er sagt ein einziges Wort, das wir, ohne seine Sprache zu können, verstehen.

Wir schlagen. Einmal der eine, einmal der andere.

Der Rücken des Offiziers bekommt rote Striemen. Wir schlagen immer fester. Der Offizier stöhnt und zieht, ohne seine Lage zu verändern, Hose und Unterhose bis zu den Knöcheln herunter. Wir schlagen seinen weißen Hintern, seine Schenkel, seine Beine, seinen Rücken, seinen Hals, seine Schultern mit all unserer Kraft, und alles wird rot.

Der Körper, die Haare, die Kleider des Offiziers, die Laken, der Teppich, unsere Hände, unsere Arme sind rot. Das Blut spritzt sogar in unsere Augen, vermischt sich mit unserm Schweiß, und wir schlagen weiter, bis der Mann zum Schluß einen unmenschlichen Schrei ausstößt und wir erschöpft am Fuß seines Bettes hinfallen.

Die fremde Sprache

Der Offizier bringt uns ein Wörterbuch, in dem man seine Sprache lernen kann. Wir lernen die Wörter; der Adjutant verbessert unsere Aussprache. Ein paar Wochen später können wir diese neue Sprache fließend sprechen. Wir machen immer größere Fortschritte. Der Adjutant muß nicht mehr übersetzen. Der Offizier ist sehr zufrieden mit uns. Er schenkt uns eine Harmonika. Er gibt uns auch einen Schlüssel zu seinem Zimmer, damit wir hineinkönnen, wenn wir wollen (wir gingen schon mit unserm Schlüssel hinein, aber heimlich). Jetzt brauchen wir uns nicht mehr zu verstecken und können dort machen, was uns gefällt: Kekse und Schokolade essen, Zigaretten rauchen.

Wir gehen oft in dieses Zimmer, denn dort ist alles sauber, und wir haben hier mehr Ruhe als in der Küche. Dort machen wir meistens unsere Aufgaben.

Der Offizier besitzt ein Grammophon und Schallplatten. Auf dem Bett liegend hören wir Musik. Einmal, um dem Offizier eine Freude zu machen, legen wir die Nationalhymne seines Landes auf. Aber er wird böse und zerbricht die Schallplatte mit einem Fausthieb.

Manchmal schlafen wir auf dem Bett ein, das sehr breit ist. Eines Morgens findet uns der Adjutant darin; er ist unzufrieden:

– Das sein unvorsichtig! Ihr nicht mehr so Dummheit machen. Was mal passieren, wenn Offizier abends heimkommen?

– Was könnte denn passieren? Es ist genug Platz da auch für ihn.

Der Adjutant sagt:

– Ihr sehr dumm. Einmal ihr zahlen für Dummheit. Wenn der Offizier euch weh tun, ich ihn töten.

– Er wird uns nicht weh tun. Sorgen Sie sich nicht um uns.

Eines Nachts kommt der Offizier nach Hause und findet uns auf seinem Bett schlafend. Das Licht der Petroleumlampe weckt uns auf. Wir fragen:

– Sollen wir in die Küche gehen?

Der Offizier streichelt unsern Kopf und sagt:

– Bleibt. Bleibt nur.

Er zieht sich aus und legt sich zwischen uns. Er schlingt seine Arme um uns, er flüstert uns ins Ohr:

– Schlaft. Ich liebe euch. Schlaft ruhig.

Wir schlafen wieder ein. Später, gegen Morgen, wollen wir aufstehen, aber der Offizier hält uns zurück:

– Bewegt euch nicht. Schlaft weiter.

– Wir müssen urinieren. Wir müssen raus.

– Geht nicht raus. Macht es hier.

Wir fragen:

– Wo?

– Auf mir. Ja. Habt keine Angst. Pißt! Auf mein Gesicht.

Wir tun es, dann gehen wir hinaus in den Garten, denn das Bett ist ganz naß. Die Sonne geht schon auf; wir beginnen mit unsern morgendlichen Arbeiten.

Der Freund des Offiziers

Manchmal kommt der Offizier mit einem Freund nach Hause, einem anderen, jüngeren Offizier. Sie verbringen den Abend zusammen, und der Freund bleibt auch zum Schlafen. Wir haben sie mehrmals durch das Loch in der Decke beobachtet.

Es ist ein Sommerabend. Der Adjutant kocht etwas auf dem Spirituskocher. Er legt ein Tischtuch auf den Tisch, und wir stellen Blumen darauf. Der Offizier und sein Freund sitzen am Tisch; sie trinken. Später essen sie. Der Adjutant ißt an der Tür, auf einem Hocker. Dann trinken sie wieder. Unterdessen kümmern wir uns um die Musik. Wir wechseln die Schallplatten, wir ziehen das Grammophon auf.

Der Freund des Offiziers sagt:

– Die Gören machen mich nervös. Schmeiß sie raus.

Der Offizier fragt:

– Eifersüchtig?

Der Freund antwortet:
– Auf die? Grotesk! Zwei kleine Wilde.
– Sie sind schön, findest du nicht?
– Vielleicht. Ich habe sie nicht angeschaut.
– Ach, du hast sie nicht angeschaut. Dann schau sie an.
Der Freund wird rot:
– Was willst du eigentlich? Sie machen mich nervös mit ihrem hinterhältigen Grinsen. Als würden sie uns zuhören, uns belauern.
– Sie hören uns zu. Sie sprechen unsere Sprache perfekt. Sie verstehen alles.
Der Freund wird blaß, er steht auf:
– Das ist zuviel! Ich gehe!
Der Offizier sagt:
– Sei kein Idiot. Raus, Kinder.
Wir verlassen das Zimmer, wir steigen in die Dachkammer. Wir schauen zu und lauschen.
Der Freund des Offiziers sagt:
– Du hast mich lächerlich gemacht vor diesen stupiden Kindern.
Der Offizier sagt:
– Es sind die intelligentesten Kinder, die mir je begegnet sind.
Der Freund sagt:
– Das sagst du, um mich zu verletzen, um mir weh zu tun. Du tust alles, um mich zu quälen, mich zu demütigen. Eines Tages werde ich dich töten!
Der Offizier wirft seinen Revolver auf den Tisch:
– Ich verlange gar nichts anderes! Nimm ihn. Töte mich! Nur zu!
Der Freund nimmt den Revolver und zielt auf den Offizier:
– Ich tue es. Du wirst schon sehen, ich tue es. Das nächste Mal, wenn du mir von ihm erzählst, von dem andern, töte ich dich.
Der Offizier schließt die Augen, lächelt:

– Er war schön ... jung ... stark ... anmutig ... feinfühlig ... gebildet ... zärtlich ... verträumt ... mutig ... frech ... Ich liebte ihn. Er ist an der Ostfront gefallen. Er war neunzehn Jahre alt. Ich kann nicht ohne ihn leben.

Der Freund wirft den Revolver auf den Tisch und sagt:

– Schweinehund!

Der Offizier macht die Augen auf, sieht seinen Freund an:

– Was für ein Mangel an Courage! Was für ein Mangel an Charakter!

Der Freund sagt:

– Tu es doch selber, wenn du soviel Courage hast, wenn du soviel Kummer hast. Wenn du ohne ihn nicht leben kannst, folge ihm doch in den Tod. Du möchtest, daß ich dir noch dabei helfe? Ich bin nicht verrückt! Krepier doch! Krepier doch ganz allein!

Der Offizier nimmt den Revolver und drückt ihn an seine Schläfe. Wir steigen von der Dachkammer herunter. Der Adjutant sitzt vor der offenen Zimmertür. Wir fragen ihn:

– Glauben Sie, er wird sich töten?

Der Adjutant lacht:

– Ihr keine Angst haben. Sie das immer machen, wenn zuviel trinken. Ich vorher Revolver entladen.

Wir gehen in das Zimmer, wir sagen dem Offizier:

– Wir töten Sie, wenn Sie es wirklich wollen. Geben Sie uns Ihren Revolver.

Der Freund sagt:

– Kleine Mistkerle!

Der Offizier sagt lächelnd:

– Danke. Ihr seid nett. Wir haben nur gespielt. Geht schlafen.

Er steht auf, um die Tür hinter uns zu schließen, er sieht den Adjutanten.

– Sie sind immer noch da?

Der Adjutant sagt:

– Ich habe nicht die Erlaubnis bekommen, wegzugehen.

– Gehen Sie! Ich will Ruhe haben! Verstanden?

Durch die Tür hören wir noch, wie er zu seinem Freund sagt:

– Da kannst du was lernen, du Waschlappen!

Wir hören auch den Lärm einer Prügelei, Schläge, den Krach umgeworfener Stühle, einen Fall, Schreie, Keuchen. Dann ist es still.

Unser erstes Schauspiel

Die Magd singt oft. Alte Volkslieder und neue moderne Lieder, in denen vom Krieg die Rede ist. Wir lauschen diesen Liedern, wir üben sie auf unsrer Harmonika. Wir bitten auch den Adjutanten, uns Lieder aus seiner Heimat beizubringen.

Eines Abends, spät, als Großmutter schon zu Bett gegangen ist, gehen wir in die Stadt. Beim Schloß, in einer alten Straße, bleiben wir vor einem niedrigen Haus stehen. Lärm, Stimmen, Rauch dringen aus der Tür, hinter der Kellertreppe. Wir gehen die steinernen Stufen hinunter und gelangen in einen als Schenke hergerichteten Keller. Männer, stehend oder auf Holzbänken und Fässern sitzend, trinken Wein. Die meisten sind alt, aber es sind auch ein paar junge darunter sowie drei Frauen. Niemand achtet auf uns.

Einer von uns beginnt Harmonika zu spielen, und der andere singt ein bekanntes Lied, in dem von einer Frau die Rede ist, die auf ihren Mann wartet, der in den Krieg gezogen ist und bald zurückkommen wird, siegreich.

Nach und nach drehen sich die Leute zu uns um; die Stimmen verstummen. Wir singen, wir spielen immer lauter, wir hören unsere Melodie am Gewölbe des Kellers widerhallen, als würde jemand anders spielen und singen.

Als unser Lied zu Ende ist, heben wir die Augen zu den müden und eingefallenen Gesichtern. Eine Frau lacht und klatscht. Ein junger Mann, dem ein Arm fehlt, sagt mit heiserer Stimme:

– Weiter. Spielt noch was!

Wir vertauschen die Rollen. Derjenige, der die Harmonika hatte, gibt sie dem andern, und wir stimmen ein neues Lied an.

Ein sehr magerer Mann kommt taumelnd auf uns zu, er schreit uns ins Gesicht:

– Ruhe, ihr Hunde!

Er stößt uns brutal zur Seite, den einen nach rechts, den andern nach links; wir verlieren das Gleichgewicht; die Harmonika fällt hin. Der Mann steigt die Treppe hoch, sich an der Wand festhaltend. Wir hören ihn noch auf der Straße schreien:

– Alle sollen still sein!

Wir heben die Harmonika auf, wir säubern sie. Jemand sagt:

– Er ist taub.

Ein anderer sagt:

– Er ist nicht nur taub. Er ist völlig verrückt.

Ein alter Mann streichelt uns die Haare. Tränen rollen aus seinen tiefliegenden, schwarzumrandeten Augen:

– Was für ein Unglück! Was für eine Welt des Unglücks! Ihr armen Kleinen! Arme Welt!

Eine Frau sagt:

– Taub oder verrückt, wenigstens ist er wiedergekommen. Auch du bist wiedergekommen.

Sie setzt sich auf die Knie des Mannes, dem ein Arm fehlt.

Der Mann sagt:

– Du hast recht, meine Hübsche, ich bin wiedergekommen. Aber womit soll ich arbeiten? Womit soll ich das Sägebrett halten? Mit dem leeren Ärmel meiner Jacke?

Ein anderer junger Mann, der auf einer Bank sitzt, sagt lachend:

– Auch ich bin wiedergekommen. Bloß bin ich unten gelähmt. Die Beine und alles andere. Ich werde nie mehr einen hochkriegen. Lieber wäre ich gleich draufgegangen, dort geblieben, auf einen Schlag.

Eine andere Frau sagt:

– Ihr seid nie zufrieden. Alle, die ich im Lazarett sterben sehe, sagen: ›Egal, wie mein Zustand ist, ich möchte überleben, nach Hause zurückkehren, meine Frau sehen, meine Mutter, egal wie, noch ein bißchen leben.‹

Ein Mann sagt:

– Du, halt's Maul. Die Frauen haben nichts vom Krieg gesehen.

Die Frau sagt:

– Nichts gesehen? Schwachkopf! Wir haben die ganze Arbeit, die ganzen Sorgen: die Kinder ernähren, die Verwundeten pflegen. Ihr dagegen seid alle Helden, wenn der Krieg vorbei ist. Tot: Helden. Überlebend: Helden. Verstümmelt: Helden. Deswegen habt ihr den Krieg erfunden, ihr, die Männer. Es ist euer Krieg. Ihr habt ihn gewollt, führt ihn also, Helden, ihr könnt mich mal.

Alle beginnen zu reden, zu schreien. Der alte Mann neben uns sagt:

– Keiner hat diesen Krieg gewollt. Keiner, keiner.

Wir steigen aus dem Keller hinauf; wir beschließen, nach Hause zu gehen.

Der Mond beleuchtet die Straßen und die staubige Landstraße, die zu Großmutter führt.

Die Weiterentwicklung unserer Schauspiele

Wir lernen mit Früchten jonglieren: Äpfeln, Nüssen, Aprikosen. Zuerst mit zwei, das ist leicht, dann mit drei, vier, bis wir es auf fünf bringen.

Wir erfinden Zauberkunststücke mit Karten und mit Zigaretten.

Wir trainieren uns auch in Akrobatik. Wir können radschlagen, den Salto mortale, Purzelbäume vor und zurück und sehr gewandt auf den Händen gehen.

Wir ziehen uns sehr alte, zu große Kleider an, die wir im Koffer in der Dachkammer gefunden haben: karierte Jacken, zerrissene, weite Hosen, die wir an der Taille mit Schnur festhalten. Wir haben auch einen runden und harten schwarzen Hut gefunden.

Einer von uns klebt sich eine rote Pfefferschote auf die Nase, der andere einen falschen Schnurrbart aus Maishaaren. Wir besorgen uns Lippenstift und vergrößern unsern Mund bis zu den Ohren.

So als Clowns verkleidet gehen wir auf den Marktplatz. Dort gibt es die meisten Geschäfte und die meisten Leute. Wir beginnen unser Schauspiel damit, daß wir viel Lärm mit unserer Harmonika und mit einem ausgehöhlten, in eine Trommel verwandelten Kürbis machen. Wenn genügend Zuschauer um uns herum sind, jonglieren wir mit Tomaten oder sogar mit Eiern. Die Tomaten sind richtige Tomaten, aber die Eier sind ausgeleert und mit feinem Sand gefüllt. Da das die Leute nicht wissen, stoßen sie Schreie aus, lachen und klatschen, wenn wir so tun, als würden wir eines mit knapper Not auffangen.

Wir setzen unser Schauspiel mit Zauberkunststücken fort und beenden es mit Akrobatik.

Während einer von uns radschlägt und den Salto mortale

macht, geht der andere auf den Händen um die Zuschauer herum, den alten Hut zwischen den Zähnen.

Abends gehen wir unverkleidet in die Kneipen.

Bald kennen wir alle Kneipen der Stadt, die Keller, in denen Winzer ihren eigenen Wein verkaufen, die Schenken, in denen man im Stehen trinkt, die Cafés, die die gut gekleideten Leute sowie ein paar Offiziere besuchen, die nach Mädchen Ausschau halten.

Die Leute, die trinken, geben ihr Geld leicht her. Sie vertrauen sich auch leicht an. Wir erfahren alle möglichen Geheimnisse über alle möglichen Leute.

Oft spendiert man uns was zu trinken, und allmählich gewöhnen wir uns an den Alkohol. Wir rauchen auch die Zigaretten, die man uns schenkt.

Überall haben wir viel Erfolg. Man findet, daß wir eine schöne Stimme haben; man applaudiert uns und verlangt Zugaben.

Theater

Manchmal, wenn die Leute aufmerksam sind, nicht zu betrunken und nicht zu laut, zeigen wir ihnen eines unserer kleinen Theaterstücke, zum Beispiel ›Die Geschichte vom Armen und vom Reichen‹.

Einer von uns spielt den Armen, der andere den Reichen.

Der Reiche sitzt an einem Tisch, er raucht. Der Arme tritt auf:

– Ich habe Ihr Holz fertig gehackt, mein Herr.

– Gut so. Übung tut gut. Sie sehen sehr gesund aus. Ihre Backen sind ganz rot.

– Meine Hände sind eiskalt, mein Herr.

– Kommen Sie näher! Zeigen Sie! Ekelhaft! Ihre Hände sind voller Schrammen und Furunkel.

– Es sind Frostbeulen, mein Herr.

– Ihr Armen habt dauernd widerwärtige Krankheiten. Ihr seid schmutzig, das ist das Schlimme an euch. Nehmen Sie das da, für Ihre Arbeit.

Er wirft dem Armen ein Päckchen Zigaretten zu, dieser zündet sich eine an und beginnt zu rauchen. Aber da, wo er steht, an der Tür, gibt es keinen Aschenbecher, und er traut sich nicht, an den Tisch zu gehen. Also klopft er die Asche seiner Zigarette in seine hohle Hand ab. Der Reiche, der gern möchte, daß der Arme weggeht, tut so, als sehe er nicht, daß der Mann einen Aschenbecher braucht. Aber der Arme kann nicht gleich von hier weggehen, weil er Hunger hat. Er sagt:

– Es riecht gut bei Ihnen, mein Herr.

– Es riecht nach Sauberkeit.

– Es riecht auch nach warmer Suppe. Ich habe heute noch nichts gegessen.

– Das hätten Sie tun sollen. Was mich betrifft, so werde ich im Restaurant essen, denn ich habe meinem Koch freigegeben.

Der Arme schnuppert:

– Trotzdem riecht es hier nach schöner warmer Suppe.

Der Reiche schreit:

– Es kann bei mir nicht nach Suppe riechen; niemand kocht Suppe bei mir; es muß von den Nachbarn kommen, oder es riecht in Ihrer Einbildung nach Suppe! Ihr Armen denkt bloß an euren Magen; deswegen habt ihr nie Geld; alles, was ihr verdient, gebt ihr für Suppe und Wurst aus. Ihr seid Schweine, ja, Schweine, und jetzt versauen Sie mein Parkett mit Ihrer Zigarettenasche! Raus hier, und kommen Sie mir nicht mehr unter die Augen!

Der Reiche macht die Tür auf, versetzt dem Armen einen Fußtritt, so daß er der Länge nach auf den Gehsteig fällt.

Der Reiche macht die Tür wieder zu, setzt sich vor einen Teller Suppe und sagt, die Hände faltend:

– Dank, Herr Jesus, für alle deine Wohltaten.

Der Alarm

Als wir bei Großmutter angekommen sind, gab es nur sehr selten Alarm in der Kleinen Stadt. Jetzt immer häufiger. Die Sirenen heulen zu jeder Tages- und Nachtzeit, genau wie in der Großen Stadt. Die Leute rennen in Schutzräume, flüchten in die Keller. Zu dieser Zeit sind die Straßen leer. Manchmal bleiben die Türen der Häuser und Geschäfte offen. Wir nutzen die Gelegenheit, um hineinzugehen und uns in Ruhe zu nehmen, was uns gefällt.

Wir flüchten nie in unsern Keller. Großmutter auch nicht. Tagsüber gehen wir weiter unseren Beschäftigungen nach, nachts schlafen wir weiter.

Meistens überfliegen die Flugzeuge unsere Stadt, um auf der andern Seite der Grenze ihre Bomben abzuwerfen. Es kommt vor, daß trotzdem eine Bombe auf ein Haus fällt. In diesem Fall ermitteln wir die Stelle nach der Richtung, aus der der Rauch kommt, und wir sehen nach, was zerstört worden ist. Wenn etwas übrig ist, was mitgenommen werden kann, nehmen wir es mit.

Wir haben beobachtet, daß die Leute, die sich im Keller eines bombardierten Hauses befinden, immer tot sind. Der Schornstein des Hauses dagegen bleibt fast immer stehen.

Es kommt auch vor, daß ein Flugzeug einen Angriff im Sturzflug macht, um Leute auf den Feldern oder auf der Straße zu beschießen.

Der Adjutant hat uns beigebracht, daß man aufpassen muß, wenn das Flugzeug auf einen zukommt, daß aber, sobald es sich über unserm Kopf befindet, die Gefahr vorüber ist.

Wegen des Alarms ist es verboten, abends die Lampen anzuzünden, bevor man die Fenster nicht vollständig verdunkelt hat. Großmutter meint, es sei praktischer, überhaupt kein Licht zu machen. Patrouillen gehen die ganze Nacht herum, um darauf zu achten, daß die Vorschrift eingehalten wird.

Während des Essens sprechen wir einmal von einem Flugzeug, das wir in Flammen haben aufgehen sehen. Wir haben auch den Piloten mit dem Fallschirm abspringen sehen.

– Wir wissen nicht, was aus dem Piloten der Feinde geworden ist.

Großmutter sagt:

– Feinde? Es sind Freunde, unsere Brüder. Sie werden bald kommen.

Einmal gehen wir während eines Alarms spazieren. Ein aufgeregter Mann stürzt auf uns zu:

– Ihr dürft während der Bombenangriffe nicht draußen bleiben.

Er zieht uns am Arm zu einer Tür:

– Geht da rein.

– Wir wollen nicht.

– Es ist ein Luftschutzraum. Dort seid ihr sicher.

Er öffnet die Tür und stößt uns hinein. Der Keller ist voller Leute. Es herrscht völlige Stille. Die Frauen drücken ihre Kinder an sich.

Plötzlich explodieren irgendwo Bomben. Die Explosionen kommen immer näher. Der Mann, der uns in den Keller gebracht hat, wirft sich auf den Kohlenhaufen, der sich in einer Ecke befindet, und versucht sich darin zu vergraben.

Ein paar Frauen lachen verächtlich. Eine ältere Frau sagt:

– Seine Nerven sind zerrüttet. Er hat Urlaub deswegen.

Plötzlich können wir kaum noch atmen. Wir öffnen die Kellertür; eine große dicke Frau stößt uns weg, macht die Tür wieder zu. Sie schreit:

– Seid ihr verrückt? Ihr könnt jetzt nicht raus.

Wir sagen:

– Die Leute sterben immer in den Kellern. Wir wollen raus.

Die dicke Frau stemmt sich gegen die Tür. Sie zeigt uns ihre Zivilschutzbinde am Arm.

– Hier befehle ich! Ihr bleibt da!

Wir schlagen unsere Zähne in ihre fleischigen Unterarme; wir treten ihr ans Schienbein. Sie stößt Schreie aus, versucht uns zu schlagen. Die Leute lachen. Schließlich sagt sie, ganz rot vor Zorn und Scham:

– Los! Haut ab! Krepiert doch draußen! Es wäre kein großer Verlust.

Draußen holen wir tief Luft. Es ist das erstemal, daß wir Angst hatten.

Es regnet weiter Bomben.

Die Menschenherde

Wir sind ins Pfarrhaus gekommen, um unsere saubere Wäsche zu holen. Wir essen mit der Magd Butterbrote in der Küche. Wir hören Schreie auf der Straße. Wir legen unsere Brote hin und gehen hinaus. Die Leute stehen vor ihren Türen; sie schauen zum Bahnhof. Aufgeregte Kinder kommen schreiend angerannt:

– Sie kommen! Sie kommen!

An der Straßenecke erscheint ein Militärjeep mit fremden Offizieren. Der Jeep fährt langsam, gefolgt von Soldaten, die ihr Gewehr quer über der Brust tragen. Hinter ihnen eine Art Menschenherde. Kinder wie wir. Frauen wie unsere Mutter. Alte Männer wie der Schuster.

Es sind zweihundert oder dreihundert, die vorwärtsgehen, eskortiert von Soldaten. Einige Frauen tragen ihre kleinen Kinder auf dem Rücken, auf der Schulter oder an ihre Brust gedrückt. Eine von ihnen fällt hin; Hände ergreifen das Kind und die Mutter; man trägt sie, denn ein Soldat hat schon sein Gewehr angelegt.

Niemand spricht, niemand weint; die Augen starren auf den

Boden. Man hört nur das Geräusch der genagelten Schuhe der Soldaten.

Genau vor uns ragt ein magerer Arm aus der Menge, eine schmutzige Hand streckt sich aus, eine Stimme bittet:

– Brot.

Lächelnd macht die Magd eine Geste, wie um den Rest ihres Butterbrots herzugeben; sie nähert es der ausgestreckten Hand, dann, laut lachend, zieht sie das Stück Brot zurück, zu ihrem Mund, beißt hinein und sagt:

– Auch ich habe Hunger!

Ein Soldat, der alles gesehen hat, gibt der Magd einen Klaps auf den Hintern; er zwickt sie in die Backe, und sie winkt ihm mit ihrem Taschentuch nach, bis wir nur noch eine Staubwolke in der untergehenden Sonne sehen.

Wir gehen ins Haus zurück. Von der Küche aus sehen wir den Herrn Pfarrer vor dem großen Kruzifix in seinem Zimmer knien. Die Magd sagt:

– Eßt eure Brote auf.

Wir sagen:

– Wir haben keinen Hunger mehr.

Wir gehen in das Zimmer. Der Pfarrer dreht sich um:

– Wollt ihr mit mir beten, Kinder?

– Wir beten nie, das wissen Sie. Wir wollen verstehen.

– Ihr könnt nicht verstehen. Ihr seid zu jung.

– Aber Sie sind nicht zu jung. Deshalb fragen wir Sie: Wer sind diese Leute? Wo bringt man sie hin? Warum?

Der Pfarrer steht auf, kommt auf uns zu. Er sagt, die Augen schließend:

– Die Wege des Herrn sind unerforschlich.

Er öffnet die Augen, legt seine Hände auf unsere Köpfe:

– Bedauerlich, daß ihr ein solches Schauspiel mit ansehen mußtet. Ihr zittert ja an allen Gliedern.

– Sie auch, Herr Pfarrer.

– Ich, ich bin alt, ich zittere.

– Und wir frieren. Wir sind mit nacktem Oberkörper gekommen. Wir werden eines der Hemden anziehen, die Ihre Magd gewaschen hat.

Wir gehen in die Küche. Die Magd gibt uns unser Paket mit sauberer Wäsche. Wir nehmen jeder ein Hemd heraus. Die Magd sagt:

– Ihr seid zu empfindlich. Am besten vergeßt ihr, was ihr gesehen habt.

– Wir vergessen nie etwas.

Sie schiebt uns zum Ausgang:

– Nun beruhigt euch! Das alles hat nichts mit euch zu tun. Euch wird so was nie passieren. Diese Leute sind nichts weiter als Tiere.

Großmutters Äpfel

Vom Pfarrhaus rennen wir zum Haus des Schusters. Seine Fensterscheiben sind zerbrochen; die Tür ist eingetreten. Drinnen ist alles verwüstet. Auf die Wände sind unflätige Wörter geschrieben worden.

Eine alte Frau sitzt auf einer Bank vor dem Nachbarhaus. Wir fragen sie:

– Ist der Schuster weg?

– Schon lange, der arme Mann.

– Er war nicht unter denen, die heute durch die Stadt gekommen sind?

– Nein, die von heute sind von woanders gekommen. In Viehwagen. Ihn haben sie hier getötet, in seiner Werkstatt, mit seinem eigenen Werkzeug. Seid unbesorgt, Gott sieht alles. Er wird die Seinen erkennen.

Als wir nach Hause kommen, finden wir Großmutter auf dem Rücken, die Beine gespreizt, vor der Gartentür liegen, rings um sie sind Äpfel verstreut.

Großmutter rührt sich nicht. Ihre Stirn blutet.

Wir laufen in die Küche, wir machen ein Tuch naß, wir nehmen Schnaps vom Regal. Wir legen das nasse Tuch auf Großmutters Stirn, wir gießen ihr Schnaps in den Mund. Nach einer Weile öffnet sie die Augen. Sie sagt:

– Noch mehr!

Wir gießen ihr noch mehr Schnaps in den Mund.

Sie richtet sich auf den Ellbogen auf, beginnt zu schreien:

– Lest die Äpfel auf! Worauf wartet ihr, lest die Äpfel auf, ihr Hundesöhne!

Wir lesen die Äpfel im Staub der Straße auf. Wir legen sie in ihre Schürze.

Das feuchte Tuch ist Großmutter von der Stirn gefallen. Das Blut läuft in ihre Augen. Sie wischt es mit einer Ecke ihres Kopftuchs ab.

Wir fragen:

– Haben Sie Schmerzen, Großmutter?

Sie feixt:

– Ein Gewehrkolben wird mich bestimmt nicht umbringen.

– Was ist passiert, Großmutter?

– Nichts. Ich war gerade dabei, Äpfel aufzulesen. Ich bin vor die Tür gegangen, um den Menschenzug zu sehen. Meine Schürze ist mir weggerutscht; die Äpfel sind rausgefallen, sie sind auf die Straße gerollt. Mitten in den Zug. Kein Grund, auf einen draufzuschlagen.

– Wer hat auf Sie draufgeschlagen, Großmutter?

– Wer wohl? Ihr seid doch nicht blöd? Auch auf sie haben sie draufgeschlagen. Sie haben blind drauflosgeschlagen. Trotzdem haben ein paar welche essen können, von meinen Äpfeln!

Wir helfen Großmutter aufstehen. Wir bringen sie ins Haus.

Sie fängt an, die Äpfel zu schälen, um Kompott daraus zu machen, aber sie fällt hin, und wir tragen sie auf ihr Bett. Wir ziehen ihr die Schuhe aus. Ihr Kopftuch rutscht herunter; ein völlig kahler Schädel taucht auf. Wir binden ihr das Kopftuch wieder um. Wir bleiben lange an ihrem Bett, wir halten ihre Hände, wir überwachen ihre Atmung.

Der Polizist

Wir frühstücken mit Großmutter. Ein Mann betritt die Küche, ohne anzuklopfen. Er zeigt seinen Polizeiausweis.

Sofort fängt Großmutter an zu schreien:

– Ich will keine Polizei bei mir! Ich habe nichts getan!

Der Polizist sagt:

– Nein, nichts, niemals. Bloß ein bißchen Gift hier und dort.

Großmutter sagt:

– Nichts ist bewiesen worden. Sie können mir nichts anhaben.

Der Polizist sagt:

– Beruhigen Sie sich, Großmutter. Man wird die Toten nicht ausgraben. Man hat schon Mühe, sie zu begraben.

– Was wollen Sie dann?

Der Polizist schaut uns an und sagt:

– Der Apfel fällt nicht weit vom Stamm.

Auch Großmutter schaut uns an und sagt:

– Das hoffe ich doch. Was habt ihr wieder angestellt, Hundesöhne?

Der Polizist fragt:

– Wo wart ihr gestern abend?

Wir antworten:

– Hier.

– Ihr habt euch nicht wie sonst in den Kneipen rumgetrieben?

– Nein. Wir sind hiergeblieben, weil Großmutter einen Unfall hatte.

Großmutter sagt sehr schnell:

– Ich bin auf der Kellertreppe hingefallen. Die Stufen sind glitschig, ich bin ausgerutscht. Ich habe mir den Kopf angestoßen. Die Kleinen haben mich hochgebracht, sie haben mich gepflegt. Sie sind die ganze Nacht bei mir geblieben.

Der Polizist sagt:

– Sie haben eine schlimme Beule, ich sehe. In Ihrem Alter muß man vorsichtig sein. Gut. Wir werden das Haus durchsuchen. Kommt alle drei. Wir fangen mit dem Keller an.

Großmutter öffnet die Kellertür; wir steigen hinunter. Der Polizist räumt alles um, die Säcke, die Kannen, die Körbe, den Kartoffelhaufen. Großmutter fragt uns leise:

– Was sucht er?

Wir zucken die Achseln.

Nach dem Keller durchsucht der Polizist die Küche. Dann muß Großmutter ihr Zimmer aufschließen. Der Polizist zerwühlt ihr Bett. Es ist nichts im Bett, auch nicht im Strohsack, nur ein bißchen Kleingeld unter dem Kopfkissen.

Vor der Tür zum Zimmer des Offiziers fragt der Polizist:

– Was ist das hier?

Großmutter sagt:

– Ein Zimmer, das ich an einen fremden Offizier vermiete. Ich habe den Schlüssel nicht dazu.

Der Polizist schaut die Tür der Dachkammer an:

– Haben Sie eine Leiter?

Großmutter sagt:

– Sie ist kaputt.

– Wie steigen Sie rauf?

– Ich steige nicht rauf. Nur die Kleinen steigen rauf.

Der Polizist sagt:

– Dann mal los, ihr Kleinen.

Wir klettern mit Hilfe des Seils in die Dachkammer. Der Polizist öffnet die Truhe, in der wir das für unsere Studien Nötige aufbewahren: Bibel, Wörterbuch, Papier, Bleistifte und das Große Heft, in dem alles geschrieben steht. Aber der Polizist ist nicht zum Lesen gekommen. Er inspiziert noch den Haufen alter Kleider und Decken, und wir steigen wieder hinunter. Unten schaut der Polizist sich um und sagt:

– Natürlich kann ich nicht den ganzen Garten umgraben. Gut. Kommt mit.

Er führt uns in den Wald, zum Rand des großen Lochs, wo wir eine Leiche gefunden hatten. Die Leiche ist nicht mehr da.

Der Polizist fragt:

– Seid ihr schon mal hier gewesen?

– Nein. Nie. Wir hätten Angst, so weit zu gehen.

– Ihr habt dieses Loch nie gesehen, auch keinen toten Soldaten?

– Nein, nie.

– Als man den toten Soldaten gefunden hat, fehlten ihm sein Gewehr, seine Patronen, seine Handgranaten.

Wir sagen:

– Er war wohl ziemlich zerstreut und nachlässig, dieser Soldat, wenn er alle diese Dinge verloren hat, die für einen Militär unerläßlich sind.

Der Polizist sagt:

– Er hat sie nicht verloren. Sie sind ihm nach seinem Tod gestohlen worden. Ihr kommt doch oft in den Wald, habt ihr vielleicht eine Ahnung davon?

– Nein. Keine Ahnung.

– Trotzdem muß jemand das Gewehr, die Patronen, die Handgranaten weggenommen haben.

Wir sagen:

– Wer würde es wagen, so gefährliche Sachen anzufassen?

Das Verhör

Wir sind im Büro des Polizisten. Er setzt sich an einen Tisch, wir bleiben ihm gegenüber stehen. Er legt Papier und Bleistift zurecht. Er raucht. Er stellt uns Fragen:

– Seit wann kennt ihr die Magd des Pfarrers?

– Seit dem Frühjahr.

– Wo habt ihr sie kennengelernt?

– Bei Großmutter. Sie ist gekommen, um Kartoffeln zu holen.

– Ihr liefert Holz ins Pfarrhaus. Wieviel bekommt ihr dafür bezahlt?

– Nichts. Wir bringen Holz ins Pfarrhaus, um der Magd zu danken, die unsere Wäsche wäscht.

– Ist sie nett zu euch?

– Sehr nett. Sie macht uns Butterbrote, sie schneidet uns die Nägel und die Haare, sie richtet uns Bäder her.

– Wie eine Mutter also. Und ist der Herr Pfarrer nett zu euch?

– Sehr nett. Er leiht uns Bücher und bringt uns viele Dinge bei.

– Wann habt ihr das letztemal Holz ins Pfarrhaus gebracht?

– Vor fünf Tagen. Dienstag vormittag.

Der Polizist geht im Zimmer herum. Er schließt die Vorhänge und macht die Schreibtischlampe an. Er nimmt zwei Stühle und läßt uns hinsetzen. Er richtet das Licht der Lampe auf unser Gesicht:

– Ihr mochtet die Magd sehr?

– Ja, sehr.

– Wißt ihr, was ihr passiert ist?

– Ist ihr etwas passiert?

– Ja. Etwas Furchtbares. Heute morgen hat sie wie gewöhnlich Feuer gemacht, und der Herd in der Küche ist explodiert. Sie hat alles direkt ins Gesicht bekommen. Sie ist im Krankenhaus.

Der Polizist hört auf zu sprechen; wir sagen nichts. Er sagt:

– Ihr sagt nichts?

Wir sagen:

– Eine Explosion mitten ins Gesicht, das führt notgedrungen ins Krankenhaus und manchmal ins Leichenhaus. Ein Glück, daß sie nicht tot ist.

– Sie ist für ihr ganzes Leben entstellt!

Wir schweigen. Der Polizist auch. Er schaut uns an. Wir schauen ihn an. Er sagt:

– Ihr seht nicht besonders traurig aus.

– Wir freuen uns, daß sie am Leben ist. Nach einem solchen Unfall!

– Es war kein Unfall. Jemand hat Sprengstoff im Brennholz versteckt. Eine Patrone aus einem Militärgewehr. Man hat die Hülse gefunden.

Wir fragen:

– Warum sollte das jemand getan haben?

– Um sie zu töten. Sie oder den Herrn Pfarrer.

Wir sagen:

– Die Leute sind grausam. Sie töten gern. Der Krieg hat ihnen das beigebracht. Und überall liegt Sprengstoff herum.

Der Polizist beginnt zu schreien:

– Spielt hier nicht die Schlaumeier. Ihr habt Holz ins Pfarrhaus geliefert! Ihr treibt euch den ganzen Tag im Wald rum! Ihr plündert Leichen aus! Ihr seid zu allem fähig! Ihr habt das im Blut! Auch eure Großmutter hat einen Mord auf dem Gewissen. Sie hat ihren Mann vergiftet. Bei ihr ist es Gift, bei euch Sprengstoff! Gesteht, kleine Dreckskerle! Gesteht! Ihr seid's gewesen.

Wir sagen:

– Nicht nur wir liefern Holz ins Pfarrhaus.

Er sagt:

– Das stimmt. Auch der Alte. Ihn habe ich schon verhört.

Wir sagen:

– Jeder kann eine Patrone in einem Haufen Holz verstecken.

– Ja, aber nicht jeder kann Patronen haben. Ich pfeife auf eure Magd! Was ich wissen will, wo sind die Patronen? Wo sind die Handgranaten? Wo ist das Gewehr? Der Alte hat alles gestanden. Ich habe ihn so gut verhört, daß er alles gestanden hat. Aber er konnte mir nicht zeigen, wo die Patronen, die Handgranaten, das Gewehr sind. Nicht er ist der Täter. Sondern ihr! Ihr wißt, wo die Patronen, die Handgranaten, das Gewehr sind. Ihr wißt es, und ihr werdet es mir sagen!

Wir antworten nicht. Der Polizist schlägt zu. Mit beiden Händen. Rechts und links. Wir bluten aus der Nase und aus dem Mund.

– Gesteht!

Wir schweigen. Er wird ganz weiß, er schlägt und schlägt. Wir fallen von unsern Stühlen. Er tritt uns in die Rippen, in die Nieren, in den Magen.

– Gesteht! Gesteht! Ihr wart es! Gesteht!

Wir können die Augen nicht mehr öffnen. Wir hören nichts mehr. Unser Körper ist voller Schweiß, Blut, Urin, Exkrementen. Wir verlieren das Bewußtsein.

Im Gefängnis

Wir liegen in einer Zelle auf dem Boden aus gestampfter Erde. Durch ein kleines Fenster mit Eisengittern dringt ein wenig Licht. Aber wir wissen nicht, wie spät es ist, nicht einmal, ob es Vormittag oder Nachmittag ist.

Überall tut es uns weh. Bei der allerkleinsten Bewegung fallen wir wieder halb in Ohnmacht. Unser Blick ist verschleiert, unsere

Ohren dröhnen, unser Kopf brummt. Wir haben schrecklichen Durst. Unser Mund ist ganz trocken.

Stunden vergehen so. Wir sprechen nicht. Später kommt der Polizist herein, er fragt uns:

– Braucht ihr was?

Wir sagen:

– Zu trinken.

– Sprecht. Gesteht. Und ihr bekommt zu trinken, zu essen, alles, was ihr wollt.

Wir antworten nicht. Er fragt:

– Großvater, wollen Sie was essen?

Niemand antwortet ihm. Er geht hinaus.

Wir merken, daß wir nicht allein in der Zelle sind. Behutsam heben wir ein wenig den Kopf, und wir sehen einen alten Mann zusammengekrümmt in einer Ecke liegen. Langsam kriechen wir zu ihm, wir berühren ihn. Er ist steif und kalt. Wir kriechen wieder zu unserem Platz an der Tür zurück.

Es ist schon dunkel, als der Polizist mit einer Taschenlampe wiederkommt. Er leuchtet den Alten an, er sagt zu ihm:

– Schlafen Sie gut. Morgen früh können Sie nach Hause gehen.

Er leuchtet auch uns mitten ins Gesicht, einem nach dem andern:

– Immer noch nichts zu sagen? Mir ist es egal. Ich habe Zeit. Ihr werdet sprechen oder hier krepieren.

Später in der Nacht geht die Tür von neuem auf. Der Polizist, der Adjutant und der fremde Offizier treten ein. Der Offizier beugt sich über uns. Er sagt zum Adjutanten:

– Rufen Sie den Stützpunkt an wegen eines Krankenwagens!

Der Adjutant geht weg. Der Offizier untersucht den alten Mann. Er sagt:

– Er hat ihn totgeschlagen!

Er dreht sich zu dem Polizisten um:

– Das wirst du teuer bezahlen, Laus! Und wie du das bezahlen wirst!

Der Polizist fragt uns:

– Was sagt er?

– Er sagt, daß der Alte tot ist und daß Sie es teuer bezahlen werden, Laus!

Der Offizier streichelt unsere Stirn:

– Meine Kleinen, meine kleinen Jungen. Er hat gewagt, euch weh zu tun, dieses gemeine Schwein!

Der Polizist sagt:

– Was wird er mit mir machen? Sagt ihm, ich habe Kinder ... Ich wußte nicht ... Ist er euer Vater, oder was?

Wir sagen:

– Unser Onkel.

– Ihr hättet es mir sagen sollen. Ich konnte es nicht wissen. Ich bitte euch um Verzeihung. Was kann ich tun, um ...

Wir sagen:

– Beten Sie zu Gott.

Der Adjutant kommt mit zwei anderen Soldaten. Man legt uns auf Bahren und trägt uns in den Krankenwagen. Der Offizier setzt sich neben uns. Der Polizist, von mehreren Soldaten begleitet, wird in den Jeep gebracht, den der Adjutant steuert.

Im Militärstützpunkt untersucht uns der Arzt sofort in einem großen weißen Saal. Er desinfiziert unsere Wunden, er gibt uns Spritzen gegen die Schmerzen und gegen Tetanus. Er röntgt uns auch. Wir haben nichts gebrochen, außer ein paar Zähnen, aber es sind Milchzähne.

Der Adjutant bringt uns zu Großmutter zurück. Er legt uns in das große Bett des Offiziers und legt sich auf eine Decke neben das Bett. Am Morgen holt er Großmutter, die uns heiße Milch ans Bett bringt.

Als der Adjutant gegangen ist, fragt uns Großmutter:

– Habt ihr gestanden?

– Nein, Großmutter. Wir hatten nichts zu gestehen.

– Das dachte ich mir. Und der Polizist, was ist aus ihm geworden?

– Das wissen wir nicht. Aber er kommt bestimmt nie wieder.

Großmutter feixt:

– Deportiert oder erschossen, was? Das Schwein! Das feiern wir. Ich werde das Huhn von gestern aufwärmen. Ich habe nichts davon gegessen.

Mittags stehen wir auf, wir gehen in die Küche, um zu essen.

Während des Essens sagt Großmutter:

– Ich frage mich, warum ihr sie töten wolltet. Ihr hattet eure Gründe, vermute ich.

Der alte Herr

Kurz nach dem Abendessen kommt ein alter Herr mit einem Mädchen, das größer ist als wir.

Großmutter fragt ihn:

– Was wollen Sie?

Der alte Herr nennt einen Namen, und Großmutter sagt zu uns:

– Geht raus. Dreht eine Runde im Garten.

Wir gehen hinaus. Wir gehen um das Haus herum und setzen uns unter das Küchenfenster. Wir lauschen.

Der alte Herr sagt:

– Haben Sie Mitleid.

Großmutter antwortet:

– Wie können Sie so was von mir verlangen?

Der alte Herr sagt:

– Sie kannten ihre Eltern. Sie haben sie mir anvertraut, bevor sie deportiert wurden. Sie hatten mir Ihre Adresse gegeben für den Fall, daß sie bei mir nicht mehr in Sicherheit wäre.

Großmutter fragt:

– Sie wissen, was ich riskiere?

– Ja, ich weiß es. Aber es geht um ihr Leben.

– Es ist ein fremder Offizier im Haus.

– Eben. Niemand wird sie hier suchen. Sie brauchen nur zu sagen, sie sei Ihre Enkelin, die Kusine der beiden Jungen.

– Alle Welt weiß, daß ich keine andern Enkel habe als diese beiden.

– Sie können sagen, daß sie aus der Familie Ihres Schwiegersohns kommt.

Großmutter feixt:

– Den habe ich nie gesehen!

Nach einem langen Schweigen fährt der alte Herr fort:

– Ich bitte Sie nur, das Mädchen einige Monate zu ernähren, bis der Krieg aus ist.

– Der Krieg kann noch Jahre dauern.

– Nein, er dauert nicht mehr sehr lange.

Großmutter beginnt zu greinen:

– Ich bin eine arme alte Frau, die sich totarbeitet. Wie soll ich so viele Münder füttern?

Der alte Herr sagt:

– Hier ist alles Geld, das ihre Eltern besaßen. Und der Familienschmuck. Alles gehört Ihnen, wenn Sie sie retten.

Kurz danach ruft uns Großmutter.

– Das ist eure Kusine.

Wir sagen:

– Ja, Großmutter.

Der alte Herr sagt:

– Ihr werdet zusammen spielen, alle drei, ja?

Wir sagen:

– Wir spielen nie.

Er fragt:

– Was macht ihr dann?

– Wir arbeiten, wir lernen, wir machen Übungen.

Er sagt:

– Ich verstehe. Ihr seid ernste Männer. Ihr habt keine Zeit zu spielen. Ihr werdet auf eure Kusine aufpassen, nicht wahr?

– Ja, mein Herr. Wir werden auf sie aufpassen.

– Ich danke euch.

Unsere Kusine sagt:

– Ich bin größer als ihr.

Wir antworten:

– Aber wir sind zu zweit.

Der alte Herr sagt:

– Ihr habt recht. Zu zweit ist man viel stärker. Und vergeßt nicht, sie ›Kusine‹ zu nennen, nicht wahr?

– Nein, mein Herr. Wir vergessen nie etwas.

– Ich vertraue euch.

Unsere Kusine

Unsere Kusine ist fünf Jahre älter als wir. Ihre Augen sind schwarz. Ihre Haare sind rot wegen eines Mittels, das Henna heißt.

Großmutter sagt uns, daß unsere Kusine die Tochter der Schwester unseres Vaters ist. Wir sagen dasselbe zu den Leuten, die Fragen über unsere Kusine stellen.

Wir wissen, daß unser Vater keine Schwester hat. Aber wir wissen auch, daß ohne diese Lüge das Leben unserer Kusine in Gefahr wäre. Und wir haben dem alten Herrn versprochen, auf sie aufzupassen.

Als der alte Herr weggegangen ist, sagt Großmutter:
– Eure Kusine wird mit euch in der Küche schlafen.
Wir sagen:
– Es ist kein Platz mehr in der Küche.
Großmutter sagt:
– Seht zu, wie ihr zurechtkommt.
Unsere Kusine sagt:
– Ich werde gern auf dem Tisch oder auf dem Boden schlafen, wenn ihr mir eine Decke gebt.
Wir sagen:
– Du kannst auf der Bank schlafen, und du kannst die Decken behalten. Wir werden in der Dachkammer schlafen. Es ist nicht mehr so kalt.
Sie sagt:
– Ich komme mit euch in der Dachkammer schlafen.
– Wir wollen dich nicht. Du darfst nie den Fuß in die Dachkammer setzen.
– Warum?
Wir sagen:
– Du hast ein Geheimnis. Auch wir haben eines. Wenn du unser Geheimnis nicht achtest, werden wir auch deines nicht achten.
Sie fragt:
– Wärt ihr imstand, mich anzuzeigen?
– Wenn du in die Dachkammer steigst, stirbst du. Ist das klar?
Sie schaut uns einen Augenblick schweigend an, dann sagt sie:
– Ich sehe, ihr seid zwei völlig übergeschnappte kleine Dreckskerle. Ich werde nie in eure Scheißdachkammer steigen, das verspreche ich.
Sie hält ihr Versprechen, sie steigt nie in die Dachkammer. Aber sonst stört sie uns dauernd.
Sie sagt:
– Bringt mir Himbeeren.

Wir sagen:
– Hol dir selber welche im Garten.
Sie sagt:
– Hört auf, laut zu lesen. Mir platzt das Trommelfell.
Wir lesen weiter.
Sie fragt:
– Was macht ihr da? Seit Stunden liegt ihr auf dem Boden, ohne euch zu rühren.

Wir setzen unsere Unbeweglichkeitsübung auch dann fort, wenn sie uns mit faulem Obst bewirft.

Sie sagt:
– Hört auf zu schweigen, ihr geht mir auf die Nerven!
Wir setzen unsere Schweigeübung fort, ohne ihr zu antworten.

Sie fragt:
– Warum eßt ihr heute nichts?
– Es ist unser Fastenübungstag.

Unsere Kusine arbeitet nicht, lernt nicht, macht keine Übungen. Oft betrachtet sie den Himmel, manchmal weint sie.

Großmutter schlägt unsere Kusine nie. Sie beschimpft sie auch nicht. Sie verlangt nicht, daß sie arbeitet. Sie verlangt nichts von ihr. Sie spricht nie mit ihr.

Der Schmuck

Noch am Abend ihrer Ankunft gehen wir in die Dachkammer schlafen. Wir nehmen zwei Decken aus dem Zimmer des Offiziers, und wir legen Heu auf den Boden. Bevor wir uns hinlegen, schauen wir durch die Löcher. Bei dem Offizier ist niemand. Bei Großmutter brennt Licht, was selten vorkommt.

Großmutter hat die Petroleumlampe aus der Küche genommen und sie über ihren Frisiertisch gehängt. Es ist ein altes Möbelstück mit drei Spiegeln. Der in der Mitte ist fest, die beiden andern sind beweglich. Man kann sie drehen, um sich von der Seite zu sehen.

Großmutter sitzt vor dem Frisiertisch, sie betrachtet sich im Spiegel. Auf ihren Kopf, über ihr schwarzes Kopftuch, hat sie etwas Glänzendes gesetzt. An ihrem Hals hängen mehrere Ketten, ihre Arme sind mit Reifen, ihre Finger mit Ringen beladen. Sie betrachtet sich und spricht mit sich selbst:

– Reich, reich. Es ist leicht, schön zu sein mit alldem. Leicht. Das Rad dreht sich. Jetzt gehört er mir, der Schmuck. Mir. Es ist nur gerecht. Es glänzt, es glänzt.

Später sagt sie:

– Und wenn sie zurückkommen? Wenn sie ihn wiederhaben wollen? Sobald die Gefahr vorbei ist, vergessen sie. Sie wissen nicht, was Dankbarkeit ist. Sie versprechen das Blaue vom Himmel, und dann ... Nein, nein, sie sind schon tot. Auch der alte Herr wird sterben. Er hat gesagt, ich kann alles behalten ... Aber die Kleine ... Sie hat alles gesehen, alles gehört. Sie wird es mir wegnehmen wollen. Bestimmt. Nach dem Krieg wird sie es wiederhaben wollen. Aber ich will, ich kann es nicht zurückgeben. Es gehört mir. Für immer.

– Auch sie muß sterben. Dann gibt es keinen Beweis. Aus den Augen, aus dem Sinn. Ja, sie wird sterben, die Kleine. Sie wird einen Unfall haben. Kurz vor Kriegsende. Ja, es muß ein Unfall sein. Kein Gift. Diesmal nicht. Ein Unfall. Ertränken im Fluß. Ihren Kopf unter Wasser halten. Schwierig. Sie die Kellertreppe runterstoßen. Nicht hoch genug. Das Gift. Es gibt bloß Gift. Was Langsames. Gut dosiert. Eine Krankheit, die sie langsam zerfrißt, monatelang. Es gibt keinen Arzt. Viele Leute sterben so im Krieg, weil es keine Behandlung gibt.

Großmutter hebt die Faust, droht ihrem Spiegelbild:

– Ihr könnt mir nichts anhaben! Nichts!

Sie feixt. Sie legt den Schmuck ab, tut ihn in einen Stoffbeutel und versteckt den Beutel in ihrem Strohsack. Sie legt sich schlafen. Wir auch.

Am nächsten Morgen, als unsere Kusine die Küche verlassen hat, sagen wir zu Großmutter:

– Großmutter, wir wollen Ihnen etwas sagen.

– Was gibt's denn schon wieder?

– Hören Sie gut zu, Großmutter. Wir haben dem alten Herrn versprochen, auf unsere Kusine aufzupassen. Also wird ihr nichts zustoßen. Weder Unfall noch Krankheit. Nichts. Und uns auch nicht.

Wir zeigen ihr einen geschlossenen Umschlag:

– Hier ist alles aufgeschrieben. Wir werden diesen Brief dem Herrn Pfarrer geben. Wenn einem von uns dreien etwas zustößt, wird der Pfarrer den Brief öffnen. Haben Sie gut verstanden, Großmutter?

Großmutter schaut uns an, die Augen fast geschlossen. Sie atmet sehr heftig. Sie sagt sehr leise:

– Hundesöhne, Hurensöhne, Teufelsbrut! Verflucht sei der Tag, an dem ihr geboren wurdet!

Am Nachmittag, als Großmutter in ihren Weinberg arbeiten geht, durchsuchen wir ihren Strohsack. Es ist nichts darin.

Unsere Kusine und ihr Liebhaber

Unsere Kusine wird ernst, sie stört uns nun nicht mehr. Sie wäscht sich jeden Tag in der großen Wanne, die wir mit dem in den Kneipen verdienten Geld gekauft haben. Sie wäscht oft ihr Kleid und auch ihren Schlüpfer. Während ihre Kleider trocknen, hüllt sie sich in ein Handtuch oder legt sich in die Sonne mit ihrem Schlüpfer, der auf dem Körper trocknet. Sie ist ganz braun. Ihre Haare bedecken sie bis zu den Hinterbacken. Manchmal dreht sie sich auf den Rücken und verbirgt ihre Brust mit den Haaren.

Gegen Abend geht sie in die Stadt. Sie bleibt immer länger in der Stadt. Eines Abends folgen wir ihr, ohne daß sie es merkt.

Am Friedhof trifft sie eine Gruppe von Jungen und Mädchen, die alle größer sind als wir. Sie sitzen unter den Bäumen, sie rauchen. Sie haben auch Weinflaschen. Sie trinken aus der Flasche. Einer von ihnen hält Wache am Rand des Wegs. Wenn jemand kommt, singt der Aufpasser ein bekanntes Lied, wobei er ruhig sitzen bleibt. Die Gruppe zerstreut sich und versteckt sich in den Büschen oder hinter den Grabsteinen. Wenn die Gefahr vorüber ist, pfeift der Aufpasser ein anderes Lied.

Die Gruppe spricht leise vom Krieg und auch von Desertionen, Deportationen, Widerstand, Befreiung.

Ihrer Meinung nach sind die fremden Militärs, die in unserm Land sind und behaupten, unsere Verbündeten zu sein, in Wahrheit unsere Feinde und diejenigen, die bald kommen und den Krieg gewinnen werden, sind keine Feinde, sondern im Gegenteil unsere Befreier.

Sie sagen:

– Mein Vater ist auf die andere Seite gegangen. Er wird mit ihnen zurückkommen.

– Mein Vater ist gleich nach der Kriegserklärung desertiert.

– Meine Eltern haben sich den Partisanen angeschlossen. Ich war zu jung, um mit ihnen zu gehen.

– Meine sind von diesen Schweinen mitgenommen worden. Deportiert.

– Du wirst deine Eltern nie wiedersehen. Und ich auch nicht. Sie sind jetzt alle tot.

– Das ist nicht sicher. Es wird Überlebende geben.

– Und die Toten werden wir rächen.

– Wir waren zu jung. Schade. Wir konnten nichts tun.

– Es ist bald vorbei. ›Sie‹ können jeden Tag kommen.

– Wir werden sie auf dem Großen Platz mit Blumen empfangen.

Spät in der Nacht zerstreut sich die Gruppe. Jeder geht nach Hause.

Unsere Kusine geht mit einem Jungen weg. Wir folgen ihnen. Sie biegen in die kleinen Gassen des Schlosses ein, verschwinden hinter einer verfallenen Mauer. Wir sehen sie nicht, aber wir hören sie.

Unsere Kusine sagt:

– Leg dich auf mich. Ja, so. Küß mich. Küß mich.

Der Junge sagt:

– Wie schön du bist! Ich begehre dich.

– Ich auch. Aber ich habe Angst. Was ist, wenn ich schwanger bin?

– Ich werde dich heiraten. Ich liebe dich. Wir heiraten nach der Befreiung.

– Wir sind zu jung. Wir müssen warten.

– Ich kann nicht warten.

– Hör auf! Du tust mir weh. Wir dürfen nicht, wir dürfen nicht, Liebster.

Der Junge sagt:

– Ja, du hast recht. Aber streichle mich. Gib deine Hand. Streichle mich da, ja, so. Dreh dich um. Ich möchte dich da küssen, da, während du mich streichelst.

Unsere Kusine sagt:

– Nein, tu das nicht. Ich schäme mich. Oh! Mach weiter, mach weiter! Ich liebe dich, ich liebe dich so sehr.

Wir gehen nach Hause.

Der Segen

Wir müssen noch mal ins Pfarrhaus gehen, um die Bücher zurückzubringen, die wir ausgeliehen haben.

Wieder macht uns eine alte Frau die Tür auf. Sie läßt uns herein, sie sagt:

– Der Herr Pfarrer erwartet euch.

Der Pfarrer sagt:

– Setzt euch.

Wir legen die Bücher auf seinen Schreibtisch. Wir setzen uns.

Der Pfarrer sieht uns einen Augenblick an, dann sagt er:

– Ich habe auf euch gewartet. Schon lange seid ihr nicht mehr gekommen.

Wir sagen:

– Wir wollten die Bücher auslesen. Und wir sind sehr beschäftigt.

– Und euer Bad?

– Wir haben jetzt alles, was wir brauchen, um uns zu waschen. Wir haben eine Wanne gekauft, Seife, eine Schere, Zahnbürsten.

– Womit? Mit welchem Geld?

– Mit dem Geld, das wir verdienen, wenn wir in den Kneipen Musik machen.

– Kneipen sind ein Ort der Verderbnis. Besonders in eurem Alter.

Wir antworten nicht. Er sagt:

– Ihr seid auch nicht mehr wegen des Geldes für die Blinde gekommen. Jetzt ist eine beträchtliche Summe beisammen. Nehmt es.

Er reicht uns das Geld. Wir sagen:

– Behalten Sie es. Sie haben genug gegeben. Wir haben Ihr Geld genommen, als es unbedingt notwendig war. Jetzt verdienen wir genügend Geld, um Hasenscharte welches zu geben. Wir haben ihr auch beigebracht, wie man arbeitet. Wir haben ihr geholfen, die Erde ihres Gartens umzugraben und dort Kartoffeln, Bohnen, Kürbisse, Tomaten zu pflanzen. Wir haben ihr Küken und Kaninchen zum Aufziehen gegeben. Sie kümmert sich um ihren Garten und um ihre Tiere. Sie bettelt nicht mehr. Sie braucht Ihr Geld nicht mehr.

Der Pfarrer sagt:

– Dann nehmt dieses Geld für euch selbst. Dann braucht ihr nicht mehr in den Kneipen zu arbeiten.

– Wir arbeiten gern in den Kneipen.

Er sagt:

– Ich habe erfahren, daß man euch geschlagen, gefoltert hat.

Wir fragen:

– Was ist aus Ihrer Magd geworden?

– Sie hat sich an die Front gemeldet, um die Verwundeten zu pflegen. Sie ist tot.

Wir schweigen. Er fragt:

– Wollt ihr euch mir anvertrauen? Ich bin durch das Beichtgeheimnis gebunden. Ihr habt nichts zu befürchten. Beichtet.

Wir sagen:

– Wir haben nichts zu beichten.

– Ihr habt unrecht. Ein solches Verbrechen ist sehr schwer zu tragen. Die Beichte wird euch Erleichterung verschaffen. Gott vergibt allen, die ihre Sünden aufrichtig bereuen.

Wir sagen:

– Wir bereuen nichts. Wir haben nichts zu bereuen.

Nach einem langen Schweigen sagt er:

– Ich habe alles durchs Fenster gesehen. Das Stück Brot … Aber die Rache ist bei Gott. Ihr habt nicht das Recht, an Seine Stelle zu treten.

Wir schweigen. Er fragt:

– Darf ich euch segnen?

– Wenn es Ihnen Freude macht.

Er legt seine Hände auf unsern Kopf:

– Gott der Allmächtige, segne diese Kinder. Was auch ihr Verbrechen sein mag, vergib ihnen. Sie sind verirrte Schafe in einer schändlichen Welt, selber Opfer unserer verderbten Zeit, sie wissen nicht, was sie tun. Ich flehe zu dir, rette ihre kindlichen Seelen, reinige sie in deiner unendlichen Güte und Barmherzigkeit. Amen.

Dann sagt er uns noch:

– Besucht mich von Zeit zu Zeit, auch wenn ihr nichts braucht.

Die Flucht

Von einem Tag zum andern erscheinen Plakate auf den Mauern der Stadt. Auf einem Plakat sieht man einen alten Mann am Boden liegen, den Körper vom Bajonett eines feindlichen Soldaten durchbohrt. Auf einem andern Plakat schlägt ein feindlicher Soldat ein Kind mit einem anderen Kind, das er an den Füßen hält. Wieder auf einem andern zieht ein feindlicher Soldat eine Frau am Arm und zerreißt mit der andern Hand ihre Bluse. Der Mund der Frau steht offen, und Tränen rollen aus ihren Augen.

Die Leute, die die Plakate betrachten, sind entsetzt.

Großmutter lacht, sie sagt:

– Das sind Lügen. Ihr braucht keine Angst zu haben. Die Leute sagen, daß die Große Stadt gefallen ist.

Großmutter sagt:

– Wenn sie den Großen Fluß überquert haben, kann sie nichts mehr aufhalten. Sie werden bald hier sein.

Unsere Kusine sagt:

– Dann werde ich heimgehen können.

Eines Tages sagen die Leute, daß die Armee sich ergeben hat, daß Waffenstillstand ist und daß der Krieg aus ist. Am nächsten Tag sagen die Leute, daß es eine neue Regierung gibt und daß der Krieg weitergeht.

Viele fremde Soldaten kommen mit dem Zug oder mit dem Lastwagen. Auch Soldaten unseres Landes. Es gibt viele Verwundete. Wenn die Leute die Soldaten unseres Landes ausfragen, antworten diese, daß sie nichts wissen. Sie gehen durch die Stadt. Sie gehen in das andere Land, auf der Straße, die am Lager vorbeiführt.

Die Leute sagen:

– Sie fliehen. Es ist der Zusammenbruch.

Andere sagen:

– Sie ziehen sich zurück. Sie sammeln sich hinter der Grenze wieder. Hier werden sie sie zum Stehen bringen. Nie werden sie den Feind über die Grenze lassen.

Großmutter sagt:

– Das wird sich zeigen.

Viele Leute kommen an Großmutters Haus vorbei. Auch sie gehen in das andere Land. Sie sagen, daß man unser Land für immer verlassen muß, weil der Feind kommt und sich rächen wird. Er wird unser Volk versklaven.

Es gibt Leute, die zu Fuß fliehen, einen Sack auf dem Rücken, andere schieben ihre Fahrräder, die mit den verschiedensten Dingen beladen sind: ein Federbett, eine Geige, ein Ferkel in einem Käfig, Kochtöpfe. Andere sitzen auf Karren, die von Pferden gezogen werden: Sie nehmen ihr ganzes Mobiliar mit.

Die meisten sind aus unserer Stadt, aber manche kommen von weit her.

Eines Morgens kommen der Adjutant und der fremde Offizier, um sich von uns zu verabschieden.

Der Adjutant sagt:

– Alles kaputt. Aber besser besiegt sein als tot.

Er lacht. Der Offizier legt eine Schallplatte auf das Grammophon; wir hören schweigend zu, auf dem großen Bett sitzend.

Der Offizier drückt uns an sich, er weint.

– Ich werde euch nie wiedersehen.

Wir sagen zu ihm:

– Sie werden eigene Kinder haben.

– Ich will keine.

Er sagt noch, auf die Schallplatten, das Grammophon deutend:

– Behaltet das zur Erinnerung an mich. Aber nicht das Wörterbuch. Ihr werdet eine andere Sprache lernen müssen.

Der Leichenacker

Eines Nachts hören wir Explosionen, Schießereien, das Rattern der Maschinengewehre. Wir verlassen das Haus, um zu sehen, was vorgeht.

Ein großes Feuer steigt vom Lagerplatz auf. Wir glauben, daß der Feind gekommen ist, aber am nächsten Tag ist die Stadt ruhig; man hört nur das ferne Grollen der Kanonen.

Am Ende der Straße, die zum Stützpunkt führt, steht kein Wachtposten mehr. Dicker Rauch von ekelerregendem Geruch steigt zum Himmel auf. Wir beschließen nachzusehen.

Wir betreten das Lager. Es ist leer. Es ist niemand da, nirgends. Einige Gebäude schwelen noch. Der Gestank ist unerträglich. Wir halten uns die Nase zu und gehen trotzdem weiter. Ein Stacheldrahtzaun stoppt uns. Wir steigen auf einen Wachtturm. Wir sehen einen großen Platz, auf dem sich vier große schwarze Scheiterhaufen erheben. Wir entdecken eine Öffnung, eine Bresche im Zaun. Wir steigen vom Wachtturm herunter, wir finden den Eingang. Ein großes Eisentor, offen. Darüber steht in fremder Sprache: ›Übergangslager‹. Wir gehen hinein.

Die schwarzen Scheiterhaufen, die wir von oben gesehen haben, sind verkohlte Leichen. Einige haben sehr gut gebrannt, nur noch Knochen sind übrig. Andere sind kaum geschwärzt. Es gibt viele davon. Große und kleine. Erwachsene und Kinder. Wir denken, daß man sie zuerst getötet, dann aufgehäuft und mit Benzin übergossen hat, um sie anzuzünden.

Wir erbrechen uns. Wir rennen aus dem Lager. Wir gehen nach Hause. Großmutter ruft uns zum Essen, aber wir erbrechen uns von neuem.

Großmutter sagt:

– Ihr habt schon wieder irgendein Dreckszeug gegessen.

Wir sagen:

– Ja, unreife Äpfel.

Unsere Kusine sagt:

– Das Lager hat gebrannt. Wir sollten nachsehen. Bestimmt ist niemand mehr drin.

– Wir waren schon dort. Es gibt nichts Interessantes.

Großmutter feixt:

– Die Helden haben nichts vergessen? Sie haben alles mitgenommen? Sie haben nichts Brauchbares dagelassen? Habt ihr gut nachgesehen?

– Ja, Großmutter. Wir haben gut nachgesehen. Es gibt nichts.

Unsere Kusine verläßt die Küche. Wir folgen ihr. Wir fragen sie:

– Wohin gehst du?

– In die Stadt.

– Schon? Sonst gehst du erst abends.

Sie lächelt.

– Ja, aber ich warte auf jemand.

Unsere Kusine lächelt noch mal, dann rennt sie los in die Stadt.

Unsere Mutter

Wir sind im Garten. Ein Militärjeep hält vor dem Haus. Unsere Mutter steigt aus, gefolgt von einem fremden Offizier. Sie gehen durch den Garten, fast im Laufschritt. Unsere Mutter hält ein Baby in den Armen. Sie sieht uns, sie schreit:

– Kommt! Kommt schnell in den Jeep. Wir fahren weg. Beeilt euch. Laßt eure Sachen zurück und kommt!

Wir fragen:

– Wem gehört das Baby?

Sie sagt:

– Das ist eure kleine Schwester. Kommt! Es ist keine Zeit zu verlieren.

Wir fragen:

– Wohin fahren wir?

– In das andere Land. Hört auf, Fragen zu stellen, und kommt.

Wir sagen:

– Wir wollen nicht dorthin. Wir wollen hierbleiben.

Unsere Mutter sagt:

– Ich muß dorthin. Und ihr kommt mit mir.

– Nein. Wir bleiben hier.

Großmutter kommt aus dem Haus. Sie sagt zu unserer Mutter:

– Was machst du hier? Was hältst du in deinen Armen?

Unsere Mutter sagt:

– Ich komme meine Söhne holen. Ich werde Ihnen Geld schicken, Mutter.

Großmutter sagt:

– Ich will dein Geld nicht. Und ich gebe dir die Jungen nicht zurück.

Unsere Mutter fordert den Offizier auf, uns mit Gewalt mitzunehmen. Wir klettern schnell an dem Seil in die Dachkammer.

Der Offizier versucht uns zu packen, aber wir treten ihm ins Gesicht. Der Offizier flucht. Wir ziehen das Seil hoch.

Großmutter feixt:

– Du siehst, sie wollen nicht mit dir gehen.

Unsere Mutter schreit sehr laut:

– Ich befehle euch, sofort herunterzukommen!

Großmutter sagt:

– Sie gehorchen nie Befehlen.

Unsere Mutter beginnt zu weinen.

– Kommt, meine Lieblinge. Ich kann nicht ohne euch fahren.

Großmutter sagt:

– Genügt dir dein fremder Bastard nicht?

Wir sagen:

– Uns geht es sehr gut hier, Mutter. Fahren Sie ruhig ab. Es geht uns sehr gut bei Großmutter.

Man hört das Schießen der Kanonen und Maschinengewehre. Der Offizier nimmt unsere Mutter an den Schultern und zieht sie zum Wagen. Aber Mutter reißt sich los:

– Es sind meine Söhne, ich will sie! Ich liebe sie!

Großmutter sagt:

– Und ich brauche sie. Ich bin alt. Du kannst noch andere machen. Der Beweis!

Mutter sagt:

– Ich flehe Sie an, halten Sie sie nicht zurück.

Großmutter sagt:

– Ich halte sie nicht zurück. Los, Jungens, kommt sofort herunter und fahrt mit eurer Mama weg.

Wir sagen:

– Wir wollen nicht weg. Wir wollen bei Ihnen bleiben, Großmutter.

Der Offizier nimmt unsere Mutter in seine Arme, aber sie stößt ihn zurück. Der Offizier setzt sich in den Jeep und läßt den Motor an. Genau in diesem Augenblick erfolgt eine Explosion im

Garten. Gleich danach sehen wir unsere Mutter am Boden. Der Offizier läuft zu ihr. Großmutter will uns wegschieben. Sie sagt:

– Schaut nicht hin! Geht wieder ins Haus!

Der Offizier flucht, rennt zu seinem Jeep und rast davon.

Wir betrachten unsere Mutter. Die Eingeweide quellen ihr aus dem Bauch. Sie ist überall rot. Das Baby auch. Der Kopf unserer Mutter hängt in dem Loch, das die Granate gerissen hat. Ihre Augen sind offen und noch feucht von Tränen.

Großmutter sagt:

– Holt den Spaten!

Wir legen eine Decke in das Loch, wir legen unsere Mutter darauf. Das Baby ist immer noch an ihre Brust gedrückt.
Wir bedecken sie mit einer andern Decke, dann schaufeln wir das Loch zu.

Als unsere Kusine aus der Stadt zurückkommt, fragt sie:

– Ist etwas passiert?

Wir sagen:

– Ja, eine Granate hat ein Loch im Garten aufgerissen.

Die Abreise unserer Kusine

Die ganze Nacht hören wir Schießereien, Explosionen. Bei Morgengrauen ist es plötzlich still. Wir schlafen ein auf dem großen Bett des Offiziers. Sein Bett ist unser Bett geworden, und sein Zimmer unser Zimmer.

Am Morgen gehen wir in die Küche, um zu frühstücken. Großmutter steht vor dem Herd. Unsere Kusine faltet ihre Decken.

Sie sagt:

– Ich habe wirklich nicht genug geschlafen.

Wir sagen:

– Du kannst im Garten schlafen. Es gibt keinen Krach mehr, und es ist warm.

Sie fragt:

– Habt ihr keine Angst gehabt heute nacht?

Wir zucken die Achseln, ohne zu antworten.

Es klopft an die Tür. Ein Mann in Zivil tritt ein, gefolgt von zwei Soldaten. Die Soldaten haben Maschinenpistolen und tragen eine Uniform, die wir noch nie gesehen haben.

Großmutter sagt etwas in der Sprache, die sie spricht, wenn sie Schnaps getrunken hat. Die Soldaten antworten. Großmutter wirft sich ihnen an den Hals, küßt sie nacheinander und spricht dann weiter mit ihnen.

Der Zivilist sagt:

– Sie sprechen ihre Sprache, gnädige Frau?

Großmutter antwortet:

– Es ist meine Muttersprache, mein Herr.

Unsere Kusine fragt:

– Sie sind da! Wann sind sie gekommen? Man wollte sie auf dem Großen Platz mit Blumen erwarten.

Der Zivilist fragt:

– Wer ›man‹?

– Meine Freunde und ich.

Der Zivilist lächelt.

– Nun, es ist zu spät. Sie sind heute nacht gekommen. Und ich gleich danach. Ich suche ein junges Mädchen.

Er nennt einen Namen; meine Kusine sagt:

– Ja, das bin ich. Wo sind meine Eltern?

Der Zivilist sagt:

– Ich weiß nicht. Ich bin nur beauftragt, die Kinder aufzufinden, die auf meiner Liste stehen. Wir werden in eine Aufnahmestelle der Großen Stadt fahren. Dann werden wir Nachforschungen anstellen, um die Eltern zu finden.

Unsere Kusine fragt:

– Ich habe hier einen Freund. Steht er auch auf Ihrer Liste?

Sie sagt den Namen ihres Liebhabers. Der Zivilist sieht auf seiner Liste nach:

– Ja. Er ist schon im Hauptquartier der Armee. Ihr werdet die Reise gemeinsam antreten. Packen Sie Ihre Sachen.

Unsere Kusine packt sehr fröhlich ihre Kleider ein und wickelt ihre Toilettensachen in ihr Badetuch.

Der Zivilist dreht sich zu uns um:

– Und ihr? Wie heißt ihr?

Großmutter sagt:

– Das sind meine Enkel. Sie bleiben bei mir.

Wir sagen:

– Ja, wir bleiben bei Großmutter.

Der Zivilist sagt:

– Trotzdem möchte ich euren Namen wissen.

Wir sagen ihn ihm. Er schaut in seine Papiere:

– Ihr steht nicht auf meiner Liste. Sie können sie behalten, gnädige Frau.

Großmutter sagt:

– Und ob ich sie behalten kann!

Unsere Kusine sagt:

– Ich bin fertig. Gehen wir.

Der Zivilist sagt:

– Sie haben es recht eilig. Sie könnten sich wenigstens bei der gnädigen Frau bedanken und den kleinen Jungen auf Wiedersehn sagen.

Unsere Kusine sagt:

– Kleine Jungen? Kleine Dreckskerle, ja.

Sie drückt uns sehr fest an sich:

– Ich küsse euch nicht, ich weiß, daß ihr das nicht mögt. Macht nicht zuviel Blödsinn, seid vorsichtig.

Sie drückt uns noch fester, sie weint. Der Zivilist nimmt sie am Arm und sagt zu Großmutter:

– Ich danke Ihnen für alles, was Sie für dieses Kind getan haben.

Wir gehen alle hinaus. Vor der Gartentür steht ein Jeep. Die beiden Soldaten setzen sich nach vorn, der Zivilist und unsere Kusine nach hinten. Großmutter schreit noch etwas. Die Soldaten lachen. Der Jeep fährt an. Unsere Kusine dreht sich nicht um.

Die Ankunft der neuen Fremden

Nach der Abreise unserer Kusine gehen wir in die Stadt, um nachzusehen, was los ist.

An jeder Straßenecke steht ein Panzer. Auf dem Großen Platz sind Lastwagen, Jeeps, Motorräder, Beiwagen und überall viele Militärs. Auf dem Marktplatz, der nicht geteert ist, stellen sie Zelte auf und richten im Freien Küchen ein.

Als wir an ihnen vorbeikommen, lächeln sie uns zu, sie sprechen mit uns, aber wir verstehen nicht, was sie sagen. Außer den Soldaten ist niemand auf den Straßen. Die Haustüren sind verschlossen, die Läden zugezogen, die Rolläden der Geschäfte heruntergelassen.

Wir gehen wieder nach Hause, wir sagen zur Großmutter:

– Alles ist ruhig in der Stadt.

Sie feixt:

– Im Augenblick ruhen sie sich aus, aber heute nachmittag werdet ihr schon sehen!

– Was wird passieren, Großmutter?

– Sie werden alles durchsuchen. Sie werden überall reingehen und rumwühlen. Und nehmen, was ihnen gefällt. Ich habe schon einen Krieg miterlebt, ich weiß, wie das ist. Wir haben nichts zu befürchten: Hier gibt es nichts zu holen, und ich weiß, wie man mit ihnen redet.

– Was suchen sie denn, Großmutter?

– Spione, Waffen, Munition, Uhren, Gold, Frauen.

Am Nachmittag beginnen die Soldaten tatsächlich, systematisch die Häuser zu durchsuchen. Wenn man ihnen nicht aufmacht, schießen sie in die Luft, dann treten sie die Tür ein.

Viele Häuser sind leer. Die Bewohner sind für immer weggegangen, oder sie verstecken sich im Wald. Diese unbewohnten Häuser werden durchsucht wie die anderen, ebenso alle Geschäfte und Läden.

Nach den Soldaten dringen die Diebe in die Geschäfte und die verlassenen Häuser ein. Die Diebe sind vor allem Kinder und Greise, auch ein paar Frauen, die vor nichts Angst haben oder arm sind.

Wir treffen Hasenscharte. Ihre Arme sind mit Kleidern und Schuhen beladen. Sie sagt uns:

– Beeilt euch, solange noch was da ist. Ich mache schon zum drittenmal meine Einkäufe.

Wir gehen in den Buchladen, dessen Tür eingetreten ist. Dort sind nur ein paar Kinder, die kleiner sind als wir. Sie nehmen sich Bleistifte und bunte Kreide, Radiergummis, Bleistiftspitzer, Ranzen.

Wir suchen uns in aller Ruhe aus, was wir brauchen: eine vollständige Enzyklopädie in mehreren Bänden, Bleistifte und Papier.

Auf der Straße prügeln sich ein alter Mann und eine alte Frau um einen Räucherschinken. Um sie herum stehen Leute, die lachen und sie anfeuern. Die Frau zerkratzt dem Alten das Gesicht, und schließlich ist sie es, die den Schinken mitnimmt.

Die Diebe besaufen sich mit gestohlenem Alkohol, raufen, schlagen die Fenster der Häuser und die Scheiben der Läden ein, die sie geplündert haben, zerbrechen das Geschirr, werfen die

Dinge auf den Boden, die sie nicht brauchen oder nicht mitnehmen können.

Auch die Soldaten trinken und gehen erneut in die Häuser, aber diesmal, um Frauen zu finden.

Überall hört man Schüsse und Schreie von Frauen, die vergewaltigt werden.

Auf dem Großen Platz spielt ein Soldat Akkordeon. Andere Soldaten tanzen und singen.

Der Brand

Seit einigen Tagen sehen wir die Nachbarin nicht mehr in ihrem Garten. Wir treffen Hasenscharte nicht mehr. Wir gehen nachsehen.

Die Tür der Hütte ist offen. Wir gehen hinein. Die Fenster sind klein. Es ist dunkel in dem Raum, dabei scheint draußen die Sonne.

Unsere Augen gewöhnen sich an das Halbdunkel, wir erkennen die Nachbarin, sie liegt auf dem Küchentisch. Ihre Beine hängen herab, ihre Arme liegen auf ihrem Gesicht. Sie bewegt sich nicht.

Hasenscharte liegt auf dem Bett. Sie ist nackt. Zwischen ihren gespreizten Beinen ist eine getrocknete Lache aus Blut und Sperma. Die Wimpern für immer verklebt, die Lippen über schwarzen Zähnen in einem ewigen Lächeln hochgezogen; Hasenscharte ist tot.

Die Nachbarin sagt:

– Geht weg.

Wir nähern uns ihr, wir fragen:

– Sie sind nicht taub?

– Nein. Ich bin auch nicht blind. Geht weg.

Wir sagen:

– Wir wollen Ihnen helfen.

Sie sagt:

– Ich brauche keine Hilfe. Ich brauche nichts. Geht weg.

Wir fragen:

– Was ist hier passiert?

– Das seht ihr doch. Sie ist tot, nicht wahr?

– Ja. Waren es die neuen Fremden?

– Ja. Sie war es, die sie gerufen hat. Sie ist auf die Straße gegangen, sie hat sie hereingewinkt. Es waren zwölf oder fünfzehn. Und während sie sie bestiegen, schrie sie immerzu: ›Wie froh ich bin, wie froh ich bin! Kommt alle, kommt, noch einer, und noch einer!‹ Sie ist glücklich gestorben, totgefickt. Aber ich, ich bin nicht tot! Ich bin hier liegengeblieben, ohne zu essen, ohne zu trinken, ich weiß nicht, seit wie lange. Und der Tod kommt nicht. Wenn man ihn ruft, kommt er nie. Er vergnügt sich damit, uns zu quälen. Ich rufe ihn seit Jahren, und er übersieht mich.

Wir fragen:

– Möchten Sie wirklich sterben?

– Was könnte ich mir anderes wünschen? Wenn ihr etwas für mich tun wollt, zündet das Haus an. Ich will nicht, daß man mich so findet.

Wir sagen:

– Aber Sie werden furchtbar leiden.

– Kümmert euch nicht darum. Zündet das Haus an, das ist alles. Wenn ihr dazu fähig seid.

– Ja, wir sind dazu fähig. Sie können auf uns zählen.

Wir schneiden ihr mit dem Rasiermesser die Kehle durch, dann pumpen wir Benzin aus einem Armeefahrzeug. Wir begießen die beiden Körper und die Wände der Hütte mit Benzin. Wir zünden es an und gehen heim.

Am Morgen sagt Großmutter zu uns:

– Das Haus der Nachbarin ist abgebrannt. Sie waren drin, ihre Tochter und sie. Die Tochter hat wohl etwas auf dem Herd stehen lassen, verrückt wie sie ist.

Wir gehen noch mal hin, um die Hühner und die Kaninchen zu holen, aber andere Nachbarn haben sie schon in der Nacht mitgenommen.

Das Ende des Kriegs

Wochenlang sehen wir vor Großmutters Haus die siegreiche Armee der neuen Fremden vorbeiziehen, die jetzt die Befreiungsarmee heißt.

Die Panzer, die Kanonen, die Kampfwagen, die Lastwagen fahren Tag und Nacht über die Grenze. Die Front verlagert sich immer mehr in das Innere des Nachbarlandes.

In umgekehrter Richtung kommt ein anderer Zug: die Kriegsgefangenen, die Besiegten. Unter ihnen viele Männer aus unserm Land. Sie tragen noch ihre Uniform, aber sie haben keine Waffen und keine Tressen mehr. Sie gehen zu Fuß, mit gesenktem Kopf, zum Bahnhof, wo man sie in Waggons verfrachtet. Wohin und für wie lange, weiß niemand.

Großmutter sagt, daß man sie weit weg bringt, in ein kaltes, unbewohntes Land, wo sie so hart arbeiten müssen, daß keiner von ihnen zurückkommen wird. Sie werden alle sterben, an Kälte, Erschöpfung, Hunger und allen möglichen Krankheiten.

Einen Monat, nachdem unser Land befreit worden ist, ist der Krieg überall zu Ende, und die Befreier richten sich bei uns ein, für immer, so heißt es. Also bitten wir Großmutter, uns ihre Sprache beizubringen. Sie sagt:

– Wie soll ich sie euch beibringen? Ich bin keine Lehrerin.

Wir sagen:
– Es ist einfach, Großmutter. Sie brauchen bloß den ganzen Tag in dieser Sprache mit uns zu reden, und am Ende verstehen wir sie.

Bald haben wir genug gelernt, um zwischen den Einwohnern und den Befreiern zu dolmetschen. Wir nutzen es aus, um mit den Produkten, die die Armee in Hülle und Fülle besitzt, Handel zu treiben: Zigaretten, Tabak, Schokolade, die wir gegen das eintauschen, was die Zivilisten besitzen: Wein, Schnaps, Obst.

Das Geld ist nichts mehr wert; alle Welt tauscht.

Die Mädchen schlafen mit den Soldaten im Tausch gegen Seidenstrümpfe, Schmuck, Parfüm, Uhren und andere Dinge, die die Militärs in den Städten an sich genommen haben, durch die sie gekommen sind.

Großmutter geht nicht mehr mit ihrem Schubkarren auf den Markt. Die gutgekleideten Damen kommen vielmehr zu Großmutter und flehen sie an, ein Huhn oder eine Wurst gegen einen Ring oder Ohrringe einzutauschen.

Man verteilt Lebensmittelmarken. Die Leute stehen Schlange vor der Metzgerei und der Bäckerei, ab vier Uhr morgens. Die andern Geschäfte bleiben geschlossen, mangels Ware.

Allen fehlt es an allem.

Großmutter und uns fehlt es an nichts.

Später haben wir wieder eine eigene Armee und eine eigene Regierung, aber unsere Befreier lenken unsere Armee und unsere Regierung. Ihre Fahne weht auf allen öffentlichen Gebäuden. Das Foto ihres Führers hängt überall. Sie bringen uns ihre Lieder, ihre Tänze bei, sie zeigen uns ihre Filme in unseren Kinos. In den Schulen ist die Sprache unserer Befreier Pflichtfach, die anderen Fremdsprachen sind verboten.

Gegen unsere Befreier oder gegen unsere neue Regierung ist keine Kritik, kein Scherz erlaubt. Auf eine bloße Denunziation hin wirft man jeden ins Gefängnis, ohne Prozeß, ohne Urteil. Männer und Frauen verschwinden, ohne daß man weiß, warum, und ihre Familien hören nie mehr etwas von ihnen.

Die Grenze ist neu errichtet. Sie ist jetzt unpassierbar. Unser Land ist mit Stacheldraht umgeben; wir sind völlig abgeschnitten von der übrigen Welt.

Die Schule fängt wieder an

Im Herbst gehen alle Kinder wieder in die Schule, außer uns.

Wir sagen zu Großmutter:

– Großmutter, wir wollen nie mehr in die Schule gehen.

Sie sagt:

– Das hoffe ich. Ich brauche euch hier. Und was könntet ihr in der Schule noch lernen?

– Nichts, Großmutter, absolut nichts.

Bald bekommen wir einen Brief. Großmutter fragt:

– Was steht drin?

– Es steht drin, daß Sie für uns verantwortlich sind und daß wir uns in der Schule melden sollen.

Großmutter sagt:

– Verbrennt den Brief. Ich kann nicht lesen und ihr auch nicht. Niemand hat diesen Brief gelesen.

Wir verbrennen den Brief. Bald bekommen wir einen zweiten. Darin steht, daß, wenn wir nicht in die Schule gehen, Großmutter sich strafbar macht. Wir verbrennen auch diesen Brief. Wir sagen zu Großmutter:

– Großmutter, vergessen Sie nicht, daß einer von uns blind und der andere taub ist.

Ein paar Tage später stellt sich ein Mann bei uns vor. Er sagt:

– Ich bin der Inspektor der Grundschulen. Sie haben zwei

Kinder in schulpflichtigem Alter bei sich. Sie haben schon zwei Mahnungen diesbezüglich bekommen.

Großmutter sagt:

– Meinen Sie die Briefe? Ich kann nicht lesen. Die Kinder auch nicht.

Einer von uns fragt:

– Wer ist das? Was sagt er?

– Er fragt, ob wir lesen können. Wie sieht er aus?

– Er ist groß, er hat ein böses Gesicht.

Wir schreien gemeinsam:

– Gehen Sie weg! Tun Sie uns nicht weh! Töten Sie uns nicht. Zu Hilfe!

Wir verstecken uns unter dem Tisch. Der Inspektor fragt Großmutter:

– Was haben sie? Was ist mit ihnen?

Großmutter sagt:

– Ach, die Armen, sie fürchten sich vor allem! Sie haben furchtbare Dinge in der Großen Stadt gesehen. Außerdem ist der eine taub und der andere blind. Der Taube erklärt dem Blinden, was er sieht, und der Blinde muß dem Tauben erklären, was er hört. Sonst verstehen sie nichts.

Unter dem Tisch brüllen wir:

– Zu Hilfe, zu Hilfe! Es explodiert! Es macht zuviel Krach! Es ist voller Blitze!

Großmutter erklärt:

– Wenn jemand ihnen Angst macht, hören und sehen sie Dinge, die es nicht gibt.

Der Inspektor sagt:

– Sie haben Halluzinationen. Man müßte sie in einem Krankenhaus behandeln lassen.

Wir brüllen noch lauter.

Großmutter sagt:

– Bloß nicht! In einem Krankenhaus ist das Unglück passiert.

Sie haben ihre Mutter besucht, die dort arbeitete. Als Bomben auf das Krankenhaus gefallen sind, waren sie drin, sie haben die Verwundeten und die Toten gesehen; sie selber sind mehrere Tage ohnmächtig gewesen.

Der Inspektor sagt:

– Arme Kinder. Wo sind ihre Eltern?

– Tot oder vermißt. Wer weiß das?

– Sie müssen eine sehr große Last für Sie sein.

– Was tun? Sie haben niemand außer mir.

Beim Gehen gibt der Inspektor Großmutter die Hand:

– Sie sind eine sehr tapfere Frau.

Wir bekommen einen dritten Brief, in dem steht, daß wir vom Schulbesuch befreit sind wegen unserer Gebrechen und unseres seelischen Traumas.

Großmutter verkauft ihren Weinberg

Ein Offizier kommt zu Großmutter und bittet sie, ihren Weinberg zu verkaufen. Die Armee will auf ihrem Grundstück ein Gebäude für die Grenzposten errichten.

Großmutter fragt:

– Und womit wollen Sie mich bezahlen? Das Geld ist nichts mehr wert.

Der Offizier sagt:

– Im Tausch gegen euer Grundstück bekommen Sie fließendes Wasser und Strom in Ihr Haus.

Großmutter sagt:

– Ich brauche weder eure Elektrizität noch euer fließendes Wasser. Ich habe immer ohne gelebt.

Der Offizier sagt:

– Wir können Ihren Weinberg auch nehmen, ohne Ihnen etwas dafür zu geben. Und das werden wir auch tun, wenn Sie unseren Vorschlag nicht annehmen. Die Armee braucht Ihr Grundstück. Es ist Ihre patriotische Pflicht, es ihr zu geben.

Großmutter öffnet den Mund, aber wir schalten uns ein:

– Großmutter, Sie sind alt und müde. Der Weinberg macht Ihnen viel Arbeit und bringt fast nichts ein. Der Wert Ihres Hauses dagegen wird mit Wasser und Strom sehr steigen.

Der Offizier sagt:

– Ihre Enkel sind intelligenter als Sie, Großmutter.

Großmutter sagt:

– Das können Sie wohl sagen! Verhandeln Sie doch mit ihnen. Sie sollen entscheiden.

Der Offizier sagt:

– Aber ich brauche Ihre Unterschrift.

– Ich unterschreibe alles, was Sie wollen. Ich kann sowieso nicht schreiben.

Großmutter beginnt zu weinen, sie steht auf, sie sagt zu uns:

– Ich vertraue euch.

Sie geht in ihren Weinberg.

Der Offizier sagt:

– Wie sehr sie ihren Weinberg liebt, die arme Alte. Also abgemacht?

Wir sagen:

– Wie Sie selbst feststellen konnten, hat dieses Grundstück einen großen Gefühlswert für sie, und die Armee wird eine alte Frau gewiß nicht ihres hart erworbenen Guts berauben wollen, eine arme alte Frau, die zudem aus dem Land unserer heldenhaften Befreier stammt.

Der Offizier sagt:

– Ach ja? Sie stammt aus …

– Ja. Sie spricht Ihre Sprache perfekt. Und wir auch. Und sollten Sie die Absicht haben, einen Übergriff …

Der Offizier sagt sehr schnell:

– Aber nein, aber nein! Was wollt ihr?

– Außer Wasser und Strom wollen wir ein Bad.

– Sonst nichts! Und wo wollt ihr es haben, das Bad?

Wir führen ihn in unser Zimmer, wir zeigen ihm, wo wir unser Bad haben wollen.

– Hier neben unserm Zimmer. Sieben bis acht Quadratmeter. Eingelassene Badewanne, Waschbecken, Dusche, Wasserboiler, WC.

Er schaut uns lange an, er sagt:

– Das läßt sich machen.

Wir sagen:

– Wir möchten auch einen Radioapparat. Wir haben keinen, und man kann keinen kaufen.

Er fragt:

– Und das ist alles?

– Ja, das ist alles.

Er bricht in Lachen aus.

– Ihr sollt euer Bad und euer Radio haben. Aber ich hätte doch besser mit eurer Großmutter verhandelt.

Großmutters Krankheit

Eines Tages kommt Großmutter nicht aus ihrem Zimmer. Wir klopfen an ihre Tür, wir rufen sie, sie antwortet nicht.

Wir gehen hinter das Haus, wir schlagen eine Fensterscheibe ihres Zimmers ein, damit wir hineinkönnen.

Großmutter liegt auf dem Bett, sie bewegt sich nicht. Aber sie atmet, und ihr Herz schlägt. Einer von uns bleibt bei ihr, der andere holt einen Arzt.

Der Arzt untersucht Großmutter. Er sagt:

– Eure Großmutter hat einen Schlaganfall gehabt, eine Gehirnblutung.

– Wird sie sterben?

– Das kann man nicht wissen. Sie ist alt, aber ihr Herz ist kräftig. Gebt ihr dreimal täglich diese Medikamente. Und dann müßte sich jemand um sie kümmern.

Wir sagen:

– Wir werden uns um sie kümmern. Was müssen wir tun?

– Ihr zu essen geben, sie waschen. Sie wird vermutlich für immer gelähmt bleiben.

Der Arzt geht. Wir kochen einen Gemüsebrei und flößen ihn Großmutter mit einem kleinen Löffel ein. Gegen Abend riecht es sehr schlecht in ihrem Zimmer. Wir heben die Decke hoch: Ihr Strohsack ist voller Exkremente. Wir holen Stroh bei einem Bauern, wir kaufen eine Gummihose für Säuglinge und Windeln.

Wir ziehen Großmutter aus, wir waschen sie in unserer Badewanne, wir machen ihr Bett sauber. Sie ist so mager, daß die Babyhose ihr sehr gut paßt. Wir wechseln mehrmals täglich ihre Windeln.

Eine Woche später beginnt Großmutter, ihre Hände zu bewegen. Eines Morgens empfängt sie uns mit Beschimpfungen:

– Hundesöhne! Kocht ein Huhn! Wie soll ich wieder zu Kräften kommen mit eurem Grünzeug und eurem Brei? Ich will auch Ziegenmilch! Ich hoffe, ihr habt nichts vernachlässigt, während ich krank war!

– Nein, Großmutter, wir haben nichts vernachlässigt.

– Helft mir hoch, ihr Taugenichtse!

– Großmutter, Sie müssen liegen bleiben, der Arzt hat es gesagt.

– Der Arzt, der Arzt! Was für ein Schwachkopf! Für immer gelähmt! Ich werde ihm zeigen, wie gelähmt ich bin!

Wir helfen ihr aufstehen, wir begleiten sie in die Küche, wir setzen sie auf die Bank. Als das Huhn gar ist, ißt sie es ganz allein. Nach dem Essen sagt sie:

– Worauf wartet ihr? Macht mir einen kräftigen Stock, beeilt euch, ihr Faulpelze, ich will nachsehen, ob alles in Ordnung ist.

Wir laufen in den Wald, wir finden einen passenden Ast, und vor ihren Augen schnitzen wir einen Stock nach Großmutters Maßen. Sie packt ihn und droht uns:

– Wehe euch, wenn nicht alles in Ordnung ist!

Sie geht in den Garten. Wir folgen ihr von weitem. Sie geht auf die Toilette, wir hören sie murmeln:

– Eine Hose! Was für eine Idee! Sie sind völlig verrückt!

Als sie ins Haus zurückgeht, sehen wir auf der Toilette nach. Sie hat die Hose und die Windeln ins Loch geworfen.

Großmutters Schatz

Eines Abends sagt Großmutter:

– Macht alle Türen und alle Fenster gut zu. Ich will mit euch reden, und ich will nicht, daß uns jemand hört.

– Niemand kommt je hier vorbei, Großmutter.

– Die Grenzposten laufen überall rum, das wißt ihr. Und sie genieren sich nicht, an den Türen zu horchen. Bringt mir auch ein Blatt Papier und einen Stift.

Wir fragen:

– Wollen Sie schreiben, Großmutter?

Sie schreit:

– Gehorcht! Stellt keine Fragen!

Wir schließen die Fenster und die Türen, wir bringen das Papier und den Stift. Großmutter sitzt am andern Ende des Tischs und zeichnet etwas auf das Blatt. Sie sagt flüsternd:

– Da befindet sich mein Schatz.

Sie reicht uns das Blatt. Sie hat ein Rechteck gezeichnet, ein Kreuz und unter das Kreuz einen Kreis. Großmutter fragt:

– Habt ihr verstanden?

– Ja, Großmutter, wir haben verstanden. Aber wir wußten es schon.

– Was wußtet ihr schon?

Wir antworten flüsternd:

– Daß sich Ihr Schatz unter dem Kreuz von Großvaters Grab befindet.

Großmutter schweigt einen Augenblick, dann sagt sie:

– Ich hätte es mir denken können. Wißt ihr es schon lange?

– Sehr lange, Großmutter. Seit wir gesehen haben, wie Sie Großvaters Grab pflegen.

Großmutter atmet sehr heftig:

– Es nützt nichts, sich aufzuregen. Jedenfalls ist alles für euch. Jetzt seid ihr intelligent genug, um zu wissen, was ihr damit anfangt.

Wir sagen:

– Im Augenblick kann man nicht viel damit anfangen.

Großmutter sagt:

– Nein. Ihr habt recht. Man muß warten. Könnt ihr warten?

– Ja, Großmutter.

Wir schweigen alle drei einen Augenblick, dann sagt Großmutter:

– Das ist noch nicht alles. Wenn ich einen neuen Anfall habe, sollt ihr wissen, daß ich euer Bad nicht will, auch nicht eure Hose und eure Windeln.

Sie steht auf, kramt auf dem Regal zwischen ihren Einmachgläsern. Sie kommt mit einer kleinen blauen Flasche zurück:

– Statt euren dreckigen Medikamenten werdet ihr mir den Inhalt dieser Flasche in meine erste Tasse Milch gießen.

Wir antworten nicht. Sie schreit:

– Habt ihr verstanden, Hundesöhne?

Wir antworten nicht. Sie sagt:

– Vielleicht habt ihr Angst vor der Autopsie, kleine Scheißer? Es wird keine Autopsie geben. Man sucht nicht in den Krümeln, wenn eine alte Frau an einem zweiten Anfall stirbt.

Wir sagen:

– Wir haben keine Angst vor der Autopsie, Großmutter. Wir meinen nur, daß Sie sich ein zweites Mal erholen können.

– Nein. Ich werde mich nicht mehr erholen. Ich weiß es. Also muß man so schnell wie möglich Schluß machen.

Wir sagen nichts. Großmutter fängt zu weinen an:

– Ihr wißt nicht, was es heißt, gelähmt zu sein. Alles zu sehen, alles zu hören und sich nicht rühren zu können. Wenn ihr nicht mal imstand seid, mir diesen kleinen Gefallen zu tun, dann seid ihr undankbare Schlangen, die ich am Busen genährt habe.

Wir sagen:

– Hören Sie auf zu weinen, Großmutter. Wir werden es tun; wenn Sie es wirklich wollen, werden wir es tun.

Unser Vater

Als unser Vater ankommt, arbeiten wir gerade alle drei in der Küche, weil es draußen regnet.

Vater bleibt vor der Tür stehen, die Arme verschränkt, die Beine gespreizt. Er fragt:

– Wo ist meine Frau?

Großmutter feixt:

– Sieh an! Sie hatte tatsächlich einen Mann.

Vater sagt:

– Ja, ich bin der Mann Ihrer Tochter. Und das sind meine Söhne.

Er schaut uns an, er fügt hinzu:

– Ihr seid sehr gewachsen. Aber ihr habt euch nicht verändert.

Großmutter sagt:

– Meine Tochter, Ihre Frau, hat mir die Kinder anvertraut.

Vater sagt:

– Sie hätte sie besser jemand anderm anvertraut. Wo ist sie? Man hat mir gesagt, daß sie ins Ausland gegangen ist. Stimmt das?

Großmutter sagt:

– Das ist lange her. Wo waren Sie bis jetzt?

Vater sagt:

– Ich war Kriegsgefangener. Und jetzt will ich meine Frau wiederfinden. Versuchen Sie nicht, irgend was vor mir zu verheimlichen, alte Hexe.

Großmutter sagt:

– Mir gefällt es sehr, wie Sie sich dafür bedanken, was ich für Ihre Kinder getan habe.

Vater schreit:

– Ich scheiß drauf! Wo ist meine Frau?

Großmutter sagt:

– Sie scheißen drauf? Auf Ihre Kinder und mich? Na gut, ich werde Ihnen zeigen, wo Ihre Frau ist!

Großmutter geht in den Garten, wir folgen ihr. Mit ihrem Stock deutet sie auf das Blumenbeet, das wir auf dem Grab unserer Mutter angelegt haben:

– Da ist sie, Ihre Frau. Unter der Erde.

Vater fragt:

– Tot? Woran? Wann?

Großmutter sagt:

– Tot. Eine Granate. Ein paar Tage vor Kriegsende.

Vater sagt:

– Es ist verboten, Leute einfach irgendwo zu beerdigen.

Großmutter sagt:

– Man hat sie dort beerdigt, wo sie gestorben ist. Und nicht irgendwo. Es ist mein Garten. Es war auch ihr Garten, als sie klein war.

Vater betrachtet die nassen Blumen, er sagt:

– Ich will sie sehen.

Großmutter sagt:

– Das sollten Sie nicht. Man soll die Toten nicht stören.

Vater sagt:

– Jedenfalls muß man sie auf einem Friedhof beerdigen. So ist das Gesetz. Bringen Sie mir eine Schaufel.

Großmutter zuckt die Achseln.

– Bringt ihm eine Schaufel.

Im Regen schauen wir zu, wie Vater unser kleines Blumenbeet zerstört, wir sehen ihm beim Graben zu. Er gelangt zu den Decken, er schiebt sie weg. Ein großes Skelett liegt da, mit einem ganz kleinen Skelett an seiner Brust.

Vater fragt:

– Was ist das, das Ding auf ihr?

Wir sagen:

– Ein Baby. Unsere kleine Schwester.

Großmutter sagt:

– Ich habe Ihnen ja gesagt, Sie sollen die Toten in Ruhe lassen. Kommen Sie in die Küche und waschen Sie sich.

Vater antwortet nicht. Er betrachtet die Skelette. Sein Gesicht ist naß von Schweiß, Tränen und Regen. Er steigt mühsam aus dem Loch und geht weg, ohne sich umzudrehen, Hände und Kleider voller Schlamm.

Wir fragen Großmutter:

– Was tun wir?

Sie sagt:

– Das Loch wieder zumachen. Was könnten wir sonst tun?

Wir sagen:

– Gehen Sie ins Warme, Großmutter. Wir kümmern uns um alles.

Sie geht ins Haus.

Mit Hilfe einer Decke schaffen wir die Skelette in die Dachkammer, wir legen die einzelnen Knochen auf Stroh, um sie trocknen zu lassen. Dann steigen wir wieder hinunter und schaufeln das Loch zu, in dem niemand mehr ist.

Später polieren wir monatelang den Schädel und die Knochen unserer Mutter und des Babys, dann setzen wir die Skelette sorgfältig wieder zusammen, indem wir jeden Knochen an dünnen Drähten befestigen. Als unsere Arbeit fertig ist, hängen wir das Skelett unserer Mutter an einen Balken der Dachkammer und das des Babys an ihren Hals.

Unser Vater kommt zurück

Wir sehen unsern Vater erst mehrere Jahre später wieder.

Inzwischen hatte Großmutter einen weiteren Anfall, und wir haben ihr geholfen zu sterben, wie sie es von uns verlangt hatte. Jetzt liegt sie im selben Grab wie Großvater. Bevor man das Grab öffnete, haben wir den Schatz geborgen und ihn unter der Bank vor unserm Fenster versteckt, wo sich noch immer das Gewehr, die Patronen, die Handgranaten befinden.

Vater kommt eines Abends, er fragt:

– Wo ist eure Großmutter?

– Sie ist tot.

– Ihr lebt allein? Wie kommt ihr zurecht?

– Sehr gut, Vater.

Er sagt:

– Ich bin heimlich hergekommen. Ihr müßt mir helfen.

Wir sagen:

– Seit Jahren haben Sie nichts von sich hören lassen.

Er zeigt uns seine Hände. Er hat keine Fingernägel mehr. Sie sind an der Wurzel ausgerissen worden:

– Ich komme aus dem Gefängnis. Man hat mich gefoltert.

– Warum?

– Ich weiß nicht. Wegen nichts. Ich bin politisch verdächtig. Ich kann meinen Beruf nicht ausüben. Ich werde ständig bewacht. Man durchsucht regelmäßig meine Wohnung. Für mich ist es unmöglich, in diesem Land zu leben.

Wir sagen:

– Sie wollen über die Grenze.

Er sagt:

– Ja. Ihr lebt doch hier, bestimmt kennt ihr, wißt ihr…

– Ja, wir kennen, wir wissen. Die Grenze ist unpassierbar.

Vater senkt den Kopf, betrachtet einen Augenblick seine Hände, sagt dann:

– Es gibt bestimmt eine Lücke. Es gibt bestimmt eine Möglichkeit, durchzukommen.

– Wenn Sie Ihr Leben aufs Spiel setzen, ja.

– Lieber sterbe ich, als daß ich hierbleibe.

– Sie müssen in Kenntnis der Dinge entscheiden, Vater.

Er sagt:

– Ich höre.

Wir erklären:

– Die erste Schwierigkeit ist, bis zum ersten Stacheldraht zu kommen, ohne einer Patrouille zu begegnen, ohne von einem Wachtturm aus gesehen zu werden. Das ist machbar. Wir kennen die Uhrzeit der Patrouillen und den Standort der Wachttürme. Die Barriere ist ein Meter fünfzig hoch und einen Meter breit. Man braucht zwei Bretter. Eines, um auf die Barriere zu klettern, das andere legt man oben drauf, um stehen zu können. Wenn Sie das Gleichgewicht verlieren, fallen Sie in die Drähte und können nicht mehr raus.

Vater sagt:

– Ich werde das Gleichgewicht nicht verlieren.

Wir fahren fort:

– Man muß die beiden Bretter einsammeln, um auf die gleiche Weise über die andere Barriere zu steigen, die sich sieben Meter weiter weg befindet.

Vater lacht:

– Ein Kinderspiel.

– Ja, aber die Strecke zwischen den beiden Barrieren ist vermint.

Vater wird blaß.

– Dann ist es unmöglich.

– Nein. Eine Glücksfrage. Die Minen sind im Zickzack gelegt, wie ein *W*. Wenn man einer geraden Linie folgt, riskiert man nur, auf eine einzige Mine zu treten. Wenn man große Schritte macht, stehen die Chancen sieben zu eins, ihr zu entgehen.

Vater überlegt einen Augenblick, dann sagt er:

– Ich gehe dieses Risiko ein.

Wir sagen:

– In diesem Fall wollen wir Ihnen gern helfen. Wir begleiten Sie bis zur ersten Barriere.

Vater sagt:

– Einverstanden. Ich danke euch. Ihr habt nicht zufällig etwas zu essen?

Wir bieten ihm Brot und Ziegenkäse an. Wir bieten ihm auch Wein aus dem ehemaligen Weinberg von Großmutter an. Wir geben ein paar Tropfen des Schlafmittels in sein Glas, das Großmutter so gut aus Pflanzen herstellen konnte.

Wir führen Vater in unser Zimmer, wir sagen:

– Gute Nacht, Vater. Schlafen Sie gut. Wir werden Sie morgen wecken.

Wir legen uns auf die Eckbank in der Küche.

Die Trennung

Am nächsten Morgen stehen wir sehr früh auf. Wir vergewissern uns, daß Vater tief schläft.

Wir bereiten vier Bretter vor.

Wir graben Großmutters Schatz aus: Gold- und Silberstücke, viel Schmuck. Wir stecken den größten Teil davon in einen Stoffbeutel. Wir nehmen auch jeder eine Handgranate mit, für den Fall, daß wir von einer Patrouille überrascht werden. Wenn wir sie beseitigen, können wir Zeit gewinnen.

Wir machen einen Erkundungsgang an die Grenze, um die beste Stelle auszukundschaften: einen toten Winkel zwischen zwei Wachttürmen. Dort, am Fuß eines großen Baums, verstecken wir den Stoffbeutel und zwei Bretter.

Wir gehen zurück, wir essen. Später bringen wir unserm Vater das Frühstück. Wir müssen ihn schütteln, damit er aufwacht. Er reibt sich die Augen und sagt:

– Schon lange habe ich nicht mehr so gut geschlafen.

Wir stellen das Tablett auf seine Knie. Er sagt:

– Was für ein Festmahl! Milch, Kaffee, Eier, Schinken, Butter, Marmelade! Solche Dinge sind in der Großen Stadt nicht zu kriegen. Wie macht ihr das?

– Wir arbeiten. Essen Sie, Vater. Wir werden keine Zeit haben, Ihnen eine weitere Mahlzeit anzubieten, bevor Sie weggehen.

Er fragt:

– Ist es heute abend?

Wir sagen:

– Nein, sofort. Sobald Sie fertig sind.

Er sagt:

– Seid ihr verrückt? Ich weigere mich, am hellichten Tag über diese Scheißgrenze zu gehen! Man würde uns sehen.

Wir sagen:

– Auch wir müssen sehen können, Vater. Nur Dummköpfe versuchen, nachts über die Grenze zu gehen. Nachts setzt man die Patrouillen viermal häufiger ein, und die Zone wird ständig von den Scheinwerfern bestrichen. Gegen elf Uhr vormittags dagegen läßt die Überwachung nach. Die Grenzposten meinen, daß niemand so verrückt ist, in diesem Augenblick rüberzugehen.

Vater sagt:

– Ihr habt sicherlich recht. Ich verlasse mich auf euch.

Wir fragen:

– Sie erlauben, daß wir Ihre Taschen durchsuchen, während Sie essen?

– Meine Taschen? Warum?

– Man darf Sie nicht identifizieren können. Wenn Ihnen etwas zustößt und wenn man erfährt, daß Sie unser Vater sind, würde man uns der Mittäterschaft bezichtigen.

Vater sagt:

– Ihr denkt an alles.

– Wir müssen an unsere Sicherheit denken.

Wir durchsuchen seine Kleider. Wir nehmen seine Papiere, seinen Personalausweis, sein Adreßbuch, eine Eisenbahnfahrkarte, Rechnungen und ein Foto unserer Mutter. Wir verbrennen alles im Küchenherd, außer dem Foto.

Um elf Uhr gehen wir los. Jeder von uns trägt ein Brett.

Unser Vater trägt nichts. Wir bitten ihn nur, uns so leise wie möglich zu folgen.

Wir kommen an die Grenze. Wir sagen unserm Vater, er solle sich hinter den großen Baum legen und sich nicht mehr rühren.

Bald kommt, wenige Meter von uns entfernt, eine Patrouille von zwei Männern vorbei. Wir hören sie sprechen:

– Ich frage mich, was es heute zu essen gibt.

– Dieselbe Scheiße wie sonst.

– Es gibt Scheiße und Scheiße. Gestern war es zum Kotzen, aber manchmal ist es gut.

– Gut? Das würdest du nicht sagen, wenn du die Suppe meiner Mutter gegessen hättest.

– Ich habe nie die Suppe deiner Mutter gegessen. Ich habe nie eine Mutter gehabt. Ich habe immer nur Scheiße gegessen. In der Armee esse ich wenigstens hin und wieder gut.

Die Patrouille entfernt sich. Wir sagen:

– Los, Vater. Wir haben zwanzig Minuten, bis die nächste Patrouille kommt.

Vater nimmt die beiden Bretter unter die Arme, er geht vor, er legt eines der Bretter an die Barriere, er klettert.

Wir legen uns bäuchlings hinter den großen Baum, wir halten uns mit den Händen die Ohren zu, wir machen den Mund auf.

Es gibt eine Explosion.

Wir rennen mit den beiden andern Brettern und dem Stoffbeutel zum Stacheldraht.

Unser Vater liegt an der zweiten Barriere.

Ja, es gibt eine Möglichkeit, über die Grenze zu gehen: wenn man jemand vor sich hergehen läßt.

Den Stoffbeutel packend, in die Fußspuren tretend, dann über den leblosen Körper steigend, geht einer von uns hinüber in das andere Land.

Derjenige, der zurückbleibt, kehrt in Großmutters Haus zurück.

Der Beweis

I

Wieder am Haus der Großmutter angekommen, legt Lucas sich dicht an den Gartenzaun, in den Schatten der Büsche. Er wartet. Ein Militärfahrzeug hält vor dem Grenzwächterhaus.

Soldaten steigen aus und legen eine Leiche auf den Boden, die in eine Tarnplane gewickelt ist. Ein Feldwebel kommt aus dem Haus, und auf ein Zeichen schlagen die Soldaten die Plane zurück. Der Feldwebel pfeift durch die Zähne:

– Rauskriegen, wer das ist, das wird nicht leicht sein! Man muß schon verrückt sein, über diese Scheißgrenze zu wollen, noch dazu am hellichten Tag!

Ein Soldat sagt:

– Die Leute müßten doch wissen, daß es nicht geht.

Ein anderer Soldat sagt:

– Die Leute von hier wissen das. Es sind die andern, die von anderswo herkommen, die's versuchen.

Der Feldwebel sagt:

Gut, gehen wir mal rüber zu dem Idioten. Der weiß vielleicht was.

Lucas geht ins Haus. Er setzt sich auf die Eckbank in der Küche. Er schneidet Brot, stellt eine Flasche Wein auf den Tisch und dazu einen Ziegenkäse. Es klopft. Der Feldwebel und ein Soldat kommen herein.

Lucas sagt:

– Ich habe Sie erwartet. Setzen Sie sich. Da ist Wein und Käse. Greifen Sie zu.

Der Soldat sagt:

– Gerne.

Er nimmt Brot und Käse. Lucas schenkt Wein ein.

Der Feldwebel fragt:

– Sie haben uns erwartet? Warum?

– Ich habe die Explosion gehört. Nach Explosionen kommt immer einer und fragt, ob ich jemand gesehen habe.

– Und Sie haben niemand gesehen?

– Nein.

– Wie gewöhnlich.

– Ja, wie gewöhnlich. Niemand kommt her und kündigt mir an, daß er über die Grenze will.

Der Feldwebel lacht. Auch er nimmt Wein und Käse:

– Könnte ja sein, daß jemand hier rumgestrolcht ist.

– Ich habe niemand gesehen.

– Wenn doch, würden Sie es sagen?

– Wenn ich Ihnen sagte, daß ich es Ihnen sagen würde, würden Sie es nicht glauben.

Der Feldwebel lacht wieder:

– Ich frage mich manchmal, warum man Sie den Idioten nennt.

– Das frage ich mich auch. Ich habe nur eine Nervenkrankheit von einem psychischen Trauma her, in meiner Kindheit, im Krieg.

Der Soldat fragt:

– Was hat er? Was sagt er da?

Lucas erklärt:

– Mein Kopf ist etwas durcheinander wegen der Bombardierungen. Ich habe das gekriegt, als ich noch klein war.

Der Feldwebel sagt:

– Ihr Käse ist sehr gut. Vielen Dank. Kommen Sie mit.

Lucas folgt ihnen. Der Feldwebel deutet auf die Leiche und fragt:

– Kennen Sie diesen Mann? Haben Sie ihn schon mal gesehen?

Lucas betrachtet den zerfetzten Körper seines Vaters:

– Er ist ganz entstellt.

Der Feldwebel sagt:

– Man kann jemand auch an den Kleidern erkennen oder an den Schuhen, sogar an den Händen oder an seinem Haar.

Lucas sagt:
– Ich sehe nur, daß er nicht aus unserer Stadt ist. Seine Kleidung ist nicht von hier. Kein Mensch in unserer Stadt trägt so elegante Sachen.
Der Feldwebel sagt:
– Vielen Dank. All das wußten wir schon. Wir sind auch keine Idioten. Ich frage Sie nur, ob Sie ihn irgendwo gesehen oder bemerkt haben?
– Nein. Nirgends. Aber ich sehe, daß man ihm die Nägel ausgerissen hat. Er war im Gefängnis.
Der Feldwebel sagt:
– In unseren Gefängnissen wird nicht gefoltert. Komisch ist nur, daß seine Taschen völlig leer sind. Nicht mal ein Foto oder ein Schlüssel oder eine Brieftasche. Dabei brauchte er doch seinen Ausweis und sogar einen Passierschein, um überhaupt ins Grenzgebiet zu gelangen.
Lucas sagt:
– Er wird seine Papiere im Wald gelassen haben.
– Das glaube ich auch. Man soll nicht rauskriegen, wer er ist. Ich frage mich, wen er wohl dadurch schützen wollte. Wenn Sie zufällig beim Pilzesuchen noch etwas anderes finden sollten, dann bringen Sie's uns doch, nicht wahr, Lucas?
– Verlassen Sie sich drauf, Herr Feldwebel.

Lucas setzt sich auf die Bank im Garten und lehnt seinen Kopf an die weiße Hauswand. Die Sonne blendet ihn. Er schließt die Augen:
Was jetzt?
Weitermachen wie bisher. Weiter morgens aufstehen, abends zu Bett gehen und tun, was man tun muß zum Leben.
Das wird lange dauern.
Vielleicht ein ganzes Leben.
Die Tiere machen Lucas wieder wach. Er steht auf und versorgt

sie. Er füttert die Schweine, die Hühner und die Kaninchen. Er holt die Ziegen vom Bach und melkt sie. Er bringt die Milch in die Küche. Er setzt sich auf die Eckbank und bleibt dort sitzen, bis es dunkel wird. Dann steht er auf, geht aus dem Haus und gießt den Garten. Es ist Vollmond. Wieder in der Küche, ißt er etwas Käse und trinkt Wein. Er beugt sich aus dem Fenster und erbricht sich. Er räumt den Tisch ab. Er geht ins Zimmer der Großmutter und öffnet das Fenster zum Lüften. Er setzt sich vor die Frisierkommode und betrachtet sich im Spiegel. Später öffnet er die Tür zu seinem Zimmer. Er betrachtet das Doppelbett. Er macht die Tür wieder zu und geht in die Stadt.

Die Straßen sind leer. Lucas geht schnell. Er bleibt vor einem erleuchteten offenen Fenster stehen. Es ist ein Küchenfenster. Er sieht eine Familie beim Abendessen. Eine Mutter und drei Kinder um einen Tisch. Zwei Jungen und ein Mädchen. Sie essen Kartoffelsuppe. Der Vater ist nicht dabei. Er ist vielleicht noch nicht von der Arbeit zurück oder im Gefängnis oder in einem Lager. Oder er ist aus dem Krieg nicht mehr heimgekehrt.

Lucas geht an den lauten Kneipen vorbei, in denen er noch vor kurzem bisweilen Mundharmonika spielte. Er geht nicht hinein, sondern setzt seinen Weg fort. Er streift zunächst durch die unbeleuchteten kleinen Straßen ums Schloß und biegt dann in die düstere Gasse ein, die zum Friedhof führt. Am Grab seines Großvaters und seiner Großmutter bleibt er stehen.

Großmutter ist vor einem Jahr an einem zweiten Schlaganfall gestorben.

Großvater ist schon lange tot. Die Leute in der Stadt munkelten, seine Frau hätte ihn vergiftet.

Lucas' Vater ist heute gestorben, als er versuchte, über die Grenze zu gehen, und Lucas wird nie erfahren, wo er begraben liegt.

Lucas geht nach Hause. Er klettert an einem Seil in die Dachkammer hinauf. Dort sind ein Strohsack, eine alte Militärdecke und eine Truhe. Lucas öffnet die Truhe, nimmt ein großes Schulheft heraus und schreibt ein paar Sätze hinein. Er schließt das Heft wieder und legt sich auf den Strohsack.

Über ihm, vom Mondlicht beschienen, das durch die Dachluke fällt, baumeln an einem Balken die Skelette der Mutter und des Babys.

Lucas' Mutter und seine kleine Schwester sind vor fünf Jahren umgekommen durch eine Granate, ein paar Tage vor Kriegsende, hier im Garten von Großmutters Haus.

Lucas sitzt auf der Bank im Garten. Er hat die Augen geschlossen. Ein Karren, mit einem Pferd davor, hält vorm Haus. Von dem Geräusch wird Lucas wach. Joseph, der Gemüsebauer, kommt in den Garten. Lucas sieht ihn an:

– Was wollen Sie, Joseph?

– Was ich will? Heute war Markt. Ich habe bis sieben Uhr auf Sie gewartet.

Lucas sagt:

– Verzeihen Sie, Joseph. Ich habe vergessen, was für ein Tag heute ist. Meinetwegen können wir das Gemüse schnell aufladen.

– Soll das ein Witz sein? Es ist zwei Uhr nachmittags. Ich bin nicht gekommen, um aufzuladen, sondern um Sie zu fragen, ob ich Ihre Ware überhaupt noch verkaufen soll. Wenn nicht, dann müssen Sie es mir sagen. Mir ist es egal. Ich tue es nur Ihnen zuliebe.

– Aber sicher, Joseph. Ich hatte nur vergessen, daß heute Markt ist.

– Nicht nur heute haben Sie das vergessen. Schon vorige Woche haben Sie es vergessen und die Woche davor.

Lucas sagt:

– Drei Wochen? Das war mir gar nicht bewußt.

Joseph schüttelt den Kopf:

– Da stimmt was nicht bei Ihnen. Was haben Sie mit Ihrem Gemüse und Ihrem Obst gemacht seit drei Wochen?

– Nichts. Aber ich habe den Garten jeden Tag gegossen, glaube ich.

– Das glauben Sie? Da wollen wir mal nachsehen.

Joseph geht hinters Haus, in den Gemüsegarten. Lucas geht mit. Der Gemüsebauer beugt sich über die Beete und flucht:

– Allmächtiger! Sie haben ja alles verkommen lassen! Da, die Tomaten auf der Erde, die Bohnen viel zu dick, die Gurken gelb und die Erdbeeren schwarz! Sind Sie verrückt geworden? Die gute Ware so verkommen zu lassen! Man sollte Sie aufhängen oder an die Wand stellen dafür. Mit Ihren Erbsen ist es für dieses Jahr aus und vorbei, mit den Aprikosen genauso. Die Äpfel und Pflaumen sind noch zu retten. Holen Sie mal einen Eimer!

Lucas bringt ihm einen Eimer, und Joseph macht sich daran, die Äpfel und Pflaumen, die im Gras liegen, aufzusammeln. Er sagt zu Lucas:

– Nehmen Sie einen andern Eimer, und sammeln Sie alles auf, was verfault ist. Vielleicht fressen Ihre Schweine das noch. Himmel! Ihre Tiere!

Joseph stürzt in den Hühnerhof, Lucas hinterher. Joseph sagt, während er sich die Stirn wischt:

– Gottlob, sie sind nicht krepiert. Geben Sie mir mal eine Mistgabel, damit ich etwas saubermachen kann. Wahrhaftig ein Wunder, daß Sie nicht vergessen haben, Ihre Tiere zu füttern!

– Die kann man nicht vergessen! Sie melden sich, sobald sie Hunger haben.

Joseph arbeitet stundenlang, Lucas hilft ihm, läßt sich von ihm kommandieren.

Als es dunkel wird, gehen sie in die Küche.

Joseph sagt:

– Pfui Teufel! So was habe ich noch nie gerochen. Was stinkt hier so?

Er schaut sich um und erblickt eine große Schüssel mit Ziegenmilch.

– Die Milch ist sauer geworden. Weg damit! Kippen Sie sie in den Bach.

Lucas gehorcht. Als er zurückkommt, hat Joseph bereits die Küche gelüftet und die Fliesen gewischt. Lucas steigt hinunter in den Keller und kommt mit einer Flasche Wein und Speck wieder herauf.

Joseph sagt:

– Dazu braucht man Brot.

– Ich habe keins.

Joseph steht wortlos auf und holt einen Laib Brot aus seinem Karren.

– Da haben wir welches. Ich habe es nach dem Markt gekauft. Zu Hause backen wir keins mehr.

Joseph ißt und trinkt. Er fragt:

– Sie trinken ja gar nicht. Und essen tun Sie auch nicht. Was ist los, Lucas?

– Ich bin müde. Ich kann nicht essen.

– Sie sind blaß unter Ihrer Bräune im Gesicht und nur noch Haut und Knochen.

– Das macht nichts. Das geht vorbei.

Joseph sagt:

– Dachte ich mir doch, daß da etwas nicht ganz richtig ist in Ihrem Kopf. Da steckt bestimmt ein Mädchen dahinter.

– Nein, kein Mädchen.

Joseph mit einem Zwinkern:

– Ich kenne doch die Jugend. Aber es täte mir leid, wenn ein so hübscher Kerl wie Sie sich gehen ließe wegen eines Mädchens.

Lucas sagt:

– Es ist nicht wegen eines Mädchens.

– Wegen was dann?

– Ich weiß es nicht.

– Sie wissen es nicht? Dann brauchen Sie einen Arzt.

– Machen Sie sich um mich keine Sorgen, Joseph, es geht schon.

– Es geht schon, es geht schon. Er läßt seinen Garten verkommen, die Milch sauer werden, er ißt nicht, er trinkt nicht, und er glaubt, das könnte so weitergehen.

Lucas antwortet nicht.

Beim Weggehen sagt Joseph:

– Hören Sie, Lucas. Damit Sie nicht wieder vergessen, wann Markt ist, werde ich an den Tagen eine Stunde früher aufstehen und Sie wecken. Dann laden wir zusammen das Gemüse auf und das Obst und die Tiere, die verkauft werden sollen. Recht so?

– Ja, vielen Dank, Joseph.

Lucas gibt Joseph noch eine Flasche Wein und begleitet ihn zum Karren.

Joseph ruft, während er sein Pferd mit der Peitsche antreibt:

– Vorsicht, Lucas, Vorsicht! Liebe kann tödlich sein!

Lucas sitzt auf der Gartenbank. Er hat die Augen geschlossen. Als er sie wieder aufmacht, sieht er ein kleines Mädchen, das auf einem Ast des Kirschbaums hin- und herschaukelt.

Lucas fragt:

– Was tust du hier? Wer bist du?

Das kleine Mädchen springt herunter, es spielt mit den rosa Schleifen an seinen Zopfenden:

– Tante Leonie läßt sagen, Sie möchten zum Herrn Pfarrer gehen. Er ist ganz allein, weil Tante Leonie nicht mehr arbeiten kann, sie liegt zu Hause, sie steht nicht mehr auf, sie ist zu alt.

Meine Mutter hat keine Zeit, zum Herrn Pfarrer zu gehen, weil sie in der Fabrik arbeitet, und mein Vater auch.

Lucas sagt:

– Ich verstehe. Wie alt bist du?

– Ich weiß nicht genau. Das letzte Mal, als ich Geburtstag

hatte, war ich fünf, aber das war im Winter. Und jetzt ist schon Herbst, und ich könnte in die Schule, wenn ich nicht zu spät geboren wäre.

– Es ist schon Herbst!

Das kleine Mädchen lacht:

– Wußten Sie das nicht? Seit zwei Tagen ist Herbst, auch wenn man glaubt, es ist Sommer, weil es noch warm ist.

– Du weißt ja allerhand!

– Ja. Ich habe einen großen Bruder, der bringt mir alles bei. Er heißt Simon.

– Und du? Wie heißt du?

– Agnes.

– Das ist ein schöner Name.

– Lucas auch. Ich weiß, daß Sie Lucas sind, denn meine Tante hat gesagt: ›Hol Lucas, der wohnt im letzten Haus, gegenüber von den Grenzsoldaten.‹

– Haben die Posten dich denn nicht festgenommen?

– Die haben mich nicht gesehen. Ich bin hintenrum gegangen.

Lucas sagt:

– So eine kleine Schwester wie dich möchte ich auch haben.

– Hast du keine?

– Nein. Wenn ich eine hätte, würde ich ihr eine Schaukel machen. Soll ich dir eine Schaukel machen?

Agnes sagt:

– Ich habe eine zu Hause. Aber ich schaukle lieber auf was anderm. Das macht mehr Spaß.

Sie springt in die Luft, schnappt sich den großen Ast des Kirschbaums und schaukelt lachend daran hin und her.

Lucas fragt:

– Bist du nie traurig?

– Nein, weil ich mich immer mit etwas tröste.

Sie springt wieder herunter:

– Sie müssen schnell zum Herrn Pfarrer gehen. Meine Tante

hat es mir schon gestern und vorgestern und vorvorgestern gesagt, aber ich habe es immer wieder vergessen. Ich kriege bestimmt Schimpfe.

Lucas sagt:

– Keine Angst, ich gehe heute abend hin.

– Gut, dann gehe ich heim.

– Bleib noch ein Weilchen. Willst du Musik hören?

– Was für Musik?

– Du wirst schon sehen. Komm mit.

Lucas nimmt das kleine Mädchen auf den Arm, geht mit ihm in sein Zimmer, setzt es auf das große Bett und legt eine Platte auf das alte Grammophon. Er hockt sich auf den Boden, legt den Kopf auf die Arme und hört zu.

Agnes fragt:

– Weinst du?

Lucas schüttelt den Kopf.

Sie sagt:

– Ich habe Angst. Ich mag die Musik nicht.

Lucas ergreift ein Bein des kleinen Mädchens und drückt es fest. Das Mädchen schreit:

– Du tust mir weh! Laß mich los!

Lucas lockert den Griff. Als die Platte abgelaufen ist, steht er auf und dreht sie um. Das kleine Mädchen ist verschwunden. Lucas hört Schallplatten, bis die Sonne untergegangen ist.

Am Abend macht Lucas einen Korb mit Gemüse, Kartoffeln, Eiern und Käse zurecht. Er schlachtet ein Huhn, nimmt es aus und packt auch Milch und eine Flasche Wein in den Korb.

Er klingelt an der Pfarrei, keiner kommt und macht auf. Er geht durch die offene Hintertür hinein und stellt seinen Korb in die Küche. Er klopft an die Schlafzimmertür und tritt ein.

Der Pfarrer, ein hagerer alter Mann, sitzt an seinem Schreibtisch. Im Licht einer Kerze spielt er Schach, allein.

Lucas zieht einen Stuhl an den Schreibtisch heran, setzt sich dem alten Mann gegenüber und sagt:

– Entschuldigen Sie, Herr Pfarrer.

Der Pfarrer sagt:

– Ich zahle Ihnen nach und nach zurück, was ich Ihnen schulde, Lucas.

Lucas fragt:

– Bin ich schon lange nicht mehr hier gewesen?

– Seit Anfang des Sommers. Wissen Sie das nicht mehr?

– Nein. Wer hat Sie unterdessen versorgt?

– Leonie hat mir jeden Tag etwas Suppe gebracht. Aber seit ein paar Tagen ist sie krank.

Lucas sagt:

– Bitte verzeihen Sie mir, Herr Pfarrer.

– Verzeihen? Ich habe Sie seit vielen Monaten nicht bezahlt. Ich habe kein Geld mehr. Staat und Kirche sind getrennt, ich werde für meine Arbeit nicht mehr entlohnt. Ich muß von dem leben, was die Gläubigen mir geben. Aber die Leute glauben, es könnte ihnen schaden, in die Kirche zu gehen. Nur ein paar alte Frauen kommen zum Gottesdienst.

Lucas sagt:

– Wenn ich nicht gekommen bin, dann nicht wegen des Geldes, das Sie mir schulden. Es ist schlimmer.

– Wieso schlimmer?

Lucas senkt den Kopf:

– Ich hatte Sie ganz und gar vergessen. Ich hatte auch meinen Garten vergessen und den Markt, die Milch und den Käse. Ich hatte sogar vergessen zu essen. Monatelang habe ich in der Dachkammer geschlafen, ich hatte Angst, in mein Schlafzimmer zu gehen. Es mußte erst ein kleines Mädchen, die Nichte von Leonie, kommen, damit ich den Mut hatte, wieder hineinzugehen. Sie hat mich auch an meine Pflichten Ihnen gegenüber erinnert.

– Sie haben mir gegenüber keinerlei Pflichten. Sie verkaufen

Ihre Ware und leben davon. Wenn ich Sie nicht mehr bezahlen kann, ist es normal, daß Sie mir nichts mehr liefern.

– Ich sage Ihnen noch mal, es ist nicht wegen des Geldes. Verstehen Sie mich recht.

– Das müssen Sie mir erklären. Ich höre.

– Ich weiß nicht, wie ich weiterleben soll.

Der Pfarrer steht auf und nimmt Lucas' Gesicht in seine Hände:

– Was ist mit Ihnen geschehen, mein Kind?

Lucas schüttelt den Kopf:

– Ich kann Ihnen nicht mehr sagen. Es ist wie eine Krankheit.

– Ich sehe schon. Eine Art Seelenkrankheit. Weil Sie noch so jung sind und vielleicht auch zuviel allein.

Lucas sagt:

– Mag sein. Ich koche etwas, und wir essen zusammen. Ich habe selbst lange nichts mehr gegessen. Wenn ich etwas esse, muß ich mich erbrechen. Mit Ihnen zusammen ginge es vielleicht.

Er geht in die Küche, macht Feuer und stellt das Huhn mit dem Gemüse auf.

Er deckt den Tisch und öffnet eine Flasche Wein.

Der Pfarrer kommt in die Küche:

– Ich sage es noch mal, Lucas, ich kann Sie nicht bezahlen.

– Sie müssen doch etwas essen.

– Ja, aber ich brauche kein Festmahl. Etwas Kartoffeln oder Mais würden mir genügen.

Lucas sagt:

– Sie werden essen, was ich Ihnen bringe, und wir reden nicht mehr von Geld.

– Das kann ich nicht annehmen.

– Es ist leichter zu geben als zu nehmen, nicht wahr? Stolz ist eine Sünde, Herr Pfarrer.

Sie essen schweigend. Sie trinken Wein. Lucas muß sich nicht erbrechen. Nach dem Essen spült er das Geschirr. Der Pfarrer geht wieder in sein Zimmer. Lucas kommt zu ihm:

– Ich muß jetzt gehen.
– Wohin gehen Sie?
– Ich laufe in den Straßen herum.
– Ich könnte Ihnen das Schachspiel beibringen.
Lucas sagt:
– Ich glaube nicht, daß ich mich dafür interessieren könnte. Es ist ein kompliziertes Spiel, das viel Konzentration verlangt.
– Versuchen wir's mal.
Der Pfarrer erklärt das Spiel. Sie spielen eine Partie.
Lucas gewinnt.
Der Pfarrer fragt:
– Woher können Sie Schach?
– Aus Büchern. Aber es ist das erste Mal, daß ich richtig spiele.
– Kommen Sie wieder zum Spielen?
Lucas kommt jeden Abend. Der Herr Pfarrer macht Fortschritte, die Partien werden interessant, obwohl immer Lucas gewinnt.

Lucas schläft wieder in seinem Zimmer in dem großen Bett. Er vergißt nicht mehr, wann Markt ist, er läßt die Milch nicht mehr sauer werden. Er kümmert sich um die Tiere, den Garten, den Haushalt. Er geht wieder in den Wald, um Pilze zu sammeln und trockenes Holz. Er geht auch wieder zum Fischen.

Als Kind fing Lucas die Fische mit der Hand oder mit der Angel. Jetzt denkt er sich ein Verfahren aus, wonach die Fische aus dem Fluß in ein Becken geleitet werden, aus dem sie nicht mehr heraus können. Lucas braucht sie nur mit einem Netz herauszuholen, wenn er frischen Fisch haben will.

Abends ißt Lucas mit dem Herrn Pfarrer, spielt ein oder zwei Partien Schach und wandert dann wieder durch die Straßen der Stadt.

Eines Abends kehrt er in der ersten Kneipe ein, an der er

vorbeikommt. Früher war es ein gut geführtes Café, sogar im Krieg. Jetzt ist es ziemlich finster dort und beinahe leer.

Die Kellnerin, eine häßliche, verhärmte Person, ruft von der Theke herüber:

– Wieviel?

– Einen Halben.

Lucas setzt sich an einen Tisch voller Rotweinflecken und Zigarettenasche. Die Kellnerin bringt ihm einen halben Liter Landwein. Sie kassiert sofort.

Als er seinen halben Liter getrunken hat, steht er auf und geht wieder. Er wandert weiter, bis zum Hauptplatz. An der Buch- und Schreibwarenhandlung bleibt er stehen und betrachtet lange das Schaufenster: Schulhefte, Bleistifte, Radiergummis und ein paar Bücher. Lucas geht in die Kneipe gegenüber.

Hier ist etwas mehr Betrieb, aber es ist noch schmutziger als in der andern. Der Fußboden ist mit Sägemehl bestreut.

Lucas setzt sich nahe an die offene Tür, denn es gibt keine andere Lüftung im Lokal.

Ein paar Grenzsoldaten sitzen an einem langen Tisch. Sie haben Mädchen bei sich. Sie singen.

Ein kleiner, abgerissener alter Mann setzt sich zu Lucas an den Tisch:

– Na, spielst du was?

Lucas ruft:

– Einen Halben mit zwei Gläsern!

Der kleine Alte sagt:

– Du solltest mir kein Glas spendieren, du solltest nur spielen. Wie früher.

– Ich kann nicht mehr spielen wie früher.

– Ich versteh dich. Aber spiel trotzdem. Ich würde mich freuen.

Lucas schenkt den Wein ein:

– Trink.

Er holt seine Mundharmonika aus der Tasche und fängt an, ein trauriges Lied zu spielen, ein Lied von Liebe und Auseinandergehn.

Die Grenzsoldaten und die Mädchen stimmen mit ein. Eines der Mädchen setzt sich neben Lucas und streicht ihm übers Haar:

– Seht mal, wie süß der ist.

Lucas hört auf zu spielen und steht auf. Das Mädchen lacht:

– Ist der aber scheu!

Draußen regnet es. Lucas geht in eine dritte Kneipe und verlangt noch mal einen halben Liter. Als er anfängt zu spielen, wenden sich die Gesichter ihm zu, senken sich dann aber wieder über die Gläser. Die Leute hier trinken, aber reden nicht miteinander.

Plötzlich pflanzt sich ein großer, kräftiger Mann, der nur noch ein Bein hat, mitten im Saal auf, genau unter der einzigen Glühbirne, und fängt an, auf seine Krücken gestützt, ein verbotenes Lied zu singen.

Lucas begleitet ihn auf der Mundharmonika.

Die andern Gäste trinken rasch ihr Glas leer und verlassen einer nach dem andern die Kneipe.

Die Tränen laufen dem Mann übers Gesicht, als er die beiden letzten Verse singt:

›Dieses Volk hat schon gesühnt
was geschehen ist und was kommen wird.‹

Am nächsten Tag geht Lucas in die Buch- und Schreibwarenhandlung. Er sucht sich drei Bleistifte aus, ein Paket kariertes Papier und ein dickes Heft. Als er zur Kasse kommt, sagt der Buchhändler, ein dicker, blasser Mann, zu ihm:

– Ich habe Sie lange nicht gesehen. Waren Sie fort?

– Nein, ich hatte nur zuviel zu tun.

– Ihr Papierverbrauch ist beachtlich. Ich frage mich manchmal, was Sie damit machen.

Lucas sagt:

– Ich schreibe gern weiße Blätter voll mit einem Bleistift. Nur so zum Zeitvertreib.

– Das müssen ja Berge sein mit der Zeit.

– Ich vergeude viel. Die mißratenen Seiten nehme ich zum Feueranmachen.

Der Buchhändler sagt:

– Leider hab ich sonst keine so schreibbesessenen Kunden wie Sie. Der Laden läuft nicht mehr. Vorm Krieg ging's. Da gab es hier viele Schulen. Oberschulen, Internate, Kollegien. Die Studenten bummelten abends durch die Straßen und amüsierten sich. Es gab auch ein Konservatorium hier und jede Woche Konzerte und Theateraufführungen. Sehen Sie sich jetzt mal die Straße an. Nur Kinder und alte Leute. Ein paar Arbeiter, ein paar Weinbauern. Keine Jugend mehr in der Stadt. Die Schulen sind alle ins Innere des Landes verlegt worden, außer der Grundschule. Die jungen Leute, sogar die, die nicht studieren, gehen woanders hin, in Städte, wo mehr los ist. Unsere Stadt ist eine tote Stadt. Grenzgebiet, abgesperrt, vergessen. Man kennt jeden, der hier wohnt, vom Sehen. Es sind immer dieselben Gesichter. Kein Fremder kommt hier rein.

Lucas sagt:

– Es gibt Grenzsoldaten. Die sind jung.

– Ja, die Ärmsten. Eingesperrt in Kasernen und nachts patroullieren. Und alle sechs Monate werden sie abgelöst, damit sie nicht mit der Bevölkerung warm werden. Diese Stadt hat zehntausend Einwohner, dazu dreitausend ausländische Soldaten und zweitausend eigene Grenzsoldaten. Vorm Krieg hatten wir fünftausend Studenten und im Sommer Touristen. Die Touristen kamen aus dem Landesinnern, aber auch von der andern Seite der Grenze.

Lucas fragt:

– War die Grenze offen?

– Ja, freilich. Die Bauern von drüben verkauften ihre Ware hier, und die Studenten gingen zu den Dorffesten auf die andere

Seite. Auch der Zug fuhr weiter bis zur nächsten großen Stadt im andern Land. Jetzt ist unsere Stadt die Endstation. Alles aussteigen! Und Papiere vorzeigen!

Lucas fragt:

– Konnte man ungehindert hinüber und wieder zurück? Konnte man denn ins Ausland reisen?

– Ja, freilich. Sie haben so was nie kennengelernt. Jetzt kann man keinen einzigen Schritt tun, ohne nach seinem Ausweis gefragt zu werden. Und einer Sondererlaubnis für das Grenzgebiet.

– Und wenn man keine Papiere hat?

– Es ist besser, welche zu haben.

– Ich habe keine.

– Wie alt sind Sie?

– Fünfzehn.

– Dann müßten Sie welche haben. Sogar die Kinder haben einen von ihrer Schule ausgestellten Ausweis. Wie machen Sie das, wenn Sie die Stadt verlassen und wieder hierher zurückkommen?

– Ich verlasse die Stadt nie.

– Nie? Sie fahren nicht mal in die nächste Stadt, wenn Sie etwas kaufen wollen, was es hier nicht gibt?

– Nein. Ich habe die Stadt nie verlassen, seitdem meine Mutter mich vor sechs Jahren hierher gebracht hat.

Der Buchhändler sagt:

– Wenn Sie keine Scherereien haben wollen, beschaffen Sie sich besser einen Ausweis. Gehen Sie zum Bürgermeisteramt und erklären Sie dort Ihren Fall. Wenn man Ihnen Schwierigkeiten macht, fragen Sie nach Peter N. Sagen Sie ihm, daß Victor Sie schickt. Peter kommt aus derselben Stadt wie ich. Aus dem Norden. Er hat einen wichtigen Posten in der Partei.

Lucas sagt:

– Das ist nett von Ihnen. Aber warum sollte ich Schwierigkeiten haben, einen Ausweis zu bekommen?

– Das weiß man nie.

Lucas geht in ein großes Gebäude nahe beim Schloß. Fahnen flattern an der Fassade. Auf vielen schwarzen Tafeln stehen mit goldenen Buchstaben die Namen der Büros: ›Politbüro der revolutionären Partei‹, ›Sekretariat der revolutionären Partei‹, ›Verband der revolutionären Jugend‹, ›Verband der revolutionären Frauen‹, ›Föderation der revolutionären Syndikate‹.

Auf der anderen Seite der Tür eine einfache graue Tafel mit roten Buchstaben: ›Gemeindeangelegenheiten erste Etage.‹

Lucas steigt eine Etage hinauf und klopft an eine Milchglasscheibe, über der ›Personalausweise‹ geschrieben steht.

Ein Mann in grauem Kittel öffnet das Schiebefenster und sieht Lucas wortlos an.

Lucas sagt:

– Guten Tag. Ich hätte gern einen Personalausweis.

– Eine Verlängerung, meinen Sie wohl. Ist Ihrer abgelaufen?

– Nein, ich habe keinen. Ich habe nie einen gehabt. Man hat mir gesagt, daß ich einen haben müßte.

Der Beamte fragt:

– Wie alt sind Sie?

– Fünfzehn.

– Dann müßten Sie tatsächlich einen haben. Zeigen Sie mir mal Ihren Schülerausweis.

Lucas sagt:

– Ich habe keinen. Ich habe überhaupt keinen Ausweis.

Der Beamte fragt:

– Das ist doch nicht möglich. Wenn Sie noch nicht fertig sind mit der Grundschule, dann haben Sie Ihren Schülerausweis. Wenn Sie Student sind, haben Sie Ihren Studentenausweis. Wenn Sie Lehrling sind, haben Sie Ihren Lehrlingsausweis.

Lucas sagt:

– Es tut mir leid. Ich habe weder das eine noch das andere. Ich bin nie zur Schule gegangen.

– Wieso denn das? Bis zum vierzehnten Lebensjahr ist der Schulbesuch Pflicht.

– Ich war befreit wegen eines Traumas.

– Und jetzt? Was machen Sie jetzt?

– Ich lebe von dem, was in meinem Garten wächst. Und abends spiele ich auch in den Kneipen.

Der Beamte sagt:

– Ah, Sie sind das. Lucas T., heißen Sie nicht so?

– Ja.

– Bei wem wohnen Sie?

– Ich wohne im Haus meiner Großmutter, an der Grenze. Ich lebe allein. Großmutter ist voriges Jahr gestorben.

Der Beamte kratzt sich den Kopf:

– Hören Sie, Ihr Fall ist eine Ausnahme. Da muß ich erst nachfragen. Das kann ich nicht allein entscheiden. Kommen Sie in ein paar Tagen wieder.

Lucas sagt:

– Vielleicht könnte Peter N. das in Ordnung bringen.

– Peter N.? Der Parteisekretär? Kennen Sie den?

Er greift zum Telefon.

Lucas sagt zu ihm:

– Ich komme auf Empfehlung von Herrn Victor.

Der Beamte hängt wieder ein und geht aus dem Büro:

– Kommen Sie. Wir gehen eine Etage tiefer.

Er klopft an die Tür, an der geschrieben steht: ›Sekretariat der revolutionären Partei.‹ Sie gehen hinein. Ein junger Mann sitzt hinter dem Schreibtisch. Der Beamte reicht ihm einen leeren Ausweis:

– Es ist wegen eines Personalausweises.

– Ich kümmere mich drum. Sie können gehen.

Der Beamte verläßt wieder den Raum.

Der junge Mann steht auf und streckt Lucas die Hand entgegen:

– Tag, Lucas.

– Kennen Sie mich?

– Jeder kennt Sie in der Stadt. Ich freue mich, daß ich Ihnen behilflich sein kann. Füllen wir mal Ihre Karte aus. Name, Vorname, Adresse, Geburtsdatum. Sie sind erst fünfzehn? Sie sind sehr groß für Ihr Alter. Beruf? Ich schreibe ›Musiker‹.

Lucas sagt:

– Ich lebe auch von dem, was mein Garten bringt.

– Dann schreiben wir ›Gärtner‹, das klingt besser. Also: braunes Haar, graue Augen. Parteizugehörigkeit?

Lucas sagt:

– Streichen Sie das.

– Ja, und hier, was soll ich hier hineinschreiben: ›Gutachten der Behörden‹?

– ›Schwachsinnig‹, wenn das geht. Ich hatte ein Trauma, ich bin nicht ganz normal.

Der junge Mann lacht:

– Nicht ganz normal? Wer wird das glauben? Aber Sie haben recht. Solch eine Beurteilung kann Ihnen viel Scherereien ersparen. Den Militärdienst zum Beispiel. Ich schreibe also: ›Chronische psychische Störungen‹. Recht so?

Lucas sagt:

– Ja, Herr Beamter. Danke, Herr Beamter.

– Nennen Sie mich Peter.

Lucas sagt:

– Danke, Peter.

Peter tritt zu Lucas und reicht ihm seinen Ausweis. Mit der andern Hand streicht er ihm sanft übers Gesicht. Lucas schließt die Augen. Peter küßt ihn lange auf den Mund, Lucas' Kopf in seinen beiden Händen. Er schaut Lucas' Gesicht noch einen Augenblick an, dann setzt er sich wieder an seinen Schreibtisch:

– Entschuldigen Sie, Lucas, Ihre Schönheit hat mich verwirrt. Ich muß sehr aufpassen. So was ist in der Partei unverzeihlich.

Lucas sagt:
– Es wird niemand erfahren.
Peter sagt:
– Solch ein Laster läßt sich nicht ein Leben lang verbergen. Ich werde nicht lange auf diesem Posten bleiben. Ich bin nur hier, weil ich desertiert bin. Ich habe mich ergeben und bin mit der siegreichen Armee unserer Befreier zurückgekehrt. Ich war noch Student, als man mich in den Krieg geschickt hat.
Lucas sagt:
– Sie sollten heiraten oder zumindest eine Freundin haben, um keinen Verdacht zu wecken. Es wäre leicht für Sie, eine Frau zu verführen. Sie sind schön, männlich. Und Sie sind traurig. Die Frauen lieben traurige Männer. Außerdem haben Sie eine gute Position.
Peter lacht:
– Ich habe nicht die geringste Lust, eine Frau zu verführen.
Lucas sagt:
– Und doch gibt es vielleicht Frauen, die man lieben kann in gewisser Weise.
– Sie kennen sich gut aus für Ihr Alter, Lucas!
– Ich kenne mich nicht aus, ich denke mir das nur.
Peter sagt:
– Wenn Sie irgendwas brauchen sollten, kommen Sie zu mir.

2

Es ist der letzte Tag des Jahres. Eine große Kälte von Norden her hat die Erde zum Erstarren gebracht.

Lucas geht zum Bach hinunter. Er wird dem Herrn Pfarrer Fisch bringen für das Silvestermahl.

Es ist schon dunkel. Lucas hat eine Sturmlaterne und eine Hacke mitgenommen. Er beginnt, die Eisschicht auf dem Bassin zu zerschlagen, als er ein Kind weinen hört. Er leuchtet mit seiner Laterne dahin, woher das Weinen kommt.

Eine Frau sitzt auf der kleinen Brücke, die Lucas vor vielen Jahren gebaut hat. Sie ist in eine Decke gehüllt, und sie blickt hinunter auf den Bach, auf dem Schnee- und Eisschollen treiben. Unter der Decke weint ein kleines Kind.

Lucas geht näher heran und fragt die Frau:

– Wer bist du? Was machst du hier?

Sie gibt keine Antwort. Ihre großen schwarzen Augen blicken starr auf das Laternenlicht. Lucas sagt:

– Komm mit.

Er legt seinen rechten Arm um sie und führt sie, den Weg beleuchtend, zum Haus. Das Kind weint immer noch.

In der Küche ist es warm. Die Frau setzt sich, macht ihre Brust frei und gibt dem Kind zu trinken.

Lucas wendet sich ab und stellt den Rest einer Gemüsesuppe aufs Feuer.

Das Kind schläft auf dem Schoß seiner Mutter. Die Mutter schaut Lucas an:

– Ich wollte es ertränken, aber ich konnte nicht.

Lucas fragt:

– Soll ich es tun?

– Könntest du das?

– Ich habe Mäuse ertränkt, Katzen, kleine Hunde.

– Ein Kind ist nicht dasselbe.

– Soll ich es ertränken oder nicht?

– Nein, jetzt nicht mehr. Jetzt ist es zu spät.

Nach kurzem Schweigen sagt Lucas:

– Hier ist ein leeres Zimmer. Da kannst du schlafen mit deinem Kind.

Sie blickt mit ihren schwarzen Augen zu Lucas auf:

– Danke. Ich heiße Yasmine.

Lucas macht die Tür zum Schlafzimmer der Großmutter auf:

– Leg dein Kind aufs Bett. Die Tür bleibt offen, damit das Zimmer warm wird. Wenn du gegessen hast, gehst du wieder hin und schläfst neben ihm.

Yasmine legt ihr Kind auf das Bett der Großmutter und kommt wieder in die Küche.

Lucas fragt:

– Hast du Hunger?

– Ich habe seit gestern abend nichts mehr gegessen.

Lucas gießt die Suppe in ein Schüsselchen:

– Iß und geh schlafen. Wir reden morgen weiter. Ich muß jetzt weg.

Er geht wieder zum Bassin, fischt mit dem Netz zwei Fische heraus und macht sich auf den Weg zur Pfarrei. Er bereitet wie gewöhnlich die Mahlzeit, er ißt mit dem Pfarrer, und sie spielen eine Partie Schach. Lucas verliert zum ersten Mal.

Der Herr Pfarrer ist verärgert:

– Sie sind nicht bei der Sache heute abend, Lucas. Sie machen grobe Fehler. Spielen wir noch mal, aber jetzt aufgepaßt.

Lucas sagt:

– Ich bin müde. Ich muß heim.

– Sie werden bloß wieder in den Kneipen herumhängen.

– Sie sind gut informiert, Herr Pfarrer.

Der Pfarrer lacht:

– Ich treffe viele alte Frauen. Sie erzählen mir alles, was in der Stadt passiert. Machen Sie nicht solch ein Gesicht! Gehen Sie schon und viel Spaß! Heute abend ist Silvester.

Lucas steht auf:

– Ich wünsche Ihnen ein glückliches neues Jahr, Herr Pfarrer.

Der Pfarrer erhebt sich ebenfalls und legt Lucas die Hand auf den Kopf:

– Gott segne Sie. Gebe Er Ihrer Seele Frieden.

Lucas sagt:

– Ich werde nie Frieden haben in mir.

– Man muß beten und hoffen, mein Kind.

Lucas geht die Straße entlang. Er geht an den lauten Kneipen vorbei, kehrt aber nicht ein, beschleunigt den Schritt, und auf dem kleinen unbeleuchteten Weg zu Großmutters Haus beginnt er sogar zu rennen.

Er öffnet die Küchentür. Yasmine sitzt noch auf der Eckbank. Sie hat die Herdtür geöffnet und blickt ins Feuer. Das Schüsselchen mit der erkalteten Suppe steht noch auf dem Tisch.

Lucas setzt sich Yasmine gegenüber:

– Du hast nichts gegessen.

– Ich habe keinen Hunger. Ich bin noch ganz durchgefroren.

Lucas nimmt eine Flasche Schnaps vom Regal und schenkt zwei Gläser ein:

– Trink. Das wärmt dich von innen.

Er trinkt, Yasmine ebenfalls. Er schenkt noch mal ein. Sie trinken schweigend. Sie hören in der Ferne die Glocken der Stadt.

Lucas sagt:

– Es ist Mitternacht. Ein neues Jahr hat begonnen.

Yasmine läßt ihren Kopf auf den Tisch sinken und weint.

Lucas steht auf und nimmt die Decke weg, die Yasmine noch um sich herum hat. Er streichelt ihr langes, glänzendes, schwarzes Haar. Er streichelt auch die Brüste, die prall gefüllt sind mit Milch. Er hakt die Bluse auf, beugt sich vor und trinkt.

Am nächsten Morgen kommt Lucas in die Küche. Yasmine sitzt auf der Bank und hält ihr Baby auf dem Schoß.

Sie sagt:

– Ich möchte mein Baby noch baden. Dann gehe ich.

– Wohin gehst du?

– Ich weiß nicht. Ich kann nicht in dieser Stadt bleiben nach allem, was passiert ist.

Lucas fragt:

– Was ist denn passiert? Ist es das Kind? Es gibt andere ledige Mütter in der Stadt. Haben deine Eltern dich verstoßen?

– Ich habe keine Eltern. Meine Mutter ist bei meiner Geburt gestorben. Ich lebte mit meinem Vater und meiner Tante zusammen, der Schwester meiner Mutter. Meine Tante hat mich großgezogen. Als mein Vater aus dem Krieg zurückkam, hat er sie geheiratet. Aber er liebte sie nicht. Er liebte nur mich.

Lucas sagt:

– Ich verstehe.

– Ja. Und als meine Tante es merkte, hat sie uns angezeigt. Mein Vater ist im Gefängnis. Und ich habe im Krankenhaus als Putzfrau gearbeitet bis zur Entbindung. Ich bin heute morgen aus dem Krankenhaus entlassen worden, ich habe bei uns zu Hause angeklopft, meine Tante hat mir nicht aufgemacht. Sie hat mich durch die Tür beschimpft.

Lucas sagt:

– Ich kenne deine Geschichte. Die Leute reden davon in den Kneipen.

– Ja, alle reden davon. Es ist eine kleine Stadt. Ich kann hier nicht bleiben. Ich wollte das Kind ertränken und dann über die Grenze.

– Über die Grenze kommt man nicht rüber. Du würdest auf eine Mine treten und in die Luft fliegen.

– Es ist mir egal, ob ich sterbe.

– Wie alt bist du?

– Achtzehn.

– Das ist zu jung zum Sterben. Du kannst dein Leben woanders noch mal anfangen. In einer andern Stadt, später, wenn dein Kind größer ist. Vorläufig kannst du so lange hierbleiben, wie du willst.

Sie sagt:

– Aber die Leute in der Stadt!

– Die Leute werden aufhören zu tratschen. Sie werden schon

Ruhe geben. Hier bist du nicht mehr in der Stadt, hier bist du bei mir.

– Du würdest mich hierbehalten, mit meinem Kind?

– Du kannst in dem Zimmer nebenan wohnen, du kannst in die Küche kommen, aber nie in mein Zimmer, auch nicht in die Dachkammer. Und du darfst mir nie Fragen stellen.

Yasmine sagt:

– Ich werde dir keine Fragen stellen, und ich werde dich nicht stören. Ich werde auch darauf achten, daß das Kind dich nicht stört. Ich werde kochen und saubermachen. Ich kenne mich da aus. Bei uns sorgte ich fürs Haus, weil meine Tante in der Fabrik arbeitete.

Lucas sagt:

– Das Wasser kocht. Du kannst das Bad richten.

Yasmine stellt eine Schüssel auf den Tisch und wickelt das Kind aus. Lucas wärmt ein Badetuch überm Herd. Yasmine wäscht das Kind, Lucas sieht ihr zu.

Er sagt:

– Die Schultern sind verwachsen.

– Ja. Die Beine auch. Man hat es mir im Krankenhaus gesagt. Es ist meine Schuld. Ich habe meinen Bauch mit einem Korsett zusammengeschnürt, um meine Schwangerschaft zu verbergen. Er wird ein Krüppel werden. Wenn ich doch den Mut gehabt hätte, ihn zu ertränken.

Lucas nimmt das gewickelte Kind in seine Arme und betrachtet das kleine zerknitterte Gesicht:

– Kein Wort mehr davon, Yasmine.

Sie sagt:

– Er wird unglücklich sein.

– Du bist auch unglücklich und bist doch kein Krüppel. Er wird vielleicht nicht unglücklicher sein als du oder irgendein anderer.

Yasmine nimmt ihm das Kind wieder ab, ihre Augen sind voll Tränen:

– Du bist nett, Lucas.
– Du kennst meinen Namen?
– Jeder in der Stadt kennt dich. Man sagt, du seist verrückt, aber das glaube ich nicht.
Lucas geht hinaus und kommt mit Brettern wieder herein:
– Ich werde ihm eine Wiege zimmern.
Yasmine wäscht die Wäsche, kocht das Essen. Als die Wiege fertig ist, legen sie das Kind hinein und schaukeln es hin und her.
Lucas fragt:
– Wie heißt er? Hast du ihm schon einen Namen gegeben?
– Ja. Im Krankenhaus wird man danach gefragt, um ihn beim Bürgermeisteramt anzumelden. Ich habe ihn Mathias genannt. Das ist der Name meines Vaters. Ein anderer ist mir nicht eingefallen.
– Liebtest du ihn so sehr?
– Ich hatte nur ihn.

Am Abend kommt Lucas vom Pfarrhaus zurück, ohne in der Kneipe haltzumachen. Das Feuer brennt noch im Herd. Durch die halboffene Tür hört Lucas Yasmine leise singen. Er tritt ins Zimmer der Großmutter. Yasmine steht im Hemd am Fenster und wiegt ihr Kind.
Lucas fragt:
– Warum schläfst du noch nicht?
– Ich habe auf dich gewartet.
– Du darfst nicht auf mich warten. Normalerweise komme ich viel später nach Hause.
Yasmine lächelt:
– Ich weiß. Du spielst in den Kneipen.
Lucas tritt näher heran und fragt:
– Schläft er?
– Schon lange. Aber ich schaukle ihn so gerne.
Lucas sagt:

– Komm in die Küche. Sonst wird er wach.

In der Küche sitzen sie einander gegenüber und trinken schweigend Schnaps. Später fragt Lucas:

– Wann hat das angefangen? Zwischen deinem Vater und dir?

– Sofort. Sobald er zurück war.

– Wie alt warst du da?

– Zwölf.

– Hat er dich vergewaltigt?

Yasmine lacht:

– O nein! Er hat mich nicht vergewaltigt. Er legte sich nur neben mich, preßte mich an sich, küßte mich, streichelte mich und weinte.

– Wo war deine Tante während der Zeit?

– Sie arbeitete in der Fabrik, Schichtdienst. Wenn sie Nachtdienst hatte, schlief mein Vater bei mir, in meinem Bett. Es war ein schmales Bett in einer kleinen Kammer ohne Fenster. Wir waren glücklich, wir beide, in diesem Bett.

Lucas schenkt Schnaps ein und sagt:

– Red weiter!

– Ich wurde größer. Mein Vater streichelte meine Brüste, er sagte: ›Bald bist du eine Frau, bald wirst du mit einem Jungen auf und davon gehen.‹ Ich sagte: ›Nein, ich gehe nie weg.‹ Eines Nachts, im Schlaf, habe ich seine Hand genommen und sie zwischen meine Beine gelegt. Ich habe seine Finger gedrückt und zum ersten Mal ein Lustgefühl gespürt. Am nächsten Abend habe ich ihn gebeten, mir noch einmal dieses unendlich zarte Glücksgefühl zu verschaffen. Er weinte, er sagte, man dürfe das nicht, es sei etwas Schlechtes, aber ich wollte es unbedingt und habe ihn angefleht. Da hat er sich über mein Geschlecht gebeugt, hat daran geleckt und gesaugt, hat es geküßt, und mein Glück war noch größer als beim ersten Mal. –

Eines Abends hat er sich auf mich gelegt, er hat sein Glied zwischen meine Beine gesteckt und hat zu mir gesagt: ›Presse die

Beine zusammen, ganz fest, laß mich nicht rein, ich will dir nicht weh tun.‹ –

Jahrelang haben wir uns so geliebt, aber dann kam eine Nacht, in der ich nicht dagegen ankonnte. Mein Verlangen nach ihm war zu groß, ich habe die Beine gespreizt, ich war weit offen, und er ist in mich eingedrungen. –

Sie verstummt, sieht Lucas an. Ihre großen schwarzen Augen glänzen, ihre vollen Lippen öffnen sich leicht. Sie holt eine Brust aus ihrem Hemd hervor und fragt:

– Willst du?

Lucas packt sie bei den Haaren, zerrt sie ins Schlafzimmer, wirft sie aufs Bett der Großmutter und nimmt sie und beißt ihr dabei in den Nacken.

In den folgenden Tagen geht Lucas wieder in die Kneipen. Er nimmt auch seine Wanderungen durch die leeren Straßen der Stadt wieder auf.

Wenn er nach Hause kommt, geht er direkt in sein Zimmer.

Eines Abends jedoch, als er betrunken ist, öffnet er die Tür von Großmutters Schlafzimmer. Das Licht aus der Küche erhellt den Raum.

Yasmine schläft, das Kind auch.

Lucas zieht sich aus und legt sich zu Yasmine ins Bett. Yasmines Körper ist glühend heiß, Lucas' Körper eiskalt. Sie liegt zur Wand gekehrt, er preßt sich an ihren Rücken, er steckt sein Glied zwischen Yasmines Schenkel.

Sie preßt die Schenkel zusammen, sie stöhnt:

– Vater, o Vater!

Lucas flüstert ihr zu:

– Preß die Beine zusammen. Fester.

Sie wehrt sich und atmet schwer. Er dringt in sie ein, und sie schreit.

Lucas legt Yasmine die Hand auf den Mund, er zieht ihr die Bettdecke über den Kopf:

– Sei still! Das Kind wird sonst wach!

Sie beißt ihm in die Finger, lutscht an seinem Daumen. Als es vorbei ist, bleiben sie noch ein paar Minuten liegen, dann steht Lucas auf.

Yasmine weint.

Lucas geht in sein Zimmer.

Es ist Sommer. Das Kind ist überall. Im Zimmer der Großmutter, in der Küche, im Garten. Es krabbelt auf allen Vieren.

Es hat einen Buckel, es ist verwachsen. Seine Beine sind zu dünn, seine Arme zu lang, sein Körper ist unproportioniert.

Es kommt auch in Lucas' Zimmer. Es trommelt mit seinen kleinen Fäusten an die Tür, bis Lucas ihm aufmacht. Es klettert auf das große Bett.

Lucas legt eine Platte auf das Grammophon, und das Kind wiegt sich auf dem Bett hin und her.

Lucas legt eine andere Platte auf, und das Kind verkriecht sich unter den Decken.

Lucas nimmt ein Blatt Papier und zeichnet ein Kaninchen, ein Huhn, ein Schwein. Das Kind lacht und küßt das Papier.

Lucas zeichnet eine Giraffe und einen Elefanten, das Kind schüttelt den Kopf und zerreißt das Blatt.

Lucas macht einen Sandkasten für das Kind, kauft ihm eine Schaufel, eine Gießkanne und eine Schubkarre.

Er bringt eine Schaukel an, er baut ihm ein Wägelchen mit einem Gehäuse und Rädern. Er setzt das Kind hinein und fährt es spazieren. Er zeigt ihm die Fische, er läßt es in den Kaninchenstall. Das Kind versucht, die Kaninchen zu streicheln, aber die Kaninchen laufen aufgeregt in alle Richtungen.

Das Kind weint.

Lucas geht in die Stadt und kauft einen Teddybär.

Das Kind sieht den Teddy, nimmt ihn, ›spricht‹ mit ihm, schüttelt ihn und wirft ihn Lucas vor die Füße.

Yasmine nimmt den Teddy, streichelt ihn:

– Der Teddy ist lieb. Er ist ein ganz lieber kleiner Bär.

Das Kind schaut seine Mutter an und schlägt mit seinem Kopf auf den Küchenboden. Yasmine legt den Teddy beiseite und nimmt das Kind in ihre Arme. Das Kind brüllt, es hämmert auf den Kopf der Mutter und tritt ihr mit den Füßen in den Bauch. Yasmine läßt es los, und das Kind versteckt sich unterm Tisch bis zum Abend.

Am Abend bringt Lucas ein ganz junges Kätzchen mit, das er vor Josephs Mistgabel gerettet hat. Das kleine Tier steht miauend auf dem Küchenfußboden und zittert am ganzen Leib.

Yasmine stellt ihm ein Schüsselchen Milch hin, die Katze miaut immer noch.

Yasmine setzt die Katze in die Wiege des Kindes.

Das Kind klettert in seine Wiege, legt sich neben die kleine Katze und preßt sie an sich. Das Kätzchen wehrt sich und zerkratzt dem Kind Gesicht und Hände.

Nach ein paar Tagen frißt die Katze alles, was man ihr gibt, und schläft in der Wiege zu Füßen des Kindes.

Lucas bittet Joseph, ihm einen kleinen Hund zu beschaffen.

Eines Tages kommt Joseph und bringt ihnen ein schwarzes Hündchen mit langem krausen Fell. Yasmine hängt gerade die Wäsche im Garten auf, das Kind hält seinen Mittagsschlaf. Yasmine klopft an Lucas' Tür und ruft:

– Da ist jemand!

Sie versteckt sich im Zimmer der Großmutter.

Lucas geht Joseph entgegen. Joseph sagt:

– Hier ist der Hund, den ich Ihnen versprochen habe. Es ist ein Schäferhund, der an Weite gewöhnt ist. Er wird ein guter Wachhund werden.

Lucas sagt:

– Vielen Dank, Joseph. Kommen Sie und trinken Sie ein Glas Wein.

Sie gehen in die Küche und trinken Wein. Joseph fragt:

– Wollen Sie mich nicht mit Ihrer Frau bekanntmachen?

Lucas sagt:

– Yasmine ist nicht meine Frau. Sie wußte nicht wohin, da habe ich sie aufgenommen.

Joseph sagt:

– Die ganze Stadt kennt ihre Geschichte. Sie ist ein sehr hübsches Mädchen. Der kleine Hund ist wohl für ihr Kind, denke ich.

– Ja, für das Kind von Yasmine.

Bevor er geht, sagt Joseph noch:

– Sie sind sehr jung, Lucas, um für eine Frau und ein Kind zu sorgen. Das ist eine große Verantwortung.

Lucas sagt:

– Das ist meine Sache.

Als Joseph weg ist, kommt Yasmine aus dem Haus. Lucas hat den kleinen Hund auf dem Arm:

– Sieh mal, was Joseph für Mathias mitgebracht hat.

Yasmine sagt:

– Er hat mich gesehen. Hat er keine Bemerkungen gemacht?

– Doch. Er findet dich sehr hübsch. Es sollte dich nicht kümmern, Yasmine, was die Leute von uns denken. Du solltest bald einmal mit mir in die Stadt gehen und dir was zum Anziehen kaufen. Du hast immer dasselbe Kleid an, seitdem du hier angekommen bist.

– Das Kleid genügt mir. Ich will kein anderes. Ich werde nicht in die Stadt gehen.

Lucas sagt:

– Zeigen wir Mathias mal den Hund.

Das Kind sitzt mit der Katze unterm Küchentisch.

Yasmine sagt:

– Mathi, das ist für dich. Es ist ein Geschenk.

Lucas setzt sich mit dem Hund auf die Eckbank, das Kind klettert auf seinen Schoß. Es betrachtet den Hund, es streicht ihm die Haare beiseite, die ihm übers Maul hängen. Der Hund leckt dem Kind das Gesicht. Die Katze faucht den Hund an und flüchtet in den Garten.

Es wird immer kälter. Lucas sagt zu Yasmine:

– Mathias braucht warme Sachen und du auch.

Yasmine sagt:

– Ich kann stricken. Ich bräuchte Wolle und Nadeln.

Lucas kauft einen Korb Wolle und Stricknadeln verschiedener Stärken. Yasmine strickt Pullover, Socken, Schals, Handschuhe und Mützen. Aus den Wollresten macht sie bunte Decken. Lucas gratuliert ihr dazu.

Yasmine sagt:

– Ich kann auch nähen. Zu Hause hatte ich die alte Nähmaschine meiner Mutter.

– Soll ich sie holen?

– Hättest du den Mut, zu meiner Tante zu gehen?

Lucas zieht mit der Schubkarre los. Er klopft an die Tür von Yasmines Tante. Eine noch junge Frau macht ihm auf:

– Was wollen Sie?

– Ich möchte Yasmines Nähmaschine abholen.

Sie sagt:

– Kommen Sie herein.

Lucas betritt eine sehr saubere Küche. Die Tante von Yasmine mustert ihn scharf:

– Sie sind das also. Armer Junge. Sie sind ja noch ein Kind.

Lucas sagt:

– Ich bin siebzehn Jahre alt.

– Und sie ist bald neunzehn. Wie geht es ihr?

– Gut.

– Und dem Kind?

– Auch sehr gut.

Nach kurzem Schweigen sagt sie:

– Ich habe gehört, daß das Kind mit Mißbildungen auf die Welt gekommen ist. Das ist die Strafe Gottes.

Lucas fragt:

– Wo ist die Nähmaschine?

Die Tante öffnet eine Tür, die zu einer fensterlosen Kammer führt:

– Alles, was ihr gehörte, ist da drin. Nehmen Sie es mit. Eine Nähmaschine und ein Weidenkorb.

Lucas fragt:

– Sonst stand hier nichts?

– Ihr Bett. Ich habe es verbrannt.

Lucas stellt die Nähmaschine und den Korb auf die Schubkarre.

Er sagt:

– Ich danke Ihnen.

– Keine Ursache. Gut, daß ich es los bin.

Es regnet oft. Yasmine näht und strickt. Das Kind kann nicht mehr draußen spielen. Es verbringt den Tag unterm Küchentisch zusammen mit dem Hund und der Katze. Das Kind sagt schon ein paar Wörter, kann aber noch nicht laufen. Wenn Lucas es hinstellen will, wehrt es sich, krabbelt auf allen Vieren davon und sucht Zuflucht unterm Tisch.

Lucas geht in die Buchhandlung. Er kauft große weiße Bögen, Buntstifte und Bilderbücher.

Victor fragt:

– Haben Sie ein Kind zu Hause?

– Ja. Aber es ist nicht mein eigenes.

Victor sagt:

– Es gibt so viele Waisenkinder. Peter hat gefragt, wie es Ihnen geht. Sie sollten ihn mal besuchen.

Lucas sagt:

– Ich habe viel zu tun.

– Ich verstehe. Mit dem Kind. In Ihrem Alter.

Lucas geht nach Hause. Das Kind schläft auf einem Teppich unterm Küchentisch. Im Zimmer der Großmutter sitzt Yasmine und näht. Lucas setzt das Paket neben dem Kind ab. Er geht ins Zimmer, gibt Yasmine einen Kuß auf den Hals, und Yasmine hört auf zu nähen.

Das Kind zeichnet. Es zeichnet den Hund und die Katze. Es zeichnet auch andere Tiere. Es zeichnet Bäume, Blumen, das Haus. Es zeichnet auch seine Mutter.

Lucas fragt:

– Warum zeichnest du mich eigentlich nie?

Das Kind schüttelt den Kopf und versteckt sich mit seinen Büchern unterm Tisch.

Am Abend vor Weihnachten fällt Lucas eine Tanne im Wald. Er kauft bunte Kugeln und Kerzen. Im Zimmer der Großmutter schmückt er mit Yasmine den Baum. Die Geschenke liegen unterm Baum: Stoffe und ein Paar warme Stiefel für Yasmine, eine Strickjacke für Lucas, Bücher und ein Schaukelpferd für Mathias.

Yasmine brät eine Ente im Ofen. Sie kocht Kartoffeln, Kohl, trockene Bohnen. Das Gebäck ist schon seit mehreren Tagen fertig.

Als der erste Stern am Himmel erscheint, zündet Lucas die Kerzen am Baum an. Yasmine kommt mit Mathias auf dem Arm ins Zimmer.

Lucas sagt:

– Komm und hole dir deine Geschenke, Mathias. Die Bücher und das Pferd sind für dich.

Das Kind sagt:

– Ich will das Pferd. Es ist ein schönes Pferd.

Er versucht auf den Pferderücken zu klettern, vergeblich. Er ruft:

– Das Pferd ist zu groß. Das hat Lucas gemacht. Lucas ist böse. Er hat ein zu großes Pferd für Mathi gemacht.

Das Kind weint und schlägt mit seinem Kopf auf den Fußboden des Zimmers. Lucas hebt es hoch, schüttelt es:

– Das Pferd ist nicht zu groß. Mathias ist zu klein, weil er sich nicht hinstellen will. Immer auf allen Vieren, wie die Tiere! Aber du bist kein Tier!

Er hält das Kinn des Kindes hoch, damit es ihm in die Augen schaut. Er sagt in hartem Ton:

– Wenn du nicht laufen willst, wirst du nie laufen. Nie, verstehst du?

Das Kind brüllt, Yasmine reißt es Lucas weg:

– Laß es in Ruhe! Bald wird es laufen.

Sie setzt das Kind auf den Pferderücken, schaukelt es.

Lucas sagt:

– Ich muß weg. Bring das Kind zu Bett und warte auf mich. Ich bleib nicht lange fort.

Er geht in die Küche, schneidet die gebratene Ente in zwei Hälften, legt eine davon auf einen warmen Teller, häuft Gemüse und Kartoffeln ringsherum und packt den Teller in ein Tuch. Das Essen ist noch warm, als er in der Pfarrei ankommt.

Nachdem sie gegessen haben, sagt Lucas:

– Es tut mir leid, Herr Pfarrer, ich muß heim, man wartet auf mich.

Der Pfarrer sagt:

– Ich weiß, mein Sohn. Ehrlich gesagt wundere ich mich, daß du heute abend gekommen bist. Ich weiß, daß du in der Sünde lebst mit einer Sünderin und der Frucht ihrer schuldvollen Liebe. Das Kind ist nicht mal getauft, obwohl es den Namen von einem unserer Heiligen trägt.

Lucas schweigt, der Pfarrer sagt:

– Kommt beide zur Mitternachtsmesse, wenigstens heute abend.

Lucas sagt:

– Wir können das Kind nicht ohne Aufsicht lassen.

– Dann komm allein.

Lucas sagt:

– Sie duzen mich, Herr Pfarrer.

– Verzeihung, Lucas. Der Zorn ist mit mir durchgegangen. Sie sind doch für mich wie mein eigener Sohn, und ich bange um Ihr Seelenheil.

Lucas sagt:

– Duzen Sie mich weiter, Herr Pfarrer. Ich freue mich darüber. Aber Sie wissen genau, daß ich nie in die Kirche gehe.

Lucas kehrt heim. Im Haus der Großmutter sind alle Lichter gelöscht. Katze und Hund schlafen in der Küche, die Hälfte der gebratenen Ente steht noch auf dem Tisch, unberührt.

Lucas will ins Zimmer gehen. Die Tür ist abgeschlossen. Er klopft, Yasmine antwortet nicht.

Lucas geht in die Stadt. Hinter den Fenstern brennen Kerzen. Die Kneipen sind geschlossen. Lucas irrt lange durch die Straßen, dann geht er in die Kirche. Die große Kirche ist kalt, beinahe leer. Lucas lehnt sich an die Mauer neben der Tür. Weit entfernt davon, auf der gegenüberliegenden Seite, liest der Herr Pfarrer die Messe am Altar.

Eine Hand berührt Lucas' Schulter. Peter sagt:

– Kommen Sie, Lucas. Gehen wir nach draußen.

Draußen fragt er:

– Was hat Sie dorthin getrieben?

– Und Sie, Peter?

– Ich bin hinter Ihnen hergegangen. Ich kam von Victor, als ich Sie sah.

Lucas sagt:

– Ich fühle mich verloren in dieser Stadt, wenn die Kneipen geschlossen sind.

– Ich fühle mich hier sowieso verloren. Kommen Sie mit zu mir, um sich aufzuwärmen, bevor Sie nach Hause gehen.

Peter wohnt in einem schönen Haus am Hauptplatz. Er hat

tiefe Sessel, Bücherregale an den Wänden, und es ist warm. Peter schenkt einen Schnaps ein:

– Ich habe keinen einzigen Freund in dieser Stadt außer Victor, der ein netter, gebildeter Mann ist, aber ziemlich langweilig. Er hört nicht auf, sich zu beklagen.

Lucas schläft ein. Als er bei Morgengrauen erwacht, sitzt Peter immer noch ihm gegenüber und sieht ihn an.

Im folgenden Sommer stellt sich das Kind aufrecht hin. An den Rücken des Hundes geklammert, ruft es:

– Lucas! Guck mal!

Lucas kommt herbeigelaufen.

Das Kind sagt:

– Mathi ist größer als der Hund. Mathi steht.

Der Hund geht zur Seite, das Kind fällt. Lucas nimmt es auf den Arm, hebt es über seinen Kopf und sagt:

– Mathias ist größer als Lucas!

Das Kind lacht. Am nächsten Tag kauft Lucas ihm ein Dreirad.

Yasmine sagt zu Lucas:

– Du gibst zuviel Geld für Spielzeug aus.

Lucas sagt:

– Das Dreirad wird mithelfen, daß die Beine sich besser entwickeln.

Im Herbst läuft das Kind ganz sicher, aber es hinkt auffällig. Eines Morgens sagt Lucas zu Yasmine:

– Nach dem Frühstück bade das Kind und zieh es sauber an. Ich gehe mit ihm zum Arzt.

– Zum Arzt? Warum?

– Siehst du denn nicht, daß es hinkt?

Yasmine antwortet:

– Es ist schon ein Wunder, daß es laufen kann.

Lucas sagt:

– Er soll laufen wie alle andern.

Yasmines Augen füllen sich mit Tränen:

– Ich nehme ihn so, wie er ist.

Als das Kind gewaschen und angezogen ist, nimmt Lucas es bei der Hand:

– Wir machen jetzt einen langen Spaziergang, Mathias. Wenn du müde bist, trage ich dich.

Yasmine fragt:

– Gehst du mit ihm durch die Stadt bis zum Krankenhaus?

– Warum nicht?

– Die Leute werden gucken. Ihr könntet meiner Tante begegnen.

Lucas antwortet nicht.

Yasmine sagt noch:

– Wenn man ihn dabehalten will, läßt du es doch nicht zu, nicht wahr, Lucas?

Lucas sagt:

– Was für eine Frage!

Bei der Rückkehr vom Krankenhaus sagt Lucas nur:

– Du hattest recht, Yasmine.

Er schließt sich in sein Zimmer ein, hört Schallplatten, und als das Kind an die Tür trommelt, macht er ihm nicht auf.

Am Abend, als Yasmine das Kind zu Bett bringt, tritt Lucas in das Zimmer der Großmutter. Wie jeden Abend setzt er sich an die Wiege und erzählt Mathias eine Geschichte. Als die Geschichte zu Ende ist, sagt er:

– Deine Wiege wird bald zu klein sein. Ich werde dir ein Bett zimmern müssen.

Das Kind sagt:

– Wir behalten die Wiege für den Hund und die Katze.

– Ja, wir behalten die Wiege. Ich werde dir auch ein Regal machen für die Bücher, die du schon hast, und für alle andern, die ich dir noch kaufen werde.

Das Kind sagt:

– Erzähl mir noch eine Geschichte.

– Ich muß jetzt arbeiten.

– Nachts gibt es keine Arbeit.

– Für mich gibt es immer Arbeit. Ich muß viel Geld verdienen.

– Wofür braucht man das, Geld?

– Um all das zu kaufen, was wir nötig haben, wir drei.

– Kleider und Schuhe?

– Ja. Und auch Spielsachen, Bücher und Schallplatten.

– Spielsachen und Bücher sind gut. Geh und arbeite.

Lucas sagt:

– Und du mußt schlafen, um groß zu werden.

Das Kind sagt:

– Ich werde nicht groß, das weißt du doch. Der Arzt hat es gesagt.

– Das hast du falsch verstanden, Mathias. Du wirst groß werden. Nicht so schnell wie die andern Kinder, aber du wirst wachsen.

Das Kind fragt:

– Warum nicht so schnell?

– Weil nicht alle gleich sind. Du wirst nicht so groß werden wie die andern, aber klüger. Die Größe ist nicht wichtig, Klugsein, darauf kommt es an.

Lucas geht aus dem Haus. Aber anstatt in die Stadt zu gehen, geht er zum Bach hinunter, setzt sich ins feuchte Gras und schaut auf das schlammige schwarze Wasser.

3

Lucas sagt zu Victor:

– Diese Kinderbücher sind alle gleich, sie erzählen nur dummes Zeug. Das läßt sich kein Vierjähriger mehr weismachen.

Victor zuckt die Achseln:

– Was tun? Mit den Büchern für Erwachsene ist es nicht anders. Sehen Sie nur. Ein paar Romane, die das Regime verherrlichen. Man könnte glauben, es gibt keine Schriftsteller mehr in unserm Land.

Lucas sagt:

– Ja, ich kenne dieses Genre. Sie sind das Papier nicht wert. Was ist aus den Büchern von früher geworden?

– Verboten. Verschwunden. Aus dem Verkehr gezogen. Vielleicht finden Sie noch welche in der Bibliothek.

– Eine Bibliothek in unserer Stadt? Davon habe ich noch nie gehört. Wo soll die sein?

– In der ersten Straße links, wenn man vom Schloß kommt. Ich weiß nicht, wie sie heißt, das ändert sich dauernd. Die Straßen werden ständig umbenannt.

Lucas sagt:

– Ich werde sie schon finden.

Die Straße, von der Victor sprach, ist leer. Lucas wartet. Aus einem Haus kommt ein alter Mann. Lucas fragt ihn:

– Wissen Sie, wo die Bibliothek ist?

Der Alte zeigt auf ein altes graues, halb verfallenes Haus:

– Da drüben. Aber nicht mehr lange, glaube ich. Es sieht so aus, als käme sie anderswohin. Jede Woche fährt da ein Lastwagen vor und holt Bücher ab.

Lucas betritt das graue Haus. Er geht einen langen düsteren Gang entlang, der zu einer verglasten Tür führt. Auf einem rostigen Schild steht: ›Öffentliche Bibliothek‹.

Lucas klopft an. Eine Frauenstimme antwortet:

– Herein!

Lucas kommt in einen großen Raum, in den die Abendsonne hereinscheint. Eine grauhaarige Frau sitzt an einem Schreibtisch. Sie hat eine Brille auf. Sie fragt:

– Was wünschen Sie?

– Ich möchte Bücher ausleihen.

Die Frau nimmt ihre Brille ab und schaut Lucas an:

– Bücher ausleihen? Seitdem ich hier bin, ist noch nie jemand gekommen, um Bücher auszuleihen.

– Sind Sie schon lange hier?

– Seit zwei Jahren. Ich soll hier Ordnung schaffen. Ich muß den Bestand sichten und alles aussortieren, was auf dem Index steht.

– Und dann? Was machen Sie dann damit?

– Ich packe die Bücher in die Kisten da, und dann werden sie abgeholt und eingestampft.

– Stehen viele Bücher auf dem Index?

– Fast alle.

Lucas betrachtet die großen Kisten voller Bücher:

– Was für eine traurige Arbeit für Sie.

Sie fragt:

– Lesen Sie gern?

– Ich habe alle Bücher des Herrn Pfarrer gelesen. Er hat eine ganze Menge, aber nicht alle sind interessant.

Sie lächelt:

– Das kann ich mir denken.

– Ich habe auch die gelesen, die man kaufen kann. Sie sind noch weniger interessant.

Sie lächelt wieder:

– Was für Bücher würden Sie denn gern lesen?

– Die Bücher, die auf dem Index stehen.

Sie setzt ihre Brille wieder auf und sagt:

– Das ist ausgeschlossen. Es tut mir leid. Gehen Sie!

Lucas rührt sich nicht von der Stelle. Sie wiederholt:
– Ich habe gesagt, Sie sollen gehen.
Lucas sagt:
– Sie haben Ähnlichkeit mit meiner Mutter.
– In jünger, hoffe ich?
– Nein. Meine Mutter war jünger als Sie, als sie starb.
Sie sagt:
– Verzeihung. Es tut mir leid.
– Meine Mutter hatte noch schwarzes Haar. Sie haben schon graues Haar und tragen eine Brille.
Die Frau steht auf:
– Es ist fünf Uhr. Ich schließe jetzt.
Auf der Straße sagt Lucas:
– Ich begleite Sie. Geben Sie mir Ihre Tasche. Sie scheint sehr schwer zu sein.
Sie gehen schweigend nebeneinander. Nicht weit vom Bahnhof bleibt sie vor einem kleinen niedrigen Haus stehen:
– Hier wohne ich. Vielen Dank. Wie heißen Sie?
– Lucas.
– Danke, Lucas.
Sie nimmt ihm die Tasche ab. Lucas fragt:
– Was haben Sie da drin?
– Kohlenbriketts.
Am nächsten Tag, spät nachmittags, geht Lucas wieder in die Bibliothek. Die grauhaarige Frau sitzt an ihrem Schreibtisch.
Lucas sagt:
– Sie haben vergessen, mir ein Buch auszuleihen gestern.
– Ich habe Ihnen doch gesagt, daß es nicht geht.
Lucas nimmt ein Buch aus einer der großen Kisten:
– Nur eins. Dies hier.
Sie sagt etwas lauter:
– Sie haben sich nicht einmal den Titel angesehen. Legen Sie das Buch wieder in die Kiste und gehen Sie!

Lucas legt das Buch zurück:

– Regen Sie sich nicht auf. Ich nehme kein Buch. Ich warte, bis Sie schließen.

– Sie warten überhaupt nicht! Raus mit Ihnen, Sie dreckiger kleiner Lockspitzel! Wenn das keine Schande ist, in Ihrem Alter!

Sie schluchzt:

– Wann hört man endlich auf, mich zu bespitzeln, zu belauern, zu verdächtigen?

Lucas verläßt die Bibliothek und setzt sich auf die Treppe des gegenüberliegenden Hauses. Er wartet. Kurz nach fünf kommt die Frau lächelnd auf ihn zu:

– Verzeihen Sie. Ich habe solche Angst. Immer Angst. Vor allem und jedem.

Lucas sagt:

– Ich werde Sie nicht mehr um Bücher bitten. Ich bin nur wiedergekommen, weil Sie meiner Mutter so ähnlich sehen.

Er zieht ein Photo aus der Tasche:

– Da, sehen Sie.

Sie betrachtet das Photo:

– Ich erkenne keine Ähnlichkeit. Ihre Mutter ist jung, schön, elegant.

Lucas fragt:

– Warum tragen Sie Schuhe mit flachen Absätzen und so ein farbloses Kostüm? Warum benehmen Sie sich wie eine alte Frau?

Sie sagt:

– Ich bin fünfunddreißig.

– Meine Mutter war genauso alt auf dem Photo. Sie könnten sich doch wenigstens Ihr Haar färben lassen.

– Mein Haar ist in einer einzigen Nacht weiß geworden, damals, als *sie* meinen Mann wegen Hochverrat gehängt haben. Das war vor drei Jahren.

Sie reicht Lucas ihre Einkaufstasche:

– Begleiten Sie mich.

Vor dem Haus fragt Lucas:

– Darf ich mit reinkommen?

– Ich lasse nie jemand herein.

– Warum nicht?

– Ich kenne niemand in dieser Stadt.

– Mich kennen Sie doch jetzt.

Sie lächelt:

– Gut. Kommen Sie herein, Lucas.

In der Küche sagt Lucas:

– Ich weiß nicht, wie Sie heißen. Ich möchte Sie nicht mit ›gnädige Frau‹ anreden.

– Ich heiße Clara. Sie können die Tasche ins Zimmer bringen und neben dem Ofen ausschütten. Ich mache Tee.

Lucas kippt die Briketts in eine Holzkiste. Er geht zum Fenster und entdeckt einen kleinen verlassenen Garten und etwas weiter weg einen Eisenbahndamm, auf dem das Unkraut wuchert.

Clara kommt ins Zimmer:

– Ich habe vergessen, Zucker zu kaufen.

Sie stellt ein Tablett auf den Tisch und tritt zu Lucas:

– Es ist ruhig hier. Es kommen keine Züge mehr vorbei.

Lucas sagt:

– Es ist ein hübsches Haus.

– Es ist eine Dienstwohnung. Das Haus gehörte Leuten, die ins Ausland gegangen sind.

– Auch die Möbel?

– Die Möbel in diesem Zimmer, ja. Die Möbel im Schlafzimmer gehören mir. Es ist mein Bett, mein Schreibtisch, mein Bücherschrank.

Lucas fragt:

– Darf ich Ihr Schlafzimmer mal sehen?

– Vielleicht ein andermal. Trinken Sie jetzt Ihren Tee.

Lucas trinkt etwas bitteren Tee und sagt dann:

– Ich muß gehen, ich habe zu tun. Aber ich könnte später wiederkommen.

Sie sagt:

– Nein, kommen Sie nicht wieder. Ich gehe sehr früh zu Bett, um Kohle zu sparen.

Als Lucas zu Hause ankommt, sind Yasmine und Mathias in der Küche. Yasmine sagt:

– Der Kleine wollte ohne dich nicht ins Bett. Ich habe schon die Tiere gefüttert und die Ziegen gemolken.

Lucas erzählt Mathias eine Geschichte und schaut dann beim Pfarrer vorbei. Schließlich geht er wieder zu dem kleinen Haus in der Bahnhofstraße. Es brennt kein Licht mehr.

Lucas wartet auf der Straße. Clara kommt aus der Bibliothek. Sie hat keine Tasche bei sich. Sie sagt zu Lucas:

– Sie werden doch wohl nicht jeden Tag hier auf mich warten?

– Warum nicht? Stört Sie das?

– Ja. Es ist lächerlich und unnötig.

Lucas sagt:

– Ich möchte Sie nach Haus begleiten.

– Ich habe heute keine Tasche. Außerdem gehe ich nicht direkt nach Hause. Ich muß noch Besorgungen machen.

Lucas fragt:

– Darf ich später am Abend zu Ihnen kommen?

– Nein!

– Warum nicht? Heute ist Freitag. Morgen arbeiten Sie nicht. Sie brauchen doch nicht früh zu Bett zu gehen.

Clara sagt:

– Das reicht! Kümmern Sie sich nicht um mich und auch nicht darum, wann ich zu Bett gehe. Hören Sie auf, immer auf mich zu warten und wie ein Hündchen hinter mir herzulaufen.

– Dann sehe ich Sie also nicht bis Montag?

Sie seufzt, sie schüttelt den Kopf:

– Weder Montag noch an einem andern Tag. Belästigen Sie mich nicht weiter, Lucas, bitte. Was wollen Sie denn von mir?

Lucas sagt:

– Ich sehe Sie nun mal gern. Sogar in Ihrem alten Kostüm und mit Ihrem grauen Haar.

– Sie sind dreist!

Clara macht auf dem Absatz kehrt und geht in Richtung des Hauptplatzes. Lucas folgt ihr.

Clara geht in ein Konfektionsgeschäft und danach in ein Schuhgeschäft. Lucas wartet lange. Dann geht sie noch in ein Lebensmittelgeschäft. Sie hat beide Arme voll beladen, als sie wieder den Weg zur Bahnhofstraße einschlägt.

Lucas holt sie ein:

– Lassen Sie mich tragen helfen.

Clara sagt, ohne stehenzubleiben:

– Lassen Sie mich in Ruhe! Scheren Sie sich weg! Und lassen Sie sich nicht mehr blicken!

– Gut, Clara. Sie werden mich nicht wiedersehen.

Lucas geht nach Hause. Yasmine sagt zu ihm:

– Mathias ist schon im Bett.

– Schon? Warum?

– Ich glaube, er schmollt.

Lucas geht in das Schlafzimmer der Großmutter:

– Schläfst du schon, Mathias?

Das Kind gibt keine Antwort. Lucas geht wieder aus dem Zimmer. Yasmine fragt:

– Kommst du spät zurück heute abend?

– Es ist Freitag.

Sie sagt:

– Der Garten und die Tiere bringen genug ein. Du solltest nicht mehr in den Kneipen spielen, Lucas. Wegen dem bißchen Geld, das du da verdienst, lohnt es sich nicht, die ganze Nacht dazubleiben.

Lucas antwortet nicht. Er verrichtet seine abendliche Arbeit und geht zur Pfarrei.

Der Pfarrer sagt:

– Wir haben schon lange nicht mehr Schach gespielt.

Lucas sagt:

– Ich bin sehr beschäftigt zur Zeit.

Er geht in die Stadt, betritt eine Kneipe, spielt Mundharmonika und trinkt. Er trinkt in allen Kneipen der Stadt und geht wieder zu Claras Haus.

Das Licht dringt durch die beiden zugezogenen Vorhänge an den Küchenfenstern. Lucas geht um den Häuserblock herum, kommt über die Eisenbahnschienen zurück und geht in Claras Garten. Hier sind die Vorhänge dünner. Lucas erkennt zwei Gestalten in dem Zimmer, in dem er gestern war. Ein Mann geht im Zimmer auf und ab, Clara lehnt am Ofen. Der Mann geht zu ihr, entfernt sich wieder und nähert sich ihr abermals. Er redet. Lucas hört seine Stimme, aber versteht nicht, was er sagt.

Die beiden Gestalten werden eins. Es dauert lange. Sie trennen sich. Im Schlafzimmer geht das Licht an. Es ist niemand mehr im Wohnzimmer.

Als Lucas zum andern Fenster geht, erlischt das Licht. Lucas geht wieder vors Haus. Er steht versteckt im Dunkeln und wartet.

Im Morgengrauen verläßt ein Mann Claras Haus und geht mit schnellen Schritten davon. Lucas folgt ihm. Der Mann geht in eines der Häuser am Hauptplatz.

Als Lucas nach Haus kommt, geht er in die Küche, um Wasser zu trinken. Yasmine kommt aus dem Schlafzimmer der Großmutter:

– Ich habe die ganze Nacht auf dich gewartet. Es ist sechs Uhr früh. Wo warst du?

– Auf der Straße.

– Was ist los, Lucas?

Sie streckt die Hand aus, um sein Gesicht zu streicheln. Lucas schiebt die Hand beiseite, geht aus der Küche und schließt sich in seinem Zimmer ein.

Am Samstag abend zieht Lucas von einer Kneipe in die andere. Die Leute sind betrunken und achten nicht aufs Geld.

Plötzlich, durch die rauchige Luft, sieht Lucas *sie*. Sie sitzt allein am Eingang und trinkt Rotwein. Lucas setzt sich zu ihr an den Tisch:

– Clara! Was machen Sie hier?

– Ich konnte nicht einschlafen. Ich wollte Leute sehen.

– Diese Leute hier?

– Egal wen. Ich kann nicht immer allein zu Hause sein, immer allein.

– Sie waren nicht allein gestern abend.

Clara antwortet nicht, sie schenkt sich Wein ein, sie trinkt.

Lucas nimmt ihr das Glas aus den Händen:

– Das ist genug!

Sie lacht:

– Nein. Es ist nie genug. Ich will trinken und noch mal trinken.

– Nicht hier! Nicht mit denen hier!

Lucas umklammert Claras Handgelenk. Sie schaut ihn an und sagt leise:

– Ich habe Sie gesucht.

Lucas sagt:

– Sie wollten mich nicht mehr sehen.

Sie antwortet nicht, wendet den Kopf ab.

Die Stammgäste wollen Musik hören.

Lucas wirft Geld auf den Tisch:

– Kommen Sie!

Er faßt Clara am Arm und führt sie zum Ausgang. Ein paar anzügliche Bemerkungen und grobes Gelächter begleiten sie.

Draußen regnet es. Clara schwankt unsicher auf ihren hohen Absätzen. Lucas muß sie fast tragen.

In ihrem Zimmer fällt sie zitternd aufs Bett. Lucas zieht ihr die Schuhe aus, deckt sie zu. Er geht ins andere Zimmer und macht Feuer in dem Ofen, der die beiden Räume heizt. Er macht Tee in der Küche und bringt zwei Tassen herein.

Clara sagt:

– Im Küchenschrank ist Rum.

Lucas holt den Rum und gießt etwas in die Tassen.

Clara sagt:

– Du bist zu jung für starke Getränke.

Lucas sagt:

– Ich bin zwanzig. Ich habe schon mit zwölf das Trinken gelernt.

Clara schließt die Augen:

– Ich könnte fast deine Mutter sein.

Später sagt sie noch:

– Bleib hier. Laß mich nicht allein.

Lucas setzt sich auf den Schreibtischstuhl und schaut sich im Zimmer um. Außer dem Bett stehen nur ein großer Schreibtisch und ein kleines Bücherregal darin. Er sieht sich die Bücher an, sie sind uninteressant, er kennt sie. Clara schläft. Ein Arm hängt aus dem Bett. Lucas greift danach. Er küßt den Handrücken, dann den Handteller. Er leckt ihn, seine Zunge fährt hinauf bis zum Ellbogen. Clara rührt sich nicht.

Es ist warm jetzt. Lucas schlägt die Bettdecke zurück. Er hat Claras Körper vor sich, weiß und schwarz.

Während Lucas in der Küche war, hatte Clara Rock und Pullover ausgezogen. Jetzt zieht Lucas ihr die schwarzen Strümpfe, die schwarzen Strumpfhalter und den schwarzen Büstenhalter aus. Er deckt den weißen Körper mit der Bettdecke zu. Dann verbrennt er die Unterwäsche im Ofen des anderen Zimmers. Er nimmt einen Sessel von dort mit und setzt sich neben das Bett. Er sieht ein Buch auf dem Boden liegen. Er schaut es sich an. Es ist ein altes abgegriffenes Buch, das auf dem Vorsatzblatt den Stempel der Bücherei trägt. Lucas liest, die Stunden vergehen. Clara beginnt zu stöhnen. Ihre Augen sind geschlossen, ihr Gesicht ist schweißbedeckt, ihr Kopf dreht sich auf dem Kopfkissen von rechts nach links, sie murmelt unverständliche Worte.

Lucas geht in die Küche, macht einen Lappen naß und legt ihn Clara auf die Stirn. Die unverständlichen Worte werden zu Gebrüll.

Lucas schüttelt Clara, damit sie wach wird. Sie schlägt die Augen auf:

– In der Schublade von meinem Schreibtisch. Beruhigungsmittel. Eine weiße Schachtel.

Lucas findet die Tabletten. Clara schluckt zwei davon mit dem Rest kalten Tees. Sie sagt:

– Es ist nicht schlimm. Es ist immer der gleiche Alptraum.

Sie schließt die Augen. Als ihr Atem regelmäßig wird, geht Lucas fort. Er nimmt das Buch mit.

Er geht langsam im Regen durch die leeren Straßen bis zum Haus der Großmutter, am anderen Ende der Stadt.

Am Sonntagnachmittag geht Lucas wieder zu Clara. Er klopft an die Küchentür.

Clara fragt:

– Wer ist das?

– Ich bin's, Lucas.

Clara öffnet die Tür. Sie ist blaß, sie trägt einen alten roten Morgenrock.

– Was wollen Sie?

Lucas sagt:

– Ich kam gerade vorbei und fragte mich, wie es Ihnen wohl geht.

– Es geht mir sehr gut, wirklich.

Die Hand, mit der sie die Tür festhält, zittert.

Lucas sagt:

– Verzeihen Sie. Ich hatte Angst.

– Wovor? Sie haben nicht den geringsten Grund, meinetwegen Angst zu haben.

Lucas sagt ganz leise:

– Clara, bitte, lassen Sie mich herein.

Clara sagt kopfschüttelnd:

– Sie lassen sich nicht leicht abweisen, Lucas. Kommen Sie also herein und trinken Sie einen Kaffee.

Sie setzen sich in die Küche, sie trinken Kaffee.

Clara fragt:

– Was war gestern abend los?

– Wissen Sie das nicht mehr?

– Nein. Seit mein Mann tot ist, bin ich in Behandlung. Die Medikamente, die ich einnehmen muß, haben oft eine verheerende Wirkung auf mein Gedächtnis.

Lucas sagt:

– Ich habe Sie aus der Kneipe nach Hause gebracht. Wenn Sie Medikamente nehmen, sollten Sie besser keinen Alkohol trinken.

Sie verbirgt ihr Gesicht in den Händen:

– Sie können sich nicht vorstellen, was ich durchgemacht habe.

Lucas sagt:

– Ich weiß, wie weh eine Trennung tut.

– Der Tod Ihrer Mutter.

– Und noch etwas anderes. Der Abschied von einem Bruder, mit dem ich ein Herz und eine Seele war.

Clara blickt auf und schaut Lucas an:

– Wir waren auch wie eins, Thomas und ich. *Sie* haben ihn umgebracht. Haben *sie* Ihren Bruder auch umgebracht?

– Nein. Er ist fortgegangen. Über die Grenze.

– Und warum sind Sie nicht mitgegangen?

– Einer von uns mußte hierbleiben und sich um die Tiere, den Garten und das Haus der Großmutter kümmern. Wir mußten auch lernen, einer ohne den andern zu leben. Allein.

Clara legt ihre Hand auf Lucas' Hand:

– Wie heißt er?

– Claus.

– Er wird zurückkommen. Aber Thomas kommt nie zurück.

Lucas steht auf:

– Soll ich im Zimmer Feuer machen? Ihre Hände sind eiskalt.

Clara sagt:

– Das ist nett. Ich backe Pfannkuchen. Ich habe den ganzen Tag noch nichts gegessen.

Lucas säubert den Ofen. Von der schwarzen Unterwäsche ist keine Spur mehr zu sehen. Er macht Feuer und geht wieder in die Küche.

– Es ist keine Kohle mehr da.

Clara sagt:

– Ich hole welche aus dem Keller.

Sie nimmt einen Blecheimer, und Lucas sagt:

– Lassen Sie mich gehen.

– Nein! Im Keller ist kein Licht. Ich bin daran gewöhnt.

Lucas setzt sich in einen Sessel im Wohnzimmer und zieht das Buch, das er von Clara mitgenommen hatte, aus der Tasche. Er liest.

Clara bringt Pfannkuchen.

Lucas sagt:

– Wer ist das eigentlich, Ihr Liebhaber?

– Haben Sie mich bespitzelt?

Lucas sagt:

– Für ihn haben Sie sich die schwarze Unterwäsche gekauft, für ihn haben Sie Schuhe mit hohen Absätzen angezogen. Sie hätten sich auch das Haar färben sollen.

Clara sagt:

– Das alles geht Sie nichts an. Was lesen Sie da?

Lucas hält ihr das Buch hin:

– Ich habe es gestern mitgenommen. Es hat mir sehr gefallen.

– Sie hatten kein Recht, es mit nach Hause zu nehmen. Ich muß es zurückbringen in die Bibliothek.

Lucas sagt:

– Regen Sie sich nicht auf, Clara. Entschuldigen Sie bitte.

Clara wendet sich ab:

– Und meine Unterwäsche? Haben Sie die auch mitgenommen?

– Nein. Ich habe sie verbrannt.

– Sie haben sie verbrannt? Wie kommen Sie dazu?

Lucas steht auf:

– Ich glaube, es ist besser, wenn ich gehe.

– Ja, gehen Sie. Sie werden erwartet.

– Wer erwartet mich denn?

– Eine Frau und ein Kind, wie man mir gesagt hat.

– Yasmine ist nicht meine Frau.

– Sie lebt seit vier Jahren bei Ihnen mit ihrem Kind.

– Das Kind ist nicht von mir, aber es ist jetzt meins.

Am Montag wartet Lucas gegenüber von der Bibliothek. Es wird Abend, und Clara kommt nicht. Lucas geht in das alte graue Haus, folgt dem langen Gang und klopft an die Glastür. Er bekommt keine Antwort, die Tür ist verschlossen.

Lucas läuft zu Claras Haus. Er tritt ohne anzuklopfen in die Küche, dann ins Wohnzimmer. Die Tür zum Schlafzimmer steht halb offen. Lucas ruft:

– Clara?

– Kommen Sie, Lucas.

Lucas tritt ins Zimmer. Clara liegt im Bett. Lucas setzt sich auf die Bettkante und nimmt Claras Hand: sie ist glühend heiß. Er befühlt ihre Stirn:

– Ich hole einen Arzt.

– Nein, das ist nicht nötig. Es ist nur eine Erkältung. Mir tun der Kopf und der Hals weh, das ist alles.

– Haben Sie Medikamente gegen die Schmerzen und das Fieber?

– Nein, ich habe nichts. Wir werden schon sehen morgen. Machen Sie nur Feuer und ein bißchen Tee.

Beim Teetrinken sagt sie:

– Danke, daß Sie gekommen sind, Lucas.

– Sie wußten doch, daß ich wiederkommen würde.

– Ich hoffte es. Es ist scheußlich, krank zu sein, wenn man ganz allein ist.

Lucas sagt:

– Sie werden nie mehr allein sein, Clara.

Clara preßt Lucas' Hand an ihre Wange:

– Ich war nicht nett zu Ihnen.

– Sie haben mich behandelt wie einen Hund. Aber das macht nichts.

Er streichelt Clara übers Haar, das ganz verschwitzt ist:

– Versuchen Sie zu schlafen. Ich hole Medikamente und komme wieder.

– Die Apotheke ist bestimmt schon geschlossen.

– Man wird mir schon aufmachen.

Lucas läuft bis zum Hauptplatz. Er klingelt bei dem einzigen Apotheker der Stadt. Er klingelt ein paarmal. Schließlich öffnet sich ein Fensterchen in der Holztür, und der Apotheker fragt:

– Was wollen Sie?

– Medikamente gegen Fieber und Schmerzen. Es eilt.

– Haben Sie ein Rezept?

– Ich hatte keine Zeit, einen Arzt zu erreichen.

– Das wundert mich nicht. Das Dumme ist nur, daß es ohne Rezept teuer ist.

– Macht nichts.

Lucas zieht einen Schein aus der Tasche, und der Apotheker bringt ein Röhrchen Tabletten.

Lucas rennt zum Haus der Großmutter. Yasmine und das Kind sind in der Küche. Yasmine sagt:

– Ich habe die Tiere schon versorgt.

– Danke, Yasmine. Kannst du dem Herrn Pfarrer heute abend sein Essen bringen? Ich habe es eilig.

Yasmine sagt:

– Dem Herrn Pfarrer? Den kenne ich nicht und möchte ihn auch nicht kennenlernen.

– Du brauchst den Korb nur auf den Küchentisch zu stellen.

Yasmine schweigt und schaut Lucas an. Lucas wendet sich zu Mathias:

– Heute abend wird Yasmine dir eine Geschichte erzählen.

Das Kind sagt:

– Yasmine kann keine Geschichten erzählen.

– Dann erzählst du ihr eben eine. Und malst mir ein schönes Bild.

– Ja, ein schönes Bild.

Lucas geht wieder zu Clara. Er löst zwei Tabletten in einem Glas Wasser auf und bringt sie Clara.

– Trinken Sie das.

Clara gehorcht. Bald darauf schläft sie ein.

Lucas steigt mit seiner Taschenlampe in den Keller hinunter. In einer Ecke liegt ein kleiner Kohlenhaufen, und ringsherum an den Wänden stehen Säcke. Ein paar sind offen, andere mit Bindfaden zugebunden. Lucas schaut in einen der Säcke, er ist voller Kartoffeln. Er bindet einen anderen Sack auf, darin sind Briketts. Er leert den Sack auf den Boden, und es fallen vier oder fünf Briketts und etwa zwanzig Bücher heraus. Lucas nimmt eins davon und tut die andern wieder in den Sack. Er geht mit dem Buch und dem Kohleneimer wieder nach oben.

Er setzt sich an Claras Bett und liest.

Am Morgen fragt Clara:
– Sind Sie die ganze Nacht hiergeblieben?
– Ja. Ich habe sehr gut geschlafen.
Er macht Tee, gibt Clara ihre Tabletten, macht wieder Feuer. Clara mißt Fieber, sie ist noch nicht fieberfrei.
Lucas sagt:
– Bleiben Sie im Bett. Ich komme gegen Mittag wieder. Was würden Sie gern essen?
Sie sagt:
– Ich habe keinen Hunger. Aber darf ich Sie bitten, beim Gemeindebüro vorbeizugehen und mich krankzumelden?
– Das mache ich schon. Keine Sorge.

Lucas geht beim Gemeindebüro vorbei, kehrt dann nach Hause zurück, schlachtet ein Huhn und kocht es mit Gemüse. Am Mittag bringt er Clara die Bouillon. Sie trinkt ein wenig davon.
Lucas sagt zu ihr:
– Ich bin gestern abend in den Keller gegangen, um Kohlen zu holen. Ich habe die Bücher gesehen. Sie bringen sie in Ihrer Einkaufstasche her, stimmt's?
Sie sagt:
– Ja. Ich kann nicht zusehen, daß *die* alle vernichten.
– Darf ich sie lesen?
– Lesen Sie, was Sie wollen. Aber seien Sie vorsichtig. Ich werde sonst deportiert.
– Ich weiß.
Am späten Nachmittag kommt Lucas nach Hause. Im Garten ist zu dieser Jahreszeit nichts zu tun. Lucas versorgt die Tiere, dann hört er Schallplatten in seinem Zimmer. Das Kind klopft an die Tür, er läßt es herein. Das Kind setzt sich auf das breite Bett und fragt:
– Warum weint Yasmine?
– Sie weint?
– Ja. Fast immerzu. Warum?

– Sagt sie dir nicht warum?

– Ich habe Angst, sie danach zu fragen.

Lucas wendet sich ab, um eine andere Platte aufzulegen:

– Sie weint wahrscheinlich wegen ihres Vaters, der im Gefängnis ist.

– Was ist das, ein Gefängnis?

– Das ist ein großes Haus mit Gitterstäben vor den Fenstern. Darin sperrt man die Menschen ein.

– Warum?

– Aus allen möglichen Gründen. Man behauptet, sie seien gefährlich. Mein eigener Vater war auch eingesperrt.

Das Kind blickt mit seinen großen schwarzen Augen zu Lucas auf:

– Und dich, könnte man dich auch einsperren?

– Ja, mich auch.

Das Kind zieht die Nase hoch, sein kleines Kinn zittert:

– Und mich?

Lucas nimmt es auf den Schoß und gibt ihm einen Kuß:

– Nein, dich nicht. Kinder sperrt man nicht ein.

– Aber wenn ich groß bin?

Lucas sagt:

– Bis dahin haben sich die Verhältnisse geändert, und niemand wird mehr eingesperrt werden.

Das Kind schweigt einen Augenblick, dann fragt es:

– Die eingesperrt sind, können die nie wieder aus dem Gefängnis raus?

Lucas sagt:

– Eines Tages kommen sie raus.

– Der Vater von Yasmine auch?

– Ja, bestimmt.

– Und sie wird dann nicht mehr weinen?

– Nein, sie wird nicht mehr weinen.

– Und dein Vater kommt auch raus?

– Er ist schon raus.
– Wo ist er?
– Er ist tot. Er ist verunglückt.
– Wenn er nicht raus gekommen wäre, wäre er nicht verunglückt.

Lucas sagt:
– Ich muß jetzt fort. Geh wieder in die Küche und sprich nicht mit Yasmine über ihren Vater. Sie würde nur noch mehr weinen. Sei lieb zu ihr und brav.

Auf der Schwelle zur Küche fragt Yasmine:
– Gehst du weg, Lucas?

Lucas bleibt an der Gartentür stehen. Er gibt keine Antwort.

Yasmine sagt:
– Ich möchte nur wissen, ob ich wieder zum Herrn Pfarrer gehen soll.

Lucas antwortet, ohne sich umzudrehen:
– Ja bitte, Yasmine. Ich selbst habe keine Zeit.

Bis zum Freitag verbringt Lucas seine Nächte bei Clara.

Freitagmorgen sagt Clara:
– Es geht mir besser. Ich werde Montag wieder arbeiten. Sie brauchen nachts nicht mehr bei mir zu sein. Sie haben mir schon viel Zeit geopfert.
– Was wollen Sie damit sagen, Clara?
– Heute abend möchte ich allein sein.
– *Er* kommt wieder! Stimmt das?

Sie senkt den Blick, ohne zu antworten. Lucas sagt:
– Das können Sie mir nicht antun!

Clara schaut Lucas in die Augen:
– Sie haben mir vorgeworfen, daß ich mich wie eine alte Frau benehme. Sie hatten recht. Ich bin noch jung.

Lucas fragt:
– Wer ist dieser Mann? Warum kommt er nur freitags? Warum heiratet er Sie nicht?

– Er ist verheiratet.
Clara weint. Lucas fragt:
– Warum weinen Sie? Wenn jemand Grund hat zu weinen, dann ich.

Am Abend geht Lucas wieder in die Kneipe. Als sie schließt, wandert er durch die Straßen. Es schneit. Lucas bleibt vor dem Haus von Peter stehen. Die Fenster sind dunkel. Lucas klingelt, niemand reagiert. Lucas klingelt zum zweiten Mal.

Da öffnet sich ein Fenster, und Peter fragt:
– Was ist los?
– Ich bin's, Lucas.
– Warten Sie, Lucas. Ich komme.
Das Fenster wird geschlossen, und bald darauf öffnet sich die Tür. Peter sagt:
– Kommen Sie herein, Sie irrende Seele.
Peter ist im Morgenrock.
Lucas sagt:
– Ich habe Sie geweckt. Verzeihen Sie.
– Das macht nichts. Setzen Sie sich.
Lucas setzt sich in einen Ledersessel:
– Ich habe keine Lust, bei dieser Kälte nach Hause zu gehen. Es ist zu weit, und ich habe getrunken. Kann ich bei Ihnen schlafen?
– Selbstverständlich, Lucas. Legen Sie sich in mein Bett. Ich lege mich auf die Couch.
– Die Couch ist mir lieber. Dann kann ich weggehen, wenn ich wach werde, ohne Sie zu stören.
– Wie Sie wollen, Lucas. Machen Sie es sich bequem. Ich hole eine Decke.
Lucas zieht Joppe und Stiefel aus und legt sich auf die Couch. Peter kommt mit einer dicken Decke zurück. Er deckt Lucas zu, stopft ihm Kissen unter den Kopf und setzt sich neben ihn auf die Couch:

– Was ist los, Lucas? Ist es wegen Yasmine?

Lucas schüttelt den Kopf:

– Zu Hause läuft alles gut. Ich wollte Sie gern sehen.

Peter sagt:

– Das glaube ich Ihnen nicht, Lucas.

Lucas nimmt Peters Hand und drückt sie an seinen Unterleib. Peter zieht seine Hand zurück und steht auf:

– Nein, Lucas. Halten Sie sich raus aus meiner Welt.

Er geht in sein Zimmer und schließt die Tür.

Lucas wartet. Ein paar Stunden später steht er auf, öffnet leise die Tür und tritt an Peters Bett. Peter schläft. Lucas geht aus dem Zimmer, schließt die Tür wieder, zieht seine Stiefel an, nimmt seine Joppe, vergewissert sich, daß die ›Waffen‹ in seiner Tasche sind und schleicht lautlos aus dem Haus. Er geht in die Bahnhofstraße und wartet gegenüber von Claras Haus.

Ein Mann kommt aus dem Haus, Lucas folgt ihm und überholt ihn dann auf der anderen Straßenseite. Um nach Hause zu gelangen, muß der Mann an einem kleinen Park vorbei. Dort versteckt sich Lucas. Er wickelt sich den großen roten Schal, den Yasmine ihm gestrickt hat, um den Kopf, und als der Mann ankommt, stellt er sich ihm in den Weg. Er erkennt ihn. Es ist einer der Ärzte, die Mathias untersucht haben.

Der Arzt sagt:

– Wer sind Sie? Was wollen Sie?

Lucas packt den Mann beim Mantelkragen und holt ein Rasiermesser aus der Tasche:

– Wenn Sie noch einmal zu ihr gehen, schneide ich Ihnen die Gurgel durch.

– Sie sind total verrückt! Ich komme aus dem Krankenhaus, wo ich Nachtdienst hatte.

– Sparen Sie sich Ihre Lügen. Ich scherze nicht. Ich bin zu allem fähig. Das hier heute ist nur eine Warnung.

Lucas zieht eine mit Kieselsteinen gefüllte Socke aus seiner

Jackentasche und versetzt dem Mann damit einen Schlag auf den Kopf, so daß er bewußtlos auf den vereisten Boden sinkt.

Lucas geht wieder zu Peter, legt sich auf die Couch und schläft ein. Peter weckt ihn um sieben Uhr mit Kaffee:

– Ich habe schon mal nach Ihnen gesehen. Ich glaubte, Sie seien nach Hause gegangen.

Lucas sagt:

– Ich habe mich die ganze Nacht nicht von hier weggerührt. Das ist wichtig, Peter.

Peter sieht ihn lange an:

– Abgemacht, Lucas.

Lucas geht nach Hause. Yasmine sagt zu ihm:

– Ein Polizist war hier. Du sollst dich auf dem Kommissariat melden. Was ist los, Lucas?

Mathias sagt:

– Sie werden Lucas ins Gefängnis sperren. Und Lucas kommt nie wieder.

Das Kind kichert. Yasmine packt es am Arm und gibt ihm eine Ohrfeige:

– Willst du wohl still sein?

Lucas entreißt Yasmine das Kind und schließt es in seine Arme. Er wischt ihm die Tränen ab, die ihm übers Gesicht laufen:

– Hab keine Angst, Mathias. Man wird mich nicht einsperren.

Das Kind schaut Lucas durchdringend an. Es weint nicht mehr. Es sagt:

– Schade.

Lucas meldet sich bei der Polizei. Man zeigt ihm das Büro des Kommissars. Lucas klopft an und tritt ein. Clara und der Arzt sitzen dem Polizisten gegenüber. Der Kommissar sagt:

– Guten Tag, Lucas. Setzen Sie sich.

Lucas setzt sich auf einen Stuhl neben dem Mann, den er vor ein paar Stunden niedergeschlagen hat.

Der Kommissar fragt:

– Erkennen Sie Ihren Angreifer, Herr Doktor?

– Ich bin nicht angegriffen worden, das sage ich noch einmal. Ich bin auf dem Glatteis ausgerutscht.

– Und Sie sind auf den Rücken gefallen. Unsere Polizisten haben Sie auf dem Rücken liegend gefunden. Sonderbar, daß Sie einen Bluterguß an der Stirn haben.

– Ich bin wahrscheinlich vornüber gefallen und habe mich umgedreht, als ich wieder zu Bewußtsein kam.

Der Kommissar sagt:

– Soso. Sie behaupten auch, daß Sie im Krankenhaus Nachtdienst hatten. Nach unseren Erkundigungen haben Sie das Krankenhaus um neun Uhr abends verlassen und die Nacht bei dieser Dame verbracht.

Der Arzt sagt:

– Ich wollte ihren Ruf nicht gefährden.

Der Kommissar wendet sich zu Lucas:

– Die Nachbarinnen dieser Dame haben Sie mehrmals zu ihr gehen sehen.

Lucas sagt:

– Seit einiger Zeit mache ich für sie die Besorgungen. Vor allem letzte Woche, als sie krank war.

– Wir wissen, daß Sie letzte Nacht nicht zu Hause waren. Wo waren Sie?

– Ich war zu müde, um nach Hause zu gehen. Nachdem die Kneipen geschlossen hatten, bin ich zu einem Freund gegangen und die Nacht über bei ihm geblieben. Ich bin um halb acht von ihm weggegangen.

– Wer ist dieser Freund? Ein Kumpan aus der Kneipe vermutlich.

– Nein. Es ist der Parteisekretär.

– Sie behaupten, daß Sie die Nacht beim Parteisekretär verbracht haben?

– Ja. Er hat mir um sieben Uhr Kaffee gemacht.

Der Kommissar geht aus dem Raum.

Der Arzt wendet sich zu Lucas und sieht ihn lange an. Lucas erwidert den Blick. Der Arzt schaut zu Clara, Clara schaut aus dem Fenster. Der Arzt schaut vor sich hin und sagt dann:

– Ich habe Sie nicht verklagt, obwohl ich Sie genau wiedererkenne. Eine Patrouille von Grenzsoldaten hat mich gefunden und hierhergebracht wie einen ordinären Säufer. Das alles ist sehr unangenehm für mich. Ich bitte Sie, größte Diskretion zu bewahren. Ich bin ein Psychiater von internationalem Ruf. Ich habe Kinder.

Lucas sagt:

– Die einzige Lösung ist, die Stadt zu verlassen. Es ist eine kleine Stadt. Früher oder später wird jeder Bescheid wissen. Sogar Ihre Frau.

– Soll das eine Drohung sein?

– Ja.

– Man hat mich in dieses gottverlassene Nest verbannt. Ich kann nicht frei entscheiden, wohin ich gehen will.

– Einerlei wohin. Verlangen Sie Ihre Versetzung.

Der Kommissar kommt mit Peter zurück. Peter sieht Lucas an, dann Clara, dann den Arzt. Der Kommissar sagt:

– Ihr Alibi wurde bestätigt, Lucas.

Er wendet sich zu dem Arzt:

– Ich glaube, Herr Doktor, daß wir es dabei bewenden lassen. Sie sind ausgerutscht, als Sie aus dem Krankenhaus kamen. Damit ist die Sache erledigt.

Der Arzt fragt Peter:

– Kann ich Sie Montag in Ihrem Büro sprechen? Ich möchte fort aus dieser Stadt.

Peter sagt:

– Selbstverständlich. Sie können sich auf mich verlassen.

Der Arzt steht auf, reicht Clara die Hand:

– Es tut mir leid.
Clara wendet den Kopf ab, der Arzt geht hinaus:
– Vielen Dank, meine Herren.
Lucas sagt zu Clara:
– Ich begleite Sie.
Clara geht an ihm vorbei, ohne zu antworten.
Lucas und Peter verlassen ebenfalls das Kommissariat.
Peter sieht Clara fortgehen:
– Es war also ihretwegen.
Lucas sagt:
– Tun Sie alles, was Sie können, Peter, daß dieser Mann versetzt wird. Wenn er in unserer Stadt bleibt, ist er erledigt.
Peter sagt:
– Ich glaube Ihnen. Sie bringen das fertig. Aber keine Angst, er wird gehen. Wenn sie ihn jedoch liebte, wissen Sie auch, was Sie ihr angetan haben?
Lucas sagt:
– Sie liebt ihn nicht.

Als Lucas vom Kommissariat nach Hause kommt, ist es schon fast Mittag.
Das Kind fragt:
– Hat man dich nicht eingesperrt?
Yasmine sagt:
– Ich hoffe, es war nichts Schlimmes.
Lucas sagt:
– Nein. Es ist alles in Ordnung. Man brauchte mich als Zeugen bei einer Schlägerei.
Yasmine sagt:
– Du solltest mal zum Herrn Pfarrer gehen. Er ißt nicht mehr. Ich fand alles unberührt, was ich ihm gestern und vorgestern gebracht habe.
Lucas nimmt eine Flasche Ziegenmilch und geht zur Pfarrei.

Auf dem Küchentisch stehen die eingetrockneten Speisen. Der Herd ist kalt. Lucas geht durch ein leeres Zimmer und betritt, ohne anzuklopfen, das Schlafzimmer. Der Pfarrer liegt in seinem Bett.

Lucas fragt:

– Sind Sie krank?

– Nein, mir ist nur kalt. Mir ist immer kalt.

– Ich habe Ihnen genug Holz gebracht. Warum heizen Sie nicht?

Der Pfarrer sagt:

– Man muß sparen. Mit dem Holz und allem andern.

– Sie sind nur zu faul, um Feuer zu machen.

– Ich bin alt, ich habe keine Kraft mehr.

– Sie haben keine Kraft, weil Sie nichts essen.

– Ich habe keinen Appetit. Seitdem du mir nicht mehr das Essen bringst, habe ich keinen Appetit mehr.

Lucas hält ihm den Morgenrock hin:

– Ziehen Sie sich an und kommen Sie in die Küche.

Er hilft dem Alten, den Morgenrock anzuziehen, er hilft ihm, in die Küche zu gehen, er hilft ihm, sich auf die Bank zu setzen, er schenkt ihm eine Tasse Milch ein. Der Pfarrer trinkt. Lucas sagt:

– Sie können nicht länger allein leben. Sie sind zu alt dafür.

Der Pfarrer setzt seine Tasse ab und sieht Lucas an:

– Ich gehe fort, Lucas. Meine Vorgesetzten haben mich abberufen. Ich werde mich in einem Kloster ausruhen. Es wird keine Pfarrei mehr geben in dieser Stadt. Der Pfarrer aus der Nachbarstadt wird einmal in der Woche kommen und die Messe lesen.

– Das ist vernünftig. Ich freue mich für Sie.

– Ich werde dieser Stadt nachtrauern. Ich habe fünfundvierzig Jahre hier gelebt.

Nach einer Pause fährt der Pfarrer fort:

– Du hast dich jahrelang um mich gekümmert, als ob du mein

Sohn wärst. Ich möchte dir dafür danken. Aber wie kann man für soviel Liebe und soviel Güte danken?

Lucas sagt:

– Danken Sie mir nicht. Ich habe keine Liebe und keine Güte in mir.

– Das glaubst du, Lucas. Ich bin vom Gegenteil überzeugt. Etwas hat dich verletzt, und du bist noch nicht davon geheilt.

Lucas schweigt, der Pfarrer fährt fort:

– Ich habe das Gefühl, daß ich dich in einer besonders schwierigen Phase deines Lebens allein lasse, aber ich werde in Gedanken bei dir sein und unablässig für das Heil deiner Seele beten. Du bist auf einem schlechten Weg, ich frage mich bisweilen, wie weit du darauf gehen wirst. Bei deiner leidenschaftlichen und gequälten Natur kannst du es weit treiben, bis zum Äußersten, Schlimmsten. Aber ich verliere die Hoffnung nicht. Gottes Barmherzigkeit hat keine Grenzen.

Der Pfarrer steht auf und nimmt Lucas' Gesicht in seine Hände:

– *Gedenke an deinen Schöpfer in deiner Jugend, ehe denn die bösen Tage kommen und die Jahre herzutreten, da du wirst sagen: Sie gefallen mir nicht ...*

Lucas senkt den Kopf, seine Stirn berührt die Brust des Alten:

– *ehe denn die Sonne und das Licht, Mond und Sterne finster werden und Wolken wieder kommen ...* Das ist der Prediger.

Der magere Körper des Greises wird von einem Schluchzen geschüttelt:

– Ja. Du hast es wiedererkannt. Du erinnerst dich noch. In deiner Kindheit kanntest du ganze Seiten der Bibel auswendig. Hast du jetzt Zeit, manchmal darin zu lesen?

Lucas macht sich los:

– Ich habe viel Arbeit. Und ich habe andere Bücher zu lesen.

Der Pfarrer sagt:

– Ich verstehe. Ich verstehe auch, daß meine Predigten dich

langweilen. Geh jetzt und komm nicht wieder. Ich fahre morgen mit dem ersten Zug.

Lucas sagt:

– Ich wünsche Ihnen Ruhe und Frieden, mein Vater.

Er kommt nach Hause und sagt zu Yasmine:

– Der Herr Pfarrer fährt morgen weg. Es ist nicht mehr nötig, ihm Essen zu bringen.

Das Kind fragt:

– Fährt er weg, weil du ihn nicht mehr liebst? Yasmine und ich gehen auch weg, wenn du uns nicht mehr liebst.

Yasmine sagt:

– Sei still, Mathias!

Das Kind schreit:

– Das hat sie selbst gesagt! Aber du liebst uns doch, nicht wahr, Lucas?

Lucas nimmt ihn in seine Arme:

– Natürlich, Mathias.

Bei Clara brennt das Feuer im Wohnzimmerofen. Die Tür zum Schlafzimmer steht halb offen.

Lucas tritt ins Schlafzimmer. Clara liegt im Bett, mit einem Buch in der Hand. Sie erblickt Lucas, schließt das Buch, legt es auf den Nachttisch.

Lucas sagt:

– Verzeihung, Clara.

Clara schlägt die Bettdecke zurück, unter der sie liegt. Sie ist nackt. Sie starrt Lucas weiterhin an:

– Das wollten Sie doch, oder?

– Ich weiß nicht. Ich weiß es wirklich nicht, Clara.

Clara knipst die Nachttischlampe aus:

– Worauf warten Sie?

Lucas knipst die Schreibtischlampe an und richtet sie aufs Bett. Clara schließt die Augen.

Lucas kniet am Bettende nieder, er drückt Claras Beine auseinander, dann die Schamlippen. Es rinnt ein wenig Blut daraus hervor. Lucas beugt sich vor, leckt es auf, trinkt das Blut. Clara stöhnt, ihre Hände krallen sich in Lucas' Haar.

Lucas zieht sich aus, legt sich auf Clara, dringt in sie ein, schreiend. Später steht Lucas auf, öffnet das Fenster.

Draußen schneit es. Lucas kehrt ins Bett zurück, Clara nimmt ihn in ihre Arme. Lucas zittert. Sie sagt:

– Beruhige dich.

Sie streichelt Lucas' Haar, Lucas' Gesicht. Er fragt:

– Sind Sie mir nicht böse wegen des anderen?

– Nein. Es ist besser, daß er fortgeht.

Lucas sagt:

– Ich wußte, daß Sie ihn nicht lieben. Sie waren so unglücklich letzte Woche, als Sie in die Kneipe kamen.

Clara sagt:

– Ich habe ihn im Krankenhaus kennengelernt. Er hat mich behandelt, als ich im Sommer eine neue Depression hatte. Die vierte seit Thomas' Tod.

– Träumen Sie oft von Thomas?

– Jede Nacht. Aber nur von seiner Hinrichtung. Von dem glücklichen, lebendigen Thomas nie.

Lucas sagt:

– Ich sehe meinen Bruder überall. In meinem Zimmer, im Garten, neben mir auf der Straße. Er spricht mit mir.

– Was sagt er?

– Er sagt, daß er in einer tödlichen Einsamkeit lebt.

Lucas schläft in Claras Armen ein. Mitten in der Nacht dringt er noch einmal in sie ein, ganz sanft, ganz langsam, wie in einem Traum. Von da an verbringt Lucas all seine Nächte bei Clara.

Der Winter ist in diesem Jahr sehr kalt. Fünf Monate sieht man die Sonne nicht. Ein eisiger Nebel steht über der leeren Stadt, der Boden ist gefroren, der Bach auch. In der Küche von

Großmutters Haus brennt das Feuer ununterbrochen. Das Brennholz wird rasch weniger. Jeden Nachmittag geht Lucas in den Wald, um Holz zu holen, das er zum Trocknen neben den Herd legt.

Die Küchentür steht halb offen, damit das Zimmer von Yasmine und dem Kind warm wird. Lucas' Zimmer ist nicht geheizt.

Wenn Yasmine im Zimmer näht oder strickt, setzt Lucas sich mit dem Kind auf den großen Teppich, den Yasmine angefertigt hat und der den Küchenboden bedeckt, und sie spielen zusammen mit dem Hund und der Katze. Sie betrachten Bilderbücher, sie malen. Auf einer Rechenmaschine bringt Lucas Mathias das Rechnen bei.

Yasmine bereitet die Abendmahlzeit. Sie sitzen alle drei auf der Eckbank in der Küche. Sie essen Kartoffeln, trockene Bohnen oder Kohl. Dem Kind schmecken diese Gerichte nicht, es ißt wenig. Lucas streicht ihm Brote mit Marmelade.

Nach dem Essen wäscht Yasmine ab. Lucas bringt das Kind ins Schlafzimmer, zieht es aus, legt es zu Bett und erzählt ihm eine Geschichte. Wenn das Kind eingeschlafen ist, geht Lucas zu Clara, am anderen Ende der Stadt.

4

Die Kastanienbäume in der Bahnhofstraße stehen in Blüte. Ihre weißen Blütenblätter liegen so dicht auf der Erde, daß Lucas nicht einmal das Geräusch seiner Schritte hört. Er kommt zu früher Morgenstunde von Clara nach Hause.

Das Kind sitzt auf der Eckbank in der Küche. Lucas sagt:

– Es ist erst fünf Uhr. Warum stehst du so früh auf?

Das Kind fragt:

– Wo ist Yasmine?

– Sie ist fortgegangen, in die große Stadt. Sie langweilte sich hier.

Das Kind reißt seine schwarzen Augen weit auf:

– Fortgegangen? Ohne mich?

Lucas wendet sich ab und macht Feuer im Herd. Das Kind fragt:

– Wird sie zurückkommen?

– Nein, ich glaube nicht.

Lucas gießt Ziegenmilch in einen Topf und macht sie warm.

Das Kind fragt:

– Warum hat sie mich nicht mitgenommen? Sie hatte mir versprochen, daß sie mich mitnimmt.

Lucas sagt:

– Sie hat gedacht, es sei besser für dich hier bei mir, und das glaube ich auch.

Das Kind sagt:

– Es ist nicht besser für mich hier bei dir. Es wäre überall besser für mich, mit ihr zusammen.

Lucas sagt:

– Für ein Kind ist es in einer großen Stadt nicht schön. Es gibt dort keinen Garten und keine Tiere.

Das Kind sagt:

– Aber meine Mutter.

Es schaut aus dem Fenster. Als es sich umdreht, ist sein kleines Gesicht vor Schmerz verzerrt:

– Sie liebt mich nicht, weil ich verwachsen bin. Darum hat sie mich hiergelassen.

– Das ist nicht wahr, Mathias. Sie liebt dich von ganzem Herzen. Das weißt du doch.

– Dann wird sie auch kommen und mich holen.

Das Kind schiebt seine Tasse und seinen Teller beiseite und geht aus der Küche. Lucas gießt den Garten. Die Sonne geht auf.

Der Hund schläft unter einem Baum, das Kind geht mit einem Stock in der Hand auf ihn zu. Lucas beobachtet das Kind. Es hebt den Stock und schlägt den Hund. Der Hund nimmt jaulend Reißaus. Das Kind sieht Lucas an:

– Ich mag keine Tiere. Ich mag auch keine Gärten.

Das Kind schlägt mit seinem Stock auf die Salatköpfe, die Tomaten, die Zucchini, die Bohnen und die Blumen. Lucas schaut zu, ohne etwas zu sagen.

Das Kind geht wieder ins Haus und legt sich in Yasmines Bett. Lucas geht zu ihm und setzt sich auf die Bettkante:

– Du bist also ganz unglücklich, daß du bei mir bleiben mußt? Warum?

Das Kind starrt zur Decke hinauf:

– Weil ich dich hasse.

– Du haßt mich?

– Ja, ich habe dich immer gehaßt.

– Das wußte ich nicht. Kannst du mir sagen warum?

– Weil du groß und schön bist, und weil ich glaube, daß Yasmine dich liebt. Aber wenn sie weggegangen ist, dann liebte sie dich auch nicht. Ich hoffe, du bist genauso unglücklich wie ich.

Lucas hält sich den Kopf mit beiden Händen. Das Kind fragt:

– Weinst du?

– Nein, ich weine nicht.

– Aber du bist traurig wegen Yasmine?

– Nein, nicht wegen Yasmine. Deinetwegen. Ich bin traurig, weil du traurig bist.

– Ist das wahr? Meinetwegen? Das ist ganz richtig so.

Es lächelt:

– Dabei bin ich nur ein kleiner Krüppel, aber Yasmine ist schön.

Kurz darauf fragt das Kind:

– Wo ist eigentlich deine Mutter?

– Sie ist tot.

– Sie war zu alt, darum ist sie wohl tot?

– Nein. Sie ist tot, weil Krieg war. Eine Granate hat sie getötet, sie und ihr Baby, das meine kleine Schwester war.

– Wo sind sie jetzt?

– Die Toten sind nirgends und überall.

Das Kind sagt:

– Sie sind in der Dachkammer. Ich habe sie gesehen. Das große Dings aus Knochen und das kleine Dings aus Knochen.

Lucas fragt leise:

– Du warst in der Dachkammer? Wie bist du da hinaufgekommen?

– Ich bin raufgeklettert. Es ist ganz einfach. Ich werde es dir zeigen.

Lucas schweigt. Das Kind sagt:

– Hab keine Angst, ich sage es niemandem. Ich will nicht, daß jemand sie uns wegnimmt. Ich liebe sie.

– Du liebst sie?

– Ja. Vor allem das Baby. Es ist häßlicher und kleiner als ich. Und es wird nie größer werden. Ich wußte nicht, daß es ein Mädchen ist. Man weiß das nicht, wenn die nur aus Knochen sind, diese Dinger.

– Diese Dinger nennt man Skelette.

– Ja. Skelette. Ich habe auch welche in dem großen Buch gesehen, das ganz oben in deinem Bücherschrank steht.

Lucas und das Kind sind im Garten. Von der Tür der Dachkammer hängt ein Seil herunter, genau bis zu Lucas' ausgestrecktem Arm. Er sagt zum Kind:

– Zeig mir, wie du da hinaufkommst.

Das Kind zieht die Gartenbank heran, die etwas weiter weg, unter dem Fenster von Lucas' Zimmer steht. Es klettert auf die Bank, springt, schnappt sich das Seil, verlangsamt das Schaukeln, indem es sich mit den Füßen gegen die Mauer stemmt, und zieht sich dann mit Hilfe seiner Arme und Beine bis zur Dachkammertür hinauf.

Lucas folgt ihm. Sie setzen sich auf den Strohsack und betrachten die Skelette, die an einem Balken hängen.

Das Kind fragt:

– Das Skelett von deinem Bruder hast du wohl nicht behalten?

– Wer hat dir gesagt, daß ich einen Bruder hatte?

– Niemand. Ich habe gehört, wie du mit ihm sprichst. Du sprichst mit ihm, und er ist nirgends und überall, also ist er auch tot.

Lucas sagt:

– Nein, er ist nicht tot. Er ist in ein anderes Land gezogen. Er wird wiederkommen.

– Wie Yasmine. Sie wird auch wiederkommen.

– Ja, mit meinem Bruder ist es genauso wie mit deiner Mutter.

Das Kind sagt:

– Das ist der einzige Unterschied zwischen den Toten und denen, die weggegangen sind, stimmt's? Die nicht tot sind, kommen zurück.

Lucas sagt:

– Aber woher soll man wissen, daß sie nicht gestorben sind unterdessen?

– Das kann man nicht wissen.

Das Kind schweigt einen Augenblick und fragt dann:

– Wie war das für dich, als dein Bruder fortging?

– Ich wußte nicht, wie ich weiterleben sollte ohne ihn.

– Und jetzt, weißt du es jetzt?

– Ja. Seitdem du da bist, weiß ich es.

Das Kind öffnet die Truhe:

– Die großen Hefte in der Truhe, was sind das für welche?

Lucas macht die Truhe wieder zu:

– Die haben nichts zu bedeuten. Großer Gott! Ein Glück, daß du noch nicht lesen kannst.

Das Kind lacht:

– Da täuschst du dich. Was gedruckt ist, kann ich schon lesen. Sieh nur.

Er macht die Truhe wieder auf und holt die alte Bibel der Großmutter hervor. Er liest Wörter, ganze Sätze. Lucas fragt:

– Wo hast du lesen gelernt?

– In den Büchern natürlich. In meinen und in deinen.

– Mit Yasmine?

– Nein, ganz allein. Yasmine liest nicht gern. Sie hat gesagt, daß ich nie zur Schule gehen werde. Aber ich gehe doch bald, nicht wahr, Lucas?

Lucas sagt:

– Ich könnte dir alles beibringen, was man wissen muß.

Das Kind sagt:

– Mit sechs muß man in die Schule.

– Du nicht. Man kann dich freistellen lassen.

– Weil ich verwachsen bin, was? Ich will von deiner Freistellung nichts wissen. Ich will zur Schule gehen wie die andern Kinder.

Lucas sagt:

– Wenn du das willst, dann sollst du auch hin. Aber warum willst du das?

– Weil ich weiß, daß ich in der Schule der stärkste und klügste sein werde.

Lucas lacht:

– Und sicherlich auch der eitelste. Ich habe die Schule immer gehaßt. Ich tat so, als wäre ich taub, um nicht hingehen zu müssen.

– Das hast du getan?

– Ja. Hör zu, Mathias. Du kannst hier raufklettern, wann du willst. Du kannst auch in mein Zimmer gehen, sogar wenn ich nicht da bin. Du kannst die Bibel lesen, das Wörterbuch, die ganze Enzyklopädie, wenn du willst. Aber die Hefte liest du mir nicht, Satansbrut.

Er fügt hinzu:

– So nannte uns die Großmutter: ›Satansbrut‹.

– Wieso ›euch‹? Dich und wen noch? Dich und deinen Bruder?

– Ja. Meinen Bruder und mich.

Sie klettern von der Dachkammer wieder nach unten und gehen in die Küche. Lucas bereitet das Essen. Das Kind fragt:

– Wer wird abwaschen, die Wäsche waschen und uns Sachen nähen?

– Wir beide. Zusammen. Du und ich.

Sie essen. Lucas beugt sich aus dem Fenster und erbricht sich. Er dreht sich um, mit schweißtriefendem Gesicht, und sinkt auf den Küchenboden.

Das Kind schreit:

– Tu das nicht, Lucas, tu das nicht!

Lucas schlägt die Augen auf:

– Schrei nicht, Mathias. Hilf mir hoch.

Das Kind zieht ihn am Arm, Lucas klammert sich an den Tisch. Auf unsicheren Beinen verläßt er die Küche und setzt sich auf die Gartenbank. Das Kind steht vor ihm und schaut ihn an:

– Was hast du, Lucas? Du warst einen Augenblick wie tot!

– Nein, mir war nur übel wegen der Hitze.

Das Kind fragt:

– Es macht doch nichts, daß sie fortgegangen ist, nicht wahr? Das ist doch nicht schlimm, sag? Du wirst doch nicht sterben deshalb?

Lucas antwortet nicht, das Kind setzt sich zu seinen Füßen, umschlingt seine Beine und legt seinen schwarzen Lockenkopf in Lucas' Schoß:

– Vielleicht werde ich später mal dein Sohn.

Als das Kind eingeschlafen ist, steigt Lucas wieder zur Dachkammer hinauf. Er nimmt die Hefte aus der Truhe, wickelt sie in ein Stück Sackleinen und geht in die Stadt. Er klingelt bei Peter.

– Bitte bewahren Sie das für mich auf, Peter.

Er legt das Paket auf den Wohnzimmertisch. Peter fragt:

– Was ist das?

Lucas schiebt den Stoff beiseite:

– Schulhefte.

Peter nickt:

– Das hatte Victor mir schon gesagt. Sie schreiben. Sie kaufen ungeheuer viel Papier und Bleistifte. Seit Jahren: Bleistifte, karierte Blätter und große Schulhefte. Schreiben Sie ein Buch?

– Nein, kein Buch. Ich mache mir nur Notizen.

Peter hält abwägend die Hefte in seinen Händen:

– Notizen! Ein halbes Dutzend dicke Hefte.

– Das sammelt sich an mit den Jahren. Dabei streiche ich viel. Nur das unbedingt Notwendige lasse ich stehen.

Peter fragt:

– Warum wollen Sie die Hefte verstecken? Wegen der Polizei?

– Der Polizei? Ach was! Wegen des Kindes. Es fängt an zu lesen und schnüffelt überall herum. Ich möchte nicht, daß es die Hefte liest.

Peter lächelt:

– Und die Mutter des Kindes soll sie wohl auch nicht lesen?

Lucas sagt:

– Yasmine ist nicht mehr bei mir. Sie ist fortgegangen. Die große Stadt war immer ihr Traum. Ich habe ihr Geld gegeben.

– Und sie hat Ihnen ihr Kind dagelassen?

– Ich wollte das Kind behalten.

Peter zündet sich eine Zigarette an und betrachtet Lucas, ohne etwas zu sagen. Lucas fragt:

– Können Sie diese Hefte bei sich aufbewahren oder nicht?

– Selbstverständlich kann ich das.

Peter wickelt die Hefte wieder ein und bringt sie in sein Schlafzimmer. Als er zurückkommt, sagt er:

– Ich habe sie unter meinem Bett versteckt. Morgen werde ich ein besseres Versteck für sie finden.

Lucas sagt:

– Danke, Peter.

Peter lacht:

– Danken Sie mir nicht. Ihre Hefte interessieren mich.

– Haben Sie die Absicht, sie zu lesen?

– Selbstverständlich. Wenn ich sie nicht lesen sollte, hätten Sie sie ja Clara bringen können.

Lucas steht auf:

– Nur das nicht! Clara liest alles, was lesbar ist. Aber ich könnte sie Victor anvertrauen.

– In dem Fall würde ich sie bei Victor lesen. Er kann mir nichts abschlagen. Übrigens wird er bald fortziehen. Er will zurück in seine Heimatstadt, zu seiner Schwester. Er hat vor, sein Haus und die Buchhandlung zu verkaufen.

Lucas sagt:

– Geben Sie mir die Hefte zurück. Ich werde sie irgendwo im Wald vergraben.

– Ja, graben Sie sie ein. Oder, besser noch, verbrennen Sie sie. Nur so wird niemand sie lesen.

Lucas sagt:

– Ich muß sie aufbewahren. Für Claus. Diese Hefte sind für Claus. Einzig und allein für ihn.

Peter stellt das Radio an. Er sucht lange, bis er eine sanfte Musik findet:

– Setzen Sie sich wieder, Lucas, und sagen Sie mir, wer ist Claus?

– Mein Bruder.

– Ich wußte nicht, daß Sie einen Bruder haben. Sie haben nie von ihm gesprochen. Niemand hat ihn mir gegenüber je erwähnt, nicht mal Victor, der Sie seit Ihrer Kindheit kennt.

Lucas sagt:

– Mein Bruder lebt seit vielen Jahren auf der anderen Seite der Grenze.

– Wie ist er rübergekommen? Es soll ganz unmöglich sein.

– Er ist rübergegangen und damit basta.

Nach kurzem Schweigen fragt Peter:

– Stehen Sie noch in Verbindung mit ihm?

– Was meinen Sie mit Verbindung?

– Was jeder damit meint. Schreibt er Ihnen? Schreiben Sie ihm?

– Ich schreibe ihm jeden Tag in diesen Heften. Er macht es bestimmt ebenso.

– Aber Sie bekommen nie einen Brief von ihm?

– Er kann mir keine Briefe von drüben schicken.

– Es kommen viele Briefe von der anderen Seite hier an. Hat Ihr Bruder Ihnen nie geschrieben, seitdem er fort ist? Hat er Ihnen keine Adresse mitgeteilt?

Lucas schüttelt den Kopf, steht wieder auf:

– Sie glauben, daß er tot ist, nicht wahr? Aber Claus ist nicht tot. Er lebt und wird zurückkommen.

– Ja, Lucas. Ihr Bruder wird zurückkommen. Was die Hefte betrifft, so hätte ich Ihnen versprechen können, sie nicht zu lesen, aber Sie hätten mir nicht geglaubt.

– Sie haben recht, ich hätte Ihnen nicht geglaubt. Ich wußte, daß Sie nicht umhin können würden, sie zu lesen. Ich wußte es, als ich herkam. Lesen Sie sie also. Mir ist lieber, daß Sie sie lesen als Clara oder irgend jemand anders.

Peter sagt:

– Das verstehe ich auch wieder nicht: Ihr Verhältnis zu Clara. Sie ist doch viel älter als Sie.

– Das Alter spielt keine Rolle. Ich bin ihr Liebhaber. Das wollten Sie doch wissen?

– Nein, das ist nicht alles. Das wußte ich schon. Aber lieben Sie Clara?

Lucas öffnet die Tür:

– Ich weiß nicht, was das Wort bedeutet. Niemand weiß es. So eine Frage hatte ich von Ihnen nicht erwartet, Peter.

– Und doch werden Ihnen solche Fragen noch oft in Ihrem Leben gestellt werden. Und manchmal werden Sie darauf antworten müssen.

– Und Sie, Peter? Auch Sie werden einmal auf gewisse Fragen antworten müssen. Ich war ein paarmal auf Ihren politischen Versammlungen. Sie halten Reden, der Saal klatscht Ihnen Beifall. Glauben Sie im Ernst an das, was Sie sagen?

– Ich muß daran glauben.

– Aber wie denken Sie in Ihrem tiefsten Innern darüber?

– Ich denke nicht. Ich kann mir einen solchen Luxus nicht erlauben. Die Angst steckt in mir seit meiner Kindheit.

Clara steht am Fenster und schaut in den Garten, der schon im Dunkel liegt. Sie dreht sich nicht um, als Lucas ins Zimmer kommt. Sie sagt:

– Der Sommer ist fürchterlich. Im Sommer ist der Tod ganz nah. Alles trocknet aus, erstickt, erstarrt. Es ist schon vier Jahre her, daß *sie* Thomas umgebracht haben. Im August, eines Morgens sehr früh, im Morgengrauen. Da haben *sie* ihn gehängt. Das Schlimme ist, daß *sie* es jeden Sommer wieder machen. Wenn Sie bei Morgengrauen nach Hause gehen, trete ich ans Fenster und sehe *sie.* Sie machen es wieder, und doch kann man denselben Menschen nicht mehrmals umbringen.

Lucas küßt Clara in den Nacken:

– Was haben Sie, Clara? Was haben Sie heute?

– Heute habe ich einen Brief bekommen. Einen offiziellen Brief. Er liegt da, auf meinem Schreibtisch, Sie können ihn lesen. *Sie* teilen mir mit, daß Thomas rehabilitiert und seine Schuldlosigkeit anerkannt ist. Ich habe nie an seiner Schuldlosigkeit gezweifelt. *Sie* schreiben: ›Ihr Mann ist unschuldig, wir haben ihn irrtümlich hingerichtet. Wir haben mehrere Personen irrtümlich hingerichtet, aber von jetzt an hat alles wieder seine Ordnung, wir bitten um Entschuldigung und versprechen, daß solche Versehen nicht mehr vorkommen werden.‹ *Sie* morden und *sie* rehabilitieren. *Sie* entschuldigen sich, aber Thomas ist tot! Können *sie* ihn wieder lebendig machen? Können *sie* die Nacht ungeschehen machen, in der mein Haar weiß wurde und mich der Wahnsinn packte? –

In jener Sommernacht war ich allein in der Wohnung, in der Thomas und ich zusammen wohnten. Ich war seit mehreren Monaten allein dort. Kaum hatte man Thomas eingesperrt, da wollte, ja, da konnte, da wagte niemand mehr, mich zu besuchen. Ich war schon an das Alleinsein gewöhnt, es hatte nichts Ungewöhnliches, daß ich allein war. Ich schlief nicht, aber auch das war nicht ungewöhnlich. Ungewöhnlich war, daß ich in der Nacht nicht weinte. Am Vorabend hatte der Rundfunk die Hinrichtung mehrerer Personen wegen Landesverrat bekanntgegeben. Aus den Namen hatte ich deutlich den von Thomas herausgehört. Um drei Uhr früh, zur Stunde der Hinrichtung, sah ich auf die Uhr. Ich habe bis sieben Uhr auf die Uhr geschaut, dann bin ich zur Arbeit gegangen, in einer großen Bibliothek der Hauptstadt. Ich habe mich an meinen Schreibtisch gesetzt, im Lesesaal, wo ich Dienst tat. Meine Kolleginnen sind eine nach der andern zu mir gekommen, ich hörte sie flüstern: ›Sie ist gekommen!‹ ›Habt Ihr ihr Haar gesehen?‹ Ich bin weggegangen, raus aus der Bibliothek, und in den Straßen herumgelaufen bis zum Abend, ich habe mich verirrt, ich wußte nicht mehr, in welchem Viertel ich war, obwohl ich die Stadt doch gut kannte. Ich bin im Taxi nach Hause gefahren. Um drei Uhr früh habe ich aus dem Fenster geschaut, und da habe ich *sie* gesehen: *sie* hängten Thomas an der Fassade des gegenüberliegenden Hauses. Ich habe gebrüllt. Nachbarn sind gekommen. Ein Krankenwagen hat mich ins Hospital gebracht. Und jetzt sagen *sie,* daß es nur ein Irrtum war. Thomas'

Hinrichtung, meine Krankheit, die Monate im Krankenhaus, mein weißes Haar – alles nur ein Irrtum. Dann sollen *sie* mir Thomas zurückgeben, lebendig, lächelnd. Den Thomas, der mich in seine Arme nahm, mir mein Haar streichelte, mein Gesicht in seine warmen Hände nahm und mich küßte, meine Augen, meine Ohren, meinen Mund.

Lucas packt Clara bei den Schultern und dreht sie zu sich herum:

– Wann hören Sie endlich auf, mir von Thomas zu erzählen?

– Nie. Nie werde ich aufhören, von Thomas zu erzählen. Und Sie? Wann werden Sie anfangen, mir von Yasmine zu erzählen?

Lucas sagt:

– Da gibt es nichts zu erzählen. Erst recht nicht jetzt, wo sie nicht mehr da ist.

Clara schlägt Lucas ins Gesicht, sie zerkratzt ihm den Hals, die Schultern. Sie schreit:

– Sie ist nicht mehr da? Wo ist sie denn? Was haben Sie mit ihr gemacht?

Lucas zerrt Clara zum Bett und legt sich auf sie:

– Ruhig, ruhig. Yasmine ist in die große Stadt gezogen. Das ist alles.

Clara drückt Lucas an sich:

– *Sie* werden mich von dir trennen, so wie *sie* mich von Thomas getrennt haben. *Sie* werden dich einsperren, aufhängen.

– Nein, damit ist Schluß. Vergessen Sie Thomas, das Gefängnis und den Strick.

Im Morgengrauen steht Lucas auf:

– Ich muß nach Hause. Das Kind wacht früh auf.

– Yasmine hat ihr Kind hiergelassen?

– Es ist ein verkrüppeltes Kind. Was hätte sie in der großen Stadt damit machen sollen?

Clara sagt noch einmal:

– Wie konnte sie es nur dalassen?

Lucas sagt:

– Sie wollte es mitnehmen. Ich habe es ihr verboten.

– Verboten? Wie kommen Sie dazu? Es ist doch ihr Kind. Es gehört ihr.

Clara sieht zu, wie Lucas sich wieder anzieht. Sie sagt:

– Yasmine ist weggegangen, weil Sie sie nicht liebten.

– Ich habe ihr geholfen, als sie in Not war. Ich habe ihr nichts versprochen.

– Mir haben Sie auch nichts versprochen.

Lucas geht nach Hause, um für Mathias das Frühstück zurechtzumachen.

Lucas betritt die Buchhandlung, Victor fragt ihn:

– Brauchen Sie Papier oder Bleistifte, Lucas?

– Nein. Ich möchte mit Ihnen reden. Peter hat mir gesagt, daß Sie Ihr Haus verkaufen wollen.

Victor seufzt:

– In unserer Zeit hat niemand mehr genug Geld, um ein Haus mit einem Laden zu kaufen.

Lucas sagt:

– Ich würde es gern kaufen.

– Sie, Lucas? Und womit, mein Kleiner?

– Mit dem Erlös von Großmutters Haus. Die Armee bietet mir einen guten Preis.

– Ich fürchte, das wird nicht ausreichen, Lucas.

– Ich besitze auch ein großes Grundstück. Und noch anderes mehr. Wertsachen, die ich von Großmutter geerbt habe.

Victor sagt:

– Kommen Sie heute abend zu mir in die Wohnung. Ich lasse die Haustür offen.

Am Abend steigt Lucas die kleine dunkle Treppe hinauf, die zu der Wohnung über der Buchhandlung führt. Er klopft an eine Tür, unter der ein wenig Licht hervorscheint.

Victor ruft:

– Herein, Lucas!

Lucas tritt in ein Zimmer, in dem trotz des offenen Fensters die Rauchschwaden zahlreicher Zigarren hängen. Die Zimmerdecke ist braun vor Dreck, die Tüllvorhänge sind vergilbt. Das Zimmer ist vollgestellt mit alten Möbeln, Sofas, Kanapees, Tischchen, Lampen und Nippes. Die Wände sind vollgehängt mit Bildern und Stichen, und auf dem Fußboden liegen abgewetzte Teppiche übereinander.

Victor sitzt am Fenster an einem Tisch, auf dem eine rote Plüschdecke liegt. Auf dem Tisch stehen Zigarren und Zigarettenschachteln und alle möglichen Aschenbecher voller Kippen neben Gläsern und einer Karaffe, die zur Hälfte mit einer gelblichen Flüssigkeit gefüllt ist.

– Treten Sie näher, Lucas. Setzen Sie sich und trinken Sie ein Glas mit mir.

Lucas setzt sich, Victor schenkt ihm etwas zu trinken ein, leert sein eigenes Glas und füllt es von neuem:

– Ich würde Ihnen gern einen erstklassigen Schnaps einschenken, zum Beispiel von dem Aprikosenschnaps, den meine Schwester mir mitgebracht hat, als sie mich besuchen kam, aber leider ist nichts mehr davon übrig. Meine Schwester war im Juli hier, und wie Sie wohl noch wissen, war es sehr heiß. Ich mag keine Hitze, ich mag keinen Sommer. Einen regnerischen, kühlen Sommer, ja, aber die Hitze macht mich glattweg krank. –

Bei ihrer Ankunft hatte mir meine Schwester einen Liter Aprikosenschnaps mitgebracht, den man bei uns zulande trinkt. Meine Schwester glaubte wahrscheinlich, daß die Flasche für das ganze Jahr reichen würde, oder wenigstens bis Weihnachten.
In Wahrheit hatte ich schon am ersten Abend die halbe Flasche ausgetrunken. Weil ich mich schämte, habe ich zuerst die Flasche versteckt, dann habe ich eine von schlechterer Qualität gekauft – anderen bekommt man ja nicht – und habe damit die Flasche

meiner Schwester aufgefüllt. Dann habe ich sie an einen auffälligen Platz gestellt, da, Ihnen gegenüber auf die Kredenz. –

So trank ich jeden Abend insgeheim einen miesen Aprikosenschnaps, ohne meine Schwester zu beunruhigen, denn ihre Flasche, die so auffällig dastand, blieb fast gleich voll. Ein oder zweimal goß ich mir der Glaubwürdigkeit wegen ein ganz kleines Glas von diesem Schnaps ein und tat, als schmeckte er mir besonders gut, obwohl er schon nicht mehr der echte unverfälschte war. –

Ich wartete ungeduldig, daß meine Schwester wieder abreiste. Sie störte mich nicht, im Gegenteil. Sie kochte für mich, stopfte meine Socken, flickte meine Kleider und putzte die Küche und alles, was schmutzig war. Sie war mir also nützlich, und außerdem unterhielten wir uns nach Ladenschluß sehr angenehm bei einer guten Mahlzeit. Sie schlief in dem kleinen Zimmer, hier nebenan. Sie ging früh zu Bett, sie verhielt sich ruhig. Ich hatte die ganze Nacht für mich, um in meinem Zimmer auf und ab zu gehen und auch in der Küche und im Flur. Sie müssen wissen, Lucas, daß ich meine Schwester über alles liebe. Unser Vater und unsere Mutter sind gestorben, als wir noch jung waren, vor allem ich, denn ich war noch ein Kind. Meine Schwester war etwas älter, fünf Jahre älter. Wir lebten bei entfernten Verwandten, Onkeln und Tanten, aber ich kann Ihnen versichern, daß es im Grunde meine Schwester war, die mich erzogen hat. –

Meine Liebe für sie hat mit der Zeit nicht abgenommen. Sie können sich nicht vorstellen, welche Freude ich empfand, als ich sie aus dem Zug steigen sah. Ich hatte sie seit zwölf Jahren nicht mehr gesehen. Es waren die Kriegsjahre, es war die Zeit der Armut, der Grenzzone. Wenn sie beispielsweise ein wenig Geld für die Reise zusammensparen konnte, bekam sie keine Genehmigung für die Zone, und so weiter. Ich selbst habe immer sehr wenig Geld flüssig, und ich kann die Buchhandlung nicht einfach schließen, wann ich will. Sie wiederum kann ihre Kundinnen nicht plötzlich allein lassen. Sie ist Schneiderin, und die Frauen brauchen eine

Schneiderin, sogar in Notzeiten. Gerade in Notzeiten, wenn sie sich keine neuen Kleider kaufen können. Die Frauen haben meiner Schwester in den Notzeiten Unglaubliches abverlangt. Aus der Hose eines verstorbenen Ehemannes einen kurzen Rock machen, aus seinen Hemden eine Bluse, und für die Kleidung der Kinder mußte jeder nur denkbare Stoff herhalten. –

Als meine Schwester schließlich das nötige Geld zusammen hatte und auch die nötigen Papiere und Genehmigungen, hat sie mir ihr Kommen per Brief angekündigt.

Victor steht auf und schaut aus dem Fenster:

– Es ist doch noch nicht zehn Uhr, oder?

Lucas sagt:

– Nein, noch nicht.

Victor setzt sich wieder hin, schenkt ein und zündet sich eine Zigarre an:

– Ich erwartete meine Schwester am Bahnhof. Es war das erste Mal, daß ich am Bahnhof jemanden erwartete. Ich war entschlossen, die Ankunft mehrerer Züge abzuwarten, wenn es sein müßte. Meine Schwester kam erst mit dem letzten Zug. Sie war den ganzen Tag unterwegs gewesen. Natürlich habe ich sie sofort wiedererkannt, aber sie war dermaßen anders als das Bild, das ich von ihr in Erinnerung hatte! Sie war ganz klein geworden. Zierlich war sie immer gewesen, aber doch nicht so. Ihr nicht gerade schönes Gesicht war jetzt von hunderten winziger Fältchen durchzogen. Mit einem Wort, sie war sehr gealtert. Natürlich sagte ich nichts davon, ich behielt meine Beobachtungen für mich, während sie anfing zu weinen und sagte: ›O Victor! Wie hast du dich verändert! Ich erkenne dich kaum wieder. Du bist dick geworden, du hast fast keine Haare mehr auf dem Kopf, und du wirkst furchtbar ungepflegt.‹ –

Ich habe ihre Koffer genommen. Sie waren schwer, vollgepackt mit Marmeladen, Würsten und Aprikosenschnaps. Sie hat alles in der Küche ausgepackt. Sie hatte sogar Bohnen aus dem

Garten mitgebracht. Ich habe sofort den Schnaps probiert. Während sie die Bohnen kochte, habe ich fast ein Viertel der Flasche ausgetrunken. Nach dem Abwaschen ist sie zu mir in mein Zimmer gekommen. Die Fenster standen weit offen, es war sehr warm. Ich trank immer weiter, ich ging immer wieder zum Fenster, ich rauchte Zigarren. Meine Schwester erzählte von ihren schwierigen Kundinnen, von ihrem einsamen, schwierigen Leben, und ich hörte ihr schnapstrinkend zu und rauchte Zigarren. –

Im Fenster gegenüber ging um zehn Uhr das Licht an. Der Mann mit dem weißen Haar erschien. Er kaute auf etwas herum. Er ißt immer um diese Zeit. Um zehn Uhr abends stellt er sich an sein Fenster und ißt. Meine Schwester redete immer weiter. Ich zeigte ihr ihr Zimmer, ich sagte zu ihr: ›Du bist sicher müde. Es war eine lange Reise. Ruh dich aus.‹ Sie hat mich auf beide Wangen geküßt, sie ist in das kleine Zimmer nebenan gegangen, sie hat sich hingelegt und ist eingeschlafen, nehme ich an. Ich habe weiter getrunken und bin zigarrenrauchend im Zimmer auf und ab gegangen. Von Zeit zu Zeit schaute ich aus dem Fenster, ich sah den weißhaarigen Mann, auf seine Fensterbank gestützt. Ich hörte, wie er die wenigen Vorübergehenden fragte: ›Wie spät ist es? Können Sie mir sagen, wie spät es ist, bitte?‹ Jemand auf der Straße antwortete ihm: ›Es ist zwanzig nach elf.‹ –

Ich habe sehr schlecht geschlafen. Die stumme Anwesenheit meiner Schwester im andern Zimmer störte mich. Am nächsten Morgen, es war ein Sonntag, hörte ich wieder den Schlaflosen nach der Zeit fragen, und jemand antwortete ihm: ›Es ist viertel vor sieben.‹ Später, als ich aufstand und meine Schwester schon in der Küche wirtschaftete, war das Fenster gegenüber geschlossen. –

Was halten Sie davon, Lucas? Meine Schwester, die ich seit zwölf Jahren nicht gesehen hatte, kommt zu mir zu Besuch, und ich warte ungeduldig darauf, daß sie zu Bett geht, damit ich in Ruhe den Schlaflosen von gegenüber beobachten kann, denn, ehrlich gesagt, ist er der einzige Mensch, der mich interessiert, obwohl ich meine Schwester über alles liebe. –

Sie sagen nichts, Lucas, aber ich weiß, was Sie denken. Sie denken, ich bin verrückt, und Sie haben recht. Ich bin wie besessen von dem Alten, der sein Fenster um zehn Uhr abends öffnet und es um sieben Uhr morgens wieder schließt. Er verbringt die ganze Nacht an seinem Fenster. Was er danach macht, weiß ich nicht. Schläft er, oder hat er noch ein anderes Zimmer oder eine Küche, wo er tagsüber ist? Ich sehe ihn nie auf der Straße, ich sehe ihn nie am Tage, ich kenne ihn nicht und habe nie irgend jemand nach ihm befragt. Sie sind der Erste, mit dem ich darüber spreche. Woran denkt er die ganze Nacht da an seinem Fenster? Wer kann das wissen? Ab Mitternacht ist die Straße völlig leer. Er kann nicht einmal Vorübergehende nach der Zeit fragen. Er kann es erst gegen sechs, sieben Uhr morgens. Muß er wirklich wissen, wie spät es ist, kann es sein, daß er keine Uhr oder keinen Wecker hat? Wie bringt er es dann fertig, Punkt zehn Uhr abends am Fenster zu stehen? Lauter Fragen, die ich mir über ihn stelle. –

Eines Abends, meine Schwester war schon wieder abgereist, hat der Schlaflose mich angesprochen. Ich stand am Fenster und schaute nach Wolken aus, denn man hatte uns schon seit mehreren Tagen ein Gewitter angekündigt. Der alte Mann sprach mich von der anderen Straßenseite her an. Er sagte zu mir: ›Man sieht keine Sterne mehr. Das Gewitter naht.‹ Ich gab ihm keine Antwort. Ich schaute woanders hin, nach links und rechts die Straße entlang. Ich wollte nichts mit ihm zu tun haben. Ich ignorierte ihn. Ich habe mich in eine Ecke meines Zimmers gesetzt, wo er mich nicht sehen konnte. Mir wird jetzt klar, daß ich, wenn ich hierbleibe, nichts anderes tun werde als trinken und rauchen und den Schlaflosen an seinem Fenster beobachten, bis ich schließlich selbst nicht mehr schlafen kann.

Victor schaut aus dem Fenster und läßt sich mit einem Seufzer in seinen Sessel sinken:

– Er ist da. Er ist da, und er beobachtet mich. Er wartet auf die Gelegenheit, ein Gespräch mit mir anzufangen. Aber ich lasse mich nicht darauf ein, er mag noch so beharrlich sein, er wird nicht das letzte Wort haben.

Lucas sagt:

– Beruhigen Sie sich, Victor. Vielleicht ist es nur ein Nachtwächter im Rentenalter, der sich angewöhnt hat, tagsüber zu schlafen.

Victor sagt:

– Ein Nachtwächter? Vielleicht. Einerlei. Wenn ich hierbleibe, macht er mich kaputt. Ich bin schon halb verrückt. Meine Schwester hat es gemerkt. Bevor sie in den Zug stieg, hat sie zu mir gesagt: Ich bin zu alt, um noch einmal diese anstrengende lange Reise zu machen. Wir sollten eine Entscheidung treffen, Victor, sonst fürchte ich, sehen wir uns nicht wieder.‹ Ich fragte: ›Was für eine Entscheidung?‹ Sie sagte: ›Dein Geschäft geht nicht, das habe ich wohl gemerkt. Du sitzt den ganzen Tag im Laden, und es kommt kein Kunde. Des Nachts gehst du in deiner Wohnung auf und ab, und am Morgen bist du todmüde. Du trinkst zuviel, du hast schon fast die Hälfte von dem Schnaps getrunken, den ich mitgebracht habe. Wenn du so weitermachst, wirst du ein Alkoholiker.‹ – Ich habe mich gehütet, ihr zu sagen, daß ich, während sie hier war, sechs weitere Flaschen Schnaps zusätzlich zu den Flaschen Wein getrunken habe, die wir bei jeder Mahlzeit öffneten. Ich habe ihr natürlich auch nichts von dem Schlaflosen erzählt. Sie sagte weiter: ›Du siehst schlecht aus. Du hast Ringe unter den Augen, du bist blaß und beinahe fett. Du ißt zuviel Fleisch, du bewegst dich nicht genug, du gehst nie aus, du lebst nicht gesund.‹ Ich sagte: ›Mach dir meinetwegen keine Sorgen. Ich fühle mich sehr gut.‹ Ich habe eine Zigarre angezündet. Der Zug kam immer noch nicht. Meine Schwester drehte angewidert den Kopf zur Seite: ›Du rauchst zuviel. Du rauchst ununterbrochen.‹ –

Ich habe mich auch gehütet, ihr zu sagen, daß die Ärzte bei mir vor zwei Jahren eine Arterienkrankheit festgestellt haben als Folge meiner Raucherei. Meine linke Darmbeinarterie ist verstopft, das Blut in meinem linken Bein zirkuliert nicht mehr oder nur schlecht, ich habe Schmerzen in der Hüfte und in der Wade, mein großer Zeh am linken Fuß ist gefühllos. Die Ärzte haben mir Medikamente verschrieben, aber es wird nicht besser werden, wenn ich nicht mit dem Rauchen aufhöre und nicht Gymnastik treibe. Ich habe aber nicht die geringste Lust, mit dem Rauchen aufzuhören. Außerdem bin ich absolut willensschwach. Man kann nicht von einem Alkoholiker verlangen, daß er willensstark sein soll. Wenn ich also aufhören will zu rauchen, dann müßte ich zuerst aufhören zu trinken. –

Ich denke bisweilen, daß ich aufhören sollte zu rauchen, und im selben Moment zünde ich mir eine Zigarre oder eine Zigarette an, und ich denke, während ich so rauche, daß, wenn ich nicht aufhöre zu rauchen, das Blut in meinem linken Bein überhaupt nicht mehr zirkulieren wird, was einen Wundbrand zur Folge hätte, und bei Wundbrand müßte der Fuß oder das ganze Bein amputiert werden. –

Ich habe nichts von alledem gesagt, damit meine Schwester sich keine Sorgen macht. Aber sie machte sich Sorgen. Als sie in den Zug stieg, hat sie mich auf beide Wangen geküßt und zu mir gesagt: ›Verkaufe die Buchhandlung und zieh zu mir. In unserem Elternhaus werden wir mit wenig auskommen. Wir werden im Wald spazierengehen, ich werde mich um alles kümmern, du wirst aufhören zu rauchen und zu trinken, und du wirst dein Buch schreiben können.‹ –

Der Zug ist abgefahren, ich bin nach Hause gegangen, habe mir einen Schnaps eingeschenkt und mich gefragt, welches Buch sie wohl meinte? –

An diesem Abend habe ich außer meinen gewöhnlichen Medikamenten für den Kreislauf ein Schlafmittel genommen, und ich habe den ganzen Schnaps ausgetrunken, der noch in der Flasche meiner Schwester war, das heißt ungefähr einen halben Liter. Trotz des Schlafmittels bin ich am nächsten Morgen sehr früh aufgewacht, und mein ganzes linkes Bein war völlig gefühllos. Ich war in Schweiß gebadet, mein Herz klopfte heftig, meine Hände zitterten, ich kam fast um vor Angst und Beklemmung. Ich schaute auf meinen Wecker, er war stehengeblieben. Ich habe mich zum Fenster geschleppt, der alte Mann von gegenüber war noch da. Ich habe ihn über die leere Straße hinweg gefragt: ›Können Sie mir bitte sagen, wie spät es ist, meine Uhr ist stehengeblieben.‹ Er hat sich umgedreht, bevor er mir antwortete, so als schaute er auf eine Uhr: ›Es ist halb sieben.‹ Ich wollte mich anziehen, aber ich war schon angezogen. Ich hatte in meinen Kleidern und Schuhen geschlafen. Ich bin hinuntergegangen auf die Straße, bis zum nächsten Lebensmittelladen. Er war noch geschlossen. Ich bin in der Straße auf und ab gegangen und habe gewartet. Der Ladeninhaber ist gekommen, er hat das Geschäft aufgemacht und hat mich bedient. Ich habe eine Flasche von irgendeinem Schnaps gekauft, bin nach Hause gegangen, habe ein paar Gläser getrunken, und meine Angst ist verschwunden, der Mann von gegenüber hatte sein Fenster geschlossen. –

Ich bin in die Buchhandlung hinuntergegangen und habe mich an den Ladentisch gesetzt. Es war kein Kunde da. Es war noch Sommer, Schulferien, niemand brauchte ein Buch oder sonstwas. Als ich so da saß und die Bücher auf den Regalen anschaute, habe ich mich an ein Buch erinnert, an das Buch, von dem meine Schwester gesprochen hatte, an das Buch, das ich in meiner Jugend schreiben wollte. Ich wollte Schriftsteller werden, Bücher schreiben, es war mein Jugendtraum, wir haben oft davon gesprochen, meine Schwester und ich. Sie glaubte an mich, ich glaubte auch an mich, aber immer weniger, und schließlich hatte ich den Traum, Bücher zu schreiben, ganz und gar vergessen. –

Ich bin erst fünfzig. Wenn ich aufhörte zu rauchen und zu

trinken, oder vielmehr zu trinken und zu rauchen, könnte ich noch ein Buch schreiben. Bücher, nein, aber ein einziges Buch vielleicht. Ich bin überzeugt, Lucas, daß jeder Mensch dazu geboren wird, ein Buch zu schreiben, und für nichts anderes. Ein geniales oder ein mittelmäßiges Buch, einerlei, aber derjenige, der nichts schreibt, ist ein verlorener Mensch, der nur flüchtig auf der Erde war und keine Spur hinterlassen hat. –

Wenn ich hierbleibe, werde ich nie ein Buch schreiben. Meine einzige Hoffnung ist, mein Haus und die Buchhandlung zu verkaufen und zu meiner Schwester zu ziehen. Sie wird mich vom Trinken und Rauchen abbringen, wir werden gesund leben, sie wird sich um alles kümmern, und ich hätte nichts anderes zu tun, als mein Buch zu schreiben, sobald ich einmal das Trinken und Rauchen aufgegeben hätte. Sie selbst schreiben ja ein Buch, Lucas. Über wen, über was, weiß ich nicht. Aber Sie schreiben. Seit Ihrer Kindheit kaufen Sie unablässig Papier, Bleistifte, Hefte.

Lucas sagt:

– Sie haben recht, Victor. Schreiben ist das allerwichtigste. Nennen Sie Ihren Preis, ich kaufe das Haus und die Buchhandlung. Wir können den Handel in wenigen Wochen abwickeln.

Victor fragt:

– Die Wertsachen, von denen Sie gesprochen haben, was für Wertsachen sind das?

– Gold- und Silbermünzen. Und auch Schmuck.

Victor lächelt.

– Wollen Sie das Haus besichtigen?

– Das ist nicht nötig. Ich werde die nötigen Umbauten schon vornehmen. Diese beiden Zimmer werden uns genügen.

– Sie waren zu dritt, wenn ich mich recht entsinne.

– Wir sind nur noch zu zweit. Die Mutter des Kindes ist fortgezogen.

Lucas sagt zu dem Kind:

– Wir ziehen um. Wir werden in der Stadt wohnen, am Hauptplatz. Ich habe die Buchhandlung gekauft.

Das Kind sagt:

– Das ist gut. Das ist näher an der Schule. Aber wie wird uns Yasmine finden, wenn sie zurückkommt?

– In einer so kleinen Stadt wird sie uns leicht wiederfinden.

Das Kind fragt:

– Werden wir keine Tiere und keinen Garten mehr haben?

– Wir werden einen kleinen Garten haben. Wir behalten den Hund und die Katze und auch ein paar Hühner wegen der Eier. Die andern Tiere verkaufen wir an Joseph.

– Wo werde ich schlafen? Da drüben gibt es kein Großmutterzimmer.

– Du wirst in einem kleinen Zimmer neben meinem schlafen. Wir werden nahe beieinander sein.

– Wenn wir die Tiere und die Erträge des Gartens nicht mehr haben, wovon leben wir dann?

– Von der Buchhandlung. Ich werde Bleistifte, Bücher, Papier verkaufen. Du wirst mir dabei helfen.

– Ja, ich werde dir helfen. Wann ziehen wir um?

– Morgen. Joseph kommt mit seinem Karren.

Lucas und das Kind richten sich in Victors Haus ein. Lucas streicht die Zimmer, sie sind hell und sauber. Neben der Küche, in dem früheren Kabuff, richtet Lucas ein Badezimmer ein.

Das Kind fragt:

– Kann ich die Skelette bei mir haben?

– Das ist unmöglich. Stell dir vor, jemand kommt in dein Zimmer.

– Niemand wird in mein Zimmer kommen. Außer Yasmine, wenn sie zurückkommt.

Lucas sagt:

– Einverstanden. Du kannst die Skelette haben. Aber wir verstecken sie doch lieber hinter einem Vorhang.

Lucas und das Kind bringen Ordnung in den Garten, den Victor vernachlässigt hat. Das Kind zeigt auf einen Baum:

– Sieh mal den Baum da, Lucas, er ist ganz schwarz.

Lucas sagt:

– Der Baum ist abgestorben. Wir müssen ihn fällen. Die andern Bäume verlieren auch ihre Blätter, aber der da ist abgestorben.

Oft wird das Kind mitten in der Nacht plötzlich wach, läuft schnell in Lucas' Zimmer, kriecht in sein Bett, und, wenn Lucas nicht da ist, wartet es dort auf ihn, um ihm seine Alpträume zu erzählen.

Lucas legt sich neben das Kind, er drückt den mageren kleinen Körper an sich, bis er nicht mehr zittert.

Das Kind erzählt seine Alpträume, immer die gleichen, die ihn Nacht für Nacht heimsuchen.

Einer davon ist der Traum vom Fluß. Das Kind liegt auf dem Wasser, läßt sich von den Fluten davontragen und betrachtet die Sterne. Das Kind ist glücklich, aber langsam kommt etwas näher, etwas, das Angst macht, und plötzlich ist es da, das Kind weiß nicht, was es ist, es explodiert und schreit und brüllt und blendet.

Ein anderer Traum ist der Traum vom Tiger, der neben dem Bett des Kindes liegt. Der Tiger scheint zu schlafen, er sieht sanft und freundlich aus, und das Kind möchte ihn sehr gerne streicheln. Das Kind hat Angst, und doch wird sein Wunsch, den Tiger zu streicheln, immer größer, und das Kind kann dem Verlangen nicht widerstehen. Seine Finger berühren die seidigen Haare des Tigers, und mit einem einzigen Tatzenhieb reißt ihm der Tiger den Arm aus.

Ein anderer Traum ist der Traum von der einsamen Insel. Das Kind spielt dort mit seiner Schubkarre. Es füllt sie mit Sand, es schiebt den Sand woanders hin, leert die Karre, geht weiter weg, füllt die Karre wieder, leert sie wieder, und so weiter, eine ganze Weile, und plötzlich ist es dunkel, ist es kalt, es ist niemand da, nirgends, nur die Sterne glänzen in ihrer unendlichen Einsamkeit.

Noch ein Traum: Das Kind will zurück ins Haus der Großmutter, es geht durch die Straßen, aber es erkennt die Straßen der Stadt nicht wieder, es verläuft sich, die Straßen sind leer, das Haus ist nicht mehr da, wo es sein sollte, die Dinge sind nicht mehr an ihrem Platz, Yasmine ruft weinend nach Mathias, und das Kind weiß nicht, welche Straße, welchen Weg es einschlagen soll, um zu ihr zu gelangen.

Der schlimmste Traum ist der Traum vom toten Baum, vom schwarzen Baum im Garten. Das Kind betrachtet den Baum, und der Baum streckt seine kahlen Äste dem Kind entgegen. Der Baum sagt: ›Ich bin nur ein abgestorbener Baum, aber ich liebe dich genauso wie zu der Zeit, als ich lebendig war. Komm, mein Kleiner, komm in meine Arme.‹ Der Baum spricht mit Yasmines Stimme, das Kind kommt näher, und die toten schwarzen Äste umklammern und erwürgen es.

Lucas schlägt den toten Baum ab, zerhackt ihn und macht ein Feuer damit im Garten. Als das Feuer aus ist, sagt das Kind:

– Jetzt ist sie nur noch ein Haufen Asche.

Lucas geht in sein Zimmer. Er korkt eine Flasche Schnaps auf. Er trinkt. Ihm wird übel. Er geht zurück in den Garten und erbricht sich. Weißer Rauch steigt noch aus der schwarzen Asche auf, aber langsam fallen dicke Regentropfen herab, und der Regenguß bringt das Feuer vollends zum Erlöschen.

Später findet das Kind Lucas im feuchten Gras, im Dreck. Es schüttelt ihn:

– Steh auf, Lucas. Wir müssen ins Haus. Es regnet. Es ist dunkel. Es ist kalt. Kannst du laufen?

Lucas sagt:

– Laß mich hier. Geh ins Haus. Morgen wird alles in Ordnung sein.

Das Kind setzt sich neben Lucas, es wartet.

Die Sonne geht auf, Lucas öffnet die Augen:
– Was ist passiert, Mathias?
Das Kind sagt:
– Es ist nur ein neuer Alptraum.

5

Der Schlaflose erscheint weiterhin jeden Abend um zehn Uhr an seinem Fenster. Das Kind ist schon im Bett, Lucas verläßt das Haus, der Schlaflose fragt ihn, wie spät es ist, Lucas antwortet ihm und geht dann zu Clara. Vor Tagesanbruch, wenn er zurückkommt, fragt ihn der Schlaflose nochmals nach der Zeit, Lucas sagt sie ihm und geht dann zu Bett. Ein paar Stunden später erlischt im Zimmer des Schlaflosen das Licht, und die Tauben kommen an sein Fenster geflogen.

Eines Morgens, als Lucas nach Hause kommt, ruft der Schlaflose:

– Hören Sie, bitte!

Lucas sagt:

– Es ist fünf Uhr.

– Ich weiß. Die Zeit interessiert mich nicht. Sie hilft mir nur, mit den Leuten ins Gespräch zu kommen. Ich wollte Ihnen nur sagen, daß das Kind in der letzten Nacht sehr unruhig war. Es ist gegen zwei Uhr aufgewacht, es ist mehrmals in Ihr Zimmer gegangen und hat lange aus dem Fenster geschaut. Es ist sogar auf die Straße hinuntergegangen, ist bis zur Kneipe gegangen, dann zurückgekommen und hat sich wieder hingelegt, nehme ich an.

– Macht es das öfter?

– Es wacht oft auf, o ja, fast jede Nacht. Aber es ist das erste Mal, daß ich es nachts aus dem Haus gehen sehe.

– Tagsüber geht es auch nicht aus dem Haus.
– Ich glaube, es suchte Sie.
– Lucas geht hinauf in die Wohnung, das Kind liegt in seinem Bett und schläft tief. Lucas schaut aus dem Fenster, der Schlaflose fragt:
– Ist alles in Ordnung?
– Ja. Es schläft. Und Sie? Schlafen Sie nie?
– Ich nicke von Zeit zu Zeit ein, aber schlafe nie tief. Schon acht Jahre schlafe ich nicht mehr.
– Was machen Sie tagsüber?
– Ich gehe spazieren. Wenn ich müde werde, setze ich mich in einen Park. Ich verbringe die meiste Zeit in einem Park. Dort schlafe ich bisweilen für ein paar Minuten ein, auf einer Bank. Würden Sie mich einmal begleiten?
Lucas sagt:
– Sofort, wenn Sie wollen.
– Abgemacht. Ich füttere meine Tauben und komme herunter.
Sie gehen durch die leeren Straßen der schlafenden Stadt, immer in die Richtung vom Haus der Großmutter. Der Schlaflose bleibt vor ein paar Quadratmetern gelben Grases stehen, wo zwei alte Bäume ihre kahlen Äste ausstrecken.
– Das ist mein Park. Der einzige Ort, wo ich einen Augenblick schlafen kann.
Der Alte setzt sich auf die einzige Bank neben einem versiegten Brunnen, der ganz vermoost und verrostet ist. Lucas sagt:
– Es gibt schönere Parks in der Stadt.
– Nicht für mich.
Er hebt seinen Stock und zeigt auf ein schönes großes Haus:
– Dort haben wir einst gewohnt, meine Frau und ich.
– Ist sie tot?
– Man hat sie drei Jahre nach Kriegsende mit ein paar Revolverkugeln erschossen. Eines Abends um zehn Uhr.

Lucas setzt sich neben den Alten:

– Ich erinnere mich an Sie. Wir wohnten dicht an der Grenze. Wenn wir aus der Stadt kamen, machten wir gewöhnlich hier halt, um Wasser zu trinken und uns auszuruhen. Wenn Ihre Frau uns vom Fenster aus sah, kam sie herunter und brachte uns große Stücke Kartoffelzucker. Ich habe seitdem nie mehr welchen gegessen. Ich erinnere mich auch an ihr Lächeln und ihren Akzent, und auch an ihre Erschießung. Die ganze Stadt sprach davon.

– Was sagte man dazu?

– Man sagte, man habe sie erschossen, um die drei Textilfabriken, die ihr gehörten, zu verstaatlichen.

Der Alte sagte:

– Sie hatte die Fabriken von ihrem Vater geerbt. Ich arbeitete dort als Ingenieur. Ich habe sie geheiratet, und sie ist hier geblieben, sie mochte diese Stadt sehr gern. Allerdings hat sie ihre Staatsangehörigkeit beibehalten, und *sie* konnten nicht anders, als sie erschießen. Es war die einzige Lösung. *Sie* haben sie in unserem Schlafzimmer erschossen. Ich habe die Schüsse vom Badezimmer aus gehört. Der Mörder ist über den Balkon eingestiegen und wieder verschwunden. Sie hatte Schüsse im Kopf, in der Brust und im Bauch. Bei der Untersuchung kam man zu dem Schluß, daß es ein Arbeiter war, der sich gekränkt fühlte und sich rächen wollte, und der dann über die Grenze ins Ausland geflüchtet ist.

Lucas sagt:

– Über die Grenze kam zu der Zeit schon niemand mehr hinüber, und kein einziger Arbeiter besaß einen Revolver.

Der Schlaflose schließt die Augen, schweigt. Lucas fragt:

– Wissen Sie, wer jetzt in Ihrem Haus wohnt?

– Es ist voller Kinder. Aus unserm Haus ist ein Waisenhaus geworden. Aber Sie müssen jetzt nach Hause, Lucas, Mathias wird bald wach werden, und Sie müssen die Buchhandlung aufmachen.

– Sie haben recht. Es ist schon halb acht.

Ab und zu geht Lucas in den Park, um sich mit dem Schlaflosen zu unterhalten. Der Alte erzählt von vergangenen Zeiten, von der glücklichen Zeit mit seiner Frau:

– Sie lachte immerzu. Sie war glücklich und unbeschwert wie ein Kind. Sie liebte die Früchte, die Blumen, die Sterne, die Wolken. In der Dämmerung ging sie hinaus auf den Balkon, um den Himmel zu betrachten. Sie behauptete, daß es nirgends auf der Welt so wunderbare Sonnenuntergänge gebe wie in dieser Stadt, daß nirgendwo sonst die Farben des Himmels so leuchtend seien und so schön.

Der Mann schließt seine umschatteten und von der Schlaflosigkeit brennenden Augen. Er fährt mit veränderter Stimme fort:

– Nach ihrer Ermordung haben Funktionäre das Haus beschlagnahmt mit allem, was darin war: Möbel, Geschirr, Bücher, Schmuck und die Kleider meiner Frau. Ich durfte nur einen Koffer mit einem Teil meiner Kleidung mitnehmen. Sie haben mir geraten, die Stadt zu verlassen. Ich habe meinen Posten in der Fabrik verloren, ich hatte keine Arbeit mehr, kein Haus und kein Geld. –

Ich bin zu einem Freund, einem Arzt, gegangen, den ich auch am Abend der Erschießung herbeigerufen hatte. Er hat mir Geld für den Zug gegeben. Er hat zu mir gesagt: ›Komm nie wieder in diese Stadt. Es ist ein Wunder, daß man dich am Leben gelassen hat.‹ –

Ich habe den Zug genommen und bin in der Nachbarstadt angekommen. Ich habe mich in den Wartesaal gesetzt. Ich hatte noch etwas Geld übrig, um weiterzufahren, vielleicht bis zur Hauptstadt. Aber in der Hauptstadt hatte ich nichts zu suchen, auch nicht in irgendeiner anderen Stadt. Ich habe am Schalter eine Fahrkarte gekauft und bin hierher zurückgekehrt. Ich habe an die Tür eines bescheidenen Hauses gegenüber der Buchhandlung angeklopft. Ich kannte alle Arbeiter und Arbeiterinnen unserer Fabriken. Ich kannte die Frau, die mir die Tür aufmachte.

Sie hat keine Fragen gestellt, sie hat mich gebeten hereinzukommen, sie hat mich in ein Zimmer geführt und zu mir gesagt: ›Sie können hier so lange bleiben wie Sie wollen.‹ –

Es ist eine ältere Frau, sie hat im Krieg ihren Mann, ihre beiden Söhne und ihre Tochter verloren. Ihre Tochter war erst siebzehn Jahre alt. Sie ist an der Front umgekommen, wohin sie sich als Krankenschwester gemeldet hatte, nachdem sie durch einen furchtbaren Unfall ganz entstellt war. Meine Wirtin spricht nie davon, sie spricht überhaupt kaum noch. Sie läßt mich in dem Zimmer, das zur Straße liegt, in Ruhe, sie selbst wohnt in einem anderen, kleineren Zimmer, zum Garten hin. Die Küche liegt auch zur Gartenseite. Ich kann hineingehen, wann ich will, es steht immer etwas Warmes für mich auf dem Herd. Jeden Morgen finde ich meine Schuhe geputzt vor, und meine Hemden hängen gewaschen und gebügelt über einer Stuhllehne vor meiner Tür, auf dem Flur. Meine Wirtin kommt nie in mein Zimmer, und ich begegne ihr nur selten. Unsere Zeiten sind nicht dieselben. Ich weiß nicht, wovon sie lebt. Von ihrer Kriegerwitwenrente und ihrem Gemüsegarten vermutlich. –

Ein paar Monate, nachdem ich bei ihr eingezogen war, bin ich zum Gemeindebüro gegangen und habe mich für irgendeine Arbeit gemeldet. Die Funktionäre haben mich von einem Büro zum andern geschickt, sie hatten Angst, in meiner Sache eine Entscheidung zu treffen, ich war verdächtig wegen meiner Ehe mit einer Ausländerin. Schließlich hat mich der Parteisekretär, Peter, als Faktotum eingestellt. Ich war Hausmeister, Fenster- und Fliesenputzer und habe Staub, trockenes Laub und Schnee gefegt. Dank Peter habe ich jetzt Anspruch auf Rente und eine Altersversorgung wie alle andern. Ich bin kein Bettler geworden, und ich kann mein Leben in dieser Stadt beschließen, wo ich geboren bin und immer gelebt habe. –

Meinen ersten Lohn habe ich noch am selben Abend auf den Küchentisch gelegt. Es war eine lächerliche Summe, aber für meine Wirtin war es viel Geld, zu viel ihrer Meinung nach. Sie ließ die Hälfte auf dem Tisch liegen, und so ist es weiter gegangen: ich lege meine kleine Pension jeden Monat neben ihren Teller, und sie wiederum legt genau die Hälfte des Betrags neben meinen.

Eine in ein großes Umschlagtuch gehüllte Frau verläßt das Waisenhaus. Sie ist mager und blaß, in ihrem knochigen Gesicht glänzen zwei riesengroße Augen. Sie bleibt vor der Bank stehen, sieht Lucas an, lächelt und sagt zu dem Alten:

– Wie ich sehe, haben Sie einen Freund gefunden.

– Ja, einen Freund. Das ist Lucas, Judith. Er hat die Buchhandlung am Hauptplatz. Judith ist die Direktorin des Waisenhauses.

Lucas steht auf, Judith gibt ihm die Hand:

– Ich müßte Bücher für meine Kinder kaufen, aber ich weiß nicht wohin vor Arbeit, und mein Budget ist nicht groß.

Lucas sagt:

– Ich kann Ihnen durch Mathias Bücher schicken. Wie alt sind Ihre Kinder?

– Zwischen fünf und zehn. Wer ist Mathias?

Der Alte sagt:

– Lucas kümmert sich auch um ein Waisenkind.

Lucas sagt:

– Mathias ist kein Waisenkind. Seine Mutter ist fortgezogen. Er ist jetzt mein Kind.

Judith lächelt:

– Meine Kinder sind auch nicht alle Waisen. Bei den meisten ist der Vater unbekannt, und die Mutter hat sie abgegeben, weil sie vergewaltigt worden war oder auf den Strich ging.

Sie setzt sich neben den Alten, lehnt ihren Kopf an seine Schulter und schließt die Augen:

– Wir müssen bald heizen, Michael. Wenn das Wetter so bleibt, fangen wir Montag damit an.

Der Alte drückt sie an sich:

– Abgemacht, Judith. Montag morgen um fünf Uhr bin ich da.

Lucas betrachtet die Frau und den Mann, die aneinandergepreßt, mit geschlossenen Augen, in der feuchten Kälte des Herbstmorgens dasitzen, in der Totenstille einer vergessenen kleinen Stadt. Er macht ein paar Schritte, um sich lautlos zu entfernen, aber Judith fröstelt, öffnet die Augen und steht auf:

– Bleiben Sie, Lucas. Die Kinder werden bald wach werden. Ich muß ihnen ihr Frühstück machen.

Sie küßt den alten Mann auf die Stirn:

– Bis Montag, Michael. Auf bald, Lucas, und vielen Dank im voraus für die Bücher.

Sie geht ins Haus zurück, und Lucas setzt sich wieder hin:

– Sie ist sehr hübsch.

– Ja, sehr hübsch.

Der Schlaflose lacht:

– Anfangs traute sie mir nicht so recht. Sie sah mich da auf der Bank sitzen. Tag für Tag. Sie hielt mich vielleicht für einen Satyr. Eines Tages hat sie sich neben mich gesetzt und mich gefragt, was ich da machte. Ich habe ihr alles erzählt. Es war voriges Jahr, zu Beginn des Winters. Sie hat mir vorgeschlagen, ihr zu helfen, die Zimmer zu heizen, sie schaffte es nicht allein, sie hat nur eine Sechzehnjährige als Hilfe für die Küche. Das Haus hat keine Zentralheizung, jedes Zimmer hat einen Kachelofen, und es sind sieben Zimmer. Wenn Sie wüßten, wie glücklich ich war, als ich wieder in unser Haus, in unsere Zimmer hinein durfte! Und auch, daß ich Judith helfen konnte. Sie hat viel durchgemacht. Ihr Mann ist im Krieg verschollen, sie selbst wurde deportiert, buchstäblich bis an die Tore der Hölle. Das ist nicht bildlich gemeint. Hinter den Toren brannte ein richtiges Feuer, das Menschen angezündet hatten, um andere Menschen zu verbrennen.

Lucas sagt:

– Ich weiß, was Sie meinen. Ich habe ähnliches gesehen, mit meinen eigenen Augen, in dieser Stadt.

– Sie müssen noch jung gewesen sein.

– Ich war noch ein Kind. Aber ich habe nichts vergessen.

– Sie werden es vergessen. Das Leben ist nun mal so. Alles verwischt mit der Zeit. Die Erinnerungen verblassen, der Schmerz läßt nach. Ich erinnere mich an meine Frau, so wie man sich an einen Vogel, eine Blume erinnert. Sie war der Inbegriff des Lebens in einer Welt, wo alles leicht, einfach und schön schien. Anfangs kam ich ihretwegen hierher, jetzt komme ich wegen Judith, die überlebt hat. Es mag Ihnen albern erscheinen, Lucas, aber ich bin in Judith verliebt. In ihre Kraft, ihre Güte, ihre liebevolle Art den Kindern gegenüber, die nicht ihre eigenen sind.

Lucas sagt:

– Ich finde das ganz und gar nicht albern.

– In meinem Alter?

– Das Alter ist nicht entscheidend. Es kommt auf das Wesentliche an. Sie lieben sie und sie liebt Sie auch.

– Sie wartet auf die Rückkehr ihres Mannes.

– Viele Frauen warten auf ihre Männer, die verschollen sind, oder beweinen die Gefallenen. Aber Sie sagten doch eben: ›Der Schmerz läßt nach, die Erinnerungen verblassen.‹

Der Schlaflose blickt zu Lucas auf:

Ich sagte zwar nachlassen, verblassen, das wohl, aber nicht verschwinden.

Noch am gleichen Morgen sucht Lucas Kinderbücher aus, legt sie in einen Karton und sagt zu Mathias:

– Kannst du diese Bücher ins Waisenhaus bringen, das neben dem Park liegt, auf dem Weg zum Haus der Großmutter? Es ist ein großes Haus mit einem Balkon und einem Brunnen davor.

Das Kind sagt:

– Ich weiß genau, wo es ist.

– Die Direktorin heißt Judith, du übergibst ihr die Bücher in meinem Auftrag.

Das Kind geht mit den Büchern weg und kommt bald darauf zurück.

Lucas fragt:

– Wie gefallen dir Judith und die Kinder?

– Ich habe weder Judith noch die Kinder gesehen. Ich habe die Bücher vor die Tür gestellt.

– Bist du nicht hineingegangen?

– Nein. Warum sollte ich hineingehen? Damit man mich dortbehält?

– Was? Was sagst du da? Mathias!

Das Kind schließt sich in seinem Zimmer ein. Lucas bleibt bis zum Ladenschluß in der Buchhandlung, macht dann das Abendessen zurecht und ißt allein. Er duscht und will sich gerade wieder anziehen, als das Kind plötzlich aus seinem Zimmer kommt.

– Gehst du weg, Lucas? Wohin gehst du jeden Abend?

Lucas sagt:

– Ich gehe zur Arbeit, das weißt du doch.

Das Kind legt sich auf Lucas' Bett:

– Ich warte hier auf dich. Wenn du in den Kneipen arbeiten würdest, kämst du um Mitternacht heim, sobald geschlossen wird. Aber du kommst viel später.

Lucas setzt sich auf einen Stuhl dem Kind gegenüber:

– Ja, Mathias, das stimmt. Ich komme später. Ich habe Freunde, zu denen ich gehe, wenn die Kneipen schließen.

– Welche Freunde?

– Du kennst sie nicht.

Das Kind sagt:

– Ich bin jede Nacht allein.

– Nachts solltest du schlafen.

– Ich würde schlafen, wenn ich wüßte, daß du da bist, in deinem Zimmer, und auch schläfst.

Lucas legt sich neben das Kind und gibt ihm einen Kuß:

– Glaubtest du wirklich, ich hätte dich ins Waisenhaus geschickt, damit man dich dortbehält? Wie konntest du so etwas glauben?

– Ich glaubte es nicht richtig. Und doch bekam ich Angst, als ich vor der Tür ankam. Man weiß nie. Yasmine hatte mir auch versprochen, mich nie zu verlassen. Schick mich nicht mehr dorthin. Ich gehe nicht gerne dorthin, wo das Haus von Großmutter liegt.

Lucas sagt:

– Ich verstehe dich.

Das Kind sagt:

– Die Waisen sind Kinder, die keine Eltern haben. Ich habe auch keine Eltern.

– Doch. Du hast deine Mutter, Yasmine.

– Yasmine ist fort. Und mein Vater? Wo ist der?

– Dein Vater bin ich.

– Aber der andere? Der richtige?

Lucas schweigt einen Moment, bevor er antwortet:

– Er ist vor deiner Geburt gestorben, verunglückt, wie meiner.

– Die Väter verunglücken immer. Wirst du auch bald verunglücken?

– Nein. Ich passe gut auf.

Das Kind und Lucas arbeiten in der Buchhandlung. Das Kind nimmt Bücher aus einem Karton und reicht sie Lucas, der auf einer Trittleiter steht und sie in die Bücherregale einordnet. Es ist ein regnerischer Herbstmorgen.

Peter kommt in den Laden. Er trägt einen Umhang mit Kapuze, der Regen rinnt über sein Gesicht auf den Boden. Er zieht ein in Sackleinen gewickeltes Paket unter dem Umhang hervor:

– Da, Lucas. Ich bringe es Ihnen zurück. Ich kann es nicht länger aufbewahren. Es ist bei mir nicht mehr sicher.

Lucas sagt:

– Sie sind blaß, Peter. Was ist los?
– Lesen Sie denn keine Zeitungen? Hören Sie kein Radio?
– Ich lese nie Zeitungen und höre nur alte Schallplatten.
Peter wendet sich zum Kind:
– Ist das das Kind von Yasmine?
Lucas sagt:
– Ja, das ist Mathias. Sag Peter guten Tag, Mathias. Er ist ein Freund.
Das Kind sagt nichts und starrt Peter an.
Peter sagt:
– Mathias hat mir schon mit den Augen guten Tag gesagt.
Lucas sagt:
– Geh und füttere die Tiere, Mathias.
Das Kind senkt den Blick und wühlt in dem Bücherkarton:
– Es ist noch nicht Zeit, die Tiere zu füttern.
Lucas sagt:
– Du hast recht. Bleib hier und sag mir Bescheid, wenn ein Kunde kommt. Gehen wir nach oben, Peter.
Sie steigen in Lucas' Zimmer hinauf.
Peter sagt:
– Das Kind hat wunderbare Augen.
– Ja, die Augen von Yasmine.
Peter reicht Lucas das Paket:
– In Ihren Heften fehlen Seiten, Lucas.
– Ja, Peter. Ich sagte Ihnen ja schon: ich verbessere, streiche aus und lasse alles weg, was nicht unbedingt nötig ist.
– Sie verbessern, Sie streichen aus, Sie lassen weg. Ihr Bruder Claus wird nichts verstehen.
– Claus wird schon verstehen.
– Ich habe es auch verstanden.
– Geben Sie sie mir deshalb zurück? Weil Sie glauben, daß Sie alles verstanden haben?
Peter sagt:

– Was jetzt geschieht, hat nichts mit Ihren Heften zu tun, Lucas. Es ist etwas viel Schlimmeres. In unserem Land bereitet sich ein Aufstand vor. Eine Gegenrevolution. Es hat mit den Intellektuellen angefangen, die Sachen schrieben, die sie nicht hätten schreiben sollen. Dann ging es weiter mit den Studenten. Die Studenten sind immer schnell dabei, Unruhe zu stiften. Sie haben demonstriert, und dabei ist es zu Ausschreitungen gekommen gegen die Ordnungskräfte. Aber es ist erst richtig gefährlich geworden, als die Arbeiter und sogar ein Teil unserer Armee sich den Studenten angeschlossen haben. Gestern abend haben Soldaten irgendwelchen verantwortungslosen Typen Waffen in die Hand gegeben. Die Leute in der Hauptstadt schießen aufeinander, und die Bewegung greift allmählich auf die Provinz über und erfaßt die Landbevölkerung.

Lucas sagt:

– Es sind alle Schichten der Bevölkerung dabei vertreten.

– Außer der einen, zu der ich gehöre.

– Ihr seid nicht viele im Verhältnis zu denen, die gegen euch sind.

– Gewiß. Aber wir haben mächtige Freunde.

Lucas schweigt. Peter öffnet die Tür:

– Wir werden uns wahrscheinlich nie wiedersehen, Lucas. Trennen wir uns ohne Haß.

Lucas fragt:

– Wohin gehen Sie?

– Die führenden Kräfte der Partei müssen sich dem Schutz der ausländischen Armee unterstellen.

Lucas steht auf, packt Peter an beiden Schultern und schaut ihm in die Augen:

– Hören Sie mal, Peter! Schämen Sie sich nicht?

Peter ergreift Lucas' Hände und preßt sie an sein Gesicht. Er schließt die Augen und sagt ganz leise:

– Doch, Lucas. Ich schäme mich über die Maßen.

Aus seinen geschlossenen Augen stehlen sich ein paar Tränen.

Lucas sagt:

– Nein. Nicht so. Nehmen Sie sich zusammen.

Lucas begleitet Peter auf die Straße hinaus. Er schaut hinter der schwarzen Gestalt her, die mit gesenktem Kopf im Regen in Richtung Bahnhof geht.

Als Lucas in die Buchhandlung zurückkommt, sagt das Kind zu ihm:

– Das ist ein schöner Herr. Wann kommt er wieder?

– Ich weiß es nicht, Mathias. Vielleicht nie.

Am selben Abend geht Lucas zu Clara. Er betritt das Haus, in dem alle Lichter gelöscht sind. Claras Bett ist kalt und leer. Lucas knipst die Nachttischlampe an. Auf dem Kopfkissen ein Zettel von Clara:

›Ich gehe weg, um Thomas zu rächen.‹

Lucas kehrt zurück nach Hause. Er findet das Kind in seinem Bett. Er sagt zu ihm:

– Ich habe es satt, dich jeden Abend in meinem Bett vorzufinden. Geh in dein Zimmer und schlaf da.

Das Kinn des Kindes zittert, es schluchzt.

– Ich habe gehört, wie Peter sagte, daß die Leute in der Hauptstadt aufeinander schießen. Glaubst du, daß Yasmine in Gefahr ist?

– Yasmine ist nicht in Gefahr, sei unbesorgt.

– Du hast gesagt, daß Peter vielleicht nie wiederkommt. Glaubst du, daß er sterben wird?

– Nein, das glaube ich nicht. Aber Clara ganz bestimmt.

– Wer ist Clara?

– Eine Freundin. Geh zu Bett, Mathias, und schlafe. Ich bin sehr müde.

In der kleinen Stadt passiert so gut wie nichts. Die ausländischen Fahnen verschwinden von den öffentlichen Gebäuden, die

Bilder der Machthaber ebenfalls. Eine Menge Menschen zieht mit ehemaligen Landesfahnen durch die Stadt und singt die frühere Nationalhymne und andere alte Lieder, die an eine andere Revolution in einem anderen Jahrhundert erinnern.

Die Kneipen sind voll. Die Leute reden, lachen und singen lauter als gewöhnlich.

Lucas hört unablässig Radio bis zu dem Tag, an dem statt der Nachrichten klassische Musik ertönt.

Lucas schaut aus dem Fenster. Auf dem Hauptplatz steht ein Panzer der fremden Armee.

Lucas geht aus dem Haus, um eine Schachtel Zigaretten zu kaufen. Alle Kaufhäuser und alle kleinen Läden sind geschlossen. Lucas muß bis zum Bahnhof gehen. Auf seinem Weg begegnet er anderen Panzern. Die Kanonenrohre der Panzer richten sich auf ihn, sie folgen ihm. Die Straßen sind leer, die Fenster und Fensterläden geschlossen. Aber der Bahnhof und das angrenzende Viertel sind voll mit Soldaten aus dem eigenen Land und mit Grenzsoldaten, ohne Waffen. Lucas fragt einen von ihnen:

– Was ist los?

– Ich habe keine Ahnung. Man hat uns entlassen. Wollten Sie mit dem Zug fahren? Es gibt keinen Zug für Zivilisten.

– Ich wollte gar nicht wegfahren. Ich wollte nur Zigaretten kaufen. Die Geschäfte sind geschlossen.

Der Soldat reicht Lucas eine Schachtel Zigaretten:

– Sie können nicht ins Bahnhofsgebäude hinein. Nehmen Sie diese Schachtel und gehen Sie wieder nach Hause. Es ist gefährlich, auf der Straße zu sein.

Lucas geht nach Hause. Das Kind ist aufgestanden, sie hören zusammen Radio.

Viel Musik und einige wenige kurze Reden:

›Wir haben die Revolution gewonnen. Das Volk hat gesiegt. Die Regierung hat unseren großen Beschützer um Hilfe gegen die Volksfeinde gebeten.‹

Ferner:

›Bitte Ruhe bewahren. Jede Versammlung von mehr als zwei Personen ist verboten. Der Verkauf von Spirituosen ist verboten. Die Restaurants und Cafés bleiben bis auf weiteres geschlossen. Einzelreisen mit dem Zug oder dem Autobus sind verboten. Beachten Sie die Ausgangssperre. Gehen Sie nach Dunkelheit nicht mehr aus dem Haus.‹

Wieder Musik, danach Empfehlungen und Drohungen: ›Die Arbeit in den Fabriken muß wieder aufgenommen werden. Die Arbeiter, die sich nicht an ihrem Arbeitsplatz einfinden, werden entlassen. Die Saboteure werden vor ein Sondergericht gestellt. Sie können mit dem Tode bestraft werden.‹

Das Kind sagt:

– Ich verstehe kein Wort. Wer hat die Revolution gewonnen? Und warum ist alles verboten? Warum sind sie so gemein?

Lucas stellt das Radio ab:

– Es ist besser, kein Radio mehr zu hören. Es hilft doch nichts.

Es gibt noch Widerstand, Kämpfe, Streiks. Es werden auch Leute verhaftet, eingesperrt, beiseite geschafft, hingerichtet. Von Angst gepackt, verlassen zweihunderttausend Einwohner das Land. Ein paar Monate später herrscht wieder Ruhe, Stillschweigen, Ordnung.

Lucas klingelt bei Peter:

– Ich weiß, daß Sie wieder da sind. Warum verstecken Sie sich vor mir?

– Ich verstecke mich nicht vor Ihnen. Ich dachte nur, daß Sie mich nicht wiedersehen wollten. Ich wartete darauf, daß Sie den ersten Schritt tun.

Lucas lacht:

– Das ist geschehen. Eigentlich ist alles wie vorher. Die Revolution hat nichts gebracht.

Peter sagt:

– Das wird die Geschichte beurteilen.

Lucas lacht wieder:

– Das sind große Worte. Was ist in Sie gefahren, Peter?

– Lachen Sie nicht. Ich habe eine schwere Krise hinter mir. Ich bin zuerst aus der Partei ausgetreten, aber dann habe ich mich überreden lassen, an meinen Posten in dieser Stadt zurückzukehren. Ich liebe diese Stadt. Sie hat eine Macht über die Seele. Wenn man einmal hier gewohnt hat, muß man einfach zurückkommen. Außerdem sind Sie hier, Lucas.

– Ist das eine Liebeserklärung?

– Nein. Ein Freundschaftsbeweis. Ich weiß, daß ich von Ihnen nichts zu erwarten habe. Und Clara? Ist sie zurückgekommen?

– Nein, Clara ist nicht zurückgekommen. Es wohnt schon jemand anders in ihrem Haus.

Peter sagt:

– In der Hauptstadt hat es dreißigtausend Tote gegeben. Man hat sogar auf eine demonstrierende Gruppe von Menschen geschossen, unter denen Frauen und Kinder waren. Wenn Clara da irgendwo mitgemacht hat ...

– Sie hat bestimmt bei allem mitgemacht, was in der Stadt vorging. Ich nehme an, daß sie da ist, wo Thomas ist, und das ist gut so. Sie redete immer nur von Thomas. Sie dachte nur an Thomas, sie liebte nur Thomas, sie war krank nach Thomas. So oder so wäre sie an Thomas gestorben.

Nach kurzem Schweigen sagt Peter:

– Viele Leute sind während der Unruhen irgendwo über die Grenze gegangen, wo sie unbewacht war. Warum haben Sie das nicht ausgenutzt, um zu Ihrem Bruder zu gelangen?

– Daran habe ich keinen Moment gedacht. Wie könnte ich das Kind allein lassen?

– Sie hätten es mitnehmen können.

– Man läßt sich nicht auf ein solches Abenteuer ein mit einem Kind in dem Alter.

– Man läßt sich auf alles ein, egal wohin es führt, wann oder mit wem, wenn man es wirklich will. Das Kind ist nur ein Vorwand.

Lucas senkt den Kopf:

– Das Kind muß hierbleiben. Es wartet auf die Rückkehr seiner Mutter. Es wäre nicht mitgegangen.

Peter antwortet nicht. Lucas hebt den Kopf und sieht Peter an:

– Sie haben recht. Ich will gar nicht nach drüben zu Claus. Er muß wieder herkommen, er ist ja auch weggegangen.

Peter sagt:

– Jemand, den es gar nicht gibt, kann auch nicht herkommen.

– Claus gibt es, und er kommt wieder!

Peter tritt zu Lucas und faßt ihn bei der Schulter:

– Beruhigen Sie sich. Sie müssen endlich der Realität ins Gesicht sehen. Weder Ihr Bruder noch die Mutter des Kindes werden zurückkommen, das wissen Sie genau.

Lucas sagt leise:

– Doch. Claus schon.

Er fällt vornüber aus seinem Sessel, stößt mit der Stirn an die Kante des niedrigen Tisches und bricht auf dem Teppich zusammen. Peter zieht ihn aufs Sofa, befeuchtet ein Tuch und wischt damit über Lucas' schweißnasses Gesicht.

Als Lucas wieder zu sich kommt, gibt Peter ihm zu trinken und reicht ihm eine brennende Zigarette:

– Verzeihen Sie, Lucas. Wir werden von alledem nicht mehr reden.

Lucas fragt:

– Wovon haben wir gesprochen?

– Wovon?

Peter zündet eine zweite Zigarette an:

– Von Politik natürlich.

Lucas lacht:

– Das muß ziemlich langweilig gewesen sein, daß ich dabei auf Ihrem Sofa eingeschlafen bin.

– Ja, ganz richtig, Lucas. Politik hat Sie immer gelangweilt, stimmt's?

Das Kind ist sechseinhalb Jahre alt. Am ersten Schultag will Lucas es begleiten, aber das Kind geht lieber allein. Als es mittags nach Hause kommt, fragt Lucas, ob alles gut verlaufen sei, und das Kind sagt, es ist alles gut verlaufen.

Auch an den folgenden Tagen sagt das Kind, daß alles in der Schule gut klappt. Und doch kommt es eines Tages mit einer Verletzung an der Wange nach Hause. Es sagt, es sei gefallen. Ein andermal ist es seine rechte Hand, die rote Stellen aufweist. An dieser Hand werden die Nägel am nächsten Tag schwarz, ausgenommen der Daumennagel. Das Kind sagt, es habe sich die Finger in einer Tür geklemmt. Wochenlang muß es zum Schreiben die linke Hand nehmen.

Eines Abends kommt das Kind mit aufgeplatzten, dick geschwollenen Lippen heim. Es kann nicht essen. Lucas fragt nicht, er gießt dem Kind Milch in den Mund und legt dann eine sandgefüllte Socke auf den Küchentisch, dazu einen spitzen Stein und ein Rasiermesser. Er sagt:

– Das waren unsere Waffen, als wir uns gegen die andern Kinder verteidigen mußten. Nimm sie. Laß dir nichts gefallen!

Das Kind sagt:

– Ihr wart zu zweit. Ich bin ganz allein.

– Auch allein muß man sich verteidigen können.

Das Kind betrachtet die Gegenstände auf dem Tisch:

– Ich kann nicht. Ich könnte nie jemand schlagen, jemand verletzen.

– Warum nicht? Die andern schlagen dich, verletzen dich.

Das Kind schaut Lucas in die Augen:

– Die Körperverletzungen, die ich hinnehmen muß, sind nicht

so schlimm. Aber wenn ich jemanden verletzen müßte, wäre das etwas anderes, das könnte ich nicht ertragen.

Lucas fragt:

– Soll ich mit deinem Lehrer reden?

Das Kind sagt:

– Auf keinen Fall! Ich verbiete es dir! Tu das nur ja nicht, Lucas! Beklage ich mich denn? Bitte ich dich um Hilfe? Um deine Waffen?

Er fegt die Verteidigungswaffen vom Tisch:

– Ich bin stärker als sie alle. Mutiger, und vor allem viel klüger. Darauf kommt es einzig und allein an.

Lucas wirft den Stein und die sandgefüllte Socke in den Mülleimer. Er klappt das Rasiermesser zu und steckt es in seine Tasche:

– Ich trage es noch bei mir, aber ich mache nie mehr davon Gebrauch.

Als das Kind im Bett ist, geht Lucas zu ihm ins Zimmer und setzt sich zu ihm auf die Bettkante:

– Ich werde mich nicht mehr in deine Angelegenheiten einmischen, Mathias. Ich werde dir keine Fragen mehr stellen. Wenn du nicht mehr zur Schule gehen willst, sagst du es mir, nicht wahr?

Das Kind sagt:

– Ich werde immer auf der Schule bleiben.

Lucas fragt:

– Sag mal, Mathias, weinst du manchmal abends, wenn du allein bist?

Das Kind sagt:

– Ich bin gewohnt, allein zu sein. Ich weine nie, das weißt du doch.

– Ja, das weiß ich. Aber du lachst auch nie. Als du klein warst, lachtest du immerzu.

– Das muß vor Yasmines Tod gewesen sein.

– Was sagst du da, Mathias? Yasmine ist nicht tot.

– Doch. Sie ist tot. Das weiß ich schon lange. Sonst wäre sie schon zurückgekommen.

Nach kurzem Schweigen sagt Lucas:

– Sogar nachdem Yasmine fort war, lachtest du noch, Mathias.

Das Kind blickt zur Decke:

– Ja, vielleicht. Bevor wir aus dem Haus von Großmutter ausgezogen sind. Wir hätten nicht aus dem Haus von Großmutter ausziehen sollen.

Lucas nimmt das Gesicht des Kindes in seine Hände:

– Du hast vielleicht recht. Wir hätten vielleicht nicht aus dem Haus von Großmutter ausziehen sollen.

Das Kind schließt die Augen, Lucas küßt es auf die Stirn:

– Schlaf gut, Mathias. Wenn du zuviel Kummer hast, zu sehr leidest, und wenn du niemandem etwas davon sagen willst, schreib es auf. Das wird dir helfen.

Das Kind antwortet:

– Ich habe es schon aufgeschrieben. Ich habe alles aufgeschrieben. Alles, was ich erlebt habe, seitdem wir hier wohnen. Meine Alpträume, die Schule, alles. Ich habe auch mein großes Heft wie du. Du hast mehrere davon, ich habe nur eins, und das ist noch dünn. Nie werde ich dir erlauben, es zu lesen. Du hast mir verboten, deine zu lesen, ich verbiete dir, meins zu lesen.

Um zehn Uhr vormittags betritt ein älterer Mann mit Bart die Buchhandlung. Lucas hat ihn schon öfter gesehen. Es ist einer seiner besten Kunden. Lucas steht auf und fragt lächelnd:

– Sie wünschen, bitte?

– Ich habe alles, was ich brauche, danke. Ich bin gekommen, um mit Ihnen über Mathias zu sprechen. Ich bin sein Lehrer. Ich habe Ihnen mehrere Briefe geschickt, in denen ich Sie bat, zu mir zu kommen.

Lucas sagt:

– Ich habe keinen Brief erhalten.

– Sie haben sie jedoch unterschrieben.

Der Lehrer zieht drei Umschläge aus der Tasche und reicht sie Lucas.

– Ist das nicht Ihre Unterschrift?

Lucas betrachtet prüfend die Briefe:

– Ja und nein. Es ist meine sehr geschickt nachgemachte Unterschrift.

Der Lehrer nimmt die Briefe lächelnd wieder an sich:

– Das habe ich schließlich auch gedacht. Mathias will nicht, daß ich mit Ihnen spreche. Deshalb habe ich beschlossen, während der Unterrichtsstunden zu kommen. Ich habe einen älteren Schüler gebeten, unterdessen die Aufsicht zu führen. Wenn Sie wünschen, wird niemand von meinem Besuch bei Ihnen erfahren.

Lucas sagt:

– Ja, ich glaube, das wäre besser. Mathias hat mir verboten, mit Ihnen zu sprechen.

– Das Kind ist sehr stolz, sogar hochmütig. Es ist zweifellos auch das intelligenteste der Klasse. Trotzdem kann ich Ihnen nur den einen Rat geben: nehmen Sie das Kind von der Schule. Ich stelle Ihnen die nötigen Papiere dafür aus.

Lucas sagt:

– Mathias will auf der Schule bleiben.

– Wenn Sie wüßten, was er durchmacht! Die Grausamkeit der Kinder übersteigt alles. Die Mädchen machen sich über ihn lustig. Sie nennen ihn ›Spinne‹, ›Buckliger‹, ›Bastard‹. Er sitzt allein in der ersten Reihe und niemand will neben ihm sitzen. Die Jungs verhauen ihn, versetzen ihm Fußtritte oder schlagen mit den Fäusten auf ihn ein. Der Junge, der hinter ihm sitzt, hat ihm den Pultdeckel auf die Finger geknallt. Ich bin mehrmals eingeschritten, aber das hat die Sache nur verschlimmert. Sogar seine Intelligenz ist für ihn von Nachteil. Die andern Kinder ertragen nicht, daß Mathias alles weiß, daß er überall der Beste ist. Sie sind eifersüchtig und machen ihm das Leben zur Hölle.

Lucas sagt:
– Ich weiß das, obwohl er nie mit mir darüber spricht.
– Nein, er beklagt sich nie. Er weint nicht einmal. Er hat einen ungeheuer starken Charakter. Aber er kann die vielen Demütigungen nicht ewig ertragen. Nehmen Sie ihn aus der Schule, ich komme dann jeden Abend hierher und unterrichte ihn. Es würde mir großen Spaß machen, mit einem so begabten Kind zu arbeiten.
Lucas sagt:
– Ich danke Ihnen. Aber das alles hängt nicht von mir ab. Mathias will unbedingt ganz normal zur Schule gehen wie die andern Kinder. Wenn er die Schule verließe, so würde das nur sein Anderssein, sein Behindertsein bestätigen.
Der Lehrer sagt:
– Ich verstehe. Aber er ist ja auch anders, und damit wird er sich eines Tages abfinden müssen.
Lucas schweigt, während der Lehrer auf und ab geht und sich die Bücher auf den Regalen anschaut:
– Der Laden ist geräumig. Was halten Sie davon, wenn man ein paar Tische und Stühle aufstellte und einen Lesesaal für Kinder daraus machte? Ich könnte Ihnen gebrauchte Bücher bringen, von denen ich nicht mehr weiß, wo ich sie lassen soll. So könnten die Kinder, deren Eltern kein einziges Buch besitzen, und davon gibt es viele, das können Sie mir glauben, hierher kommen und ein oder zwei Stunden in Ruhe lesen.
Lucas mustert den Lehrer:
– Sie glauben wohl, daß sich das Verhältnis zwischen Mathias und den Kindern dadurch ändern würde, stimmt's? Ja, es würde sich lohnen, es zu versuchen. Es ist vielleicht eine gute Idee, Herr Lehrer.

6

Es ist zehn Uhr abends. Peter klingelt bei Lucas. Lucas wirft ihm den Haustürschlüssel durchs Fenster zu. Peter kommt herauf und tritt ins Zimmer:

– Störe ich auch nicht?

– Keineswegs. Im Gegenteil. Ich habe Sie gesucht, aber Sie waren verschollen. Sogar Mathias war besorgt, weil Sie nicht mehr da waren.

Peter sagt:

– Das ist nett von ihm. Schläft er?

– Er ist in seinem Zimmer, aber wie soll man wissen, ob er schläft oder etwas anderes macht. Er wacht irgendwann in der Nacht auf und fängt an zu lesen, zu schreiben, nachzudenken oder zu lernen.

– Kann er uns hören?

– Wenn er will, ja.

– In dem Fall ist es mir lieber, daß Sie zu mir kommen.

– Einverstanden.

Bei sich zu Hause öffnet Peter in allen Zimmern die Fenster. Er sinkt in einen Sessel:

– Diese Hitze ist nicht auszuhalten. Suchen Sie uns etwas zu trinken, und dann setzen wir uns. Ich komme vom Bahnhof, ich war den ganzen Tag unterwegs. Ich mußte viermal umsteigen und jedesmal sehr lange auf den Anschluß warten.

Lucas schenkt etwas zu trinken ein:

– Woher kommen Sie?

– Aus meiner Heimatstadt. Der Untersuchungsrichter hat mich eiligst kommen lassen wegen Victor. Er hat in einem Anfall von *delirium tremens* seine Schwester erwürgt.

Lucas sagt:

– Der arme Victor. Haben Sie ihn gesehen?

– Ja, ich habe ihn gesehen. Er ist in einer psychiatrischen Anstalt.

– Wie ist sein Zustand?

– Sehr gut, ganz ruhig. Ein wenig aufgeschwemmt durch die Medikamente. Er freute sich, mich zu sehen, er hat nach Ihnen gefragt und nach der Buchhandlung und dem Kind. Er läßt Sie grüßen.

– Und was sagt er über seine Schwester?

– Er hat ganz gelassen zu mir gesagt: ›Die Sache ist passiert, daran ist nichts mehr zu ändern.‹

Lucas fragt:

– Was wird aus ihm werden?

– Ich weiß es nicht. Der Prozeß hat noch nicht stattgefunden. Ich denke, daß er in der Anstalt bleibt bis ans Ende seiner Tage. Victor gehört nicht ins Gefängnis. Ich habe ihn gefragt, was ich für ihn tun könnte, und er hat mir gesagt, ich sollte ihm regelmäßig etwas zum Schreiben schicken. ›Papier und Bleistifte, mehr brauche ich nicht. Hier werde ich endlich mein Buch schreiben können‹, hat er gesagt.

– Ja, Victor wollte ein Buch schreiben. Er hat mit mir darüber gesprochen, als ich ihm die Buchhandlung abkaufte. Deshalb hat er ja auch alles verkauft.

– Ja, und er hat schon mit dem Schreiben des Buches begonnen. Peter holt einen Stoß getippter Blätter aus seiner Aktentasche:

– Ich habe sie im Zug gelesen. Nehmen Sie sie mit, lesen Sie sie und geben Sie sie mir wieder. Er hat sie auf der Maschine geschrieben, neben ihm die Leiche seiner Schwester. Er hat sie erwürgt und sich sogleich an den Schreibtisch gesetzt, um zu schreiben. So hat man die beiden gefunden, in Victors Zimmer, die Schwester erwürgt auf dem Bett liegend, Victor an der Schreibmaschine, Schnaps trinkend und Zigarren rauchend. Es waren die Kundinnen seiner Schwester, die am nächsten Tag die

Polizei gerufen haben. Am Tage des Verbrechens ist Victor aus dem Haus gegangen, hat Geld bei der Bank abgehoben und sich Schnaps, Zigaretten und Zigarren gekauft. Den Kundinnen, die zur Anprobe bestellt waren und vor der Tür warteten, hat er gesagt, daß es seiner Schwester nicht gut gehe wegen der Hitze und daß man sie nicht stören solle. Aber die Kundinnen ließen sich nicht abweisen, und da sie wohl unbedingt ihre neuen Kleider haben wollten, kamen sie am nächsten Tag wieder, klopften an die Tür, redeten darüber mit den Nachbarinnen, fanden das Ganze sonderbar und beschlossen am Ende, die Polizei zu benachrichtigen. Die Polizisten haben die Tür aufgebrochen und fanden Victor, der im tiefsten Rausch immer noch seelenruhig sein Manuskript weitertippte. Er hat sich widerstandslos abführen lassen, nur die vollgeschriebenen Blätter hat er mitgenommen. Lesen Sie sie. Trotz der vielen Fehler ist es lesbar und sehr interessant.

Lucas geht mit dem Manuskript von Victor nach Hause und macht sich in der Nacht daran, es in sein Heft zu übertragen.

Es ist der 15. August, die Hitze dauert seit drei Wochen an. Man kann sie weder drinnen noch draußen ertragen. Nichts hilft dagegen. Ich mag keine Hitze, ich mag keinen Sommer. Einen regnerischen, frischen Sommer schon, aber die Hitze hat mich immer richtig krank gemacht.

Ich habe gerade meine Schwester erwürgt. Sie liegt auf meinem Bett, ich habe sie mit einem Laken zugedeckt. Bei dieser Hitze wird man die Verwesung bald riechen. Einerlei. Ich werde später darüber nachdenken. Ich habe die Haustür abgeschlossen, und wenn geklopft wird, mache ich nicht auf. Ich habe auch die Fenster geschlossen und die Fensterläden zugeklappt.

Ich habe fast zwei Jahre mit meiner Schwester zusammengelebt. Ich habe die Buchhandlung verkauft und auch das Haus, das ich in einer weit entfernten Stadt, nahe an der Grenze, besaß.

Ich bin zu meiner Schwester gezogen, um ein Buch zu schreiben. In der kleinen fernen Stadt schien mir das nicht möglich, weil ich vor lauter Einsamkeit krank und zum Trinker geworden wäre. Ich hatte angenommen, daß ich hier, bei meiner Schwester, die sich um den Haushalt, die Mahlzeiten und die Kleidung kümmern würde, ein gesundes, ausgeglichenes Leben führen könnte, so daß ich endlich das Buch schreiben könnte, das ich immer schreiben wollte. Leider wurde mir das ruhige, beschauliche Leben, das ich mir ausgemalt hatte, sehr bald zur Hölle.

Meine Schwester überwachte, bespitzelte mich unablässig. Sie hat mir sofort nach meiner Ankunft verboten zu trinken und zu rauchen, und wenn ich von einer Besorgung oder einem Spaziergang zurückkam, küßte sie mich liebevoll, aber ich wußte wohl, daß sie nur feststellen wollte, ob ich nach Alkohol oder Tabak roch.

Ich habe ein paar Monate auf Alkohol verzichtet, aber ich war nicht imstande, auch ohne Tabak auszukommen. Ich rauchte heimlich wie ein Kind, ich kaufte mir eine Zigarre oder eine Schachtel Zigaretten und ging damit in den Wald. Beim Nachhausekommen kaute ich Tannennadeln oder lutschte Pfefferminzbonbons, um den Geruch loszuwerden. Ich rauchte auch nachts bei offenem Fenster, sogar im Winter.

Oft setzte ich mich mit einem Stoß Schreibpapier an meinen Schreibtisch, aber mein Kopf war völlig leer.

Was hätte ich schreiben können? In meinem Leben passierte ja nichts, es war nie etwas passiert, und um mich herum auch nicht. Nichts, was des Aufschreibens wert gewesen wäre. Außerdem störte mich meine Schwester immerzu, sie kam unter allen möglichen Vorwänden in mein Zimmer. Sie brachte mir Tee, sie staubte die Möbel ab, hängte saubere Anzüge in den Schrank. Sie beugte sich auch über meine Schulter, um zu sehen, ob ich mit dem Schreiben vorankäme. Aus diesem Grund mußte ich ein Blatt nach dem andern füllen, und da ich nicht wußte womit, schrieb ich Texte aus Büchern ab, irgendwelchen Büchern. Manchmal las meine Schwester einen Satz über meine Schulter hinweg, fand den Satz schön und ermutigte mich mit einem zufriedenen Lächeln.

Es bestand keine Gefahr, daß sie mir auf die Schliche kommen würde, denn sie las nie, sie hat womöglich kein einziges Buch in ihrem Leben gelesen, sie hatte keine Zeit dazu, denn von klein auf hat sie von früh bis spät gearbeitet.

Abends mußte ich ins Wohnzimmer kommen:

– Du hast genug gearbeitet heute. Wir wollen uns ein bißchen unterhalten.

Während sie nähte, mit der Hand oder auf ihrer alten Tretmaschine, erzählte sie. Von ihren Nachbarinnen, ihren Kundinnen, von Kleidern und Stoffen, von ihrem Erschöpftsein und dem Opfer, das sie für das Werk und den Erfolg ihres Bruders Victor brachte, für mich.

Ich mußte dasitzen, ohne Tabak, ohne Alkohol, und mir ihr dummes Geschwätz anhören. Wenn sie sich schließlich in ihr Zimmer zurückzog, ging ich in meins, zündete mir eine Zigarre oder eine Zigarette an, nahm ein Blatt Papier und schrieb darauf lauter Schimpfwörter, die sich gegen meine Schwester und ihre dämlichen Kundinnen mit ihren lächerlichen Kleidern richteten. Ich versteckte das Blatt unter anderen, auf denen nur unzusammenhängende Abschriften aus irgendwelchen Büchern standen.

Zu Weihnachten schenkte mir meine Schwester eine Schreibmaschine:

– Dein Manuskript ist schon ganz dick, du wirst wahrscheinlich bald mit deinem Buch fertig sein. Danach muß es abgetippt werden. Du hast ja in der Handelsschule Maschinenschreiben gelernt, und wenn du auch ein wenig davon vergessen hast, weil dir die Praxis fehlt, so wirst du bald wieder in Übung sein.

Ich war völlig verzweifelt, aber meiner Schwester zuliebe habe ich mich sofort an meinen Schreibtisch gesetzt und, ganz unbeholfen, ein paar Seiten abgetippt, die ich schon aus irgendeinem

Buch abgeschrieben hatte. Meine Schwester sah mir zu und nickte befriedigt:

– Das geht gar nicht so schlecht, Victor, ich bin erstaunt, es geht sogar recht gut. Bald wirst du wieder ebenso schnell tippen wie früher.

Kaum war ich allein, da habe ich die abgeschriebenen Seiten nachgelesen. Es waren lauter Tippfehler, ein konfuses Durcheinander.

Ein paar Tage später, als ich von meinem ›Gesundheits‹-Spaziergang zurückkam, bin ich in einer Vorortkneipe eingekehrt. Ich wollte mich nur etwas aufwärmen und eine Tasse Tee trinken, denn meine Hände und Füße waren kalt und wie abgestorben wegen meines schlechten Kreislaufs. Ich habe mich an einen Tisch in der Nähe des Ofens gesetzt, und als der Kellner mich fragte, was ich wünschte, habe ich geantwortet:

– Einen Tee.

Dann habe ich hinzugefügt:

– Mit Rum.

Ich weiß nicht, warum ich das hinzugefügt habe, ich wollte es gar nicht, und doch hatte ich es getan. Ich habe meinen Tee mit Rum getrunken und noch einen Rum verlangt, ohne Tee diesmal, und später einen dritten Rum. Ich habe mich besorgt umgesehen. Die Stadt ist nicht sehr groß, fast jeder kennt dort meine Schwester. Wenn sie durch ihre Kundinnen oder durch ihre Nachbarinnen erführe, daß ich in eine Kneipe gegangen war! Aber ich sah nur müde, gleichgültige, geistesabwesende Männergesichter um mich herum, und da verschwand meine Sorge. Ich trank noch einen Rum und verließ die Kneipe. Ich ging mit unsicheren Schritten, ich hatte seit mehreren Monaten nichts mehr getrunken, der Alkohol ist mir sehr schnell zu Kopf gestiegen.

Ich wußte nicht, wie ich nach Hause kommen sollte. Ich hatte Angst vor meiner Schwester. Ich lief ein Weilchen verloren durch die Straßen, dann kaufte ich in einem Laden eine Schachtel

Pfefferminzbonbons und steckte zwei davon sofort in den Mund. Als ich zahlen wollte, sagte ich ganz gelassen zur Verkäuferin, ohne daß ich wußte warum und ohne es eigentlich zu wollen:

– Geben Sie mir auch eine Flasche Pflaumenschnaps, zwei Schachteln Zigaretten und drei Zigarren.

Ich habe die Flasche in die Innentasche meines Mantels gesteckt. Draußen schneite es, ich fühlte mich vollkommen glücklich. Ich hatte keine Angst mehr, nach Hause zu gehen, ich hatte keine Angst mehr vor meiner Schwester. Als ich zu Hause ankam, rief sie aus dem Zimmer, das ihr als Nähzimmer diente:

– Ich muß schnell etwas fertigmachen, Victor. Dein Essen steht warm im Backofen. Ich esse später.

Ich habe schnell in der Küche gegessen, habe mich in mein Zimmer zurückgezogen und die Tür abgeschlossen. Es war das erste Mal, daß ich wagte abzuschließen. Als meine Schwester hereinkommen wollte, habe ich geschrien, zu schreien gewagt:

– Stör mich nicht! Ich habe gerade großartige Einfälle! Ich muß sie aufschreiben, bevor sie verflogen sind.

Meine Schwester hat ganz unterwürfig geantwortet:

– Ich wollte dich nicht stören. Ich wollte dir nur gute Nacht sagen.

– Gute Nacht, Sophie!

Sie ging immer noch nicht weg.

– Ich hatte eine sehr anspruchsvolle Kundin. Ihr Kleid muß für Neujahr fertig sein. Verzeih, Victor, daß du allein essen mußtest.

– Das macht nichts, habe ich freundlich geantwortet, geh zu Bett, Sophie, es ist spät.

Nach kurzem Schweigen hat sie gefragt:

– Warum hast du deine Tür abgeschlossen, Victor? Das war doch wirklich nicht nötig.

Ich habe einen Schluck Schnaps getrunken, um mich zu beruhigen:

– Ich will nicht gestört werden. Ich schreibe.

– Das ist gut. Das ist sehr gut, Victor.

Ich habe die Flasche Schnaps getrunken, es war nur ein halber Liter, ich habe zwei Zigarren und unzählig viele Zigaretten geraucht. Ich habe die Kippen aus dem Fenster geworfen. Es schneite immer noch. Der Schnee fiel auf die Kippen und die leere Flasche, die ich auch aus dem Fenster warf, weit auf die Straße hinaus.

Am nächsten Morgen hat meine Schwester an die Tür geklopft. Ich habe nicht geantwortet. Sie hat noch mal geklopft. Ich habe geschrien:

– Laß mich schlafen!

Ich habe gehört, wie sie wegging.

Ich bin erst um zwei Uhr nachmittags aufgestanden. Mein Essen und meine Schwester erwarteten mich in der Küche. Hier unser Gespräch:

– Ich habe das Essen dreimal wieder warm gemacht.

– Ich habe keinen Hunger. Mach mir einen Kaffee.

– Es ist zwei Uhr. Wie kannst du nur so lange schlafen?

– Ich habe bis fünf Uhr früh geschrieben. Ich bin ein Künstler. Ich habe das Recht zu arbeiten, wann ich will, wann immer die Inspiration es erlaubt. Schreiben ist nicht dasselbe wie Kleidernähen. Merke dir das, Sophie.

Meine Schwester sah mich bewundernd an:

– Du hast recht, Victor, verzeih mir. Wirst du bald mit deinem Buch fertig sein?

– Ja, bald.

– Was für ein Glück! Es wird ein sehr schönes Buch sein. Die wenigen Abschnitte, die ich gelesen habe, haben mich davon überzeugt.

Ich dachte:

– Arme Irre!

Ich trank immer mehr, ich wurde leichtsinnig. Ich ließ versehentlich Zigarettenschachteln in den Taschen meines Mantels.

Meine Schwester, die ihn angeblich bürsten und ausklopfen wollte, stöberte in den Taschen herum. Eines Tages kam sie in mein Zimmer und hielt eine halbleere Schachtel drohend in der Hand:

– Du rauchst!

Ich erwiderte trotzig:

– Ja, ich rauche. Ich kann nicht schreiben, ohne zu rauchen.

– Du hattest mir versprochen, nicht mehr zu rauchen!

– Ich hatte es mir selbst auch versprochen. Aber ich habe gemerkt, daß ich, ohne zu rauchen, nicht schreiben kann. Es ist eine schwerwiegende Entscheidung für mich, Sophie. Wenn ich aufhöre zu rauchen, höre ich auch auf zu schreiben. Ich habe beschlossen, daß ich besser weiterhin rauche und schreibe, als zu leben, ohne zu schreiben. Ich bin bald mit meinem Buch fertig, du solltest mir die Freiheit lassen, Sophie, mein Buch zu beenden, und es ist egal, ob ich rauche oder nicht.

Meine Schwester hat sich, ganz beeindruckt, zurückgezogen und ist dann mit einem Aschenbecher wiedergekommen, den sie auf meinen Schreibtisch gestellt hat:

– Rauche doch, es ist nicht so schlimm, und wenn es um dein Buch geht . . .

Beim Trinken habe ich folgende Taktik angewandt: ich kaufte in den verschiedenen Stadtvierteln mehrere Liter Schnaps, wobei ich darauf achtete, nicht zweimal nacheinander in dasselbe Geschäft zu gehen. Ich brachte die Flasche in der Innentasche meines Mantels mit heim, versteckte sie im Schirmständer auf dem Flur, und wenn meine Schwester das Haus verließ oder zu Bett ging, holte ich mir die Flasche, schloß mich damit in meinem Zimmer ein und trank und rauchte bis tief in die Nacht hinein.

Ich mied die Kneipen, ich kehrte nüchtern von meinem Spaziergang heim, und es ging alles gut zwischen meiner Schwester und mir bis zum Frühling dieses Jahres, als Sophie anfing, ungeduldig zu werden:

– Wirst du endlich mal mit deinem Buch fertig, Victor? Das kann nicht so weitergehen. Du stehst nie vor zwei Uhr nachmittags auf, du siehst schlecht aus, du wirst noch krank davon und ich auch.

– Es ist fertig, Sophie. Ich muß es jetzt korrigieren und abtippen. Das ist viel Arbeit.

– Ich hätte nie gedacht, daß es so lange dauert, ein Buch zu schreiben.

– Ein Buch ist kein Kleid, Sophie, vergiß das nicht.

Es wurde Sommer. Ich litt entsetzlich unter der Hitze. Ich verbrachte meine Nachmittage im Wald, ausgestreckt unter den Bäumen. Manchmal schlief ich ein, ich hatte wirre Träume. Eines Abends überraschte mich ein Gewitter, ein schreckliches Gewitter im Schlaf. Es war der vierzehnte August. Ich bin so schnell, wie es mit meinem kranken Bein möglich war, aus dem Wald herausgelaufen. Ich habe in der ersten besten Kneipe Schutz gesucht. Arbeiter, einfache Leute saßen dort und tranken. Sie freuten sich alle über das Gewitter, denn es hatte mehrere Monate nicht geregnet. Ich bestellte eine Limonade, sie lachten, und einer von ihnen hielt mir ein Glas Rotwein hin. Ich nahm es an. Dann bestellte ich eine Flasche und spendierte jedem ein Glas. Das dauerte so lange wie es regnete, ich bestellte eine Flasche nach der andern, ich fühlte mich wunderbar wohl, umgeben von einer warmen Freundschaft. Ich gab alles Geld aus, was ich bei mir hatte. Meine Kumpel gingen einer nach dem andern fort, ich aber hatte keine Lust, nach Hause zu gehen, ich fühlte mich einsam, ich hatte kein Zuhause, ich wußte nicht, wohin ich gehen sollte, ich wäre gern wieder in mein Haus, meine Buchhandlung in der kleinen fernen Stadt gegangen, die der ideale Ort für mich war, das wußte ich jetzt ganz sicher, ich hätte diese Grenzstadt nie verlassen dürfen, um zu meiner Schwester zu ziehen, die ich seit meiner Kindheit haßte.

Der Kneipenwirt sagte:

– Wir schließen!

Auf der Straße hat mein linkes Bein, das kranke, nicht mehr mitgemacht, und ich bin gefallen. An das Weitere kann ich mich nicht erinnern. Ich bin schweißgebadet in meinem Bett aufgewacht. Ich traute mich nicht aus dem Zimmer. Nach und nach fiel mir alles wieder ein. Lustige derbe Gesichter in einer Vorstadtkneipe … Später dann der Regen, der Dreck … die Uniform der Polizisten, die mich zurückbrachten … Das aufgelöste Gesicht meiner Schwester … und wie ich sie beschimpfte … das Lachen der Polizisten …

Das Haus war still. Draußen schien wieder die Sonne, die Hitze war zum Ersticken.

Ich bin aufgestanden, habe meinen alten Koffer unterm Bett hervorgeholt und meine Anziehsachen hineingepackt. Es war die einzige Lösung. So schnell wie möglich weg von hier. Der Kopf schwirrte mir. Meine Augen, mein Mund, mein Hals brannten. Mir wurde schwindlig, ich mußte mich setzen. Ich dachte, daß ich in diesem Zustand nie zum Bahnhof gelangen würde. Ich kramte im Papierkorb und fand eine kaum angebrochene Flasche Schnaps. Ich setzte sie an den Mund. Ich fühlte mich besser. Ich faßte mir an den Kopf. Ich hatte eine schmerzhafte Beule hinter dem linken Ohr. Ich griff wieder zur Flasche und führte sie gerade zum Mund, als meine Schwester ins Zimmer kam. Ich habe die Flasche hingestellt und gewartet. Meine Schwester wartete ebenfalls. Das Schweigen dauerte lange. Sie durchbrach es als erste mit einer ruhigen, befremdenden Stimme:

– Was hast du mir zu sagen?

– Nichts,

sagte ich.

Da hat sie gebrüllt:

– Das ist zu einfach! Das wäre zu einfach! Der Herr hat nichts zu sagen! Er läßt sich sturzbetrunken von der Polizei aus dem Dreck auflesen, und der Herr hat nichts zu sagen!

Ich sagte:

– Laß mich. Ich gehe weg.

Sie zischte:

– Ja, das sehe ich, du packst deinen Koffer. Aber wohin gehst du armer Trottel, wohin gehst du ohne Geld?

– Ich habe noch Geld auf der Bank vom Verkauf der Buchhandlung.

– Ach ja? Ich frage mich, was von deinem Geld noch übrig ist. Du hast deine Buchhandlung billig verkauft, und das wenige Geld, das du dafür bekommen hast, hast du fürs Trinken und für Zigaretten rausgeworfen.

Ich hatte ihr natürlich nie etwas von den Gold- und Silberstücken erzählt, auch nicht von den Schmuckstücken, die ich obendrein bekommen hatte und die ebenfalls in der Bank deponiert waren. Ich antwortete nur:

– Mir bleibt noch genug, um abzureisen.

Sie sagte:

– Und ich? Ich habe nie etwas bekommen. Ich habe dich beköstigt, beherbergt und betreut. Wer zahlt mir das alles zurück?

Ich habe meinen Koffer zugeklappt:

– Ich zahle es zurück. Laß mich gehn.

Sie wurde plötzlich sanft und sagte:

– Sei nicht kindisch, Victor. Ich verzeihe dir ein letztes Mal. Was gestern abend passiert ist, war eine Ausnahme, ein Rückfall. Alles wird anders, sobald du dein Buch fertig hast.

Ich habe gefragt:

– Welches Buch?

Sie hat mein ›Manuskript‹ hochgehoben:

– Dieses Buch. Dein Buch.

– Ich habe keine einzige Zeile davon geschrieben.

– Es sind fast zweihundert getippte Seiten.

– Ja, zweihundert aus irgendwelchen Büchern abgeschriebene Seiten.

– Abgeschrieben? Das verstehe ich nicht.

– Du wirst nie etwas verstehen. Diese zweihundert Seiten habe ich aus Büchern abgeschrieben. Keine einzige Zeile ist von mir.

Sie sah mich an. Ich habe die Flasche hochgehoben und getrunken. Lange. Sie hat den Kopf geschüttelt:

– Ich glaube dir nicht. Du bist betrunken. Du redest irgendwas daher. Warum solltest du das getan haben?

Ich sagte spöttisch:

– Damit du glaubst, daß ich schreibe. Aber ich kann hier nicht schreiben. Du störst mich, du belauerst mich ununterbrochen, du hinderst mich am Schreiben, dein Anblick, allein deine Anwesenheit in diesem Haus hindern mich am Schreiben. Du machst alles kaputt, zunichte, du zerstörst alles, was schöpferisch ist, das Leben, die Freiheit, die Inspiration. Seit meiner Kindheit hörst du nicht auf, mich zu überwachen, zu gängeln, fix und fertig zu machen, seit der Kindheit!

Sie schwieg einen Augenblick und sagte dann, den Blick auf den Fußboden des Zimmers, auf den abgewetzten Teppich gerichtet:

– Ich habe alles für deine Arbeit, dein Buch geopfert. Meine eigene Arbeit, meine Kundinnen, meine letzten Jahre. Ich ging auf Zehenspitzen, um dich nicht zu stören. Und du hast in den zwei Jahren, die du beinahe hier bist, keine einzige Zeile geschrieben? Du tust nichts anderes als essen, trinken und rauchen! Du bist ein Faulpelz, ein Nichtsnutz, ein Säufer, ein Parasit! Ich habe all meinen Kundinnen das Erscheinen deines Buches angekündigt! Und du hast nichts geschrieben? Die ganze Stadt wird mich auslachen! Du hast mein Haus entehrt! Ich hätte dich in deinem schmutzigen kleinen Kaff und in deiner dreckigen Buchhandlung verrecken lassen sollen. Du hast über zwanzig Jahre allein dort gelebt, warum hast du dort kein Buch geschrieben, wo ich dich nicht störte, wo niemand dich störte? Warum? Weil du gar nicht

imstande bist, auch nur eine Zeile eines noch so mittelmäßigen Buches zu schreiben, nicht mal in der günstigsten Situation und unter den besten Voraussetzungen.

Ich trank immer weiter, während sie sprach und hörte meine eigene Stimme, die ihr antwortete, als käme sie aus einem anderen Raum. Ich sagte zu ihr, daß sie recht habe, daß ich nicht das geringste schreiben könnte, schreiben konnte, so lange sie am Leben sei. Ich erinnerte sie an unsere sexuellen Erfahrungen als Kinder, zu denen sie uns anregte, da sie mehrere Jahre älter war als ich, und die mich mehr schockiert hatten, als sie sich vorstellen konnte.

Meine Schwester antwortete, daß es nur kindliche Spielereien gewesen seien, daß es sich nicht gehöre, auf so etwas zurückzukommen, erst recht nicht, weil sie Jungfrau geblieben sei und sie ›sowas‹ schon lange nicht mehr interessiere.

Ich sagte, daß ich wüßte, daß ›sowas‹ sie nicht interessierte, sie begnüge sich damit, die Hüften und Brüste ihrer Kundinnen zu streicheln, ich hätte sie bei Anproben beobachtet und gesehen, mit welchem Vergnügen sie ihre jungen Kundinnen berührte, die hübscher waren, als sie es je gewesen sei, sie sei immer verderbt gewesen.

Ich sagte ihr, daß sich nie irgendein Mann für sie interessieren konnte wegen ihrer Häßlichkeit und ihres geheuchelten Puritanismus. Daraufhin habe sie sich ihren Kundinnen zugewandt und so getan, als müsse sie Maß nehmen oder den Stoff glätten, sie habe sich bei diesen schönen jungen Frauen, die bei ihr Kleider bestellten, zu Streicheleien hinreißen lassen.

Meine Schwester sagte:

– Das übersteigt alles, Victor, das reicht!

Sie hat die Flasche ergriffen, meine Schnapsflasche, und hat sie an der Schreibmaschine zerschlagen, so daß der Schnaps sich über den Schreibtisch ergoß. Mit dem abgebrochenen Flaschenhals in der Hand ist sie auf mich zugekommen.

Ich bin aufgestanden, habe ihren Arm gepackt und ihr das Handgelenk verdreht, und sie hat die Flasche losgelassen. Wir sind aufs Bett gefallen, ich habe mich auf sie gelegt, meine Hände haben ihren mageren Hals umspannt, und als sie aufhörte, sich zu wehren, ergoß sich mein Samen über sie.

Am nächsten Tag gibt Lucas das Manuskript von Victor an Peter zurück.

Ein paar Monate später fährt Peter abermals in seine Heimatstadt, um dem Prozeß beizuwohnen. Er bleibt mehrere Wochen fort.

Bei seiner Rückkehr kommt er kurz in die Buchhandlung, streichelt Mathias über den Kopf und sagt zu Lucas:

– Kommen Sie heute abend zu mir.

Lucas sagt:

– Es scheint etwas Ernstes zu sein, Peter.

Peter schüttelt den Kopf:

– Stellen Sie mir jetzt keine Fragen. Bis später.

Als Peter hinausgeht, wendet sich das Kind zu Lucas:

– Ist etwas mit Peter passiert?

– Nein, nicht mit Peter, aber mit einem seiner Freunde, fürchte ich.

Das Kind sagt:

– Das ist dasselbe, das ist vielleicht noch schlimmer.

Lucas drückt Mathias an sich:

– Du hast recht. Das ist manchmal schlimmer.

Als er bei Peter ist, fragt Lucas:

– Und?

Peter leert in einem Zug das Glas Schnaps, das er sich eingeschenkt hat:

– Und? Zum Tode verurteilt. Gestern morgen gehängt. Trinken Sie!

– Sie sind betrunken, Peter!

Peter hebt die Flasche hoch, prüft den Stand der Flüssigkeit und witzelt:

– Ja, ich habe schon die halbe Flasche ausgetrunken. Ich trete Victors Nachfolge an.

Lucas steht auf:

– Ich komme ein andermal wieder. Es hat keinen Sinn zu reden, wenn Sie in diesem Zustand sind.

Peter sagt:

– Im Gegenteil. Ich kann nur in diesem Zustand von Victor reden. Setzen wir uns. Nehmen Sie das, es gehört Ihnen. Victor schickt es Ihnen.

Er schiebt Lucas einen kleinen Leinenbeutel zu.

Lucas fragt:

– Was ist das?

– Goldstücke und Schmuck. Und auch Geld. Victor hat keine Zeit gehabt, es auszugeben. Er hat zu mir gesagt: ›Geben Sie das alles Lucas zurück. Er hat für das Haus und die Buchhandlung zuviel bezahlt. Ihnen, Peter, vererbe ich mein Haus, das Haus meiner Schwester und unserer Eltern. Wir haben keine Erben, weder meine Schwester noch ich haben einen Erben. Verkaufen Sie das Haus, es ist verflucht, ein Fluch liegt darauf seit unserer Kindheit. Verkaufen Sie es und kehren Sie in die kleine ferne Stadt zurück, an jenen idealen Ort, den ich nie hätte verlassen sollen.‹

Nach kurzem Schweigen sagt Lucas:

– Sie hatten ein milderes Urteil für Victor vorhergesehen. Sie hatten sogar gehofft, daß er dem Gefängnis entgehen würde und seine Tage in einer Anstalt beenden könnte.

– Ich habe mich getäuscht, das ist alles. Ich konnte nicht vorhersehen, daß die Psychiater Victor als voll verantwortlich für seine Taten erklären würden, und auch nicht, daß Victor sich bei seinem Prozeß wie ein Idiot aufführen würde. Er hat keinerlei Schuldgefühl gezeigt, kein Bedauern, keine Reue. Er hat nur immerfort wiederholt: ›Ich mußte es tun, ich mußte sie umbringen, es war die einzige Lösung, damit ich mein Buch schreiben konnte.‹ Die Richter waren der Meinung, daß man nicht das Recht habe, jemanden zu töten unter dem Vorwand, daß diese Person einen am Schreiben eines Buches hindere. Sie erklärten auch, daß es zu leicht sei, ein paar Gläser zu trinken, ehrenwerte Leute umzubringen und dann ungeschoren davonzukommen. Sie sind zu dem Schluß gekommen, daß Victor ein egoistischer, perverser Typ ist, der gefährlich ist für die Gesellschaft. Außer mir haben alle Zeugen sich gegen ihn ausgesprochen und zugunsten seiner Schwester, die ein vorbildliches, ehrenwertes Leben geführt habe und von allen geschätzt wurde, besonders von ihren Kundinnen.

Lucas fragt:

– Konnten Sie außerhalb des Prozesses mit ihm zusammensein?

– Nach der Verurteilung, ja. Ich durfte in seine Zelle gehen und so lange bei ihm bleiben, wie ich wollte. Ich habe ihm bis zum letzten Tag Gesellschaft geleistet.

– Hatte er Angst?

– Angst? Ich glaube, das ist nicht das richtige Wort. Anfangs glaubte er nicht daran, konnte nicht daran glauben, hoffte er auf Gnade, auf ein Wunder, ich weiß es nicht. An dem Tag, als er sein Testament schrieb und signierte, machte er sich gewiß keine Illusionen mehr. Am letzten Abend hat er zu mir gesagt: Ich weiß, daß ich sterben werde, Peter, aber ich verstehe es nicht. Statt einer Leiche, der meiner Schwester, wird es nun eine zweite geben, meine. Aber wer braucht einen zweiten Leichnam? Gott ganz bestimmt nicht. Er hat kein Interesse an unseren Leibern. Die Gesellschaft? Sie bekäme ein Buch oder mehrere, wenn sie mich am Leben ließe statt eines zweiten Kadavers, der niemandem von Nutzen ist.‹

Lucas fragt:

– Waren Sie bei der Hinrichtung dabei?

– Nein. Er hatte mich darum gebeten, aber ich habe nein gesagt. Sie finden mich wohl feige, was?

– Das wäre nicht das erste Mal. Aber ich kann Sie verstehen.

– Hätten Sie denn dabei sein können?

– Wenn er mich darum gebeten hätte, ja.

7

Die Buchhandlung wird in einen Lesesaal verwandelt. Ein paar Kinder gehen schon regelmäßig hin, um dort zu lesen oder zu zeichnen, andere kommen zufällig herein, wenn ihnen kalt ist oder sie vom langen Spielen im Schnee müde sind. Diese bleiben kaum eine Viertelstunde, gerade lange genug, um sich aufzuwärmen und dabei in ein paar Bilderbüchern zu blättern. Es gibt auch welche, die durchs Schaufenster hereingucken und weglaufen, sobald Lucas herauskommt und sie auffordert hineinzugehen.

Von Zeit zu Zeit kommt Mathias aus der Wohnung herunter, setzt sich mit einem Buch neben Lucas, geht nach ein oder zwei Stunden wieder nach oben und kommt erst wieder zum Vorschein, wenn geschlossen wird. Er mischt sich nicht unter die andern Kinder. Wenn alle gegangen sind, ordnet er die Bücher wieder ein, leert den Papierkorb, stellt die Stühle auf die Tische und wischt den schmutzigen Fußboden. Er stellt auch die Rechnung auf:

– Sie haben uns wieder sieben Buntstifte gestohlen, außerdem drei Bücher, und sie haben zig Blätter verschmiert.

Lucas sagt:

– Das macht nichts, Mathias. Wenn sie fragten, würde ich

ihnen das alles schenken. Sie sind schüchtern, sie nehmen es lieber heimlich mit. Es ist nicht schlimm.

Am Ende eines Nachmittags, als alle schweigend lesen, schiebt Mathias Lucas ein Blatt Papier zu. Darauf steht geschrieben: ›Sieh die Frau da!‹ Hinter der Fensterscheibe, auf der dunklen Straße sieht man den Schatten einer Frau, eine Silhouette ohne Gesicht, die in den erhellten Innenraum der Buchhandlung hereinschaut. Lucas steht auf, und der Schatten verschwindet.

Mathias sagt flüsternd:

– Sie verfolgt mich überall. In den Pausen blickt sie mich über den Zaun des Schulhofs hin an. Auf dem Heimweg läuft sie hinter mir her.

Lucas fragt:

– Spricht sie mit dir?

– Nein. Einmal, vor ein paar Tagen, hat sie mir einen Apfel gereicht, aber ich habe ihn nicht genommen. Ein andermal, als vier Jungs mich in den Schnee gelegt haben und mich ausziehen wollten, hat sie die vier ausgeschimpft und geohrfeigt. Ich bin weggelaufen.

– Sie ist also nicht böse, sie hat dich verteidigt.

– Ja, aber warum? Sie hat gar keinen Grund, mich zu verteidigen. Warum läuft sie hinter mir her? Warum schaut sie mich an? Ich habe Angst vor ihrem Blick. Ich habe Angst vor ihren Augen.

Lucas sagt:

– Achte nicht weiter darauf, Mathias. Viele Frauen haben ihre Kinder im Krieg verloren. Sie können es nicht vergessen. Also schließen sie sich an ein anderes Kind an, das sie an das erinnert, das sie verloren haben.

Mathias spottet:

– Das sollte mich wundern, wenn ich jemand an ein anderes Kind erinnerte.

Am Abend klingelt Lucas bei der Tante von Yasmine. Sie öffnet das Fenster:

– Was wollen Sie?

– Mit Ihnen reden.

– Ich habe keine Zeit. Ich muß zur Arbeit.

– Ich werde warten.

Als sie aus dem Haus kommt, sagt Lucas:

– Ich begleite Sie. Arbeiten Sie oft nachts?

– Alle drei Wochen. Wie die andern auch. Worüber wollen Sie mit mir sprechen? Über meine Arbeit?

– Nein. Über das Kind. Ich möchte Sie nur bitten, es in Ruhe zu lassen.

– Ich habe ihm nichts getan.

– Ich weiß. Aber Sie laufen hinter ihm her, Sie sehen es an. Das verwirrt es. Verstehen Sie?

– Ja. Der arme Kleine. Sie hat ihn zurückgelassen …

Sie gehen schweigend durch die verschneite leere Straße. Die Frau versteckt ihr Gesicht in ihrem Schal, ihre Schultern zucken vor lautlosen Schluchzern.

Lucas fragt:

– Wann wird Ihr Mann wieder frei sein?

– Mein Mann? Er ist tot. Wußten Sie das nicht?

– Nein. Das tut mir leid.

– Offiziell hat er sich das Leben genommen. Aber ich habe von einem, der ihn von da kannte und freikam, erfahren, daß es kein Selbstmord war. Es waren seine Zellengenossen, die ihn umgebracht haben, weil er das mit seiner Tochter gemacht hat.

Sie stehen jetzt vor der großen, von Neonlampen erhellten Textilfabrik. Von allen Seiten kommen fröstelnde, eilige Gestalten heran und verschwinden durch die Metalltür. Selbst hier ist das Maschinengedröhn ohrenbetäubend.

Lucas fragt:

– Wenn Ihr Mann nicht tot wäre, hätten Sie ihn wieder aufgenommen?

– Ich weiß nicht. Er hätte sowieso nicht gewagt, wieder in

diese Stadt zu kommen. Ich denke, daß er in die Hauptstadt gefahren wäre und Yasmine gesucht hätte.

Da heult die Fabriksirene. Lucas sagt:

– Ich gehe jetzt. Sie kommen sonst zu spät.

Die Frau hebt ihr blasses, noch junges Gesicht empor, in dem die großen schwarzen Augen von Yasmine funkeln:

– Jetzt, wo ich allein bin, könnte ich vielleicht, wenn es Ihnen recht ist, wenn Sie einverstanden sind, das Kind zu mir nehmen.

Lucas brüllt lauter als die Fabriksirene:

– Mathias nehmen? Niemals! Er gehört mir, mir ganz allein! Ich verbiete Ihnen, ihm nahezukommen, ihn anzusehen, mit ihm zu reden, hinter ihm herzulaufen!

Die Frau weicht zur Fabriktür zurück:

– Beruhigen Sie sich. Sind Sie verrückt? Es war ja nur ein Vorschlag.

Lucas macht kehrt und rennt zur Buchhandlung. Dort lehnt er sich an die Hauswand und wartet, bis sein Herz sich beruhigt.

Ein junges Mädchen kommt in die Buchhandlung, stellt sich vor Lucas hin und lächelt:

– Kennen Sie mich nicht mehr, Lucas?

– Müßte ich Sie kennen?

– Agnes.

Lucas überlegt:

– Ich verstehe nicht, tut mir leid, mein Fräulein.

– Wir sind doch alte Freunde. Ich bin einmal zu Ihnen gekommen, um Musik zu hören. Allerdings war ich damals erst sechs. Sie wollten mir eine Schaukel bauen.

Lucas sagt:

– Ich erinnere mich. Ihre Tante Leonie hatte Sie geschickt.

– Ja, richtig. Sie ist inzwischen gestorben. Diesmal schickt mich der Fabrikdirektor, damit ich Bilderbücher für die Kinder im Kindergarten kaufe.

– Sie arbeiten in der Fabrik? Sie gehören doch noch in die Schule.

Agnes errötet.

– Ich bin fünfzehn. Ich bin voriges Jahr von der Schule abgegangen. Ich arbeite nicht in der Fabrik, ich bin Kindergärtnerin. Die Kinder rufen mich Fräulein.

Lucas lacht:

– Ich habe Sie auch Fräulein genannt.

Sie streckt Lucas einen Geldschein hin:

– Geben Sie mir Bücher und auch Blätter und Buntstifte zum Zeichnen.

Agnes kommt oft. Sie sucht lange auf den Regalen nach Büchern, sie setzt sich zu den Kindern und liest und zeichnet mit ihnen.

Als Mathias sie zum ersten Mal sieht, sagt er zu Lucas:

– Das ist eine sehr schöne Frau.

– Eine Frau? Sie ist doch noch ein junges Mädchen.

– Sie hat einen Busen, sie ist kein junges Mädchen mehr.

Lucas betrachtet Agnes' Busen, der durch einen roten Pullover besonders zur Geltung kommt:

– Du hast recht, Mathias, sie hat einen Busen. Ich hatte das gar nicht bemerkt.

– Ihre Haare auch nicht? Sie hat sehr schönes Haar. Sieh nur, wie es im Licht glänzt.

Lucas betrachtet Agnes' langes blondes Haar, das im Licht glänzt.

Mathias sagt weiter:

– Sieh nur ihre schwarzen Wimpern.

Lucas sagt:

– Das ist Khol.

– Ihren Mund.

– Das ist Lippenstift. In ihrem Alter sollte sie sich nicht schminken.

– Du hast recht, Lucas. Sie wäre auch ohne Schminke schön.

Lucas lacht:

– Und du, in deinem Alter, du solltest noch gar nicht nach Mädchen gucken.

– Die Mädchen in meiner Klasse sehe ich auch nicht an. Die sind dumm und häßlich.

Agnes steht auf und steigt auf die Trittleiter, um ein Buch herunterzuholen. Ihr Rock ist sehr kurz, man sieht ihre Strumpfhalter und ihre schwarzen Strümpfe, die eine Laufmasche haben. Als sie es merkt, befeuchtet sie ihren Zeigefinger und versucht, mit ihrer Spucke die Masche aufzuhalten. Dazu muß sie sich bücken, und da sieht man auch ihr weißes Höschen mit den rosa Blümchen, ein Kinderhöschen.

Eines Abends bleibt sie, bis der Laden geschlossen wird. Sie sagt zu Lucas:

– Ich helfe Ihnen beim Saubermachen.

Lucas sagt:

– Mathias macht sauber. Er macht das sehr gut.

Mathias sagt zu Agnes:

– Wenn Sie mir helfen würden, wäre ich schneller fertig, und ich könnte Pfannkuchen mit Marmelade für Sie backen, wenn Sie die mögen.

Agnes sagt:

– Jeder mag Pfannkuchen mit Marmelade.

Lucas geht in sein Zimmer. Ein wenig später ruft Mathias ihn:

– Komm zum Essen, Lucas.

Sie essen in der Küche Pfannkuchen mit Marmelade und trinken Tee. Lucas sagt kein Wort, Agnes und Mathias lachen viel.

Nach dem Essen sagt Mathias:

– Man muß Agnes nach Hause begleiten. Es ist dunkel.

Agnes sagt:

– Ich kann allein nach Hause gehen. Ich habe keine Angst in der Nacht.

Lucas sagt:
– Kommen Sie. Ich begleite Sie.
Vor Agnes' Haus angekommen, fragt Agnes:
– Wollen Sie nicht hereinkommen?
– Nein.
– Warum nicht?
– Sie sind noch ein Kind, Agnes.
– Nein, ich bin kein Kind mehr. Ich bin eine Frau. Sie wären nicht der erste, der in mein Zimmer kommt. Meine Eltern sind nicht da. Sie arbeiten. Und auch wenn sie da wären ... Ich habe mein eigenes Zimmer, und da kann ich tun und lassen, was ich will.
Lucas sagt:
– Gute Nacht, Agnes. Ich muß gehen.
Agnes sagt:
– Ich weiß, wohin Sie gehen. In die kleine Straße da hinten, zu den Soldatenflittchen.
– Stimmt. Aber das geht Sie nichts an.
Am nächsten Tag sagt Lucas zu Mathias:
– Bevor du jemanden zu uns zum Essen einlädst, könntest du mich um meine Meinung fragen.
– Gefällt Agnes dir nicht? Schade. Sie ist in dich verliebt. Das sieht man. Deinetwegen kommt sie so oft.
Lucas sagt:
– Du hast viel Phantasie, Mathias.
– Möchtest du sie nicht heiraten?
– Heiraten? Wie kommst du darauf! Nein, bestimmt nicht.
– Warum nicht? Wartest du noch auf Yasmine? Sie kommt nicht mehr.
Lucas sagt:
– Ich heirate niemand.

Es ist Frühling. Die Tür, die zum Garten führt, steht offen. Mathias kümmert sich um seine Pflanzen und seine Tiere. Er hat ein weißes Kaninchen, mehrere Katzen und den schwarzen Hund, den Joseph ihm geschenkt hat. Er wartet auch ungeduldig darauf, daß die Küken ausschlüpfen, die eine Glucke im Hühnerstall ausbrütet.

Lucas betrachtet den Raum, in dem die Kinder über ihre Bücher gebeugt dasitzen und in ihre Lektüre vertieft sind.

Ein kleiner Junge blickt auf, lächelt Lucas an. Er hat blondes Haar und blaue Augen, er ist zum ersten Mal da.

Lucas kann seinen Blick nicht von dem Kind abwenden. Er setzt sich hinter den Ladentisch, schlägt ein Buch auf und sieht weiter das unbekannte Kind an. Plötzlich durchzuckt ein stechender Schmerz seine linke Hand, die auf dem Buch liegt. Ein Zirkel steckt in seinem Handrücken. Halb erstarrt vor Schmerz, wendet er sich langsam zu Mathias:

– Warum hast du das getan?

Mathias pfeift durch die Zähne:

– Ich will nicht, daß du ihn ansiehst!

– Ich sehe niemanden an.

– Doch! Lüg nicht! Ich habe gesehen, wie du ihn ansiehst. Ich will nicht, daß du ihn so ansiehst!

Lucas zieht den Zirkel heraus und drückt sein Taschentuch auf die Wunde:

– Ich gehe nach oben, um die Wunde zu säubern.

Als er wieder herunterkommt, sind die Kinder nicht mehr da, Mathias hat den eisernen Vorhang vor der Tür heruntergelassen:

– Ich habe ihnen gesagt, daß wir heute früher schließen.

Lucas nimmt Mathias in seine Arme, trägt ihn in die Wohnung und legt ihn auf sein Bett:

– Was hast du, Mathias?

– Warum hast du den blonden Jungen so angeschaut?

– Er hat mich an jemanden erinnert.

– An jemanden, den du geliebt hast?

– Ja, an meinen Bruder.

– Du sollst keinen andern lieben als mich, nicht mal deinen Bruder.

Lucas schweigt, das Kind fährt fort:

– Es hilft nichts, intelligent zu sein. Man ist besser hübsch und blond. Wenn du heiraten würdest, könntest du solche Kinder haben wie den blonden Jungen, wie deinen Bruder. Du hättest richtige eigene Kinder, schön und blond, nicht verkrüppelt. Ich bin nicht dein Sohn. Ich bin Yasmines Sohn.

Lucas sagt:

– Du bist mein Sohn. Ich will kein anderes Kind.

Er zeigt seine verbundene Hand:

– Du hast mir weh getan, weißt du das?

Das Kind sagt:

– Du hast mir auch weh getan, du weißt es nur nicht.

Lucas sagt:

– Ich wollte dir nicht weh tun. Du mußt eins wissen, Mathias: der einzige Mensch auf der Welt, der für mich zählt, bist du.

Das Kind sagt:

– Ich glaube dir nicht. Nur Yasmine hat mich wirklich geliebt, und sie ist tot. Das habe ich dir schon mehrmals gesagt.

– Yasmine ist nicht tot. Sie ist nur fortgegangen.

– Sie wäre nicht ohne mich fortgegangen, also ist sie tot.

Das Kind sagt weiter:

– Der Lesesaal muß wieder abgeschafft werden. Wie kamst du nur darauf, einen Lesesaal zu eröffnen?

– Ich habe es für dich getan. Ich dachte, daß du dadurch Freunde finden würdest.

– Ich will keine Freunde. Und ich habe dich nie um einen Lesesaal gebeten. Ich bitte dich vielmehr, ihn zu schließen.

Lucas sagt:

– Ich werde ihn schließen. Ich werde den Kindern morgen abend sagen, daß sie bei dem schönen Wetter draußen lesen und zeichnen können.

Der kleine blonde Junge kommt am nächsten Tag wieder. Lucas sieht ihn nicht an. Er starrt auf die Zeilen und Buchstaben eines Buches. Mathias sagt:

– Du wagst ihn nicht mehr anzusehen? Und doch tätest du es gerne. Seit fünf Minuten hast du in deinem Buch keine Seite mehr umgeschlagen.

Lucas klappt das Buch zu und verbirgt sein Gesicht in seinen Händen.

Agnes kommt in die Buchhandlung, Mathias läuft ihr entgegen, sie begrüßt ihn mit einem Kuß. Mathias fragt:

– Warum sind Sie nicht mehr gekommen?

– Ich hatte keine Zeit. Ich war zu einem Kurs in der Nachbarstadt, um Erzieherin zu werden. Ich kam nur selten nach Hause.

– Aber jetzt bleiben Sie in unserer Stadt?

– Ja.

– Kommen Sie heute abend zu uns zum Pfannkuchenessen?

– Ich käme gerne, aber ich muß mich um meinen kleinen Bruder kümmern. Unsere Eltern arbeiten.

Mathias sagt:

– Bringen Sie Ihren kleinen Bruder doch mit. Es sind genug Pfannkuchen da. Ich geh rauf und mach den Teig.

– Und ich räume für dich den Laden auf.

Mathias geht nach oben in die Wohnung, Lucas sagt zu den Kindern:

– Ihr könnt die Bücher mitnehmen, die auf den Tischen liegen. Das Papier auch, und jeder eine Schachtel Buntstifte. Während der schönen Jahreszeit sollt ihr nicht hier drinnen sein. Lest und zeichnet in euren Gärten oder in den Parks. Wenn euch was fehlt, könnt ihr kommen und mich danach fragen.

Die Kinder gehen aus dem Raum, schließlich ist nur noch der kleine blonde Junge da, der brav an seinem Platz sitzt. Lucas fragt ihn sanft:

– Und du? Gehst du nicht nach Hause?

Das Kind antwortet nicht, Lucas wendet sich zu Agnes:

– Ich wußte nicht, daß es Ihr Bruder ist. Ich wußte nichts von ihm.

– Er ist schüchtern. Er heißt Samuel. Ich habe ihm geraten, hierherzugehen, jetzt wo er lesen kann. Er ist der kleine Nachzügler. Mein Bruder Simon arbeitet schon seit fünf Jahren in der Fabrik. Er ist Lastwagenfahrer.

Das blonde Kind steht auf und faßt seine Schwester bei der Hand:

– Gehen wir Pfannkuchenessen bei dem Herrn?

Agnes sagt:

– Ja, wir wollen nach oben gehen. Wir müssen Mathias helfen.

Sie steigen die Treppe hinauf, die zur Wohnung führt. In der Küche rührt Mathias den Pfannkuchenteig.

Agnes sagt:

– Mathias, das ist mein kleiner Bruder. Er heißt Samuel. Ihr könntet Freunde werden, ihr seid ungefähr gleich alt.

Mathias macht große Augen, er läßt den Holzlöffel sinken und geht aus der Küche. Agnes wendet sich zu Lucas:

– Was ist los?

Lucas sagt:

– Mathias will sicher etwas aus seinem Zimmer holen. Fangen Sie schon mit dem Backen an, Agnes, ich bin gleich wieder da.

Lucas geht zu Mathias ins Zimmer. Das Kind liegt auf seiner Bettdecke und sagt:

– Laß mich in Ruhe. Ich will schlafen.

– Du hast sie eingeladen, Mathias. Es ist eine Frage der Höflichkeit.

– Ich habe Agnes eingeladen. Ich wußte nicht, daß das ihr Bruder ist.

– Ich auch nicht. Ich wußte es auch nicht. Gib dir einen Ruck, Agnes zuliebe, Mathias. Du hast sie doch gern, stimmt's?

– Und du liebst ihren Bruder. Als ich euch beide in die Küche kommen sah, wurde mir klar, was eine richtige Familie ist. Blonde hübsche Eltern mit ihrem blonden hübschen Kind. Ich habe keine Familie. Ich habe weder Mutter noch Vater, ich bin nicht blond, ich bin häßlich und verwachsen.

Lucas drückt ihn an sich:

– Mathias, mein kleiner Junge. Du bist mein ganzes Leben.

Mathias lächelt:

– Gut, gehen wir essen.

In der Küche ist der Tisch gedeckt, und in der Mitte steht ein großer Berg Pfannkuchen.

Agnes redet viel, sie steht oft auf, um Tee einzuschenken. Sie kümmert sich ebenso um ihren kleinen Bruder wie um Mathias.

– Marmelade? Käse? Schokolade?

Lucas beobachtet Mathias. Er ißt wenig, er betrachtet unverwandt das blonde Kind. Das blonde Kind ißt viel, es lächelt Lucas an, wenn ihre Augen sich begegnen, es lächelt seine Schwester an, wenn sie ihm etwas reicht, aber wenn seine blauen Augen den schwarzen von Mathias begegnen, senkt es den Blick.

Agnes macht mit Mathias den Abwasch. Lucas geht in sein Zimmer hinauf. Mathias ruft ihm später zu:

– Agnes und ihr Bruder müssen nach Haus gebracht werden.

Agnes sagt:

– Wir haben wirklich keine Angst, allein nach Hause zu gehen.

Mathias läßt nicht locker:

– Es ist eine Frage der Höflichkeit. Geh mit.

Lucas begleitet sie nach Hause. Er wünscht ihnen gute Nacht und setzt sich dann im Park des Schlaflosen auf eine Bank.

Der Schlaflose sagt:

– Es ist halb vier. Um elf Uhr hat das Kind in seinem Zimmer ein Feuer angemacht. Ich habe mir erlaubt, es zurechtzuweisen, obwohl das nicht meine Art ist. Ich fürchtete einen Brand. Ich habe das Kind gefragt, was es da mache, es hat mir geantwortet, ich sollte mir keine Sorgen machen, es verbrenne nur seine verpatzten Aufgaben in einem Blecheimer am Fenster. Ich habe es gefragt, warum es nicht seine Papiere im Küchenherd verbrenne, und es hat geantwortet, es habe keine Lust, deshalb in die Küche zu gehen. Das Feuer ist bald danach verlöscht, und ich habe das Kind nicht mehr gesehen und auch nichts mehr gehört.

Lucas steigt die Treppe hinauf, geht in sein Zimmer, dann in das des Kindes. Am Fenster steht ein Blecheimer mit verbranntem Papier. Das Bett des Kindes ist leer. Auf dem Kopfkissen ein blaues geschlossenes Heft. Auf dem weißen Schildchen steht geschrieben: DAS HEFT VON MATHIAS. Lucas schlägt das Heft auf. Es sind nur leere Seiten darin und die Spuren von herausgerissenen Blättern. Lucas schiebt den dunkelroten Vorhang beiseite. Neben den Skeletten der Mutter und des Babys hängt der kleine Körper von Mathias, schon blau.

Der Schlaflose hört einen langen brüllenden Schrei. Er geht auf die Straße hinunter und klingelt bei Lucas. Keine Antwort. Der Alte steigt die Treppe hinauf, tritt in Lucas' Zimmer, sieht eine andere Tür und öffnet sie. Lucas liegt auf dem Bett und hält den Körper des Kindes an seine Brust gedrückt.

– Lucas?

Lucas antwortet nicht, seine weit geöffneten Augen starren zur Decke.

Der Schlaflose geht wieder hinunter auf die Straße und klingelt bei Peter. Peter öffnet ein Fenster:

– Was ist los, Michael?

– Lucas braucht Sie. Es ist ein großes Unglück geschehen. Kommen Sie.

– Gehen Sie heim, Michael. Ich werde mich um alles kümmern.

Er steigt zu Lucas hinauf. Er sieht den Blecheimer und die beiden auf dem Bett liegenden Körper. Er schiebt den Vorhang beiseite, entdeckt die Skelette und an demselben Haken ein abgeschnittenes Stück Seil. Er geht wieder zum Bett, schiebt sanft die Leiche des Kindes beiseite und versetzt Lucas zwei Ohrfeigen:

– Wachen Sie auf!

Lucas schließt die Augen, Peter schüttelt ihn:

– Sagen Sie mir, was passiert ist!

Lucas sagt:

– Es ist Yasmine. Sie hat ihn mir wieder weggenommen.

Peter sagt hart:

– Sagen Sie diesen Satz nie wieder vor irgendeinem andern. Haben Sie mich verstanden? Sehen Sie mich an!

Lucas sieht Peter an:

– Ja, ich habe verstanden. Was muß ich jetzt tun, Peter?

– Nichts. Bleiben Sie liegen. Ich bringe Ihnen was zur Beruhigung. Ich kümmere mich auch um die Formalitäten.

Lucas umschlingt Mathias' Leib:

– Danke, Peter. Ich brauche keine Beruhigungsmittel.

– Nein? Dann versuchen Sie wenigstens zu weinen. Wo sind Ihre Schlüssel?

– Ich weiß es nicht. Vielleicht stecken sie noch in der Haustür.

– Ich schließe Sie ein. Sie dürfen in diesem Zustand nicht nach draußen gehen. Ich komme wieder.

Peter findet in der Küche einen Sack, nimmt die beiden Skelette herunter, läßt sie in den Sack gleiten und nimmt sie mit zu sich.

Lucas und Peter folgen Josephs Karren, auf dem der Sarg des Kindes steht.

Auf dem Friedhof sitzt der Totengräber auf einem Haufen Erde und ißt Speck mit Zwiebeln.

Mathias wird in dem Grab von Lucas' Großmutter und Großvater begraben.

Als der Totengräber das Loch wieder zugeschaufelt hat,

pflanzt Lucas selbst das Kreuz darauf, auf dem steht: ›Mathias‹ und zwei Daten. Das Kind hat sieben Jahre und vier Monate gelebt.

Joseph fragt:

– Soll ich Sie mit zurück nehmen, Lucas?

Lucas sagt:

– Fahren Sie, Joseph, und vielen Dank. Vielen Dank für alles.

– Es hat keinen Sinn hierzubleiben.

Peter sagt:

– Kommen Sie, Joseph. Ich fahre mit Ihnen.

Lucas hört, wie der Karren sich entfernt. Er setzt sich ans Grab. Die Vögel singen.

Eine schwarzgekleidete Frau geht schweigend vorbei und legt einen Veilchenstrauß unten ans Kreuz.

Später kommt Peter zurück. Er berührt Lucas an der Schulter:

– Kommen Sie. Es wird bald dunkel.

Lucas sagt:

– Ich kann ihn nicht hier lassen, allein in der Nacht. Er hat Angst vor der Nacht. Er ist noch so klein.

– Nein, jetzt hat er keine Angst mehr. Kommen Sie, Lucas.

Lucas steht auf, starrt auf das Grab:

– Ich hätte ihn mit seiner Mutter weggehen lassen sollen. Ich habe einen tödlichen Fehler begangen, Peter, als ich das Kind um jeden Preis behalten wollte.

Peter sagt:

– Jeder von uns begeht in seinem Leben einen tödlichen Fehler, und wenn er uns bewußt wird, ist das Nichtwiedergutzumachende schon geschehen.

Sie gehen hinunter in die Stadt. Vor der Buchhandlung fragt Peter:

– Wollen Sie mit zu mir kommen oder gehen Sie lieber nach Hause?

– Ich gehe lieber nach Hause.

Lucas geht nach Hause. Er setzt sich an seinen Schreibtisch, betrachtet die geschlossene Tür des Kinderzimmers, öffnet ein Schulheft und schreibt.

›Mit Mathias geht alles gut. Er ist immer der Klassenbeste und hat auch keine Alpträume mehr.‹

Lucas schlägt das Heft zu, geht aus dem Haus, geht zum Friedhof und schläft auf dem Grab des Kindes ein.

Im Morgengrauen weckt ihn der Schlaflose.

– Kommen Sie, Lucas. Es ist an der Zeit, die Buchhandlung zu öffnen.

– Ja, Michael.

8

Claus kommt mit dem Zug an. Der kleine Bahnhof ist unverändert, aber für die Reisenden steht jetzt ein Autobus bereit.

Claus nimmt den Bus nicht, er geht zu Fuß zum Stadtzentrum. Die Kastanien blühen, die Straße ist genauso leer und still wie früher.

Am Hauptplatz bleibt Claus stehen. An der Stelle der bescheidenen, niedrigen Häuser steht jetzt ein großer zweistöckiger Bau. Es ist ein Hotel. Claus geht hinein und fragt die Empfangsdame:

– Wann ist dieses Hotel erbaut worden?

– Vor ungefähr zehn Jahren. Wollen Sie ein Zimmer?

– Ich weiß es noch nicht. Ich komme in ein paar Stunden wieder. Können Sie meinen Koffer unterdessen aufbewahren?

– Sehr gern.

Claus macht sich wieder auf den Weg, durchquert die Stadt, läßt die letzten Häuser hinter sich und schlägt einen ungeteerten

Weg ein, der ihn zu einem Sportplatz führt. Claus geht quer über den Platz und setzt sich am Ufer des Baches ins Gras. Etwas später kommen Kinder und spielen Ball. Claus fragt eines von ihnen:

– Gibt es diesen Sportplatz schon lange? Das Kind zuckt mit den Achseln:

– Den Sportplatz? Der war doch immer da.

Claus kehrt in die Stadt zurück, steigt hinauf zum Schloß, dann zum Friedhof. Er sucht lange, aber er findet das Grab der Großmutter und des Großvaters nicht mehr. Er geht wieder hinunter in die Stadt, setzt sich auf dem Hauptplatz auf eine Bank und sieht den Leuten zu, die ihre Besorgungen machen, von der Arbeit nach Hause gehen oder zum Vergnügen unterwegs sind, zu Fuß oder mit dem Rad. Es gibt nur wenig Autos. Als die Geschäfte schließen, leert sich der Platz, und Claus geht wieder ins Hotel.

– Ich nehme ein Zimmer, Fräulein.

– Für wie viele Tage?

– Das weiß ich noch nicht.

– Darf ich Sie um Ihren Paß bitten?

– Bitte sehr.

– Sie sind Ausländer? Wo haben Sie unsere Sprache so gut gelernt?

– Hier. Ich bin in dieser Stadt aufgewachsen.

Sie schaut ihn an:

– Das ist also schon lange her.

Claus lacht:

– Sehe ich so alt aus?

Die junge Frau errötet:

– Nein, nein, das wollte ich nicht sagen. Ich gebe Ihnen unser schönstes Zimmer, es sind fast alle frei, die Saison hat noch nicht begonnen.

– Kommen viele Touristen?

– Im Sommer ja. Ich empfehle Ihnen auch unser Restaurant.

Claus steigt in sein Zimmer hinauf, in die erste Etage. Die beiden Fenster gehen auf den Platz hinaus.

Claus ißt im leeren Restaurant und geht wieder in sein Zimmer hinauf. Er öffnet den Koffer, hängt seine Sachen in den Schrank, zieht einen Sessel vor eines der Fenster und blickt hinunter auf die leere Straße. Die alten Häuser auf der anderen Seite des Platzes sind stehengeblieben. Man hat sie restauriert, rosa, gelb, blau und grün angestrichen. Im Erdgeschoß eines jeden Hauses befindet sich ein Laden oder ein größeres Geschäft: Lebensmittel, ›Andenken‹, Molkereiprodukte, ›Mode‹. Die Buchhandlung ist noch in demselben blauen Haus wie früher, als Claus noch ein Kind war und Papier und Bleistifte dort kaufte.

Am nächsten Tag geht Claus wieder zum Sportplatz, zum Schloß, zum Friedhof und zum Bahnhof. Wenn er müde ist, geht er in eine Kneipe oder setzt sich in einen Park. Am späten Nachmittag kommt er wieder zum Hauptplatz und geht in die Buchhandlung hinein.

Ein weißhaariger Mann sitzt hinterm Ladentisch und liest im Schein einer Bürolampe. Der Laden liegt im Halbdunkel, es ist kein Kunde da. Der weißhaarige Mann steht auf:

– Entschuldigen Sie, ich habe vergessen, Licht anzumachen.

Der Raum und die Schaufenster werden hell. Der Mann fragt:

– Sie wünschen?

Claus sagt:

– Lassen Sie sich nicht stören. Ich schaue mich nur um.

Der Mann nimmt seine Brille ab:

– Lucas!

Claus lächelt:

– Sie kennen meinen Bruder! Wo ist er?

Der Mann wiederholt:

– Lucas!

– Ich bin Lucas' Bruder. Ich heiße Claus.
– Machen Sie keine Witze, Lucas, ich bitte Sie.
Claus zieht seinen Paß aus der Tasche:
– Sehen Sie selbst.
Der Mann betrachtet prüfend den Paß:
– Das beweist gar nichts.
Claus sagt:
– Tut mir leid, aber ich habe nichts anderes, um meine Identität zu beweisen. Ich bin Claus T. und auf der Suche nach meinem Bruder Lucas. Sie kennen ihn. Er hat Ihnen sicher von mir erzählt, von seinem Bruder Claus.
– Ja, er hat mir oft von Ihnen erzählt, aber ich muß gestehen, daß ich nie an Ihre Existenz geglaubt habe.
Claus lacht:
– Wenn ich mit jemandem über Lucas sprach, hat man mir nicht geglaubt, mir auch nicht. Seltsam, finden Sie nicht?
– Nein, eigentlich nicht. Kommen Sie, setzen wir uns dorthin.
Er deutet auf einen niedrigen Tisch und ein paar Sessel hinten im Laden, vor der offenen Fenstertür zum Garten.
– Wenn Sie nicht Lucas sind, muß ich mich vorstellen. Ich heiße Peter. Peter N. Aber wenn Sie nicht Lucas sind, warum sind Sie ausgerechnet hier hereingekommen?
Claus sagt:
– Ich bin gestern angekommen. Als erstes bin ich zum Haus der Großmutter gegangen, aber es ist nicht mehr da. Es ist ein Sportplatz an der Stelle. Hierhinein bin ich nur, weil es schon in meinen Kindertagen eine Buchhandlung war. Wir haben hier oft Papier und Bleistifte gekauft. Ich erinnere mich noch an den Mann, dem sie damals gehörte. Ein blasser, dicker Mann. Ich hatte gehofft, ihn hier anzutreffen.
– Victor?
– Ich weiß nicht, wie er hieß. Ich habe es nie gewußt.
– Er hieß Victor. Er ist tot.

– Kein Wunder. Er war damals schon nicht mehr ganz jung.

– Stimmt.

Peter sieht, wie der Garten langsam im Dunkel verschwimmt. Claus sagt:

– Ich war so naiv zu glauben, daß ich Lucas noch im Haus der Großmutter antreffen würde, nach so vielen Jahren. Wo ist er?

Peter schaut weiter ins Dunkel hinaus:

– Ich weiß es nicht.

– Gibt es in der Stadt jemanden, der es wissen könnte?

– Nein, ich glaube nicht.

– Haben Sie ihn gut gekannt?

Peter schaut Claus in die Augen:

– So gut, wie man einen Menschen nur kennen kann.

Peter beugt sich über den Tisch und packt Claus bei den Schultern:

– Schluß, Lucas, Schluß mit der Komödie! Es hilft nichts! Schämen Sie sich nicht, mir das anzutun?

Claus macht sich los, steht auf:

– Ich merke wohl, daß Lucas und Sie sich sehr nahe standen.

Peter läßt sich in seinen Sessel fallen:

– Ja, sehr. Entschuldigen Sie, Claus. Ich habe Lucas kennengelernt, als er fünfzehn war. Mit dreißig ist er auf und davon gegangen.

– Auf und davon? Sie wollen sagen, daß er die Stadt verlassen hat?

– Diese Stadt und vielleicht auch dieses Land. Und er kommt heute mit einem anderen Vornamen zurück. Ich habe die Spielerei mit Ihren Vornamen immer dumm gefunden.

– Unser Großvater hatte diesen doppelten Vornamen: Claus-Lucas. Unsere Mutter, die ihren Vater sehr gern hatte, hat uns seine beiden Vornamen gegeben. Es ist nicht Lucas, der vor Ihnen steht, Peter, es ist Claus.

Peter steht auf:

– Gut, Claus. In dem Fall muß ich Ihnen etwas übergeben, was Ihr Bruder mir anvertraut hat. Warten Sie.

Peter geht hinauf in die Wohnung und kommt kurz danach mit fünf großen Schulheften wieder herunter:

– Nehmen Sie die hier. Sie gehören Ihnen. Anfangs waren es viel mehr, aber er nahm sie immer wieder vor, korrigierte sie und strich alles, was nicht unbedingt nötig ist. Ich glaube, wenn er Zeit genug gehabt hätte, hätte er alles gestrichen.

Claus schüttelt den Kopf:

– Nein, nicht alles. Das Wesentliche hätte er stehenlassen. Für mich.

Er nimmt die Hefte, lächelt:

– Dies ist endlich der Beweis dafür, daß es Lucas gibt. Vielen Dank, Peter. Hat sie niemand gelesen?

– Niemand außer mir.

– Ich wohne im Hotel gegenüber. Ich komme wieder.

Claus liest die ganze Nacht, blickt nur hin und wieder auf und schaut auf die Straße hinunter.

Über der Buchhandlung bleiben zwei von den drei Fenstern der Wohnung lange hell, das dritte ist dunkel.

Am Morgen zieht Peter den eisernen Vorhang vor dem Laden hoch. Claus geht zu Bett.

Nach zwölf verläßt Claus das Hotel und ißt etwas in einer der einfachen Kneipen der Stadt, wo man zu jeder Tageszeit etwas Warmes serviert bekommt.

Der Himmel ist bedeckt. Claus geht wieder zum Sportplatz und setzt sich an den Bach. Er bleibt dort sitzen, bis es Abend wird und anfängt zu regnen. Als Claus am Hauptplatz ankommt, ist die Buchhandlung schon geschlossen. Claus klingelt an der Wohnungstür. Peter beugt sich aus dem Fenster:

– Die Tür ist nicht abgeschlossen. Ich habe auf Sie gewartet. Sie brauchen nur heraufzukommen.

Claus trifft Peter in der Küche an. Mehrere Töpfe stehen dampfend auf dem Herd. Peter sagt:

– Das Essen ist noch nicht fertig. Ich habe Schnaps. Wollen Sie welchen?

– Ja. Ich habe die Hefte gelesen. Was ist danach geschehen? Nach dem Tod des Kindes?

– Nichts. Lucas hat weitergearbeitet. Morgens öffnete er den Laden und abends schloß er ihn. Er bediente die Kunden, ohne ein Wort zu sagen. Er sprach fast überhaupt nicht mehr. Manche Leute hielten ihn für stumm. Ich ging oft zu ihm, und wir spielten schweigend miteinander Schach. Er spielte schlecht. Er las nicht mehr, schrieb nicht mehr. Ich glaube, er aß sehr wenig und schlief fast nie mehr. Das Licht in seinem Zimmer blieb die ganze Nacht an, aber er war gar nicht da. Er lief in den dunklen Straßen der Stadt herum und auf den Friedhof. Er sagte, der ideale Ort zum Schlafen sei das Grab eines geliebten Menschen.

Peter verstummt, schenkt zu trinken ein. Claus sagt:

– Und dann? Weiter, Peter.

– Nun ja, fünf Jahre später, als man den Sportplatz anlegte, habe ich erfahren, daß man am Ufer die Leiche einer Frau gefunden hat, ganz in der Nähe des Hauses Ihrer Großmutter. Ich habe es Lucas gesagt. Er hat mir gedankt, und am nächsten Tag war er verschwunden. Kein Mensch hat ihn seitdem wiedergesehen. Auf seinem Schreibtisch hat er einen Brief hinterlassen, mit dem er mir das Haus und die Buchhandlung anvertraute. Das Traurigste an der Geschichte ist, Claus, daß man die Leiche von Yasmine nicht identifizieren konnte. Die Behörden haben die Sache schnell erledigt. Leichen finden sich überall in der Erde dieses unglücklichen Landes seit dem Krieg und der Revolution. Diese Leiche konnte die von irgendeiner Frau sein, die versucht hat, über die Grenze zu gehen und auf eine Mine getreten ist. Man hätte Lucas nicht belastet.

Claus sagt:

– Er könnte jetzt zurückkommen. Es ist verjährt.

– Ja, ich nehme an, daß es nach zwanzig Jahren verjährt ist.

Peter schaut Claus in die Augen:

– Richtig, Claus. Lucas könnte jetzt zurückkommen.

Claus hält Peters Blick stand:

– Ja, Peter. Es ist anzunehmen, daß Lucas zurückkommt.

– Man sagt, daß er sich im Wald versteckt hält und nach Dunkelheit in den Straßen der Stadt herumirrt. Aber das ist nur Gerede.

Peter schüttelt den Kopf:

– Kommen Sie in mein Zimmer, Claus. Ich werde Ihnen Lucas' Brief zeigen.

Claus liest:

›Ich überlasse mein Haus und die Buchhandlung, die dazugehört, Peter N. – vorausgesetzt, daß er *für ihre Instandhaltung* sorgt bis zu meiner Rückkehr oder, andernfalls, bis zur Rückkehr meines Bruders Claus T. Gezeichnet: Lucas T.‹

Peter sagt:

– *Für ihre Instandhaltung* hat er unterstrichen. Ob Sie nun Claus oder Lucas sind, dieses Haus gehört jetzt Ihnen.

– Hören Sie, Peter, ich bin nur für kurze Zeit hergekommen, mein Visum gilt nur dreißig Tage. Ich bin Einwohner eines anderen Landes, und Sie wissen doch, daß kein Ausländer irgendeinen Besitz hier haben darf.

Peter sagt:

– Sie können aber das Geld annehmen, das vom Gewinn der Buchhandlung stammt und das ich seit zwanzig Jahren jeden Monat auf der Bank deponiere.

– Wovon leben Sie denn?

– Ich habe eine Beamtenpension und Victors Haus, das ich vermiete. Ich halte die Buchhandlung nur Ihnen beiden zuliebe. Ich führe ganz genau Buch, Sie können sich davon überzeugen.

Claus sagt:

– Vielen Dank, Peter. Ich brauche kein Geld, und ich habe nicht die geringste Lust, mir Ihre Buchhaltung anzusehen. Ich bin nur wiedergekommen, um meinen Bruder zu treffen.

– Warum haben Sie ihm nie geschrieben?

– Wir hatten beschlossen, uns zu trennen. Diese Trennung mußte radikal sein. Eine Grenze war nicht genug, es gehörte auch eine Schweigepause dazu.

– Und doch sind Sie zurückgekommen. Warum?

– Die Prüfung hat lange genug gedauert. Ich bin abgekämpft und krank, und ich will Lucas wiedersehen.

– Sie wissen, daß Sie ihn nicht wiedersehen werden.

Eine Frauenstimme ruft aus dem Nebenzimmer:

– Ist da jemand, Peter? Wer ist da?

Claus schaut Peter an:

– Haben Sie eine Frau? Sind Sie verheiratet?

– Nein, es ist Clara.

– Clara? Ist sie denn nicht tot?

– Man hielt sie für tot, ja. Aber sie war nur im Lager. Kurz nachdem Lucas verschwunden war, ist sie zurückgekommen. Sie hatte keine Arbeit und kein Geld. Sie suchte Lucas. Ich habe sie bei mir aufgenommen, das heißt hier. Sie bewohnt das kleine Zimmer, das Zimmer des Kindes. Ich sorge für sie. Wollen Sie sie sehen?

– Ja, ich möchte sie gern sehen.

Peter öffnet die Tür zum Zimmer.

– Clara, wir haben einen Freund zu Besuch.

Claus tritt ins Zimmer. Clara sitzt in einem Schaukelstuhl am Fenster, eine Decke über den Knien, einen Schal um die Schultern. Sie hält ein Buch, aber sie liest nicht. Ihr Blick verliert sich in der Fensteröffnung. Sie schaukelt.

Claus sagt:

– Guten Abend, Clara.

Clara sieht ihn nicht an, sie rezitiert in gleichbleibendem Ton:

– Es regnet wie immer. Ein feiner kalter Regen, der auf die Häuser, Bäume und Gräber fällt. Als *sie* zu mir kommen, läuft der Regen über ihre aufgelösten Gesichter. *Sie* schauen mich an, und die Kälte wird durchdringender. Meine Wände schützen mich nicht mehr. Sie haben mich nie geschützt. Ihre Festigkeit ist nur Einbildung, ihre Weiße besudelt.

Plötzlich ändert sich ihre Stimme:

– Ich habe Hunger, Peter! Wann essen wir? Bei Ihnen wird nie pünktlich gegessen.

Peter geht zurück in die Küche, Claus sagt:

– Ich bin's, Clara.

– Du?

Sie sieht Claus an, streckt ihm die Arme entgegen. Er kniet zu ihren Füßen nieder, umschlingt ihre Beine, legt den Kopf in ihren Schoß. Clara streichelt ihm das Haar. Claus nimmt Claras Hand, drückt sie an seine Wange, an seine Lippen. Eine ausgetrocknete, magere Hand voller Altersflecken.

Sie sagt:

– Du hast mich lange allein gelassen, zu lange, Thomas.

Tränen rinnen über ihr Gesicht. Claus wischt sie mit seinem Taschentuch ab:

– Ich bin nicht Thomas. Erinnern Sie sich gar nicht mehr an Lucas?

Clara schließt die Augen, schüttelt den Kopf:

– Du hast dich nicht verändert, Thomas. Du bist etwas älter geworden, aber du bist immer noch derselbe. Küß mich.

Sie lächelt, und enthüllt ihren zahnlosen Mund.

Claus weicht zurück, steht auf. Er geht zum Fenster, blickt auf die Straße. Der Hauptplatz ist im Regen düster und leer. Nur das Grand Hotel mit seinem erleuchteten Eingang hebt sich von der Finsternis ab.

Clara fängt wieder an zu schaukeln:

– Gehen Sie. Wer sind Sie? Was machen Sie hier in meinem Zimmer? Warum kommt Peter nicht? Ich muß doch essen und zu Bett. Es ist spät.

Claus verläßt Claras Zimmer und geht zu Peter in die Küche:

– Clara hat Hunger.

Peter bringt Clara ihr Tablett. Als er zurückkommt, sagt er:

– Sie interessiert sich sehr fürs Essen. Ich bringe ihr dreimal am Tag ein Tablett hinauf. Zum Glück schläft sie infolge ihrer Medikamente sehr viel.

– Sie ist eine schwere Belastung für Sie.

Peter serviert ein Ragout und Nudeln:

– Nein, nicht so sehr. Sie stört mich nicht. Sie behandelt mich, als wäre ich ihr Diener, aber das ist mir egal. Essen Sie, Claus.

– Ich habe keinen Hunger. Geht sie nie aus?

– Clara? Nein. Sie hat keine Lust dazu und würde sich sowieso verlaufen. Sie liest viel und betrachtet gerne den Himmel.

– Und der Schlaflose? Er wohnte doch gegenüber, da, wo jetzt das Hotel steht.

Peter steht auf:

– Ja, richtig. Ich habe auch keinen Hunger. Kommen Sie, gehen wir raus.

Sie gehen die Straße entlang. Peter deutet auf ein Haus:

– Damals wohnte ich dort drüben. In der ersten Etage. Wenn Sie nicht zu müde sind, kann ich Ihnen auch das Haus zeigen, in dem Clara wohnte.

– Ich bin nicht müde.

Peter bleibt vor einem kleinen einstöckigen Haus in der Bahnhofstraße stehen:

– Es war hier. Dieses Haus wird bald abgerissen werden wie fast alle Häuser in dieser Straße. Sie sind zu alt und ungesund.

Claus fröstelt:

– Gehen wir zurück. Mir ist eiskalt.

Vor dem Eingang des Hotels trennen sie sich. Claus sagt:

– Ich bin mehrmals auf dem Friedhof gewesen, aber ich habe das Grab der Großmutter nicht wiedergefunden.

– Ich zeige es Ihnen morgen. Kommen Sie um achtzehn Uhr in die Buchhandlung. Dann ist es noch hell.

In einem verlassenen Teil des Friedhofs steckt Peter seinen Regenschirm in die Erde:

– Das Grab ist hier.

– Wie können Sie das so genau wissen? Hier ist nur Unkraut, kein Kreuz. Nichts. Sie können sich irren.

– Mich irren? Wenn Sie wüßten, wie oft ich hier war, um Ihren Bruder Lucas zu holen. Und auch danach, später, als er nicht mehr da war. Dieser Ort ist für mich das Ziel meines beinahe täglichen Spaziergangs.

Sie gehen wieder zurück in die Stadt. Peter versorgt Clara, und danach trinken sie Schnaps in dem Zimmer, das Lucas' Zimmer war. Der Regen tropft auf die Fensterbank, dringt ins Zimmer. Peter holt einen Scheuerlappen, um das Wasser aufzuwischen.

– Erzählen Sie mir von sich, Claus.

– Ich habe nichts zu sagen.

– Ist das Leben drüben leichter?

Claus zuckt mit den Achseln:

– Die Gesellschaft drüben basiert auf Geld. Für die Fragen des Lebens ist dort kein Platz. Ich habe dreißig Jahre in einer tödlichen Einsamkeit gelebt.

– Haben Sie nie eine Frau, ein Kind gehabt?

Claus lacht:

– Frauen, ja. Viele Frauen. Kinder, nein.

Nach kurzem Schweigen fragt er:

– Was haben Sie mit den Skeletten gemacht, Peter?

– Ich habe sie an ihren Platz zurückgebracht. Wollen Sie sie sehen?

– Wir dürfen Clara nicht stören.

– Wir gehen nicht durch ihr Zimmer. Es gibt eine zweite Tür. Wissen Sie das nicht mehr?

– Wie sollte ich das wissen?

– Sie hätten es bemerken können, beim Vorübergehen. Es ist die erste Tür links, vom Treppenabsatz aus.

– Nein, ich habe nichts bemerkt.

– Allerdings unterscheidet sich die Tür kaum von der Wandbespannung.

Sie gelangen in ein kleines Gemach, das ein schwerer Vorhang von Claras Zimmer trennt. Peter knipst eine Taschenlampe an und beleuchtet die Skelette.

Claus sagt ganz leise:

– Es sind drei.

Peter sagt:

– Sie können mit ganz normaler Lautstärke reden. Clara wacht nicht auf. Sie nimmt starke Beruhigungsmittel. Ich habe vergessen, Ihnen zu sagen, daß Lucas Mathias' Leiche zwei Jahre nach seiner Beerdigung wieder ausgegraben hat. Er hatte mir gesagt, daß es so einfacher für ihn sei, er war es leid, seine Nächte auf dem Friedhof zu verbringen, um dem Kind Gesellschaft zu leisten.

Peter beleuchtet einen Strohsack unter den Skeletten:

– Dort schlief er.

Claus berührt den Strohsack und die graue Militärdecke, die darüber liegt:

– Sie ist warm.

– Was denken Sie sich nur, Claus?

– Ich möchte hier schlafen, nur eine Nacht.

– Es ist Ihr Haus.

Protokoll, ausgestellt von den Behörden der Stadt K. für die Botschaft von D.

Betrifft: Antrag auf Repatriierung Ihres Staatsangehörigen Claus T., derzeit inhaftiert im Gefängnis der Stadt K.

Claus T., fünfzig Jahre alt, im Besitz eines gültigen Passes, versehen mit einem 30-Tage-Visum für Touristen, ist am 2. April dieses Jahres in unserer Stadt angekommen. Er hat in dem einzigen Hotel unserer Stadt, dem Grand Hotel am Hauptplatz, ein Zimmer gemietet.

Claus T. hat drei Monate im Hotel gewohnt und sich wie ein Tourist verhalten, hat die Stadt durchwandert, historische Stätten besucht, seine Mahlzeiten im Hotel oder in einem der volkstümlichen Restaurants der Stadt eingenommen.

Claus T. ging oft in die Buchhandlung gegenüber vom Hotel, um dort Papier und Bleistifte zu kaufen. Da er der Landessprache mächtig war, unterhielt er sich gern mit der Buchhändlerin, Frau B., sowie mit anderen Personen in der Öffentlichkeit.

Nach drei Wochen hat Claus T. Frau B. gefragt, ob sie ihm zwei Zimmer über der Buchhandlung monatweise vermieten könnte. Da er ihr einen hohen Preis dafür anbot, hat Frau B. ihm ihre Zweizimmerwohnung abgetreten und ist zu ihrer Tochter gezogen, die nicht weit von dort wohnt.

Claus T. hat dreimal die Verlängerung seines Visums beantragt, was ihm auch ohne Schwierigkeiten genehmigt wurde. Hingegen wurde sein vierter Antrag auf Verlängerung im Monat August abgelehnt. Claus T. hat diese Ablehnung nicht weiter beachtet, und durch eine Nachlässigkeit unserer Angestellten wurde die Sache bis zum Monat Oktober nicht weiter verfolgt. Am 30. Oktober haben unsere Polizisten bei einer routinemäßigen

Kontrolle festgestellt, daß die Papiere von Claus T. nicht mehr den Vorschriften entsprachen.

Zu diesem Zeitpunkt hatte Claus T. kein Geld mehr. Er schuldete Frau B. zwei Monate Miete, er aß fast nichts mehr, er zog von Kneipe zu Kneipe und spielte Mundharmonika. Die Betrunkenen spendierten ihm was zu trinken, Frau B. brachte ihm jeden Tag etwas Suppe.

Bei seinem Verhör behauptete Claus T., in unserm Land geboren zu sein, seine Kindheit bei seiner Großmutter in unserer Stadt verbracht zu haben, und hat erklärt, daß er hierbleiben wolle bis zur Rückkehr seines Bruders Lucas T. Der besagte Lucas steht in keinem Register der Stadt K. Claus T. ebenfalls nicht.

Wir bitten Sie, die beiliegende Rechnung zu begleichen (Strafsumme, Untersuchungskosten, Miete für Frau B.) und Claus T. unter Ihrer Verantwortung zu repatriieren.

Gezeichnet, für die Behörden der Stadt K.: I. S.

Postskriptum: Wir haben selbstverständlich, aus Sicherheitsgründen, das Manuskript, das Claus T. in Besitz hatte, geprüft. Er behauptet, mit diesem Manuskript die Existenz seines Bruders Lucas beweisen zu können, der den größeren Teil davon geschrieben hätte, er selbst, Claus, habe nur die letzten Seiten, das Kapitel acht, hinzugefügt. Nun ist aber die Handschrift von Anfang bis Ende dieselbe, und die Seiten weisen keinerlei Anzeichen von Alterung auf. Der gesamte Text ist in einem Zug geschrieben worden, von derselben Person, in einem Zeitraum, der nicht mehr als sechs Monate zurückliegen kann, d. h. von Claus T. persönlich während seines Aufenthalts in unserer Stadt.

Was den Inhalt des Textes angeht, so kann es sich nur um freie Erfindung handeln, denn weder die beschriebenen Ereignisse noch die Personen, die darin vorkommen, haben in der Stadt K. gelebt, mit Ausnahme jedoch einer Person, der angeblichen Großmutter von Claus T., deren Spur wir wiedergefunden haben.

Diese Frau besaß tatsächlich ein Haus an der Stelle des heutigen Sportplatzes. Da sie vor fünfunddreißig Jahren ohne Erben starb, wird sie in unseren Registern unter dem Namen Maria Z., verheiratete V. geführt.

Es ist möglich, daß man ihr während des Krieges die Aufsicht über ein oder mehrere Kinder anvertraut hatte.

Die dritte Lüge

Erster Teil

Ich bin in der kleinen Stadt meiner Kindheit – im Gefängnis.

Es ist kein richtiges Gefängnis, es ist eine Zelle im Gebäude der Ortspolizei, einem Haus, das wie alle anderen Häuser der Stadt einstöckig ist.

Meine Zelle muß früher eine Waschküche gewesen sein, Tür und Fenster gehen auf den Hof hinaus. Innen vor dem Fenster hat man später Gitterstäbe angebracht, damit man nicht an die Scheibe herankommt und sie zerschlagen kann. Eine Waschgelegenheit mit Klosett ist durch einen Vorhang abgetrennt. An einer der Wände stehen, am Boden festgeschraubt, ein Tisch und vier Stühle, an der gegenüberliegenden Wand sind vier Betten befestigt, die man herunterklappen kann. Drei davon sind heruntergeklappt.

Ich bin allein in der Zelle. Es gibt nur wenige Verbrecher in dieser Stadt, und wenn es mal einen gibt, bringt man ihn gleich in die Kreisstadt, zwanzig Kilometer weiter.

Ich bin kein Verbrecher. Ich bin nur hier, weil meine Papiere nicht in Ordnung sind, mein Visum ist abgelaufen. Und ich habe auch Schulden gemacht.

Morgens bringt mir der Wärter das Frühstück, Milch, Kaffee, Brot. Ich trinke ein paar Schluck Kaffee, dann gehe ich zum Duschen. Mein Wärter verzehrt den Rest meines Frühstücks und säubert die Zelle. Die Tür bleibt offen, ich kann in den Hof gehen, wenn ich Lust dazu habe. Es ist ein Hof mit hohen Mauern ringsum, die mit Efeu und wildem Wein bewachsen sind. Hinter einer der Mauern, links von meiner Zelle, wenn man herauskommt, liegt ein Schulhof. Ich höre die Kinder in den Pausen lachen, spielen und schreien. Die Schule war schon da, als ich noch ein Kind war, ich erinnere mich daran, obwohl ich nie in diese Schule gegangen bin, aber das Gefängnis war damals woanders, daran erinnere ich mich auch, denn da war ich einmal drin.

Jeden Morgen und jeden Abend gehe ich eine Stunde im Hof herum. Das habe ich mir in meinen Kindertagen angewöhnt, als ich mit fünf Jahren wieder gehen lernen mußte.

Mein Wärter ärgert sich darüber, denn dann sage ich kein Wort und höre auch keine Fragen.

Mit den Augen starr auf die Erde blickend und den Händen hinterm Rücken, so mache ich meine Runden, dicht an den Mauern entlang. Der Boden ist gepflastert, aber zwischen den Steinen sprießt Gras.

Der Hof ist beinahe quadratisch. Fünfzehn Schritt lang, dreizehn breit. Angenommen, ich mache Schritte von einem Meter Länge, dann hätte der Hof eine Fläche von einhundertfünfundneunzig Quadratmetern. Aber meine Schritte sind bestimmt kürzer.

In der Mitte des Hofs steht ein runder Tisch mit zwei Gartenstühlen und an der hinteren Mauer eine Holzbank.

Wenn ich mich auf diese Bank setze, sehe ich den größten Teil des Himmels meiner Kindheit.

Schon am ersten Tag hat mich die Frau aus der Buchhandlung besucht und mir meine Sachen und auch eine Gemüsesuppe gebracht. Sie kommt weiterhin jeden Tag um die Mittagszeit mit ihrer Suppe. Ich sage ihr, daß ich hier genug zu essen kriege, der Wärter bringt mir zweimal täglich eine komplette Mahlzeit aus dem Restaurant gegenüber, aber sie kommt immer wieder mit ihrer Suppe. Ich esse höflichkeitshalber ein wenig davon, dann gebe ich den Topf an meinen Wärter weiter, und der ißt den Rest.

Ich entschuldige mich bei der Frau für die Unordnung, die ich in ihrer Wohnung hinterlassen habe.

Sie sagt zu mir:

– Was macht das schon? Meine Tochter und ich haben bereits alles aufgeräumt. Es waren vor allem viele Papiere. Die zerknüllten

Blätter habe ich verbrannt und auch alle, die im Papierkorb waren. Die anderen habe ich auf dem Tisch liegen lassen, aber die Polizei war da und hat sie mitgenommen.

Ich schweige einen Moment, dann sage ich:

– Ich schulde Ihnen noch zwei Monatsmieten.

Sie lacht:

– Ich habe viel zuviel für die kleine Wohnung verlangt. Aber wenn Sie unbedingt wollen, können Sie das ja später bezahlen, wenn Sie wiederkommen. Nächstes Jahr vielleicht.

Ich sage:

– Ich glaube nicht, daß ich wiederkomme. Die Botschaft meines Landes wird es bezahlen.

Sie fragt mich, ob ich etwas brauche, ich sage:

– Ja, Papier und Bleistifte. Aber ich habe überhaupt kein Geld mehr.

Sie sagt:

– Ich hätte von selbst daran denken sollen.

Am nächsten Tag kommt sie mit ihrer Suppe, einem Paket kariertem Papier und Bleistiften.

Ich sage zu ihr:

– Danke. Die Botschaft wird es Ihnen zurückzahlen.

Sie sagt:

– Sie reden immer nur vom Bezahlen. Ich möchte, daß Sie von was anderem reden. Zum Beispiel, was schreiben Sie?

– Was ich schreibe ist ohne Belang.

Sie läßt nicht locker:

– Mich würde interessieren, ob Sie wahre Geschichten schreiben oder erfundene.

Ich antworte ihr, daß ich versuche, wahre Geschichten zu schreiben, aber ab einem bestimmten Moment wird die Geschichte unerträglich, eben weil sie wahr ist, und dann muß ich sie ändern. Ich sage ihr, daß ich versuche, meine eigene Geschichte zu erzählen, aber daß ich es nicht kann, ich habe nicht den Mut dazu, sie tut mir zu weh. Also mache ich alles schöner und beschreibe die Dinge nicht, wie sie sich zugetragen haben, sondern so, wie ich sie mir gewünscht hätte.

Sie sagt:

– Ja, es gibt Leben, die sind trauriger als das traurigste Buch.

Ich sage:

– Das stimmt. Kein Buch, auch wenn es noch so traurig ist, kann so traurig sein wie ein Leben.

Nach kurzem Schweigen fragt sie:

– Ihr Hinken, war das ein Unfall?

– Nein, eine Krankheit, als ich noch klein war.

Sie fügt hinzu:

– Man merkt es kaum.

Ich lache.

Ich habe wieder etwas zum Schreiben, aber ich habe nichts zu trinken und auch keine Zigaretten, außer den zwei oder drei, die mir mein Wärter nach den Mahlzeiten spendiert. Ich bitte um eine Unterredung mit dem Polizeioffizier, der mich unverzüglich empfängt. Sein Büro ist im oberen Stock. Ich gehe hinauf. Ich setze mich auf einen Stuhl ihm gegenüber. Er hat rotes Haar, ein Gesicht voller Sommersprossen. Auf dem Tisch vor ihm ist eine Schachpartie im Gange. Der Offizier blickt auf das Spiel, rückt einen Bauern vor, notiert den Zug in einem Heftchen, blickt mit seinen hellblauen Augen zu mir auf:

– Was wünschen Sie? Die Untersuchung ist noch nicht abgeschlossen. Es wird noch ein paar Wochen dauern, vielleicht sogar einen Monat.

Ich sage:

– Ich habe es nicht eilig. Ich fühle mich sehr wohl hier. Mir fehlen nur ein paar Kleinigkeiten.

– Zum Beispiel?

– Wenn Sie zu meinen Haftkosten noch einen Liter Wein und

zwei Päckchen Zigaretten pro Tag auf die Rechnung setzen könnten, so hätte die Botschaft bestimmt nichts dagegen.

Er sagt:

– Das nicht. Aber es wäre schlecht für Ihre Gesundheit.

Ich sage:

– Wissen Sie, was einem Alkoholiker passieren kann, dem man plötzlich allen Alkohol entzieht?

Er sagt:

– Nein. Und es ist mir auch scheißegal.

Ich sage:

– Ich kann Delirium tremens kriegen. Ich kann jeden Moment sterben.

– Was Sie nicht sagen!

Er blickt wieder aufs Spiel. Ich sage zu ihm:

– Der schwarze Springer.

Er starrt weiter aufs Spiel:

– Warum? Ich verstehe nicht.

Ich rücke den Springer vor. Er notiert es in seinem Heft. Er überlegt lange. Er nimmt den Turm.

– Nein!

Er stellt den Turm wieder hin, sieht mich an:

– Sind Sie ein guter Spieler?

– Ich weiß nicht. Ich habe lange nicht gespielt. Auf jeden Fall spiele ich besser als Sie.

Er wird puterrot.

– Ich habe erst vor drei Monaten angefangen. Und ohne jemanden, der es mir beibringt. Könnten Sie mir ein paar Stunden geben?

Ich sage:

– Gerne. Aber Sie dürfen sich nicht ärgern, wenn ich gewinne.

Er sagt:

– Gewinnen ist mir nicht wichtig. Ich will lernen.

Ich stehe auf:

– Kommen Sie mit Ihrem Spiel, wann immer Sie wollen. Am liebsten morgens. Dann hat man noch einen klaren Kopf, das ist besser als am Nachmittag oder Abend.

Er sagt:

– Danke.

Er schaut wieder aufs Spiel, ich warte, ich huste.

– Und wie ist es mit dem Wein und den Zigaretten?

Er sagt:

– Kein Problem. Ich werde Anweisung geben. Sie kriegen Ihre Zigaretten und Ihren Wein.

Ich verlasse den Raum des Offiziers. Ich gehe die Treppe hinunter, ich bleibe im Hof. Ich setze mich auf die Bank. Es ist ein sehr milder Herbst in diesem Jahr. Die Sonne geht unter, der Himmel färbt sich orange, gelb, violett, rot und nimmt noch andere Farben an, für die es keine Worte gibt. Ich spiele fast jeden Tag etwa zwei Stunden mit dem Offizier Schach. Es sind lange Partien, der Offizier überlegt viel, schreibt alles auf, verliert immer.

Ich spiele auch Karten mit meinem Wärter, nachmittags, wenn die Frau aus der Buchhandlung ihr Strickzeug einpackt und rübergeht, um ihren Laden zu öffnen. Die Kartenspiele in diesem Land unterscheiden sich von allen anderen in der Welt. Obwohl sie einfach sind und viel Glück mitspielt, verliere ich jedesmal. Wir spielen um Geld, aber da ich keins habe, schreibt mein Wärter meine Schulden auf einer Schiefertafel an. Nach jeder Partie lacht er laut und wiederholt immer:

– Glück im Spiel! Glück im Spiel!

Er ist jung verheiratet, seine Frau kriegt in ein paar Monaten ein Kind. Er sagt oft:

– Wenn es ein Junge wird, und wenn Sie noch da sind, wisch ich alles aus.

Er spricht oft von seiner Frau, er sagt, wie schön sie ist, vor allem jetzt, da sie zugenommen hat und ihre Brüste und Hinterbacken fast doppelt so dick geworden sind. Er erzählt mir auch bis ins kleinste, wie sie sich kennengelernt haben, wie sie miteinander ›gingen‹, von ihren Spaziergängen als Liebespaar im Wald, von der Abwehr seiner Braut, seinem Sieg über sie und der raschen Hochzeit, mit der sie nicht mehr warten konnten, weil das Kind unterwegs war.

Aber noch genauer und genüßlicher erzählt er vom Abendessen am Tag zuvor. Wie seine Frau es zubereitet hat, mit was für Zutaten, in welcher Weise und in welcher Zeit, denn ›je länger es schmort, desto besser schmeckt es‹.

Der Offizier redet nicht, erzählt nichts. Das einzige, was er mir anvertraut hat, ist, daß er unsere Schachpartien nach seinen Notizen allein noch einmal nachspielt, einmal nachmittags in seinem Büro, ein zweites Mal am Abend bei sich zu Hause. Ich habe ihn gefragt, ob er verheiratet ist. Er hat mit den Schultern gezuckt und geantwortet:

– Verheiratet? Ich?

Die Frau aus der Buchhandlung erzählt auch nichts. Sie sagt, daß sie nichts zu erzählen hat, sie hat zwei Kinder großgezogen und ist seit sechs Jahren Witwe, das ist alles. Wenn sie mich nach meinem Leben in dem anderen Land fragt, antworte ich ihr, daß ich noch weniger davon zu erzählen habe als sie, weil ich kein einziges Kind aufgezogen und nie eine Frau gehabt habe.

Eines Tages sagt sie zu mir:

– Wir sind ungefähr gleich alt.

Ich widerspreche:

– Das glaube ich kaum. Sie sehen viel jünger aus als ich.

Sie errötet:

– Ach was. Ich bin nicht auf Komplimente aus. Ich wollte nur sagen, wenn Sie Ihre Kindheit in dieser Stadt verbracht haben, dann müssen wir in dieselbe Schule gegangen sein.

Ich sage:

– Ja, nur war ich nie in der Schule.

– Das ist nicht möglich. Schule war damals schon Pflicht.

– Nicht für mich. Ich war schwachsinnig zu der Zeit.

Sie sagt:

– Man kann kein ernstes Wort mit Ihnen reden. Sie machen immer nur Witze.

*

Ich habe eine schwere Krankheit. Heute ist es genau ein Jahr her, daß ich es weiß.

Begonnen hat es in dem anderen Land, in meiner Wahlheimat, eines Morgens Anfang November. Um fünf Uhr.

Draußen ist es noch dunkel. Ich kriege kaum Luft. Ein heftiger Schmerz blockiert mein Atmen. Er geht von der Brust aus und greift über auf die Rippen, den Rücken, die Schultern, die Arme, die Kehle, den Nacken, den Kiefer. Als ob eine riesige Pranke meinen ganzen Oberkörper zermalmen wollte.

Den Arm ausstrecken, langsam, die Nachttischlampe anknipsen.

Sich vorsichtig im Bett aufrichten. Warten. Aufstehen. Bis zum Schreibtisch gehen, bis zum Telefon. Sich wieder auf einen Stuhl setzen. Den Krankenwagen rufen. Nein! Keinen Krankenwagen. Warten.

In die Küche gehen, Kaffee machen. Nichts übereilen. Nicht tief einatmen. Langsam atmen, vorsichtig, ruhig.

Nach dem Kaffee duschen, rasieren, Zähne putzen. Wieder ins Schlafzimmer gehen, sich anziehen. Warten bis acht Uhr und nicht den Krankenwagen anrufen, sondern ein Taxi und den Hausarzt.

Er empfängt mich unverzüglich. Er hört mich an, röntgt meine Lungen, untersucht mein Herz, mißt meinen Blutdruck.

– Sie können sich wieder anziehen.

Wir sitzen uns jetzt in seinem Büro gegenüber.

– Rauchen Sie immer noch? Wie viele? Trinken Sie immer noch? Wieviel?

Ich antworte, ohne zu lügen. Ich habe ihn nie belogen, glaube ich. Ich weiß, daß es ihm schnurzegal ist, ob ich gesund oder krank bin.

Er schreibt etwas in meine Akte, er sieht mich an:

– Sie tun alles, um sich kaputtzumachen. Das ist Ihre Sache. Das geht nur Sie etwas an. Vor zehn Jahren habe ich Ihnen schon ausdrücklich verboten, zu rauchen und zu trinken. Sie tun es nach wie vor. Aber wenn Sie noch ein paar Jahre leben wollen, müssen Sie sofort aufhören.

Ich frage ihn:

– Was habe ich?

– Angina pectoris wahrscheinlich. Das war vorherzusehen. Aber ich bin kein Herzspezialist.

Er reicht mir ein Blatt:

– Ich schreibe Ihnen eine Empfehlung für einen bekannten Kardiologen. Gehen Sie damit in sein Krankenhaus, und lassen Sie sich gründlich untersuchen. Je eher, desto besser. Bis dahin nehmen Sie diese Medikamente, falls Sie Schmerzen bekommen.

Er gibt mir ein Rezept. Ich frage ihn:

– Wird man mich operieren?

Er sagt:

– Wenn noch Zeit dazu ist.

– Andernfalls?

– Sie können jeden Moment einen Infarkt bekommen.

Ich gehe in die nächste Apotheke, ich bekomme zwei Schachteln mit Medikamenten. In einer sind die üblichen Beruhigungsmittel; auf der anderen lese ich: ›Trinitrin, angezeigt bei Angina pectoris, Zusammensetzung: Nitroglycerin.‹

Ich gehe nach Hause, ich nehme aus jeder Schachtel eine

Tablette, ich lege mich aufs Bett. Die Schmerzen verschwinden rasch, ich schlafe ein.

Ich gehe durch die Straßen der Stadt meiner Kindheit. Es ist eine tote Stadt, die Fenster und Türen der Häuser sind geschlossen, alles ist still.

Ich komme an eine breite alte Straße mit Holzhäusern und verfallenen Scheunen auf beiden Seiten. Der Erdboden ist staubig, und ich finde es angenehm, mit nackten Füßen durch den Staub zu laufen.

Es herrscht jedoch eine merkwürdige Spannung.

Ich drehe mich um und sehe einen Puma am anderen Ende der Straße. Ein prachtvolles Tier, goldbeige, dessen seidiges Fell in der glühenden Sonne glänzt.

Plötzlich steht alles in Flammen. Die Häuser, die Scheunen brennen lichterloh, und ich muß weiter durch die brennende Straße gehen, denn auch der Puma setzt sich jetzt in Bewegung und folgt mir mit majestätischer Langsamkeit in gewissem Abstand.

Wohin flüchten? Es gibt keinen Ausweg. Verbrennen oder gefressen werden.

Vielleicht am Ende der Straße?

Diese Straße muß doch irgendwo enden, alle Straßen enden irgendwo, münden auf einen Platz, in eine andere Straße, in Felder, ins freie Land, nur nicht, wenn es Sackgassen sind, und eine Sackgasse muß es wohl sein, jawohl.

Ich spüre das Keuchen des Pumas hinter mir, ganz nahe. Ich wage nicht, mich umzuschauen, ich kann nicht weitergehen, meine Füße sind wie angewurzelt. Ich warte angstvoll, daß der Puma mir endlich auf den Rücken springt, daß er mir die Schultern aufreißt bis zu den Oberschenkeln herab, daß er mir den Kopf zerfetzt, das Gesicht.

Aber er läuft an mir vorbei, er setzt seinen Weg ungerührt fort und legt sich schließlich zu Füßen eines Kindes nieder, das am

Ende der Straße steht, ein Kind, das vorher nicht da war, jetzt aber da ist, und es streichelt den Puma, der zu seinen Füßen liegt.

Das Kind sagt zu mir:

– Der tut nichts, er gehört mir. Man braucht keine Angst vor ihm haben. Er frißt keine Menschen, er frißt kein Fleisch, er frißt nur die Seelen.

Die Flammen sind erloschen, nichts glüht mehr, die Straße ist nur noch weiche, erkaltete Asche.

Ich frage das Kind:

– Du bist doch mein Bruder, nicht wahr? Du hast auf mich gewartet?

Das Kind schüttelt den Kopf.

– Nein, ich habe keinen Bruder, ich warte auf niemanden. Ich bin der Hüter der ewigen Jugend. Derjenige, der seinen Bruder erwartet, sitzt auf einer Bank am großen Platz. Er ist sehr alt. Vielleicht wartet er ja auf dich.

Ich finde meinen Bruder auf einer Bank am großen Platz. Als er mich sieht, steht er auf:

– Du kommst spät, wir müssen uns beeilen.

Wir gehen zum Friedhof hinauf, wir setzen uns ins gelbe Gras. Ringsum ist alles verkommen, die Kreuze, die Bäume, die Büsche, die Blumen. Mein Bruder stochert mit seinem Stock in der Erde herum, weiße Würmer kommen hervorgekrochen.

Mein Bruder sagt:

– Nicht alles ist tot. So was da ist lebendig.

Es wimmelt von Würmern. Bei ihrem Anblick wird mir übel. Ich sage:

– Sobald man nachdenkt, kann man das Leben nicht lieben.

Mein Bruder hebt mit seinem Stock mein Kinn in die Höhe:

– Denk lieber nicht nach. Schau! Hast du schon mal einen so schönen Himmel gesehen?

Ich blicke auf. Die Sonne geht über der Stadt unter.

Ich antworte:

– Nein, niemals. Nirgendwo sonst.

Wir gehen nebeneinander bis zum Schloß, wir bleiben im Hof am Fuße der Festungsmauern stehen.

Mein Bruder klettert auf die Mauer und beginnt, oben angekommen, nach einer Musik zu tanzen, die aus dem Untergeschoß zu kommen scheint. Er tanzt, wirft die Arme in die Luft, empor zu den Sternen, zum aufgehenden Mond, einem Vollmond. Seine magere Silhouette in dem langen schwarzen Mantel tanzt auf den Festungsmauern voran, ich laufe unten hinter ihm her und rufe:

– Nein! Tu das nicht! Halt! Komm runter! Du wirst gleich fallen!

Er bleibt über mir stehen:

– Weißt du nicht mehr? Wir sind oft über die Dächer spaziert, wir hatten nie Angst abzustürzen.

– Wir waren jung, wir wurden nicht schwindelig. Komm runter!

Er lacht:

– Keine Angst, ich werde nicht fallen, ich kann fliegen. Ich schwebe jede Nacht über die Stadt dahin.

Er hebt die Arme, er springt, er stürzt auf das Pflaster des Hofs, genau vor meine Füße. Ich beuge mich über ihn, ich nehme seinen kahlen Kopf, sein faltiges Gesicht in meine Hände, ich weine.

Das Gesicht löst sich auf, die Augen verschwinden, und ich halte nur noch einen fremden zerbröckelnden Schädel in den Händen, der mir wie feiner Sand zwischen den Fingern zerrinnt.

Ich wache mit Tränen in den Augen auf. Mein Zimmer liegt im Halbdunkel, ich habe den größten Teil des Tages verschlafen. Ich wechsle mein schweißnasses Hemd, ich wasche mir das Gesicht. Beim Blick in den Spiegel frage ich mich, wann ich zum letzten Mal geweint habe. Ich kann mich nicht erinnern.

Ich zünde mir eine Zigarette an, ich setze mich ans Fenster, ich sehe, wie die Nacht über die Stadt hereinsinkt. Unter meinem Fenster ein leerer Garten mit seinem bereits kahlen Baum. Weiter weg leuchten immer mehr Häuser, immer mehr Fenster auf. Hinter den Fenstern das Leben von Menschen. Das ruhige, normale, friedliche Leben von Ehepaaren, Kindern, Familien. Ich höre Autos in der Ferne. Ich frage mich, warum die Leute sogar nachts unterwegs sind. Wohin fahren sie? Warum?

Bald wird der Tod alles auslöschen.

Ich habe Angst vor ihm.

Ich habe Angst vor dem Sterben, aber ich gehe nicht ins Krankenhaus.

*

Ich habe den größten Teil meiner Kindheit in einem Krankenhaus verbracht. Meine Erinnerungen daran sind sehr genau. Ich sehe noch mein Bett inmitten von etwa zwanzig anderen Betten, meinen Schrank auf dem Korridor, meinen Rollstuhl, meine Krücken, den Martersaal mit dem Schwimm-becken, den Geräten. Die Rollbänder, auf denen man, von einem Gurt gehalten, endlos laufen mußte; die Ringe, an die man sich hängen mußte, die feststehenden Fahrräder, auf denen man immer weiter treten mußte, auch wenn man schrie vor Schmerz.

Ich erinnere mich an diese Leiden und auch an den Geruch der Medikamente, der sich mit dem von Blut, Schweiß, Urin und Kot vermischte.

Ich erinnere mich an die Spritzen, die weißen Kittel der Krankenschwestern, an die Fragen, die ohne Antwort blieben, und vor allem an das Warten. Warten worauf?

Auf die Genesung wahrscheinlich, aber vielleicht auch auf etwas anderes.

Man hat mir später gesagt, ich sei im Koma eingeliefert worden, im Verlauf einer schweren Krankheit. Ich war vier Jahre alt, es war am Anfang des Krieges.

Was vorher war, weiß ich nicht mehr.

Das weiße Haus mit den grünen Fensterläden in einer ruhigen Straße, die Küche, in der meine Mutter sang, der Hof, wo mein Vater Holz hackte, das vollkommene Glück in dem weißen Haus, hatte es das wirklich gegeben früher, oder hatte ich in den langen Krankenhausnächten nur davon geträumt, es mir ausgemalt in den fünf Jahren, die ich dort verbringen mußte?

Und der andere, der in dem zweiten Bett des kleinen Zimmers schlief und in demselben Rhythmus atmete wie ich, mein Bruder, von dem ich noch den Namen zu wissen glaube, war er tot, oder hat es ihn nie gegeben?

Eines Tages wurden wir in ein anderes Krankenhaus verlegt. Dieses nannte sich ›Rehabilitationszentrum‹, aber es war trotzdem ein Krankenhaus. Die Zimmer, die Betten, die Schränke, die Krankenschwestern waren die gleichen, und die schmerzhaften Übungen wurden fortgesetzt.

Um das Heim lag ein sehr großer Park. Wir durften nach draußen gehen und in einem Schlammloch herumwaten. Je mehr Schlamm man an sich hatte, desto zufriedener waren die Krankenschwestern. Wir durften auch auf langhaarigen Ponys reiten, die uns auf ihrem Rücken langsam durch den Park trugen.

Mit sechs Jahren begann für mich die Schule in einem kleinen Raum des Krankenhauses. Wir waren zu acht oder zu zwölft, je nach unserem Gesundheitszustand, und wurden von einer Lehrerin unterrichtet.

Die Lehrerin trug keinen weißen Kittel, sondern kurze, enge Röcke mit bunten Blusen und Schuhe mit hohen Absätzen. Sie trug auch kein Häubchen, ihr Haar fiel offen auf die Schultern herab, es hatte die gleiche Farbe wie die Kastanien, die im September von den Bäumen im Park fallen.

Meine Taschen waren voll von diesen glänzenden Früchten. Ich nahm sie, um die Krankenschwestern und Aufseherinnen damit zu bombardieren. Abends schleuderte ich sie den Jammerlappen oder Heulfritzen ins Bett, um sie zum Schweigen zu bringen. Ich habe auch einige auf das Glasdach des Treibhauses geworfen, wo ein alter Gärtner Salat anbaute, den wir essen mußten. Eines Morgens habe ich der Direktorin in aller Frühe etwa zwanzig Kastanien vor die Tür gelegt, damit sie die Treppe hinunterschlittert, aber sie hat sich nur auf ihren dicken Hintern gesetzt und sich nichts gebrochen.

Zu der Zeit saß ich nicht mehr im Rollstuhl, ich ging auf Krücken, man sagte mir, ich würde große Fortschritte machen.

Von acht Uhr bis zwölf Uhr hatte ich Unterricht. Nach dem Essen mußte ich ruhen, aber anstatt zu schlafen, las ich Bücher, die meine Lehrerin mir lieh, oder solche, die ich mir bei der Direktorin holte, wenn sie nicht in ihrem Büro war. Am Nachmittag machte ich meine Leibesübungen wie alle anderen, abends mußte ich noch Hausaufgaben machen.

Meine Hausaufgaben waren schnell fertig, danach schrieb ich Briefe. An die Lehrerin. Ich gab sie ihr nie. An meine Eltern, an meinen Bruder. Ich schickte sie nie ab. Ich kannte ihre Adresse nicht.

So vergingen beinah drei Jahre. Ich brauchte keine Krücken mehr, ich konnte mit einem Stock gehen.

Ich konnte lesen, schreiben, rechnen. Wir bekamen keine Zensuren, aber ich erhielt oft ein goldenes Sternchen, das neben meinen Namen an die Wand geklebt wurde. Ich war vor allem gut im Kopfrechnen.

Die Lehrerin hatte ein Zimmer im Krankenhaus, aber sie schlief nicht immer dort. Sie ging oft abends in die Stadt und kam erst morgens zurück. Ich habe sie gefragt, ob sie mich nicht mitnehmen wolle, sie hat mir geantwortet, das sei unmöglich, ich dürfe das Heim nicht verlassen, aber sie versprach, mir Schokolade mitzubringen. Sie hat mir die Schokolade heimlich zugesteckt, weil es nicht für alle gereicht hätte.

Eines Abends sagte ich zu ihr:

– Ich habe es satt, bei den Jungen zu schlafen. Ich möchte mit einer Frau im Zimmer schlafen.

Sie hat gelacht:

– Willst du bei den Mädchen schlafen?

– Nein. Nicht bei den Mädchen. Mit einer Frau.

– Mit welcher Frau?

– Mit Ihnen, zum Beispiel. Ich möchte in Ihrem Zimmer schlafen, in Ihrem Bett.

Da hat sie mich auf die Augen geküßt.

– Kleine Jungs in deinem Alter müssen allein schlafen.

– Und Sie, schlafen Sie auch allein?

– Ja, ich auch.

Eines Nachmittags erschien sie unter dem Nußbaum, in dem ich mein Versteck hatte, oben in den Zweigen, wo ich bequem sitzen und lesen konnte und von wo aus man die Stadt sah.

Die Lehrerin sagte zu mir:

– Heute abend, wenn alle schlafen, darfst du in mein Zimmer kommen.

Ich habe nicht gewartet, bis alle schliefen. Dann hätte ich bis zum Morgen warten müssen. Es schliefen nie alle zur gleichen Zeit. Einige weinten, andere gingen nachts zehnmal aufs Klo, wieder andere krochen zueinander ins Bett und machten Schweinigeleien, und manche redeten bis zum Morgengrauen.

Die Heulfritzen kriegten von mir die üblichen Ohrfeigen, dann bin ich zu dem gelähmten kleinen Blonden gegangen, der sich nicht rührt und auch nicht redet. Er starrt nur zur Decke oder zum Himmel, wenn er nach draußen geschoben wird, und lächelt dabei. Ich habe seine Hand ergriffen, ich habe sie an meine Wange gedrückt, dann habe ich sein Gesicht in meine Hände genommen. Er hat gelächelt und zur Decke geblickt.

Ich bin aus dem Schlafsaal geschlichen und in das Zimmer der Lehrerin gegangen. Sie war nicht da. Ich habe mich in ihr Bett gelegt. Es roch gut. Ich bin eingeschlafen. Als ich mitten in der Nacht aufwachte, lag sie neben mir, die Arme überm Gesicht verschränkt. Ich habe ihre Arme auseinandergebreitet, ich habe sie um mich gelegt, ich habe mich an sie geschmiegt und bin so liegengeblieben, ohne zu schlafen, bis zum Morgen.

Einige von uns bekamen Briefe, die ihnen von den Krankenschwestern ausgehändigt oder vorgelesen wurden, wenn der Empfänger nicht selbst lesen konnte. Später las ich denen, die nicht lesen konnten, ihre Briefe vor, wenn sie mich darum baten. Im allgemeinen las ich genau das Gegenteil von dem, was da stand. Das hörte sich, zum Beispiel, so an: ›Liebes Kind, werde vor allem nicht gesund. Es geht uns sehr gut ohne Dich. Du fehlst uns ganz und gar nicht. Wir hoffen, daß du bleibst, wo du bist, denn wir haben nicht die geringste Lust, einen Behinderten bei uns zu haben. Wir denken trotzdem mit Liebe an Dich, sei artig, denn es ist anerkennenswert, daß andere sich Deiner annehmen. Wir könnten nicht soviel für Dich tun. Wir haben Glück, daß andere für uns tun, was wir selbst tun müßten, denn wir haben keinen Platz mehr für Dich in unserer Familie, wo alle gesund sind. Deine Eltern, Deine Schwestern, Deine Brüder.‹

Der Junge, dem ich seinen Brief vorgelesen hatte, sagte zu mir:

– Die Schwester hat ihn mir anders vorgelesen.

Ich sagte:

– Sie hat ihn dir anders vorgelesen, weil sie dir nicht weh tun wollte. Ich habe dir das vorgelesen, was da steht, du hast das Recht, die Wahrheit zu erfahren, denke ich.

Er sagte:

– Ja, das Recht habe ich. Aber ich mag die Wahrheit nicht. Es war vorher besser. Die Schwester hat gut daran getan, mir den Brief anders vorzulesen.

Er weinte.

Viele von uns bekamen auch Pakete. Kuchen, Kekse, Schinken, Wurst, Marmelade, Honig. Die Direktorin hatte angeordnet, daß der Inhalt der Päckchen unter uns allen verteilt werden sollte. Es gab jedoch Kinder, die Eßwaren in ihrem Bett oder im Schrank versteckten.

Ich ging zu einem von ihnen und fragte ihn:

– Hast du keine Angst, daß es vergiftet ist?

– Vergiftet? Warum?

– Die Eltern haben lieber ein totes Kind als ein behindertes. Hast du nie daran gedacht?

– Nein, nie. Du lügst. Hau ab.

Später sah ich, daß das Kind sein Paket auf den Müll warf.

Es gab auch Eltern, die ihr Kind besuchten. Ich wartete am Eingangsportal auf sie. Ich fragte sie nach dem Grund ihres Besuches, dem Namen ihres Kindes. Sobald sie geantwortet hatten, sagte ich zu ihnen:

– Tut mir leid. Ihr Kind ist vor zwei Tagen gestorben. Haben Sie den Brief noch nicht bekommen?

Danach lief ich schnell weg und versteckte mich. Die Direktorin ließ mich zu sich kommen. Sie fragte:

– Warum bist du so gemein?

– Gemein? Ich? Ich weiß nicht, was Sie meinen.

– Doch, das weißt du sehr genau. Du hast den Eltern eines Kindes gesagt, daß ihr Kind gestorben sei.

– Na und? Ist es nicht gestorben?

– Nein. Das weißt du ganz genau.

– Dann habe ich mich wohl im Namen geirrt. Sie klingen alle gleich.

– Außer deinem, nicht wahr? Aber es ist kein einziges Kind gestorben in dieser Woche.

– Nein? Dann habe ich es eben mit letzter Woche verwechselt.

– Ja, bestimmt. Aber ich rate dir, keine Namen und keine Wochen mehr zu verwechseln. Ich verbiete dir, mit den Eltern und mit den Besuchern zu sprechen. Und ich verbiete dir auch, den Kindern, die selbst nicht lesen können, ihre Briefe vorzulesen.

Ich sagte:

– Ich wollte nur gefällig sein.

Sie sagte:

– Ich verbiete dir, gefällig zu sein, egal um wen es sich handelt. Hast du verstanden?

– Jawohl, Frau Direktorin, ich habe verstanden. Aber dann darf sich auch niemand beklagen, wenn ich ihm nicht die Treppe hinaufhelfe, wenn ich ihm nicht beim Aufstehen helfe, falls er mal hinfällt, wenn ich ihm nicht beim Rechnen helfe und nicht die Rechtschreibfehler in seinem Brief verbessere. Wenn Sie mir verbieten, anderen gefällig zu sein, dann müssen Sie auch verbieten, daß man mich um einen Gefallen bittet.

Sie hat mich lange angeschaut und dann gesagt:

– Gut. Geh jetzt.

Ich bin rausgegangen und habe ein Kind gesehen, das seinen Apfel fallen gelassen hatte und ihn nicht wieder aufheben konnte. Ich bin an ihm vorbeigegangen und habe gesagt:

– Heul nur, davon kriegst du deinen Apfel nicht wieder, du Tölpel.

Er hat mich von seinem Rollstuhl aus gebeten:

– Bist du so nett und holst ihn mir, bitte?

Ich habe gesagt:

– Sieh zu, wie du zurechtkommst, du Dussel.

Am Abend kam die Direktorin in den Eßsaal, hielt eine Ansprache und sagte zum Schluß, daß man mich um keinen Gefallen bitten solle, daß man niemanden um einen Gefallen bitten solle, nur die Krankenschwestern, die Lehrerin und in Notfällen eventuell sie selbst.

Als Folge von alledem mußte ich zweimal die Woche in den kleinen Raum neben dem Krankenzimmer gehen, wo eine alte Frau in einem Sessel saß, mit einer dicken Decke über den Knien. Ich hatte schon davon gehört. Die anderen Kinder, die dorthin gingen, erzählten, daß die alte Frau sehr nett sei, wie eine Oma, und daß man sich wohl fühle bei ihr, daß man auf einem Feldbett liege oder an einem Tisch sitze und zeichnen dürfe, wozu man Lust hätte. Man dürfe auch Bilderbücher anschauen oder was erzählen, ganz gleich was.

Als ich zum erstenmal hinging, haben wir uns nichts erzählt, nur gerade ›Guten Tag‹ gesagt, danach habe ich mich gelangweilt, ihre Bücher interessierten mich nicht, ich hatte keine Lust zum Zeichnen, also ging ich von der Tür zum Fenster und vom Fenster zur Tür.

Nach einer Weile hat sie mich gefragt:

– Warum läufst du immerzu hin und her?

Ich bin stehengeblieben und habe geantwortet:

Ich muß mein krankes Bein trainieren. Ich gehe, soviel ich kann, und immer wenn ich nichts anderes zu tun habe.

Sie hat mich mit ihrem faltigen Gesicht angelächelt:

– Deinem Bein geht es sehr gut, scheint mir.

– Nicht gut genug.

Ich habe meinen Stock aufs Bett geworfen, habe ein paar Schritte gemacht und bin am Fenster hingefallen:

– Sehen Sie, wie gut es ihm geht?

Ich bin zu meinem Stock gekrochen, habe ihn mir wiedergeholt:

– Wenn ich den mal nicht mehr brauche, dann geht's.

Als ich dann die folgenden Male zu ihr sollte, bin ich nicht hingegangen. Man hat mich überall gesucht, man hat mich nicht gefunden. Ich saß oben im Nußbaum hinten im Garten. Nur die Lehrerin kannte das Versteck.

Das letzte Mal hat die Direktorin mich eigenhändig in den

Raum gebracht, gleich nach dem Mittagessen. Sie hat mich ins Zimmer geschoben, ich bin aufs Bett gefallen. Ich bin dageblieben. Die alte Frau hat mir Fragen gestellt:

– Erinnerst du dich an deine Eltern?

Ich habe ihr geantwortet:

– Nein. Ganz und gar nicht. Und Sie?

Sie hat weiter gefragt:

– Woran denkst du abends vor dem Einschlafen?

– Ans Schlafen. Sie nicht?

Sie hat mich gefragt:

– Du hast zu einigen Eltern gesagt, daß ihr Kind gestorben sei. Warum?

– Um ihnen eine Freude zu machen.

– Warum?

– Weil es eine Freude ist, wenn man erfährt, daß das eigene Kind tot und nicht behindert ist.

– Woher weißt du das?

– Ich weiß es, das genügt.

Die alte Frau hat mich dann noch gefragt:

– Machst du das alles, weil deine eigenen Eltern dich nie besuchen?

Ich habe zu ihr gesagt:

– Was geht Sie das an?

Sie hat weiter gefragt:

– Sie schreiben dir nie. Sie schicken keine Pakete. Dafür rächst du dich an den anderen Kindern.

Ich bin vom Bett aufgestanden, ich habe gesagt:

– Ja, und auch an Ihnen.

Ich habe sie mit meinem Stock geschlagen, ich bin gefallen. Sie hat gebrüllt.

Sie hat immer weitergebrüllt, und ich habe sie immer weitergeschlagen, da, vom Fußboden aus, wo ich gefallen war. Meine Schläge erreichten nur ihre Beine, ihre Knie.

Die Krankenschwestern sind durch das Gebrüll aufmerksam geworden und hereingekommen. Sie haben mich gebändigt und in ein kleines Zimmer gebracht, ähnlich wie das andere, nur ohne Schreibtisch, ohne Bücher, mit einem Bett, sonst nichts. Es waren auch Gitter vor den Fenstern, und die Tür war von außen abgeschlossen.

Ich habe kurze Zeit geschlafen. Dann bin ich aufgewacht und habe an die Tür geklopft, ich habe mit den Füßen dagegen geschlagen, ich habe geschrien. Ich habe meine Sachen verlangt, meine Aufgaben, meine Bücher.

Kein Mensch hat mir geantwortet.

Mitten in der Nacht ist die Direktorin in mein Zimmer gekommen, sie hat sich neben mich auf das schmale Bett gelegt. Ich habe mein Gesicht in ihrem Haar vergraben, und auf einmal überkam mich ein starkes Zittern. Es hat meinen ganzen Körper erschüttert, ich bekam einen Schluckauf, meine Augen wurden naß, meine Nase lief. Ich schluchzte und konnte nicht mehr aufhören.

Es gab immer weniger zu essen im Heim, der Park mußte in einen Gemüsegarten verwandelt werden. Alle, die mithelfen konnten, arbeiteten unter der Anleitung des alten Gärtners. Wir pflanzten Kartoffeln, Bohnen, Karotten. Ich bedauerte, daß ich nicht mehr im Rollstuhl saß.

Wir mußten auch immer öfter in den Keller wegen Fliegeralarm, und das war meistens nachts. Wer nicht laufen konnte, wurde von den Schwestern auf dem Arm nach unten getragen.

Zwischen Kartoffelbergen und Kohlensäcken fand ich die Direktorin wieder, ich schmiegte mich an sie, und ich sagte ihr, daß sie keine Angst zu haben brauche.

Als die Bombe auf das Heim fiel, hatten wir gerade Unterricht, und es hatte keinen Alarm gegeben. Die Bomben fielen um uns herum, die Schüler versteckten sich unter den Tischen, ich selbst blieb stehen, ich war gerade dabei, ein Gedicht aufzusagen. Die Lehrerin hat sich auf mich gestürzt und mich zu Boden gerissen, ich lag da und sah nichts, sie erstickte mich. Ich versuchte, sie wegzuschieben, aber sie wurde immer schwerer. Eine dicke, warme, salzige Flüssigkeit floß mir in Augen, Mund und Hals, ich wurde ohnmächtig.

In einer Turnhalle kam ich wieder zu mir. Eine Nonne säuberte mir mit einem feuchten Tuch das Gesicht und sagte zu jemandem:

– Der hier ist nicht verletzt, glaube ich.

Ich habe angefangen, mich zu übergeben.

Überall in der Turnhalle lagen Leute auf Strohsäcken. Kinder und Erwachsene. Einige schrien, andere rührten sich nicht, man konnte nicht wissen, ob sie tot oder noch am Leben waren. Unter ihnen suchte ich die Lehrerin, aber ich habe sie nicht gefunden. Der gelähmte kleine Blonde war auch nicht da.

Am nächsten Tag wurde ich ausgefragt, man fragte mich nach meinem Namen, meiner Adresse, aber ich habe meine Ohren vor den Fragen verschlossen, ich habe nicht mehr geantwortet, nicht mehr gesprochen. Da glaubte man, daß ich taubstumm sei, und ließ mich in Ruhe.

Ich bekam einen neuen Stock, und eines Morgens hat eine Nonne mich an der Hand genommen. Wir sind zum Bahnhof gegangen, wir sind in einen Zug gestiegen, wir sind in einer anderen Stadt angekommen. Wir sind durch diese Stadt gegangen bis zum allerletzten Haus, nahe am Wald. Die Schwester hat mich dort gelassen, bei einer alten Bäuerin, die ich später ›Großmutter‹ nannte.

Sie nannte mich ›Hurensohn‹.

Ich sitze auf einer Bank am Bahnhof. Ich warte auf meinen Zug. Ich bin fast eine Stunde zu früh.

Von hier aus sehe ich die ganze Stadt. Die Stadt, in der ich fast vierzig Jahre gelebt habe.

Damals, als ich hier ankam, war es ein reizendes Städtchen mit einem See, einem Wald, niedrigen alten Häusern, vielen Parkanlagen. Jetzt ist die Stadt durch eine Autobahn vom See getrennt, der Wald ist verwildert, die Parkanlagen sind verschwunden, hohe Neubauten verschandeln das Stadtbild. In den alten engen Gassen stehen die Autos bis auf die Bürgersteige. Anstelle der alten Kneipen findet man jetzt Restaurants ohne eigenes Gepräge oder Imbißstuben mit Selbstbedienung, wo man hastig, manchmal sogar im Stehen, etwas ißt.

Ich betrachte die Stadt ein letztes Mal. Ich werde nicht wieder herkommen, ich will nicht hier sterben.

Ich habe niemandem auf Wiedersehen oder Adieu gesagt. Ich habe keine Freunde mehr hier, erst recht keine Freundinnen. Meine zahlreichen Mätressen sind gewiß verheiratet, haben eine Familie und dürften nicht mehr die Jüngsten sein. Ich erkenne sie schon lange nicht mehr auf der Straße.

Mein bester Freund, Peter, der in meiner Jugend mein Ratgeber war, ist vor zwei Jahren an einem Infarkt gestorben. Seine Frau, die mich ins Liebesleben einführte, hat schon vor langer Zeit Selbstmord begangen, denn das Altwerden war für sie unerträglich.

Ich gehe fort, ohne jemanden oder irgend etwas zurückzulassen. Ich habe alles verkauft. Alles, es war nicht viel. Meine Möbel hatten keinen Wert, meine Bücher noch weniger. Mein altes Klavier und ein paar Bilder habe ich noch ganz gut umgemünzt, mehr hatte ich nicht.

Der Zug kommt, ich steige ein. Ich habe nur einen Koffer. Ich habe bei meiner Abreise kaum mehr Sachen als bei meiner Ankunft. Ich bin in diesem reichen freien Land nicht reich geworden.

Ich habe ein Touristenvisum für mein Geburtsland, ein Visum, das nur einen Monat gültig ist, aber verlängert werden kann. Ich hoffe, daß mein Geld ausreicht, um ein paar Monate dort zu leben, vielleicht sogar ein Jahr. Ich habe mir auch einen Vorrat an Medikamenten mitgenommen.

Zwei Stunden später komme ich in einem großen internationalen Bahnhof an. Wieder Warten, dann steige ich in einen Nachtzug, in dem ich einen Liegeplatz reserviert habe. Einen Platz unten, denn ich weiß, ich werde nicht schlafen können und oft rausgehen, um eine Zigarette zu rauchen.

Noch bin ich allein.

Langsam füllt sich der Wagen. Eine alte Frau, zwei junge Mädchen, ein Mann ungefähr in meinem Alter. Ich gehe auf den Gang, ich rauche, ich sehe in die Nacht hinaus. Gegen zwei Uhr lege ich mich hin und schlafe wohl auch ein bißchen.

Am frühen Morgen Ankunft in einem anderen großen Bahnhof. Drei Stunden Wartezeit, die ich bei mehreren Tassen Kaffee im Wartesaal verbringe.

Der Zug, den ich diesmal nehme, ist ein Zug aus meinem Heimatland. Es sind nur wenige Reisende darin. Die Sitze sind unbequem, die Fenster schmutzig, die Aschenbecher voll, der Boden schwarz und klebrig, die Toiletten beinahe unbenutzbar. Kein Speisewagen, kein Schnellbuffet. Die Reisenden holen ihren Proviant hervor, essen und lassen das fettige Papier und die leeren Flaschen auf dem Fenstersims oder werfen alles auf den Boden, unter die Sitze. Nur zwei von den Reisenden sprechen die Sprache meines Landes. Ich höre ihnen zu, rede aber nicht mit ihnen.

Ich schaue aus dem Fenster. Die Landschaft ändert sich. Wir kommen aus den Bergen in die Ebene.

Ich habe wieder Schmerzen.

Ich schlucke meine Medikamente ohne Wasser. Ich habe nicht daran gedacht, etwas zu trinken mitzunehmen, und es widerstrebt mir, meine Mitreisenden danach zu fragen.

Ich schließe die Augen. Ich weiß, daß wir uns der Grenze nähern.

Da sind wir. Der Zug hält, Grenzsoldaten, Zöllner und Polizisten steigen ein. Man verlangt meine Papiere, man gibt sie mir lächelnd zurück. Hingegen werden die beiden Reisenden, die die Landessprache sprechen, lange ausgefragt, und man durchsucht ihr Gepäck.

Der Zug fährt wieder ab, und bei jedem Halt steigen nun nur noch Einheimische zu.

Meine kleine Stadt liegt nicht an einer Strecke für Züge aus dem Ausland. Ich komme weiter im Landesinnern in der Nachbarstadt an, die auch größer ist. Ich könnte sofort einen Anschlußzug nehmen, man zeigt mir den kleinen roten Zug, der aus drei Waggons besteht und jede Stunde von Gleis 1 in die kleine Stadt fährt. Ich sehe zu, wie der Zug abfährt.

Ich verlasse den Bahnhof, ich nehme ein Taxi, das mich ins Hotel bringt. Ich gehe hinauf in mein Zimmer, lege mich hin und schlafe sofort ein.

Als ich aufwache, ziehe ich die Gardinen meines Fensters beiseite. Es liegt nach Westen. Dort drüben, hinter dem Berg meiner kleinen Stadt, geht die Sonne unter.

Jeden Tag gehe ich zum Bahnhof, ich sehe den roten Zug ankommen und wieder abfahren. Danach spaziere ich in der Stadt herum. Am Abend trinke ich etwas in der Bar des Hotels oder in einer anderen Kneipe der Stadt, zusammen mit Leuten, die ich nicht kenne.

Mein Zimmer hat einen Balkon. Ich setze mich oft dorthin, jetzt, wo es heiß wird. Von dort sehe ich einen unendlich weiten Himmel, wie ich ihn seit vierzig Jahren nicht mehr gesehen habe.

Ich mache immer weitere Wege in der Stadt, ich gehe sogar aus der Stadt heraus und spaziere durchs offene Land.

Ich gehe an einer Mauer aus Stein und Metall entlang. Hinter dieser Mauer singt ein Vogel, und ich bemerke die kahlen Äste von Kastanienbäumen.

Das schmiedeeiserne Portal steht offen. Ich trete ein, ich setze mich auf den großen moosbewachsenen Stein am Eingang. Diesen dicken Stein nannten wir den ›schwarzen Felsen‹, obwohl er nie schwarz war, er war eher grau oder blau und ist jetzt völlig grün.

Ich schaue in den Park, ich erkenne ihn wieder. Und ich erkenne auch das hohe Gebäude hinten im Park. Die Bäume sind vielleicht noch dieselben, die Vögel bestimmt nicht. Es sind so viele Jahre vergangen. Wie lange lebt ein Baum? Wie lange lebt ein Vogel? Ich habe keine Ahnung. Und wie lange leben die Leute? Eine Ewigkeit, scheint mir, denn ich sehe die Heimleiterin auf mich zukommen.

Sie fragt mich:

– Was machen Sie hier?

Ich stehe auf, ich sage zu ihr:

– Ich schaue mich nur ein wenig um, Frau Direktorin. Ich habe als Kind fünf Jahre hier verbracht.

– Wann war das?

– Vor ungefähr vierzig Jahren. Fünfundvierzig. Ich erkenne Sie wieder. Sie waren damals die Direktorin des Rehabilitationszentrums.

Sie schreit:

– Das ist eine Frechheit! Vor vierzig Jahren war ich noch nicht einmal geboren, aber Strolche erkenne ich schon von weitem. Scheren Sie sich fort, oder ich rufe die Polizei.

Ich gehe weg, ich kehre in mein Hotel zurück, ich trinke etwas mit einem Unbekannten. Ich erzähle ihm mein Erlebnis mit der Direktorin:

– Natürlich ist es nicht die von damals. Die muß längst tot sein.

Mein neuer Freund hebt sein Glas:

– Woraus folgt: entweder gleichen sich die Direktorinnen alle über die Jahrhunderte hin, oder sie leben sehr lange. Morgen gehe ich mit dir in das Heim. Dann kannst du es in aller Ruhe besichtigen.

Am nächsten Tag holt mich der Unbekannte im Hotel ab. Er fährt mit mir im Auto zum Heim. Kurz bevor er hineingeht, am Portal, sagt er zu mir:

– Wissen Sie, die alte Frau, die Sie gesehen haben, ist tatsächlich dieselbe. Nur ist sie nicht mehr Direktorin, weder hier noch anderswo. Ich habe mich erkundigt. Das Rehabilitationszentrum ist jetzt ein Altersheim.

Ich sage:

– Ich möchte nur mal den Schlafsaal sehen. Und den Garten.

Der Nußbaum ist da, aber er kommt mir ziemlich verkümmert vor. Er wird bald eingehen.

Ich sage zu meinem Gefährten:

– Der Baum wird bald eingehen.

Er sagt:

– Werden Sie nicht sentimental. Alles vergeht.

Wir betreten das Gebäude. Wir gehen durch den Korridor, wir betreten den Raum, der vor vierzig Jahren mein Zimmer und das vieler anderer Kinder war. Ich bleibe auf der Schwelle stehen, ich schaue mich um. Nichts hat sich verändert. Ein Dutzend Betten, weiße Wände, weiße Betten, alle leer. Die Betten sind immer leer um diese Tageszeit. Ich renne eine Etage hinauf, ich öffne die Tür des Zimmers, in dem ich mehrere Tage eingesperrt war. Das Bett steht immer noch da, an derselben Stelle. Vielleicht ist es dasselbe Bett.

Eine junge Frau führt uns wieder hinaus, sie sagt:

– Hier war alles zerbombt. Aber alles ist wieder aufgebaut

worden. Wie es war. Alles ist, wie es war. Es ist ein sehr schönes Haus, man darf es nicht verändern.

Eines Nachmittags bekomme ich wieder Schmerzen. Ich kehre ins Hotel zurück, nehme meine Medikamente, packe meine Sachen, bezahle die Rechnung, rufe ein Taxi.

– Zum Bahnhof.

Das Taxi hält vor dem Bahnhof, ich sage zum Chauffeur:

– Kaufen Sie mir eine Fahrkarte nach K. Ich bin krank.

Der Chauffeur sagt:

– Das ist nicht meine Aufgabe. Ich habe Sie bis zum Bahnhof gefahren. Steigen Sie aus. Mit einem Kranken habe ich nichts zu schaffen.

Er stellt meinen Koffer auf den Bürgersteig, er öffnet die Wagentür auf meiner Seite:

– Steigen Sie aus. Steigen Sie aus meinem Wagen.

Ich nehme ausländisches Geld aus meiner Brieftasche, ich reiche es ihm:

– Seien Sie so freundlich.

Der Chauffeur geht ins Bahnhofsgebäude, er kommt mit meiner Fahrkarte zurück, er hilft mir aus dem Auto, er führt mich am Arm, er trägt meinen Koffer, er geht mit mir auf den Bahnsteig 1, er wartet mit mir auf den Zug. Als der Zug einläuft, hilft er mir hinein, er stellt meinen Koffer neben mich, er empfiehlt mich der Obhut des Schaffners.

Der Zug fährt ab. Es ist kaum jemand in den Abteilen. Es ist verboten zu rauchen.

Ich schließe die Augen, meine Schmerzen lassen nach. Der Zug hält fast alle zehn Minuten. Ich weiß, daß ich diese Fahrt vor vierzig Jahren schon einmal gemacht habe.

Bevor der Zug den Bahnhof der kleinen Stadt erreicht hatte, hielt er an. Die Nonne zog mich am Arm, rüttelte mich, ich rührte mich nicht. Sie sprang aus dem Zug, lief ein Stück weiter, warf sich in einem Feld auf die Erde. Alle Reisenden rannten ein Stück weg, warfen sich in den Feldern auf die Erde. Ich war allein im Abteil. Die Flugzeuge flogen über uns hin, sie beschossen den Zug. Als es wieder still war, kam auch die Nonne zurück. Sie hat mich geohrfeigt, der Zug ist abgefahren.

Ich mache die Augen auf. Wir sind bald da. Ich sehe schon die silberne Wolke über dem Berg, dann tauchen die Schloßtürme auf und die Glockentürme der zahlreichen Kirchen.

Am 22. April, nach vierzigjähriger Abwesenheit, bin ich wieder in der kleinen Stadt meiner Kindheit.

Der Bahnhof hat sich nicht verändert. Er ist nur sauberer jetzt und hat sogar Blumen, Blumen von hier, deren Namen ich nicht kenne und die ich nirgendwo sonst je gesehen habe.

Es ist auch ein Autobus da, der abfährt, besetzt mit den paar Reisenden aus dem Zug und den Arbeitern aus der Fabrik gegenüber.

Ich selbst steige nicht in den Bus. Ich bleibe da, vor dem Bahnhof, mit meinem Koffer neben mir auf der Erde, und schaue die Kastanienallee der Bahnhofstraße entlang, die zur Stadt führt.

– Darf ich Ihnen den Koffer tragen, mein Herr?

Vor mir steht ein etwa zehnjähriger Junge.

Er sagt:

– Sie haben den Bus verpaßt. Der nächste kommt erst in einer halben Stunde.

Ich sage zu ihm:

– Das macht nichts. Ich gehe zu Fuß.

Er sagt:

– Ihr Koffer ist schwer.

Er hebt ihn hoch und läßt ihn nicht wieder los. Ich lache:

– Ja, er ist schwer. Du kannst ihn nicht weit tragen, das weiß ich wohl. Ich habe das früher auch gemacht, genau wie du.

Das Kind stellt den Koffer ab:

– Ach ja? Wann?

– Als ich so alt war wie du. Es ist lange her.

– Und wo war das?

– Hier. Vor diesem Bahnhof.

Er sagt:

– Ich kann den Koffer gut tragen.

Ich sage:

– Na gut, aber laß mir zehn Minuten Vorsprung. Ich möchte allein gehen. Und laß dir Zeit, ich habe es nicht eilig. Ich warte auf dich im ›Schwarzen Garten‹. Wenn es den noch gibt.

– O ja, den gibt es noch.

Der ›Schwarze Garten‹ ist ein kleiner Park am Ende der Kastanienallee, und er hat nichts Schwarzes außer dem schmiedeeisernen Gitter ringsherum. Dort setze ich mich auf eine Bank, ich warte auf den Jungen. Er kommt kurze Zeit später, stellt meinen Koffer auf eine andere Bank mir gegenüber, setzt sich, außer Atem.

Ich zünde mir eine Zigarette an, ich frage:

– Warum machst du diese Arbeit?

Er sagt:

– Ich will mir ein Rad kaufen. Ein Geländerad. Haben Sie wohl eine Zigarette für mich?

– Nein, du kriegst keine. Die Zigaretten bringen mich bald ins Grab. Willst du auch auf diese Weise sterben?

Er sagt zu mir:

– Man stirbt sowieso an irgendwas. Jedenfalls sagen das die Wissenschaftler …

– Was sagen die?

– Daß die Erde kaputt ist. Und daß man nichts mehr daran machen kann. Es ist zu spät.

– Wo hast du das gehört?

– Überall. In der Schule, und vor allem im Fernsehen.

Ich werfe meine Zigarette weg:

– Du kriegst trotzdem keine Zigarette.

Er sagt zu mir:

– Sie sind gemein.

Ich sage:

– Ja, ich bin gemein. Na und? Gibt's hier in der Stadt irgendwo ein Hotel?

– Ja, klar. Es gibt mehrere. Wissen Sie das nicht? Dabei kennen Sie die Stadt offenbar ganz genau.

Ich sage:

– Als ich hier lebte, gab es kein Hotel. Kein einziges.

Er sagt:

– Dann muß das sehr lange her sein. Am großen Platz steht ein ganz neues Hotel. Es heißt Grand Hotel, weil es das größte ist.

– Gehen wir hin.

Vor dem Hotel stellt das Kind meinen Koffer ab:

– Ich kann nicht mit reingehen. Die Frau am Empfang kennt mich. Sie sagt es meiner Mutter.

– Was? Daß du mir den Koffer getragen hast?

– Ja. Meine Mutter will nicht, daß ich Koffer trage.

– Warum nicht?

– Ich weiß nicht. Sie will nicht, daß ich so was mache. Sie will immer nur, daß ich lerne.

Ich frage:

– Was machen deine Eltern denn?

Er sagt:

– Ich habe keine Eltern. Nur eine Mutter. Keinen Vater. Ich hab nie einen gehabt.

– Und was macht deine Mutter?

– Das ist es ja eben, sie arbeitet hier, im Hotel. Sie wischt zweimal am Tag die Kachelfußböden. Aber sie möchte, daß ich ein Gelehrter werde.

– Gelehrt? Worin?

– Das kann sie ja nicht wissen, sie kennt keine gelehrten Berufe. Sie denkt an Professor oder Arzt, glaube ich.

Ich sage:

– Gut. Wieviel verlangst du für den Koffer?

Er sagt:
– Soviel wie Sie mir geben wollen.
Ich gebe ihm zwei Geldstücke:
– Ist das in Ordnung so?
– Ja.
– Nein. Das ist ganz und gar nicht in Ordnung. Du hast doch diesen schweren Koffer schließlich nicht zu so einem Spottpreis vom Bahnhof bis hierher geschleppt.
Er sagt:
– Ich nehme, was man mir gibt. Ich habe kein Recht, mehr zu verlangen. Außerdem gibt es arme Leute. Es kommt vor, daß ich Koffer umsonst trage. Ich mache die Arbeit gern. Ich warte gern am Bahnhof. Ich sehe gern, wie Leute ankommen. Die Leute von hier, die kenne ich alle, vom Sehen. Ich sehe gern Leute, die von anderswo kommen. Leute wie Sie. Sie kommen doch von weit her, stimmt's?
– Ja, von sehr weit her. Aus einem andern Land.
Ich gebe ihm einen Geldschein und gehe ins Hotel.
Ich wähle ein Eckzimmer, von dort überblicke ich den ganzen Platz, die Kirche, den Lebensmittelladen, die Geschäfte, die Buchhandlung.
Es ist neun Uhr abends, der Platz ist leer. In den Häusern brennt Licht. Man läßt die Eisengitter herunter, schließt die Fensterläden, zieht die Vorhänge zu, der Platz geht zur Ruhe.
Ich setze mich an eines der Fenster in meinem Zimmer und betrachte den Platz, die Häuser, bis spät in die Nacht.
Als ich klein war, habe ich oft davon geträumt, in einem der Häuser am großen Platz zu wohnen, ganz gleich in welchem, am liebsten aber in dem blauen Haus, in dem immer noch eine Buchhandlung ist.
Aber ich habe in dieser Stadt nur in dem verfallenen kleinen Haus von ›Großmutter‹ gewohnt, weit weg vom Zentrum, am Rande der Stadt, dicht an der Grenze.

Bei Großmutter arbeitete ich von morgens bis abends, genau wie sie. Sie gab mir Essen und Unterkunft, aber sie gab mir nie Geld. Und doch brauchte ich Geld, um mir Seife zu kaufen, Zahnpasta, Kleidung und Schuhe. Also ging ich abends in die Stadt und spielte in den Kneipen auf meiner Mundharmonika. Ich verkaufte Holz, das ich im Wald auflas, sowie Pilze und Kastanien. Ich verkaufte auch Eier, die ich Großmutter stahl, und Fisch, den zu fangen ich bald gelernt hatte. Ich ging auch dem einen oder anderen zur Hand. Ich trug Botschaften aus, Briefe und Pakete, die Leute hatten Vertrauen zu mir, weil sie mich für taubstumm hielten.

In der ersten Zeit sprach ich überhaupt nicht, nicht einmal mit Großmutter, aber bald mußte ich immerhin Zahlen aussprechen, um zu feilschen.

Oft trieb ich mich abends auf dem Hauptplatz herum. Ich betrachtete die Auslage der Buch- und Schreibwarenhandlung, die weißen Blätter, die Schulhefte, die Radiergummis, die Bleistifte. All das war zu teuer für mich.

Um etwas mehr Geld zu verdienen, ging ich, sooft ich konnte, zum Bahnhof und wartete dort auf Reisende. Ich trug ihnen die Koffer.

So konnte ich mir Schreibpapier, einen Bleistift, ein Radiergummi und ein großes Heft kaufen, in das ich meine ersten Lügen schrieb.

Ein paar Monate nach Großmutters Tod kamen Leute, ohne anzuklopfen, zu mir ins Haus. Es waren drei, darunter einer in Grenzsoldatenuniform. Die beiden anderen waren in Zivil. Der eine von ihnen sagte nichts, er schrieb nur auf. Er war jung, kaum älter als ich. Der andere hatte weißes Haar. Von ihm wurde ich ausgefragt.

– Wohnen Sie schon lange hier?

Ich sagte:

– Ich weiß nicht. Seitdem das Krankenhaus bombardiert wurde.

– Welches Krankenhaus?

– Ich weiß nicht. Das Heim.

Der Mann in Uniform schaltete sich ein:

– Als ich das Kommando dieses Bezirks übernahm, war er schon da.

Der Mann in Zivil fragt:

– Wie lange ist das her?

– Drei Jahre. Aber der war schon vorher hier.

– Woher wissen Sie das?

– Das sah man. Er arbeitete rings ums Haus, wie einer, der stets hier gelebt hat.

Der Weißhaarige wendet sich zu mir:

– Sind Sie mit Frau V. geborene Maria Z. verwandt?

Ich sage:

– Das war meine Großmutter.

Er fragt:

– Haben Sie Papiere, die das beweisen?

Ich sage:

– Nein, ich habe kein einziges Papier. Ich habe nur die Blätter, die ich in der Schreibwarenhandlung kaufe.

Er sagt:

– Das genügt. Schreiben Sie!

Der junge Mann in Zivil beginnt zu schreiben:

– Frau Maria V. geborene Maria Z. ist gestorben, ohne Erben zu hinterlassen. Ihr ganzer Besitz, ihr Haus und ihre Ländereien werden somit Eigentum des Staates und fallen der Gemeinde der Stadt K. anheim, die darüber nach eigenem Ermessen verfügen wird.

Die Männer stehen auf, ich frage sie:

– Was muß ich jetzt tun?

Sie sehen sich an. Der Mann in Uniform sagt:

– Sie müssen weg von hier.

– Warum?

– Weil Ihnen das hier nicht gehört.

Ich frage:

– Wann muß ich weg?

– Ich weiß nicht.

Er schaut zu dem grauen Mann in Zivil, der sagt:

– Wir geben Ihnen früh genug Bescheid. Wie alt sind Sie?

– Bald fünfzehn. Ich kann nicht weg, bevor die Tomaten reif sind.

Er sagt:

– Ja freilich, die Tomaten. Sie sind erst fünfzehn. Dann wird das kein Problem sein.

Ich frage:

– Wohin soll ich gehen?

Er schweigt einen Moment, sieht den Uniformierten an, der Uniformierte sieht ihn an, der Mann in Zivil senkt den Blick:

– Keine Sorge. Man wird sich schon um Sie kümmern. Nur keine Aufregung.

Die drei Männer gehen hinaus. Ich folge ihnen durchs Gras, damit man mich nicht hört.

Der Grenzer sagt:

– Können Sie ihn nicht in Ruhe lassen? Er ist ein braver kleiner Kerl, und er arbeitet schwer.

Der Mann in Zivil sagt:

– Darum geht es nicht. Es gibt ein Gesetz. Das Grundstück von Frau V. gehört der Gemeinde. Ihr kleiner Kerl lebt schon fast zwei Jahre dort ohne jede Berechtigung.

– Und wen stört das?

– Niemand. Aber hören Sie mal! Wie kommen Sie dazu, solch einen kleinen Nichtsnutz in Schutz zu nehmen?

– Ich sehe seit drei Jahren, wie er sich um den Garten kümmert und um seine Tiere. Der ist kein Nichtsnutz, jedenfalls nicht mehr als Sie.

– Sie wagen es, mich einen Nichtsnutz zu nennen?

– Das habe ich nie gesagt. Ich habe nur gesagt, daß er es nicht mehr ist als Sie. Außerdem pfeif ich was drauf. Auf Sie, auf ihn. In drei Wochen werde ich entlassen, und dann kümmere ich mich um meinen eigenen Garten. Aber Sie werden eine Seele auf dem Gewissen haben, wenn Sie den Jungen auf die Straße setzen. Gute Nacht, und schlafen Sie gut.

Der Zivilist sagt:

– Wir setzen ihn nicht auf die Straße. Wir kümmern uns schon um ihn.

Sie gehen fort. Ein paar Tage später kommen sie wieder, derselbe Mann mit dem weißen Haar und der junge Mann. Sie haben eine Frau dabei. Eine ältere Frau mit Brille, die aussieht wie die Heimleiterin.

Sie sagt zu mir:

– Hör zu, wir wollen dir nicht weh tun. Wir haben nichts Böses mit dir vor, wir wollen für dich sorgen. Du kommst mit uns in ein schönes Haus, in dem Kinder sind wie du.

Ich sage zu ihr:

– Ich bin kein Kind mehr. Ich brauche niemanden mehr, der für mich sorgt. Ich will nicht wieder in ein Krankenhaus.

Sie sagt:

– Es ist kein Krankenhaus. Du kannst dich dort weiterbilden.

Wir sind in der Küche. Die Frau redet, ich höre nicht zu.

Der weißhaarige Mann redet ebenfalls. Auch ihm höre ich nicht zu.

Nur der junge Mann, der alles aufschreibt, sagt nichts, er sieht mich nicht einmal an.

Beim Weggehen sagt die Frau:

– Mach dir keine Sorgen. Wir halten zu dir. Bald wird alles

besser. Wir lassen dich nicht allein, wir werden uns um dich kümmern. Wir werden dich retten.

Der Mann fügt hinzu:

– Diesen Sommer kannst du noch hierbleiben. Die Abbrucharbeiten beginnen erst Ende August.

Ich habe Angst, Angst, in ein Haus zu kommen, wo man sich um mich kümmern, wo man mich retten will. Ich muß von hier weg. Ich überlege, wo ich hingehen könnte.

Ich kaufe eine Landkarte und einen Plan von der Hauptstadt. Ich gehe jeden Tag zum Bahnhof, ich studiere die Fahrzeiten. Ich frage, wie teuer eine Fahrkarte nach dieser oder jener Stadt ist. Ich habe sehr wenig Geld, und die Erbschaft von Großmutter will ich nicht angreifen. Sie hatte mich gewarnt:

– Kein Mensch darf wissen, daß du das alles besitzt. Man wird dich ausfragen, man wird dich einsperren, man wird dir alles wegnehmen. Und sag nie die Wahrheit: Tu so, als verstündest du die Fragen nicht. Wenn man dich für einen Idioten hält, um so besser.

Die Erbschaft von Großmutter ist unter der Bank vor dem Haus vergraben, in einem Leinensack, in dem Schmuckstücke und Gold- und Silbermünzen sind. Wenn ich versuchte, das alles zu verkaufen, würde man sagen, ich hätte es gestohlen.

Ich traf den Mann, der über die Grenze wollte, am Bahnhof.

Es ist Abend. Da steht er, vor dem Bahnhof, die Hände in den Taschen. Die anderen Reisenden sind schon weg. Der Bahnhofsplatz ist menschenleer.

Der Mann winkt mich zu sich heran, ich gehe zu ihm. Er hat kein Gepäck. Ich sage:

– Normalerweise trage ich den Reisenden ihre Koffer. Aber wie ich sehe, haben Sie keinen.

Er sagt:

– Nein, ich habe keinen.

Ich sage:

– Wenn ich Ihnen sonst irgendwie behilflich sein kann ... Wie ich sehe, sind Sie fremd in unserer Stadt.

– Und woran siehst du, daß ich ein Fremder bin?

Ich sage:

– Niemand in unserer Stadt ist so angezogen wie Sie. Und die Leute in unserer Stadt haben alle das gleiche Gesicht. Ein bekanntes, vertrautes Gesicht. Die Leute aus unserer Stadt erkennt man, auch wenn man sie nicht persönlich kennt. Wenn ein Fremder kommt, bemerkt man ihn sofort.

Der Mann schaut um sich:

– Glaubst du, daß man mich schon bemerkt hat?

– Bestimmt. Aber das macht nichts, wenn Ihre Papiere in Ordnung sind. Sie brauchen sie bloß morgen früh bei der Polizeibehörde vorzulegen, dann können Sie bleiben, so lange Sie wollen. Es gibt kein Hotel, aber ich kann Ihnen Häuser nennen, wo man Zimmer vermietet.

Der Mann sagt zu mir:

– Komm mit.

Er geht in Richtung Stadt, aber statt die Hauptstraße einzuschlagen, biegt er nach rechts in eine staubige kleine Gasse und setzt sich zwischen zwei Büsche. Ich setze mich neben ihn, ich frage:

– Wollen Sie sich verstecken? Warum?

Er fragt mich:

– Kennst du die Stadt?

– Ja, sehr gut.

– Die Grenze?

– Ja, auch.

– Deine Eltern?

– Ich hab keine.

– Sind sie tot?

– Ich weiß nicht.

– Bei wem wohnst du?

– Bei mir. Im Haus von Großmutter. Sie ist tot.

– Wer wohnt mit dir zusammen?

– Ich wohne allein.

– Wo ist dein Haus?

– Am anderen Ende der Stadt. Nahe der Grenze.

– Kannst du mich für eine Nacht beherbergen? Ich habe viel Geld.

– Ja, ich kann Sie beherbergen.

– Kennst du Straßen oder Passagen, durch die man zu deinem Haus gelangen kann, ohne gesehen zu werden?

– Ja.

– Gehen wir. Ich folge dir.

Wir gehen hinter den Häusern entlang, über die Felder. Manchmal müssen wir über Zäune, über Gitter klettern, Gärten durchqueren, private Innenhöfe. Es ist dunkel geworden, und der Mann geht lautlos hinter mir her.

Im Haus der Großmutter angelangt, sage ich bewundernd:

– Sie hatten keine Mühe, mit mir Schritt zu halten, trotz Ihres Alters.

Er lacht:

– Meines Alters? Ich bin erst vierzig, und ich habe den Krieg mitgemacht. Ich habe gelernt, Städte zu durchqueren, ohne ein Geräusch zu machen.

Kurz darauf fügt er hinzu:

– Du hast recht. Ich bin jetzt alt. Meine Jugend hat der Krieg geschluckt. Hast du was zu trinken?

Ich stelle Branntwein auf den Tisch, ich sage:

– Sie wollen über die Grenze, stimmt's?

Er lacht wieder:

– Wie hast du das erraten? Hast du was zu essen?

Ich sage:

– Ich kann Ihnen ein Pilzomelett machen. Und ich habe auch Ziegenkäse.

Während ich das Essen zubereite, trinkt er.

Wir essen zusammen. Ich frage ihn:

– Wie sind Sie ins Grenzgebiet gekommen? Man braucht eine Sondererlaubnis, um in unsere Stadt zu gelangen.

Er sagt:

– Ich habe eine Schwester, die in dieser Stadt lebt. Ich habe um eine Besuchsgenehmigung gebeten, und ich habe sie bekommen.

– Aber Sie gehen nicht zu ihr.

– Nein, ich will ihr keine Scherereien machen. Da, verbrenn das alles in deinem Herd.

Er reicht mir seinen Ausweis und andere Papiere. Ich werfe alles ins Feuer.

Ich frage ihn:

– Warum wollen Sie von hier fort?

– Das geht dich nichts an. Zeig mir den Weg, mehr verlange ich nicht von dir. Ich lasse dir mein gesamtes Geld da.

Er legt Geldscheine auf den Tisch.

Ich sage:

– Es ist kein großes Opfer, dieses Geld hierzulassen. Es ist auf der anderen Seite sowieso nichts mehr wert.

Er sagt:

– Aber hier, für einen kleinen Kerl wie dich, ist es viel wert.

Ich werfe die Scheine ins Herdfeuer:

– Wissen Sie, ich brauche eigentlich gar nicht viel Geld. Ich habe hier alles, was ich brauche.

Wir sehen zu, wie das Geld verbrennt. Ich sage:

– Sie kommen nicht über die Grenze, ohne Ihr Leben zu riskieren.

Der Mann sagt:

– Das weiß ich.

Ich sage:

– Wissen Sie auch, daß ich Sie jeden Augenblick denunzieren

kann? Gegenüber von meinem Haus befindet sich eine Stellung der Grenzwacht, mit der ich zusammenarbeite. Ich bin ein Spitzel.

Der Mann erblaßt und sagt:

– Ein Spitzel, in deinem Alter?

– Das Alter spielt dabei keine Rolle. Ich habe mehrere Personen gemeldet, die über die Grenze wollten. Alles, was hier im Wald vor sich geht, sehe ich und melde es.

Und warum?

Weil man mir manchmal Provokateure schickt, um zu sehen, ob ich sie melde oder nicht. Bis jetzt konnte ich nicht anders als sie melden, ob es Provokateure waren oder nicht.

– Warum bis jetzt?

– Weil ich morgen mit Ihnen über die Grenze gehe. Auch ich möchte weg von hier.

Am nächsten Tag, kurz vor Mittag, überqueren wir die Grenze.

Der Mann geht als erster, er hat keine Chance. An der zweiten Sperre geht eine Mine hoch und der Mann mit ihr. Ich gehe hinter ihm, ich laufe keine Gefahr.

*

Ich sehe bis spät in die Nacht auf den leeren Platz. Als ich mich schließlich schlafen lege, habe ich einen Traum.

Ich gehe zum Fluß hinunter, mein Bruder ist da, er sitzt am Ufer und angelt. Ich setze mich neben ihn:

– Fängst du viele?

– Nein. Ich wartete auf dich.

Er steht auf, packt seine Angelrute ein:

– Es gibt schon lange keine Fische mehr hier. Es ist nicht mal mehr Wasser da.

Er nimmt einen Stein, er wirft ihn auf die anderen Steine im ausgetrockneten Flußbett.

Wir gehen auf die Stadt zu. Ich bleibe vor einem Haus mit grünen Fensterläden stehen. Mein Bruder sagt:

– Ja, das war unser Haus. Du hast es wiedererkannt.

Ich sage:

– Ich habe es wiedererkannt. Aber es stand früher nicht hier. Es stand in einer anderen Gegend.

Mein Bruder verbessert mich:

– In einem anderen Leben. Und jetzt steht es hier, und es ist leer.

Wir kommen zum großen Platz.

Vor der Tür der Buchhandlung sitzen zwei kleine Jungen auf der Treppe, die zu der Wohnung hinaufführt.

Mein Bruder sagt:

– Das sind meine Söhne. Ihre Mutter ist weggegangen.

Wir kommen in die große Küche. Mein Bruder macht das Abendessen zurecht. Die Kinder essen schweigend, ohne aufzublicken.

Ich sage:

– Deine Söhne sind glücklich.

– Sehr glücklich. Ich bringe sie jetzt ins Bett.

Als er zurückkommt, sagt er:

– Gehen wir in mein Zimmer.

Wir betreten den großen Raum, mein Bruder holt hinter den Büchern seiner Bibliothek eine Flasche hervor:

– Das ist alles, was noch da ist. Die Fässer sind leer.

Wir trinken. Mein Bruder streicht sanft über die rote Plüschdecke:

– Siehst du, es hat sich nichts verändert. Ich habe alles so gelassen, wie es war. Sogar diese häßliche Decke. Morgen kannst du hier einziehen.

Ich sage:

– Dazu habe ich keine Lust. Ich möchte lieber mit deinen Kindern spielen.

Mein Bruder sagt:

– Meine Kinder spielen nicht.

– Was machen sie denn?

– Sie bereiten sich auf ihren Weg durchs Leben vor.

Ich sage:

– Ich bin durchs Leben gegangen, und ich habe nichts gefunden.

Mein Bruder sagt:

– Es gibt nichts zu finden. Was suchtest du denn?

– Dich. Deinetwegen bin ich zurückgekommen.

Mein Bruder lacht:

– Warum meinetwegen? Du weißt doch, daß ich nur ein Traum bin. Du mußt dich damit abfinden. Es ist nichts da, nirgends.

Ich friere, ich stehe auf:

– Es ist spät, ich muß nach Hause.

– Nach Hause? Wohin?

– Ins Hotel.

– Welches Hotel? Dein Zuhause ist hier. Ich werde dich zu unseren Eltern führen.

– Zu unseren Eltern? Wo sind sie?

Mein Bruder deutet auf die braune Tür, die ins andere Zimmer der Wohnung führt.

– Da drüben. Sie schlafen.

– Zusammen?

– Wie immer.

Ich sage:

– Wir wollen sie nicht wecken.

Mein Bruder sagt:

– Warum nicht? Sie werden sich freuen, dich wiederzusehen nach so vielen Jahren.

Ich weiche zurück zur Tür:

– Ich will sie nicht wiedersehen, ich kann es nicht.

Mein Bruder faßt mich am Arm:

– Du willst nicht, du kannst nicht. Ich selbst sehe sie jeden Tag. Du mußt sie doch wenigstens einmal sehen, ein einziges Mal!

Mein Bruder zieht mich zur braunen Tür; mit meiner freien Hand ergreife ich einen schweren glänzenden Aschenbecher, der auf dem Tisch steht, und versetze meinem Bruder damit einen Schlag in den Nacken.

Er stößt mit der Stirn gegen die Tür, er stürzt, um seinen Kopf auf dem Parkett ist Blut.

Ich gehe aus dem Haus, ich setze mich auf eine Bank. Ein großer Mond beleuchtet den leeren Platz.

Ein alter Mann bleibt vor mir stehen, er bittet mich um eine Zigarette. Ich gebe sie ihm samt Feuer.

Er bleibt da vor mir stehen und raucht.

Kurz darauf fragt er:

– Du hast ihn also erschlagen?

Ich sage:

– Ja.

Der alte Mann sagt:

Du hast getan, was du tun mußtest. Das ist gut so. Es gibt nur wenige Leute, die tun, was nötig ist.

Ich sage:

– Er wollte die Tür aufmachen, deswegen.

– Es war richtig so. Es war richtig, ihn daran zu hindern. Du mußtest ihn ja umbringen. So findet alles wieder seine Ordnung, seine natürliche Ordnung.

Ich sage:

– Aber er wird nie mehr da sein. Die Ordnung ist mir egal, wenn er doch nie mehr da sein wird.

Der Alte sagt:

– Im Gegenteil. Von nun an wird er jederzeit und an jedem Ort bei dir sein.

Der alte Mann geht weg, er klingelt an der Tür eines kleinen Hauses, er geht hinein.

Als ich aufwache, ist der Platz schon lange voller Leben. Die Leute gehen zu Fuß oder fahren mit dem Rad. Man sieht nur wenige Autos. Die Geschäfte sind geöffnet, die Buchhandlung auch. Auf den Korridoren des Hotels wird staubgesaugt.

Ich öffne die Tür, ich rufe nach der Putzfrau:

– Können Sie mir einen Kaffee bringen?

Sie dreht sich um, es ist eine junge Frau mit tiefschwarzem Haar.

– Ich darf die Gäste nicht bedienen, ich bin hier nur Putzfrau. Wir bedienen nicht in den Zimmern. Es gibt ein Restaurant und eine Bar.

Ich gehe zurück in mein Zimmer, ich putze mir die Zähne, dusche und krieche wieder unter meine Decken. Ich friere.

Es klopft an der Tür, die Putzfrau kommt herein, sie stellt ein Tablett auf den Nachttisch:

– Sie können den Kaffee in der Bar bezahlen, wann Sie wollen.

Sie legt sich neben mich ins Bett, sie bietet mir ihren Mund. Ich wende den Kopf ab:

– Nein, meine Schöne. Ich bin alt und krank.

Sie steht auf, sie sagt:

– Ich habe wenig Geld. Die Arbeit, die ich mache, wird sehr schlecht bezahlt. Ich möchte meinem Sohn zum Geburtstag ein Geländerad schenken. Und ich bin alleinstehend.

– Ich verstehe.

Ich gebe ihr einen Schein, ohne zu wissen, ob es wenig oder viel ist, ich bin noch nicht an die hiesigen Preise gewöhnt.

Gegen drei Uhr nachmittags verlasse ich das Hotel.

Ich gehe langsam. Nach einer halben Stunde erreiche ich schließlich doch das Ende der Stadt. Da, wo Großmutters Haus stand, ist jetzt ein gut gepflegter Sportplatz. Kinder spielen darauf.

Ich bleibe lange am Ufer des Flusses sitzen, dann gehe ich in die Stadt zurück. Ich schlendere durch die Altstadt, durch die Gäßchen ums Schloß, ich steige zum Friedhof hinauf, aber Großmutters Grab finde ich nicht mehr.

Jeden Tag gehe ich so spazieren, stundenlang, durch alle Straßen der Stadt. Vor allem durch die engen Straßen, wo die Häuser tief eingesackt sind und die Fenster sich zu ebener Erde befinden. Ich setze mich manchmal in einen Park oder auf ein Mäuerchen am Schloß oder auf einen Grabstein auf dem Friedhof. Wenn ich Hunger habe, gehe ich in ein kleines Lokal und esse, was es gerade gibt. Danach trinke ich ein paar Glas mit den Arbeitern, niemand erkennt mich wieder, niemand erinnert sich an mich.

Eines Tages komme ich in die Buchhandlung, um Papier und Bleistifte zu kaufen. Der dicke Mann aus meinen Kindertagen ist nicht mehr da, eine Frau führt jetzt das Geschäft. Sie sitzt in einem Lehnstuhl an der Glastür, die auf den Garten geht, und strickt. Sie lächelt mir zu:

– Ich kenne Sie vom Sehen. Ich sehe Sie jeden Tag im Hotel ein- und ausgehen. Außer wenn Sie sehr spät zurückkommen und ich schon schlafe. Ich wohne über der Buchhandlung und schaue abends gerne auf den Platz hinunter.

Ich sage:

– Ich auch.

Sie fragt:

– Sind Sie auf Urlaub hier? Für länger?

– Ja, auf Urlaub. Gewissermaßen. Ich möchte so lange bleiben wie möglich. Das hängt von meinem Visum ab, und auch von meinem Geld.

– Ihrem Visum? Sind Sie denn Ausländer? Das hätte ich nicht gedacht.

– Ich habe meine Kindheit in dieser Stadt verbracht. Ich bin in diesem Land geboren. Aber ich lebe schon lange im Ausland.

Sie sagt:

– Es kommen viele Ausländer jetzt, wo das Land frei geworden ist. Diejenigen, die nach der Revolution weggegangen sind, kommen zu Besuch, aber es kommen vor allem viele Neugierige, viele Touristen. Sie werden sehen, sobald das Wetter schön wird, kommen ganze Busse voll. Dann ist es vorbei mit unserer Ruhe.

Das Hotel füllt sich tatsächlich immer mehr. Samstags werden Tanzabende veranstaltet. Sie dauern manchmal bis vier Uhr früh. Ich ertrage weder die Musik noch das Gekreische und Gelächter der Leute, die sich da vergnügen. Also bleibe ich auf der Straße, ich setze mich auf eine Bank mit einer Flasche Wein, die ich mir tagsüber gekauft habe, und warte.

Eines Abends setzt sich ein kleiner Junge neben mich:

– Darf ich bei Ihnen bleiben? Ich habe nachts etwas Angst.

Ich erkenne seine Stimme. Es ist der Junge, der mir bei meiner Ankunft den Koffer getragen hat. Ich frage ihn:

– Was machst du so spät hier?

Er sagt:

– Ich warte auf meine Mutter. Wenn abends was los ist, muß sie lange dableiben und beim Servieren und Abwaschen helfen.

– Na und? Du kannst doch zu Hause bleiben und in Ruhe schlafen.

– Ich kann nicht in Ruhe schlafen. Ich habe Angst, daß meiner Mutter etwas passiert. Wir wohnen weit weg von hier, ich kann sie nachts nicht allein gehen lassen. Es gibt Männer, die überfallen Frauen, die nachts allein unterwegs sind. Das weiß ich vom Fernsehen.

– Und wie ist das mit den Kindern, überfällt man die nicht?

– Nein, eigentlich nicht. Nur die Frauen. Vor allem, wenn sie hübsch sind. Ich selbst könnte mich verteidigen. Ich laufe sehr schnell.

Wir warten. Langsam wird es still im Hotel. Eine Frau kommt heraus, es ist dieselbe, die mir jeden Morgen den Kaffee bringt. Der kleine Junge läuft auf sie zu, sie gehen zusammen weg, Hand in Hand.

Es kommen noch mehr Angestellte aus dem Hotel, sie entfernen sich rasch. Ich gehe auf mein Zimmer.

Am nächsten Tag gehe ich zu der Frau in der Buchhandlung:

– Ich kann nicht länger im Hotel bleiben. Es sind zu viele Leute da, es ist zu laut. Kennen Sie jemanden, der mir ein Zimmer vermieten könnte?

Sie sagt:

– Ziehen Sie zu mir. Hier, nach oben.

– Ich würde Sie stören.

– Aber nein. Ich ziehe zu meiner Tochter. Sie wohnt nicht weit von hier. Sie hätten die ganze Etage für sich. Zwei Zimmer, Küche, Bad.

– Wie teuer?

– Wieviel bezahlen Sie im Hotel?

Ich nenne ihr den Preis. Sie lächelt:

– Das sind Preise für Touristen. Bei mir können Sie für die Hälfte wohnen. Ich werde sogar nach Ladenschluß saubermachen. Zu der Zeit sind Sie immer außer Haus, ich würde Sie nicht stören. Wollen Sie die Wohnung besichtigen?

– Nein, ich bin sicher, daß sie mir gefällt. Wann kann ich einziehen?

– Schon morgen, wenn Sie wollen. Ich muß nur meine Kleider und ein paar persönliche Dinge mitnehmen.

Am nächsten Tag packe ich meinen Koffer, ich bezahle die Hotelrechnung. Ich treffe kurz vor Ladenschluß in der Buchhandlung ein. Die Frau reicht mir einen Schlüssel:

– Das ist der Schlüssel für die Haustür. Man kann aus dem

Geschäft direkt nach oben in die Wohnung hinauf, aber Sie nehmen besser die andere Tür, die zur Straße hinausgeht. Ich zeige sie Ihnen.

Sie schließt das Geschäft. Wir steigen eine enge Treppe hinauf, wir gelangen auf einen Treppenabsatz, der von zwei Fenstern zur Gartenseite hin erhellt wird. Die Frau aus der Buchhandlung erklärt mir:

– Die linke Tür führt zum Schlafzimmer, gegenüber ist das Bad. Die zweite Tür führt zum Salon, von dem Sie auch ins Schlafzimmer kommen. Dort hinten ist die Küche. Es steht ein Kühlschrank darin, in dem noch ein paar Vorräte sind.

Ich sage:

– Ich brauche nur Kaffee und Wein. Meine Mahlzeiten nehme ich im Wirtshaus ein.

Sie sagt:

– Das sind keine gesunden Mahlzeiten. Der Kaffee steht auf dem Regal, und eine Flasche Wein finden Sie im Kühlschrank. Ich muß jetzt gehen. Ich hoffe, daß Sie sich hier wohl fühlen.

Sie geht. Ich mache sofort die Flasche Wein auf; ich werde morgen neuen besorgen. Ich gehe in den Salon. Es ist ein großer, einfach möblierter Raum. Zwischen den beiden Fenstern steht ein großer Tisch mit einer roten Plüschdecke. Ich lege sofort meine Papiere und Bleistifte darauf. Dann gehe ich ins Schlafzimmer. Es ist ein schmales Zimmer mit einem einzigen Fenster oder vielmehr einer Glastür, die auf einen kleinen Balkon hinausführt.

Ich stelle meinen Koffer aufs Bett, ich räume meine Sachen in den leeren Schrank.

An diesem Abend gehe ich nicht aus. Ich leere die Flasche Wein und setze mich in einen alten Lehnstuhl an ein Fenster im Salon.

Ich blicke auf den Platz, dann lege ich mich in ein Bett, das nach Seife riecht.

Als ich am nächsten Morgen gegen zehn Uhr aufstehe, finde ich zwei Zeitungen auf dem Küchentisch und einen Topf Gemüsesuppe auf dem Küchenherd. Die Suppe esse ich später, bevor ich ausgehe, gegen vier Uhr nachmittags.

Die Frau aus dem Laden stört mich nicht. Ich sehe sie nur, wenn ich sie unten besuche. Wenn ich weg bin, putzt sie die Wohnung, sie nimmt auch meine schmutzige Wäsche mit und bringt sie sauber und gebügelt wieder.

Die Zeit vergeht schnell. Ich muß in die Kreisstadt fahren, um mein Visum verlängern zu lassen. Eine junge Frau drückt den Stempel in meinen Paß: FÜR EINEN MONAT VERLÄNGERT. Ich bezahle und bedanke mich. Sie lächelt mich an:

– Heute abend bin ich in der Bar des Grand Hotel. Dort ist immer was los. Es sind viele Ausländer da, Sie könnten Landsleute treffen.

Ich sage:

– Ja, vielleicht komme ich.

Ich fahre sofort wieder mit dem roten Zug zurück in meine kleine Stadt.

Einen Monat später ist die junge Frau nicht mehr so nett, sie stempelt meinen Paß, ohne ein Wort zu sagen, und beim dritten Mal macht sie mich barsch darauf aufmerksam, daß eine vierte Verlängerung nicht möglich ist.

Am Ende des Sommers habe ich kaum noch Geld, ich muß sparen.

Ich kaufe mir eine Mundharmonika und spiele wie in meiner Kindheit in Kneipen. Die Kunden spendieren mir was zu trinken. Was die Mahlzeiten betrifft, so begnüge ich mich mit der Gemüsesuppe meiner Vermieterin. Im September und im Oktober kann ich nicht einmal mehr meine Miete bezahlen. Die Frau fragt nicht danach, sie macht nach wie vor sauber, wäscht meine Wäsche, bringt mir die Suppe.

Ich weiß nicht, wie ich es machen soll, aber ich will nicht

zurück in das andere Land, ich muß hierbleiben, ich muß hier sterben, in dieser Stadt.

Seit ich hier angekommen bin, sind meine Schmerzen nicht wieder aufgetreten, obwohl ich viel zu viel trinke und rauche.

*

Am 30. Oktober feiere ich mit meinen Saufkumpanen meinen Geburtstag in einer der meistbesuchten Kneipen der Stadt. Alle bezahlen für mich. Die Paare tanzen zu den Klängen meiner Mundharmonika. Frauen küssen mich ab. Ich bin betrunken. Ich fange an, von meinem Bruder zu sprechen wie jedes Mal, wenn ich zuviel getrunken habe. Alle in der Stadt kennen meine Geschichte: Ich bin auf der Suche nach meinem Bruder, mit dem ich hier gelebt habe, in dieser Stadt, bis zum Alter von fünfzehn Jahren. Hier muß ich ihn wiederfinden, ich warte auf ihn, ich weiß, daß er kommen wird, sobald er weiß, daß ich aus dem Ausland zurück bin.

Das alles ist gelogen. Ich weiß gut, daß ich in dieser Stadt schon bei Großmutter allein war, daß ich mir damals schon einredete, wir seien zwei, mein Bruder und ich, um die unerträgliche Einsamkeit zu ertragen.

In der Kneipe wird es gegen Mitternacht etwas ruhiger. Ich spiele nicht mehr, ich trinke nur noch. Ein alter zerlumpter Mann setzt sich mir gegenüber. Er trinkt aus meinem Glas. Er sagt:

– Ich erinnere mich genau an euch beide. An deinen Bruder und dich.

Ich sage nichts. Ein anderer, jüngerer Mann bringt einen Liter Wein an meinen Tisch. Ich bitte um ein sauberes Glas. Wir trinken.

Der jüngere Mann fragt mich:

– Was gibst du mir, wenn ich deinen Bruder wiederfinde?

Ich sage zu ihm:

– Ich habe kein Geld mehr.

Er lacht:

– Aber du kannst Geld aus dem Ausland kommen lassen. Alle Ausländer sind reich.

– Ich nicht. Ich kann nicht einmal ein Glas für dich bezahlen.

Er sagt:

– Das macht nichts. Noch einen Liter, auf meine Rechnung.

Die Kellnerin bringt den Wein, sie sagt:

– Das ist der letzte. Ich bediene euch nicht mehr. Wenn wir nicht schließen, kriegen wir Ärger mit der Polizei.

Der Alte trinkt weiter und sagt von Zeit zu Zeit:

– Ja, ich habe euch gut gekannt, euch zwei, ihr wart zwei pfiffige Kerle, schon damals. Ja, ja.

Der Jüngere sagt:

– Ich weiß, daß dein Bruder sich im Wald versteckt. Ich habe ihn ein paarmal von weitem gesehen. Er lebt wie ein wildes Tier. Er hat sich Kleider aus Militärdecken gemacht, und er geht barfuß, sogar im Winter. Er lebt von Kräutern, Wurzeln, Kastanien und kleinem Getier. Er hat langes graues Haar, auch sein Bart ist grau. Er besitzt ein Messer und Streichhölzer, er raucht Zigaretten, die er sich selbst dreht, ein Zeichen, daß er manchmal in die Stadt kommt, bei Nacht. Vielleicht kennen ihn die Mädchen, die hinterm Friedhof wohnen, die vom leichten Gewerbe. Zumindest eine von ihnen. Vielleicht empfängt sie ihn heimlich und gibt ihm alles, was er braucht. Man könnte eine Treibjagd veranstalten. Wenn alle mitmachen, werden wir ihn schon schnappen.

Ich stehe auf, ich hau ihm eine runter:

– Du lügst! Das ist nicht mein Bruder. Und wenn du jemanden schnappen willst, dann rechne nicht mit mir.

Ich schlage noch mal zu, er fällt vom Stuhl. Ich kippe den Tisch um, ich brülle weiter:

– Das ist nicht mein Bruder!

Die Kellnerin ruft auf die Straße hinaus:

– Polizei! Polizei!

Jemand hat wohl telefoniert, denn die Polizei kommt sehr schnell. Zwei Polizisten. Zu Fuß. In der Kneipe wird es still. Einer der Polizisten fragt:

– Was ist hier los? Es müßte schon längst geschlossen sein.

Der Mann, den ich geschlagen habe, stöhnt:

– Er hat mich geschlagen.

Mehrere Personen zeigen mit dem Finger auf mich:

– Der da.

Der Polizist hilft dem Mann auf die Beine:

– Hör auf zu jammern. Dir fehlt überhaupt nichts. Du bist blau wie gewöhnlich. Du solltest lieber nach Hause gehen. Ihr alle solltet lieber nach Hause gehen.

Er wendet sich zu mir:

– Sie kenne ich nicht. Zeigen Sie mir mal Ihre Papiere.

Ich versuche wegzulaufen, aber die anderen, die um mich herum stehen, halten mich fest. Der Polizist durchsucht meine Taschen, er findet meinen Paß. Er schaut ihn sich lange an, er sagt zu seinem Kollegen:

– Sein Visum ist abgelaufen. Seit mehreren Monaten. Wir müssen ihn mitnehmen.

Ich wehre mich, aber sie legen mir Handschellen an und nehmen mich mit auf die Straße. Ich schwanke, ich kann kaum gehen, so daß sie mich fast zum Polizeirevier tragen müssen. Dort nehmen sie mir die Handschellen ab, legen mich auf ein Bett und gehen, die Tür hinter sich zuschließend, davon.

Am nächsten Morgen verhört mich ein Polizeioffizier. Er ist jung, hat rotes Haar und ein Gesicht voller Sommersprossen.

Er sagt zu mir:

– Sie dürfen nicht länger in unserem Land bleiben. Sie müssen abreisen.

Ich sage:

– Ich habe kein Geld für den Zug. Ich habe überhaupt kein Geld mehr.

– Ich werde Ihre Botschaft benachrichtigen. Man wird Sie repatriieren.

Ich sage:

Ich will nicht von hier fort. Ich muß meinen Bruder wiederfinden.

Der Offizier zuckt mit den Achseln.

– Sie können wiederkommen, wann Sie wollen. Sie können sich sogar endgültig hier niederlassen, aber dafür gibt es Vorschriften. Man wird Ihnen das bei Ihrer Botschaft erklären. Was Ihren Bruder betrifft, so werde ich Nachforschungen anstellen. Haben Sie Angaben über ihn, die uns dabei helfen könnten?

– Ja, ich habe ein handgeschriebenes Manuskript von ihm. Es liegt in meiner Wohnung, über der Buchhandlung, auf dem Tisch im Salon.

– Und wie sind Sie in den Besitz dieses Manuskripts gekommen?

– Jemand hat es an der Hotelrezeption für mich abgegeben.

Er sagt:

– Sonderbar, sehr sonderbar.

An einem Novembermorgen werde ich ins Büro des Offiziers gerufen. Er läßt mich Platz nehmen, er reicht mir mein Manuskript.

– Da bitte, ich gebe es Ihnen zurück. Es ist reine Phantasie, Ihr Bruder hat nichts damit zu tun.

Wir schweigen. Das Fenster ist offen. Es regnet, es ist kalt. Schließlich redet der Offizier:

– Auch was Ihre Person betrifft, haben wir in den Stadtarchiven nichts gefunden.

Ich sage:

– Kein Wunder. Großmutter hat mich nie gemeldet. Und ich bin nie zur Schule gegangen. Aber ich weiß, daß ich in der Hauptstadt geboren bin.

– Die Archive der Hauptstadt wurden bei den Bombenangriffen total vernichtet. Man wird Sie um vierzehn Uhr abholen.

Er hat das sehr schnell hinzugefügt.

Ich verstecke meine Hände unter dem Tisch, denn sie zittern.

– Um vierzehn Uhr? Heute?

– Ja, es tut mir leid. Es kommt so plötzlich. Ich wiederhole, Sie können jederzeit zurückkommen. Sie können auch endgültig hierbleiben. Viele Emigranten tun das. Unser Land gehört jetzt zur freien Welt. Bald brauchen Sie kein Visum mehr.

Ich sage zu ihm:

– Für mich ist es dann zu spät. Ich bin herzkrank. Ich bin nur zurückgekehrt, weil ich hier sterben wollte. Was meinen Bruder angeht, so hat es ihn vielleicht nie gegeben.

Der Offizier sagt:

– Ja, so ist es. Wenn Sie weiterhin diese Geschichten von Ihrem Bruder erzählen, wird man glauben, Sie seien verrückt.

– Glauben Sie das auch?

Er schüttelt den Kopf:

– Nein, ich glaube nur, daß Sie die Wirklichkeit mit der Literatur verwechseln. Mit Ihrer Literatur. Ich glaube auch, daß es besser ist, wenn Sie in Ihr Land zurückfahren, alles überdenken und dann wiederkommen. Vielleicht für immer. Das wünsche ich Ihnen, und das wünsche ich mir auch.

– Wegen unserer Schachpartien?

– Nein, nicht nur deswegen.

Er steht auf, er reicht mir die Hand:

– Ich werde nicht da sein, wenn Sie abfahren. Ich sage Ihnen jetzt schon auf Wiedersehen. Gehen Sie zurück in Ihre Zelle.

Ich gehe zurück in meine Zelle. Mein Wärter sagt zu mir:

– Es sieht so aus, als ob Sie heute abreisen.

– Ja, es sieht so aus.

Ich lege mich auf mein Bett, ich warte. Zur Mittagszeit kommt die Frau von gegenüber mit ihrer Suppe. Ich sage ihr, daß ich abreisen muß. Sie weint. Sie zieht einen Pullover aus ihrer Tasche und sagt zu mir:

– Ich habe diesen Pullover für Sie gestrickt. Ziehen Sie ihn an. Es ist kalt.

Ich ziehe den Pullover an, ich sage:

– Danke. Ich schulde Ihnen noch zwei Monate Miete. Ich hoffe, daß die Botschaft dafür aufkommt.

Sie sagt:

– Was macht das schon! Sie kommen doch wieder, nicht wahr?

– Ich werde es versuchen.

Sie geht mit Tränen in den Augen fort. Sie muß ihren Laden öffnen.

Mein Wärter und ich sitzen in der Zelle. Er sagt:

– Mir ist ganz komisch, wenn ich denke, daß Sie morgen nicht mehr da sind. Aber Sie kommen bestimmt wieder. Einstweilen wisch ich die Tafel aus.

Ich sage:

– Nein, auf keinen Fall. Wischen Sie nichts aus. Ich bezahle Ihnen meine Schulden, sobald die Leute von der Botschaft da sind.

Er sagt:

– Nein, nein, das war nur zum Spaß. Und ich habe oft gemogelt.

– Ach, deshalb haben Sie immer gewonnen!

– Seien Sie nicht böse, aber ich kann nun mal nicht anders als mogeln.

Er schnaubt, putzt sich die Nase:

– Wissen Sie, wenn ich einen Sohn kriege, dann soll er heißen wie Sie.

Ich sage zu ihm:

– Nennen Sie ihn lieber Lucas nach meinem Bruder. Das würde mich noch mehr freuen.

Er überlegt:

– Lucas? Ja, das ist ein hübscher Name. Ich werde mit meiner Frau darüber sprechen. Vielleicht ist sie einverstanden. Sie hat sowieso nichts zu sagen. Im Haus bestimme ich.

– Das kann ich mir denken.

Ein Polizist holt mich aus der Zelle. Mein Wärter und ich gehen hinaus auf den Hof. Dort steht ein gut gekleideter Mann mit Hut, Krawatte, Regenschirm. Der gepflasterte Hof glänzt im Regen.

Der Mann von der Botschaft sagt:

– Ein Wagen wartet auf uns. Ich habe Ihre Schulden schon bezahlt.

Er redet in einer Sprache, die ich eigentlich nicht verstehen sollte, die ich aber doch verstehe. Ich zeige auf meinen Wärter:

– Diesem Mann schulde ich Geld. Ehrenschulden.

Er fragt:

– Wieviel?

Er bezahlt, er faßt mich am Arm, er führt mich zu einem großen schwarzen Wagen, der vor dem Haus steht. Ein Chauffeur mit Mütze öffnet die Wagenschläge.

Der Wagen fährt ab. Ich frage den Mann aus der Botschaft, ob wir einen Augenblick vor der Buchhandlung am Hauptplatz halten könnten, aber er schaut mich verständnislos an, und ich merke, daß ich in meiner früheren Sprache mit ihm gesprochen habe, in der Landessprache. Der Chauffeur fährt schnell, wir fahren am Platz vorbei, sind schon in der Bahnhofstraße, und meine kleine Stadt liegt bald hinter uns. Es ist warm im Wagen. Durchs Fenster sehe ich die Dörfer, Felder, Pappeln und Akazien vorbeigleiten, die Landschaft meines regen- und windgepeitschten Landes.

Auf einmal wende ich mich zu dem Mann aus der Botschaft:

– Das ist nicht die Straße zur Grenze. Wir fahren in die entgegengesetzte Richtung.

Er sagt:

– Wir bringen Sie zuerst zur Botschaft in der Hauptstadt. Über die Grenze fahren Sie erst in ein paar Tagen, im Zug.

Ich schließe die Augen.

*

Das Kind geht über die Grenze.

Der Mann geht voraus, das Kind wartet. Eine Explosion. Das Kind geht näher heran. Der Mann liegt an der zweiten Absperrung. Da läuft das Kind los. Zuerst in die Fußstapfen des Mannes tretend, dann auf seinen leblosen Körper, so gelangt es auf die andere Seite. Es versteckt sich hinter den Büschen.

Eine Truppe Grenzsoldaten kommt in einem Geländewagen angefahren. Es sind ein Feldwebel und mehrere Soldaten. Einer von ihnen sagt:

– Armer Irrer!

Ein anderer:

– Das nennt man Pech. Er hatte es fast geschafft.

Der Feldwebel brüllt:

– Hört auf zu blödeln. Wir müssen die Leiche holen.

Die Soldaten sagen:

– Was noch davon übrig ist …

– Wozu eigentlich?

Der Feldwebel sagt:

– Zum Identifizieren. Das sind Befehle. Die Leiche muß geholt werden. Freiwillige?

Die Soldaten sehen sich an:

– Die Minen. Man kann dabei draufgehen.

– Na und? Es ist unsere Pflicht. Feiger Haufen!

Ein Soldat hebt die Hand:

– Ich.

– Bravo. Nur zu, mein Junge. Ihr anderen, zurück.

Der Soldat geht langsam bis zu dem zerfetzten Körper vor, dann beginnt er zu rennen. Er läuft an dem Kind vorbei, ohne es zu sehen.

Der Feldwebel brüllt:

– Dieser Scheißkerl! Schießen! Feuer!

Die Soldaten schießen nicht.

– Er ist auf der anderen Seite. Wir können nicht auf die andere Seite schießen.

Der Feldwebel hebt sein Gewehr. Gegenüber tauchen zwei ausländische Grenzsoldaten auf. Der Feldwebel läßt die Waffe sinken, er reicht sie einem Soldaten. Er geht zu der Leiche, nimmt sie auf den Rücken, kehrt um und wirft den Körper auf die Erde. Er wischt sich das Gesicht am Uniformärmel:

– Das werdet ihr mir bezahlen, ihr Hurensöhne, ihr seid ein Scheißhaufen.

Die Soldaten rollen die Leiche in eine Plane, legen sie hinten ins Auto. Sie fahren weg. Die beiden ausländischen Grenzer entfernen sich ebenfalls.

Der Junge bleibt liegen, ohne sich zu rühren, er schläft ein. Am Morgen wecken ihn die Vögel. Er preßt seinen Mantel, seine Gummistiefel an sich, er geht ins Dorf. Dort stößt er auf zwei Grenzsoldaten, die ihn fragen:

– Und du? Woher kommst du?

– Von der anderen Seite der Grenze.

– Bist du rübergekommen? Wann?

– Gestern. Mit meinem Vater. Aber er ist gestürzt, er ist nach der Explosion liegengeblieben, und die Grenzer von drüben sind gekommen und haben ihn geholt.

– Ja, wir waren dabei. Aber dich haben wir nicht gesehen. Der Soldat, der desertiert ist, hat dich auch nicht gesehen.

– Ich habe mich versteckt. Ich hatte Angst.

– Wie kommt es, daß du unsere Sprache sprichst?

– Ich habe sie von den Soldaten im Krieg gelernt. Glauben Sie, daß die dort drüben meinen Vater versorgen werden?

Die Grenzer senken den Blick:

– Bestimmt. Komm mit. Du hast sicher Hunger.

Die Grenzsoldaten begleiten das Kind bis ins Dorf, die Frau des einen soll es in ihre Obhut nehmen.

– Gib ihm was zu essen, dann bring ihn zum Polizeirevier. Sag ihnen, daß wir um elf Uhr zum Rapport vorbeikommen.

Die Frau ist dick und blond, sie hat ein rotes, lächelndes Gesicht.

Sie fragt das Kind:

– Magst du Milch und Käse? Das Essen ist noch nicht fertig.

– Ja, ich mag alles. Ich esse, was es gibt.

Die Frau bedient ihn:

– Nein, warte. Erst mußt du dich waschen. Wenigstens das Gesicht und die Hände. Ich würde gern deine Sachen waschen, aber du hast nichts zum Wechseln, nehme ich an.

– Nein, nichts.

– Ich werde dir ein Hemd von meinem Mann leihen. Es wird dir zu groß sein, aber das macht nichts. Du brauchst nur die Ärmel hochzukrempeln. Da hast du einen Lappen. Das Bad ist dort drüben.

Das Kind nimmt seinen Mantel und seine Gummistiefel mit ins Bad. Es wäscht sich, kommt wieder in die Küche, ißt Brot und Käse, trinkt Milch. Es sagt:

– Danke schön.

Sie sagt:

– Du bist höflich und gut erzogen. Und du sprichst unsere Sprache sehr gut. Ist deine Mutter drüben geblieben?

– Nein, sie ist im Krieg gestorben.

– Armer Junge. Komm, wir müssen zum Kommissariat. Hab keine Angst, der Polizist ist nett, er ist ein Freund von meinem Mann.

Auf dem Revier sagt sie zum Polizisten:

– Das ist der Sohn des Mannes, der gestern versucht hat, über die Grenze zu gehen. Mein Mann kommt um elf Uhr vorbei. Ich würde den kleinen Kerl gern bei mir behalten, bis entschieden ist, was mit ihm wird. Vielleicht muß man ihn zurückschicken, er ist noch minderjährig.

Die Polizei sagt:

– Wir werden sehen. Auf jeden Fall kommt er zum Mittagessen wieder zu Ihnen.

Die Frau geht weg, und der Polizist reicht dem Kind einen Fragebogen:

– Füll den aus. Wenn du eine Frage nicht verstehst, fragst du mich.

Als das Kind den Fragebogen zurückgibt, liest der Polizist laut vor:

– Name und Vorname: Claus T. Alter: achtzehn Jahre. Du bist nicht sehr groß für dein Alter.

– Das ist wegen einer Kinderkrankheit.

– Hast du einen Ausweis?

– Nein, nichts. Mein Vater und ich haben alle Papiere verbrannt, bevor wir weggegangen sind.

– Warum?

– Ich weiß nicht. Wegen der Identifizierung. Mein Vater wollte das so.

– Dein Vater ist auf eine Mine getreten. Wenn du neben ihm gegangen wärst, wärst du auch in die Luft geflogen.

– Ich ging nicht neben ihm. Er hat gesagt, ich soll warten, bis er auf der anderen Seite ist, und ihm dann folgen.

– Warum seid ihr rübergegangen?

– Mein Vater wollte rüber. Er wurde immer wieder eingesperrt, er wurde überwacht. Er wollte nicht länger drüben leben. Und er hat mich mitgenommen, weil er mich nicht allein lassen wollte.

– Deine Mutter?

– Sie ist im Krieg umgekommen, bei einem Bombenangriff. Danach habe ich bei meiner Großmutter gelebt, aber die ist auch gestorben.

– Dann hast du also niemand mehr drüben. Niemand, der dich zurückverlangen könnte. Außer den Behörden, falls du ein Verbrechen begangen hast.

– Ich habe kein Verbrechen begangen.

– Gut, dann brauchen wir nur die Entscheidung meiner Vorgesetzten abzuwarten. Vorläufig darfst du das Dorf nicht verlassen. Da, unterschreib das Blatt hier.

Der Junge unterschreibt das Protokoll, in dem drei Lügen stehen.

Der Mann, mit dem er über die Grenze gegangen ist, war nicht sein Vater.

Der Junge ist nicht achtzehn Jahre alt, sondern fünfzehn.

Er heißt nicht Claus.

*

Ein paar Wochen später kommt ein Mann aus der Stadt in das Haus des Grenzsoldaten. Er sagt zu dem Jungen:

– Ich heiße Peter N. Ich werde mich von jetzt an um Sie kümmern. Hier ist Ihr Ausweis. Es fehlt nur noch Ihre Unterschrift.

Der Junge sieht sich den Ausweis an. Sein Geburtsdatum ist

um drei Jahre vordatiert, er heißt Claus, und seine Nationalität ist ›staatenlos‹.

Am selben Tag steigen Peter und Claus in den Autobus und fahren in die Stadt. Unterwegs stellt Peter Fragen:

– Was haben Sie vorher gemacht, Claus? Waren Sie Student?

– Student? Nein. Ich arbeitete in meinem Garten, ich versorgte meine Tiere, ich spielte in den Kneipen auf der Mundharmonika, ich trug den Reisenden ihre Koffer.

– Und was möchten Sie in Zukunft tun?

– Ich weiß nicht. Nichts. Warum muß man unbedingt etwas tun?

– Man muß Geld verdienen zum Leben.

– Ja, das weiß ich. Das habe ich immer getan. Ich will gern irgendeine Arbeit verrichten, um etwas Geld zu verdienen.

– Etwas Geld? Mit irgendeiner Arbeit? Sie können ein Stipendium bekommen und studieren.

– Ich habe keine Lust zum Studieren.

– Ein wenig studieren müssen Sie aber, um die Sprache korrekt zu lernen. Sie sprechen sie schon recht gut, aber man muß sie auch lesen und schreiben können. Sie werden in einem Jugendheim wohnen, zusammen mit anderen Studenten. Sie werden Ihr eigenes Zimmer haben. Sie nehmen Sprachkurse, und danach werden wir weitersehen.

Peter und Claus schlafen eine Nacht in einem Hotel der großen Stadt. Am Morgen nehmen sie den Zug und fahren in eine kleinere Stadt, die zwischen einem See und einem Wald liegt. Das Jugendheim befindet sich an einer abschüssigen Straße, mitten in einem Garten, in der Nähe des Stadtzentrums.

Sie werden von einem Ehepaar, dem Direktor und der Direktorin des Hauses, empfangen. Die beiden führen Claus in sein Zimmer. Das Fenster liegt zur Gartenseite.

Claus fragt:

– Wer hält den Garten in Ordnung?

Die Direktorin sagt:
– Ich, aber die Kinder helfen viel mit.
Claus sagt:
– Ich werde Ihnen auch helfen. Ihre Blumen sind sehr schön.
Die Direktorin sagt:
– Danke, Claus. Du wirst vollkommen frei sein hier, aber abends mußt du spätestens um elf Uhr zu Hause sein. Dein Zimmer putzt du selbst. Du kannst dir den Staubsauger bei der Hausmeisterin holen.
Der Direktor sagt:
– Wenn du Probleme hast, wende dich an mich.
Peter sagt:
– Sie werden sich wohl fühlen hier, nicht wahr, Claus?
Man zeigt Claus noch den Eßsaal, die Duschen und den Gemeinschaftsraum. Man macht ihn mit den Mädchen und Jungen bekannt, die im Haus wohnen.
Später zeigt Peter seinem Zögling die Stadt, dann nimmt er ihn mit zu sich nach Hause.
– Sie können immer zu mir kommen, wenn Sie mich brauchen. Das hier ist meine Frau Clara.
Sie essen alle drei zusammen zu Mittag, dann verbringen sie den Nachmittag in den Geschäften, um Kleidung und Schuhe zu kaufen.
Claus sagt:
– In meinem ganzen Leben habe ich nicht so viele Sachen zum Anziehen besessen.
Peter lächelt:
– Ihren alten Mantel und Ihre Stiefel können Sie wegwerfen. Sie werden jeden Monat eine gewisse Summe bekommen für Ihre Schulsachen und als Taschengeld. Wenn Sie mehr brauchen, sagen Sie es mir. Die Kosten für Ihre Pension und Ihre Kurse werden natürlich bezahlt.
Claus fragt:

– Wer gibt mir all das Geld? Sind Sie das?

– Nein, ich bin nur Ihr Tutor. Das Geld kommt vom Staat. Sie haben keine Eltern, der Staat muß für Sie aufkommen, bis Sie in der Lage sind, selbst Ihren Unterhalt zu bestreiten.

Claus sagt:

– Ich hoffe, das wird bald sein.

– In einem Jahr entscheiden Sie, ob Sie studieren oder lieber eine Lehre machen wollen.

– Ich habe keine Lust zum Studieren.

– Das werden wir sehen. Haben Sie denn überhaupt keinen Ehrgeiz, Claus?

– Ehrgeiz? Ich weiß nicht. Ich möchte nur Ruhe haben zum Schreiben.

– Schreiben? Was? Wollen Sie Schriftsteller werden?

– Ja. Man braucht nicht unbedingt zu studieren, um Schriftsteller zu werden. Man muß nur schreiben können, ohne zu viele Fehler zu machen. Ich will gern lernen, Ihre Sprache richtig zu schreiben, aber das genügt mir.

Peter sagt:

– Vom Schreiben kann man nicht leben.

Claus sagt:

– Ja, das weiß ich. Aber ich könnte tagsüber arbeiten und abends in aller Ruhe schreiben. So habe ich es schon bei Großmutter gemacht.

– Wieso? Haben Sie denn schon etwas geschrieben?

– Ja. Mehrere Hefte voll. Sie sind in meinen alten Mantel eingewickelt. Sobald ich in Ihrer Sprache schreiben kann, werde ich sie übersetzen und sie Ihnen zeigen.

Sie sind im Jugendheim, in Claus' Zimmer. Claus löst den Bindfaden, mit dem sein alter Mantel zusammengeschnürt ist. Er legt fünf Schulhefte auf den Tisch. Peter öffnet eins nach dem andern:

– Ich bin wirklich neugierig, was in diesen Heften steht. Ist es eine Art Tagebuch?

Claus sagt:
– Nein, es sind Lügen.
– Lügen?
– Ja. Erfundene Dinge. Geschichten, die nicht wahr sind, aber wahr sein könnten.
Peter sagt:
– Lernen Sie möglichst schnell unsere Sprache, Claus.

*

Gegen sieben Uhr abends kommen wir in der Hauptstadt an. Das Wetter hat sich verschlechtert, es ist kalt, und die Regentropfen haben sich in Eiskristalle verwandelt.

Das Botschaftsgebäude ist von einem großen Garten umgeben. Man führt mich in ein gut geheiztes Zimmer mit einem Doppelbett und einem Bad nebenan. Es ist wie ein Zimmer in einem Luxushotel.

Ein Kellner bringt mir eine Mahlzeit. Ich esse nur wenig davon. Diese Mahlzeit ist ganz anders als die, an die ich mich in der kleinen Stadt wieder gewöhnt hatte. Ich stelle das Tablett vor die Tür. Ein paar Meter weiter sitzt ein Mann auf dem Korridor.

Ich gehe unter die Dusche, ich putze mir die Zähne mit einer ganz neuen Bürste, die ich im Badezimmer vorfinde. Dort finde ich auch einen Morgenrock und, auf meinem Bett, einen Schlafanzug. Ich lege mich hin.

Meine Schmerzen setzen wieder ein. Ich warte ein wenig, aber sie werden unerträglich. Ich stehe auf, ich wühle in meinem Koffer, ich finde meine Medikamente, ich nehme zwei Pillen und lege mich wieder hin. Die Schmerzen werden nicht schwächer, sondern stärker. Ich schleppe mich zur Tür, ich öffne sie, der Mann sitzt immer noch da. Ich sage zu ihm:

– Bitte einen Arzt. Ich bin krank. Das Herz.

Er nimmt den Hörer vom Telefon, das neben ihm an der Wand hängt. Danach weiß ich nichts mehr, ich werde ohnmächtig. Ich wache in einem Krankenhausbett wieder auf.

Ich bleibe drei Tage im Krankenhaus. Ich werde von Kopf bis Fuß untersucht. Schließlich kommt der Kardiologe zu mir:

– Sie können aufstehen und sich anziehen. Man wird Sie in die Botschaft zurückbringen.

Ich frage:

– Werde ich nicht operiert?

– Eine Operation ist nicht nötig. Ihr Herz ist einwandfrei. Ihre Schmerzen kommen von Ihren Angstzuständen, von einer tiefen Depression. Nehmen Sie kein Trinitrin mehr, nur die starken Beruhigungsmittel, die ich Ihnen verschrieben habe.

Er gibt mir die Hand:

– Keine Angst, Sie können noch lange leben.

– Ich will nicht mehr lange leben.

– Sobald Sie von Ihrer Depression geheilt sind, werden Sie anderer Meinung sein.

Ein Wagen bringt mich zurück in die Botschaft. Man führt mich in ein Büro. Ein junger Mann mit krausem Haar bietet mir lächelnd einen Ledersessel an.

– Setzen Sie sich. Ich bin froh, daß im Krankenhaus alles gut verlaufen ist. Aber darum habe ich Sie nicht kommen lassen. Sie sind doch auf der Suche nach Ihrer Familie, insbesondere nach Ihrem Bruder, nicht wahr?

– Ja, meinem Zwillingsbruder. Aber ohne große Hoffnung. Haben Sie denn etwas herausgefunden? Man hat mir gesagt, die Archive seien zerstört.

– Ich brauchte keine Archive. Ich habe ganz einfach das Telefonbuch aufgeschlagen. Es gibt in dieser Stadt einen Mann, der denselben Namen trägt wie Sie. Denselben Familiennamen, aber auch denselben Vornamen.

– Claus?

– Ja. Klaus T., mit einem K. Es ist also klar, daß es sich nicht um Ihren Bruder handeln kann. Er kann aber mit Ihrer Familie verwandt sein und Ihnen vielleicht Auskunft geben. Hier ist seine Adresse und seine Telefonnummer für den Fall, daß Sie mit ihm Verbindung aufnehmen wollen.

Ich nehme die Adresse, ich sage:

– Ich weiß nicht recht. Ich möchte zuerst die Straße sehen und das Haus, in dem er wohnt.

– Ich verstehe. Wir können gegen siebzehn Uhr dort vorbeifahren. Ich komme mit. Sie dürfen nicht allein ausgehen, ohne gültige Papiere.

Wir fahren durch die Stadt. Es ist schon fast dunkel. Im Auto sagt der Mann mit dem Kraushaar zu mir:

– Ich habe mich nach Ihrem Namensvetter erkundigt. Er ist einer der bedeutendsten Dichter des Landes.

Ich sage:

– Die Frau aus der Buchhandlung, die mir ihre Wohnung vermietet hat, hat nie davon geredet. Sie hätte den Namen doch kennen müssen.

– Nicht unbedingt. Klaus T. schreibt unter einem Pseudonym. Sein Schriftstellername ist Klaus Lucas. Er gilt als ein Misanthrop. Man sieht ihn nie in der Öffentlichkeit, und von seinem Privatleben weiß man nichts.

Der Wagen hält in einer schmalen Straße zwischen zwei Reihen einstöckiger Häuser mit Gärten.

Der Mann mit dem krausen Haar sagt:

– Wir sind da. Nummer achtzehn. Das ist hier. Es ist eines der schönsten Viertel der Stadt. Das ruhigste und auch das teuerste.

Ich sage nichts. Ich betrachte das Haus. Es liegt etwas zurückversetzt. Vom Garten führen ein paar Stufen zur Haustür. Die Läden an den vier Fenstern zur Straße hin sind noch geöffnet. In der Küche brennt Licht, die beiden Fenster des Wohnzimmers leuchten bald darauf in bläulichem Schimmer. Das Arbeitszimmer bleibt vorläufig im Dunkeln. Den anderen Teil des Hauses, der nach hinten zum Hof liegt, kann man von hier aus nicht sehen. Dort sind noch drei Zimmer. Das Elternschlafzimmer, das Kinderzimmer und ein Gästezimmer, das meistens Mutters Nähzimmer war.

Im Hof war eine Art Schuppen fürs Holz, für die Fahrräder und für sperriges Spielzeug. Ich erinnere mich an die beiden roten Dreiräder und die Holzroller. Ich erinnere mich auch an die Reifen, die wir mit einem langen Stock die Straße entlangtrieben. An einer der Mauern lehnte ein großer Drachen. Im Hof stand auch eine Schaukel mit zwei Brettern nebeneinander. Unsere Mutter brachte uns in Schwung, wir flogen bis zu den Zweigen des Nußbaumes hinauf, der vielleicht immer noch hinterm Haus steht.

Der Mann aus der Botschaft fragt mich:

– Erinnert Sie das hier an irgend etwas?

Ich sage:

– Nein, an nichts. Ich war erst vier Jahre damals.

– Wollen Sie versuchen, sofort hineinzugelangen?

– Nein. Ich werde heute abend anrufen.

– Ja, das ist besser. Der Mann empfängt nicht so ohne weiteres. Vielleicht werden Sie ihn gar nicht zu Gesicht bekommen.

Wir fahren zurück zur Botschaft. Ich gehe hinauf in mein Zimmer. Ich lege die Nummer neben das Telefon. Ich nehme ein Beruhigungsmittel, ich öffne das Fenster. Es schneit. Die nassen Flocken fallen dumpf auf das gelbe Gras im Garten, auf die schwarze Erde. Ich lege mich aufs Bett.

Ich gehe durch die Straßen einer unbekannten Stadt. Es schneit, es wird immer dunkler. Die Straßen, die ich einschlage, sind immer schlechter beleuchtet. Unser Haus von früher befindet sich in der letzten Straße. Dahinter beginnt schon das offene Land. Es ist eine Nacht ohne jegliches Licht. Gegenüber vom

Haus ist eine Kneipe. Ich gehe hinein, ich bestelle eine Flasche Wein. Ich bin der einzige Gast.

Die Fenster des Hauses werden alle auf einmal hell. Ich sehe Schatten, die sich hinter den Vorhängen bewegen. Ich trinke die Flasche leer, ich verlasse die Kneipe, ich gehe über die Straße, ich läute am Gartentor. Nichts rührt sich, die Klingel ist kaputt. Ich öffne das schmiedeeiserne Tor, es ist nicht abgeschlossen. Ich gehe die fünf Stufen hinauf, die zur Verandatür führen. Ich klingele wieder. Zweimal, dreimal. Eine Männerstimme fragt hinter der Tür:

– Was gibt's? Was wollen Sie? Wer sind Sie?

Ich sage:

– Ich bin's, Claus.

– Claus, welcher Claus?

– Sie haben doch einen Sohn namens Claus?

– Unser Sohn ist hier, im Haus. Bei uns. Verschwinden Sie.

Der Mann entfernt sich von der Tür. Ich klingele wieder, ich klopfe, ich rufe:

– Vater, Vater, laßt mich herein. Ich habe mich geirrt. Mein Name ist Lucas. Ich bin euer Sohn Lucas.

Eine Frauenstimme sagt:

– Mach auf.

Die Tür wird geöffnet. Ein alter Mann sagt zu mir:

– Kommen Sie herein.

Er geht voran in den Salon, er setzt sich in einen Sessel.

Eine sehr alte Frau sitzt in einem anderen Sessel.

Sie sagt zu mir:

– Sie behaupten, unser Sohn Lucas zu sein? Wo waren Sie bisher?

– Im Ausland.

Mein Vater sagt:

– Soso, im Ausland. Und warum kommst du jetzt zurück?

– Um Sie zu sehen, Vater. Sie beide, und auch Klaus.

Meine Mutter sagt:

– Klaus ist nicht weggegangen.
Vater sagt:
– Wir haben jahrelang nach dir gesucht.
Mutter fährt fort:
– Dann haben wir dich vergessen. Du hättest nicht zurückkommen sollen. Du störst alle. Wir führen ein ruhiges Leben, wir wollen nicht gestört werden.
Ich frage:
– Wo ist Klaus? Ich will ihn sehen.
Mutter sagt:
– Er ist in seinem Zimmer. Wie gewöhnlich. Er schläft. Man darf ihn nicht wecken. Er ist erst vier Jahre alt, er braucht Schlaf.
Vater sagt:
– Nichts beweist, daß Sie Lucas sind. Gehen Sie.
Ich höre ihnen nicht mehr zu, ich verlasse den Salon, ich öffne das Kinderzimmer, ich knipse die Deckenlampe an. Ein kleiner Junge sitzt in seinem Bett, schaut mich an und fängt an zu weinen. Meine Eltern kommen angelaufen. Mutter nimmt den kleinen Jungen auf den Arm, sie wiegt ihn hin und her.
Hab keine Angst, mein Kleiner.
Vater packt mich am Arm, er durchquert mit mir den Salon und die Veranda, er macht die Tür auf und schubst mich die Treppe hinunter.
– Du hast ihn geweckt, du dummer Kerl. Hau ab!
Ich stürze, mein Kopf schlägt auf eine Treppenstufe, ich blute, ich bleibe im Schnee liegen.

Die Kälte macht mich wach. Wind und Schnee wehen in mein Zimmer, das Parkett vor dem Fenster ist naß.
Ich schließe das Fenster, ich gehe ins Bad und hole einen Lappen, ich wische die Wasserpfütze auf. Ich zittere, ich klappere mit den Zähnen. Im Badezimmer ist es warm, ich setze mich auf den Badewannenrand, ich nehme noch ein Beruhigungsmittel, ich

warte, daß das Zittern aufhört. Es ist sieben Uhr abends. Man bringt mir eine Mahlzeit. Ich frage den Kellner, ob ich eine Flasche Wein bekommen kann.

Er sagt zu mir:

– Ich werd mal sehen.

Ein paar Minuten später bringt er die Flasche.

Ich sage:

– Sie können das Tablett wieder mitnehmen.

Ich trinke. Ich gehe im Zimmer auf und ab. Vom Fenster zur Tür, von der Tür zum Fenster.

Um acht Uhr setze ich mich aufs Bett und wähle die Telefonnummer meines Bruders.

Zweiter Teil

Es ist acht Uhr, das Telefon klingelt. Mutter liegt schon im Bett. Ich sehe mir noch einen Krimi im Fernsehen an, wie jeden Abend.

Ich spucke den Keks, den ich gerade esse, in eine Papierserviette. Ich kann ihn vielleicht später weiteressen.

Ich nehme den Hörer ab. Ich sage nicht meinen Namen, ich sage nur:

– Ja bitte?

Eine Männerstimme am anderen Ende der Leitung sagt:

– Hier ist Lucas T. Ich möchte mit meinem Bruder Klaus T. sprechen.

Ich schweige. Der Schweiß läuft mir über den Rücken.

Schließlich sage ich:

– Das ist ein Irrtum. Ich habe keinen Bruder.

Die Stimme sagt:

– Doch. Einen Zwillingsbruder. Lucas.

– Mein Bruder ist längst tot.

– Nein, ich bin nicht tot. Ich lebe, Klaus, und ich möchte dich wiedersehen.

– Wo sind Sie? Woher kommen Sie?

– Ich habe lange im Ausland gelebt. Ich bin zur Zeit hier, in der Hauptstadt, in der Botschaft von D.

Ich hole tief Luft und sage in einem Zug:

– Ich glaube nicht, daß Sie mein Bruder sind. Ich empfange niemanden, ich will nicht gestört werden.

Er läßt nicht locker:

– Fünf Minuten, Klaus. Ich bitte dich nur um fünf Minuten. In zwei Tagen verlasse ich das Land und werde nicht wiederkommen.

– Kommen Sie morgen. Aber nicht vor acht Uhr abends.

Er sagt:

– Danke. Ich werde um halb neun bei uns sein, ich meine, bei dir.

Er hängt ein.

Ich wische mir die Stirn. Ich kehre vor den Fernseher zurück. Ich verstehe nichts mehr von dem Film. Ich werfe den Rest des Kekses in den Mülleimer. Ich habe keinen Appetit mehr. ›Bei uns‹. Ja, früher war das hier ›unser‹ Zuhause, aber das ist lange her. Jetzt ist es mein Zuhause, alles hier gehört einzig und allein mir.

Ich öffne ganz leise die Tür zu Mutters Schlafzimmer. Sie schläft. Sie ist so klein und zart, man könnte meinen, sie sei ein Kind. Ich streiche ihr die grauen Haare aus dem Gesicht, ich küsse sie auf die Stirn, ich streichle ihre faltigen Hände, die auf der Decke liegen. Sie lächelt im Schlaf, sie drückt mir die Hand, sie sagt leise:

– Mein Kleiner. Du bist da.

Dann fügt sie den Namen meines Bruders hinzu:

– Lucas, mein kleiner Lucas.

Ich gehe aus dem Zimmer. Ich hole mir eine Flasche starken Branntwein aus der Küche, ich setze mich ins Arbeitszimmer, um zu schreiben wie jede Nacht. Dieses Zimmer war das meines Vaters, ich habe nichts verändert, die alte Schreibmaschine ist noch da, der unbequeme Schreibtischstuhl, die Lampe, der Bleistiftständer. Ich versuche zu schreiben, aber ich kann nur weinen, wenn ich an die ›Geschichte‹ denke, die unser Leben, unser aller Leben kaputtgemacht hat.

Morgen wird Lucas kommen. Ich weiß, daß er es ist. Schon beim ersten Klingeln des Telefons wußte ich, daß er es war. Mein Telefon klingelt so selten. Ich habe mir den Anschluß nur wegen Mutter legen lassen, für den Notfall, um Bestellungen durchzugeben an Tagen, an denen ich keine Kraft habe, bis zum Supermarkt zu gehen oder an denen Mutters Gesundheitszustand mir nicht erlaubt, das Haus zu verlassen.

Morgen wird Lucas kommen. Wie soll ich es anstellen, daß Mutter es nicht erfährt? Daß sie nicht aufwacht, während Lucas hier ist? Sie woanders hinbringen? Flüchten? Wohin? Wie? Wie das vor Mutter begründen? Wir sind nie von hier weggegangen. Mutter will nicht von hier weg. Sie glaubt, es ist der einzige Ort, wo Lucas uns finden kann, wenn er wiederkommt.

Und er hat uns hier ja auch wiedergefunden.

Wenn er es wirklich ist.

Er ist es.

Ich brauche keinerlei Beweise, um sicher zu sein. Ich weiß es. Ich wußte es, ich habe immer gewußt, daß er nicht tot ist, daß er wiederkommen wird.

Aber warum jetzt? Warum so spät? Warum nach fünfzig Jahren?

Ich muß mich verteidigen. Ich muß Mutter verteidigen. Ich will nicht, daß Lucas unsere Ruhe stört, unsere Gewohnheiten, unser Glück. Ich will keine umwälzenden Veränderungen in unserem Leben. Weder Mutter noch ich würden ertragen, daß Lucas anfängt, in der Vergangenheit herumzuwühlen, Erinnerungen zu wecken, Mutter Fragen zu stellen.

Ich muß Lucas um jeden Preis fernhalten, ihn daran hindern, die entsetzliche Wunde wieder zu öffnen.

Es ist Winter. Ich muß Kohlen sparen. Ich heize Mutters Zimmer ein wenig mit einem elektrischen Öfchen, das ich eine Stunde, bevor sie zu Bett geht, anschalte, sobald sie eingeschlafen ist, ausschalte und eine Stunde, bevor sie aufsteht, wieder anschalte.

Mir reicht die Wärme des Küchenherds und die Kohlenheizung im Salon. Ich stehe früh auf und mache zuerst in der Küche Feuer. Sobald genug Glut da ist, bringe ich ein wenig davon in den Ofen im Wohnzimmer. Ich lege ein paar Briketts darauf, und eine halbe Stunde später ist es auch dort warm.

Spät abends, wenn Mutter schon schläft, öffne ich die Tür des Arbeitszimmers, und die Wärme des Wohnzimmers breitet sich sofort dort aus. Es ist ein kleiner Raum, er wird schnell warm. Dort ziehe ich mir Schlafanzug und Morgenrock an, bevor ich anfange zu schreiben. So kann ich nach dem Schreiben direkt in mein Schlafzimmer gehen und mich ins Bett legen.

An diesem Abend laufe ich in der Wohnung herum. Ich gehe ein paarmal in die Küche und bleibe dort jedesmal eine Weile. Dann gehe ich ins Kinderzimmer. Ich schaue hinaus in den Garten. Die kahlen Zweige des Nußbaums reichen bis ans Fenster. Feiner Schnee legt sich in dünnen, vereisten Schichten auf das Geäst, auf die Erde.

Ich gehe von einem Zimmer ins andere. Ich habe schon die Tür des Arbeitszimmers geöffnet, dort werde ich meinen Bruder empfangen. Ich werde die Tür zumachen, sobald mein Bruder da ist, auch wenn es dort kalt ist, ich will nicht, daß Mutter uns hört oder daß sie durch unsere Unterhaltung geweckt wird.

Was sage ich in dem Fall?

Ich sage:

– Leg dich wieder hin, Mutter, es ist nur ein Journalist.

Und zu dem anderen, zu meinem Bruder werde ich sagen:

– Es ist nur Antonia, meine Schwiegermutter, die Mutter meiner Frau. Sie wohnt seit ein paar Jahren bei uns, seitdem sie Witwe ist. Sie ist etwas wirr im Kopf. Sie bringt alles durcheinander, verwechselt alles. Sie bildet sich manchmal ein, sie sei meine Mutter, nur weil sie mich großgezogen hat.

Ich muß verhindern, daß sie sich sehen, sonst erkennen sie sich wieder. Mutter wird Lucas wiedererkennen. Und wenn Lucas unsere Mutter nicht wiedererkennt, wird sie ihn wiedererkennen und sagen:

– Lucas, mein Sohn!

Ich will kein ›Lucas, mein Sohn!‹ Jetzt nicht mehr. Das wäre zu einfach.

Heute habe ich, während Mutter ihr Mittagsschläfchen hielt, die großen und kleinen Uhren im Haus um eine Stunde vorgestellt. Zum Glück wird es um diese Jahreszeit sehr früh dunkel. Gegen fünf Uhr nachmittags ist es schon dunkel.

Ich bereite das Abendessen für Mutter schon eine Stunde früher. Karottenpüree mit ein paar Kartoffeln, Hackbraten und eine Karamelcreme als Nachspeise.

Ich decke den Tisch in der Küche, ich hole Mutter aus ihrem Zimmer. Sie kommt in die Küche, sie sagt:

– Ich habe noch keinen Hunger.

Ich sage:

– Du hast nie Hunger, Mutter. Man muß aber essen.

Sie sagt:

– Ich esse später.

Ich sage:

– Später ist alles kalt.

Sie sagt:

– Du brauchst es nur aufzuwärmen. Oder ich esse eben gar nichts.

Ich sage:

– Ich mach dir einen Tee, damit du Appetit bekommst.

In den Tee gebe ich ein Schlafmittel, eines von denen, die sie gewöhnlich nimmt. Neben den Tee lege ich ihr eine zweite Tablette hin.

Zehn Minuten später schläft Mutter vor dem Fernsehapparat ein. Ich trage sie auf den Armen in ihr Schlafzimmer, ich ziehe sie aus, ich lege sie ins Bett.

Ich gehe zurück ins Wohnzimmer. Ich stelle den Fernsehapparat leiser und dämpfe das Licht. Ich stelle die Zeiger auf dem Küchenwecker und auf der Wanduhr im Wohnzimmer wieder richtig.

Ich habe noch Zeit, etwas zu essen, bevor mein Bruder kommt. Ich esse in der Küche ein paar Happen Karottenpüree und Hackbraten. Mutter kaut schlecht trotz der Prothese, die ich ihr vor kurzem habe machen lassen. Sie hat auch keine gute Verdauung mehr.

Sobald ich mit dem Essen fertig bin, wasche ich das Geschirr ab, ich stelle die Reste in den Kühlschrank, es wird gerade reichen für morgen mittag.

Ich setze mich ins Wohnzimmer. Ich stelle zwei Gläser und eine Flasche Branntwein auf den kleinen Tisch neben meinem Sessel. Ich trinke, ich warte. Um Punkt acht Uhr sehe ich nach Mutter. Sie schläft tief. Jetzt beginnt der Krimi, ich versuche, ihn mir anzusehen. Gegen zwanzig nach acht gebe ich es auf, ich stelle mich ans Küchenfenster. Hier brennt kein Licht, man kann mich nicht von draußen sehen.

Punkt halb neun hält ein großer schwarzer Wagen vor dem Haus und parkt auf dem Bürgersteig. Ein Mann steigt aus, geht zum Gitter, klingelt.

Ich kehre zurück ins Wohnzimmer, ich sage in die Sprechanlage:

– Kommen Sie herein. Die Tür ist offen.

Ich knipse das Licht in der Veranda an, ich setze mich wieder in meinen Sessel, mein Bruder kommt herein. Er ist mager und blaß, er kommt hinkend, mit einer Aktentasche unterm Arm, auf mich zu. Tränen steigen mir in die Augen, ich stehe auf, ich gebe ihm die Hand:

– Seien Sie willkommen.

Er sagt:

– Ich werde dich nicht lange stören. Ein Wagen wartet auf mich.

Ich sage:

– Kommen Sie in mein Arbeitszimmer. Dort sind wir ungestörter.

Ich lasse den Fernseher an. Wenn Mutter aufwachen sollte, wird sie den Krimi hören wie jeden Abend.

Mein Bruder fragt:

– Stellst du den Fernseher nicht ab?

– Nein. Warum? In meinem Arbeitszimmer werden wir ihn nicht hören.

Ich nehme die Flasche und die beiden Gläser, ich setze mich an meinen Schreibtisch, ich zeige auf einen Stuhl mir gegenüber:

– Setzen Sie sich.

Ich hebe die Flasche hoch:

– Ein Glas?

– Ja.

Wir trinken. Mein Bruder sagt:

– Das war das Arbeitszimmer unseres Vaters. Es hat sich nicht verändert. Ich erkenne die Lampe wieder, die Schreibmaschine, die Kommode, die Stühle.

Ich lächle:

– Was erkennen Sie sonst noch?

– Alles. Die Veranda, das Wohnzimmer. Ich weiß, wo die Küche ist, das Kinderzimmer und das Schlafzimmer der Eltern.

Ich sage:

– Das ist nicht schwer. Diese Häuser sind alle nach demselben Schema gebaut.

Er sagt weiter:

– Vor dem Fenster des Kinderzimmers war ein Nußbaum. Seine Zweige reichten bis an die Scheiben, und es hing eine Schaukel daran. Mit zwei Brettern. Hinten im Hof, unter dem Vordach, stellten wir die Roller und Dreiräder ab.

Ich sage:

– Dort steht immer noch Spielzeug, aber es ist nicht dasselbe. Es gehört meinen Enkelkindern.

Wir schweigen. Ich fülle die Gläser zum zweitenmal. Als er sein Glas absetzt, fragt Lucas:

– Sag mal, Klaus, wo sind unsere Eltern?

– Meine sind tot. Wo Ihre Eltern sind, weiß ich nicht.

– Warum duzt du mich nicht, Klaus? Ich bin dein Bruder Lucas. Warum willst du mir nicht glauben?

– Weil mein Bruder tot ist. Ich würde sehr gern Ihre Papiere sehen, wenn es Ihnen nichts ausmacht.

Mein Bruder holt einen fremden Paß aus der Tasche, er reicht ihn mir. Er sagt:

– Es stimmt nicht alles. Er enthält ein paar Fehler.

Ich schaue mir den Paß genau an:

– Sie heißen also Claus, mit einem C. Ihr Geburtsdatum ist nicht dasselbe wie meines, aber Lucas und ich waren Zwillinge. Sie sind drei Jahre älter als ich.

Ich gebe ihm seinen Paß zurück. Die Hände meines Bruders zittern, seine Stimme ebenfalls:

– Als ich über die Grenze ging, war ich fünfzehn. Ich habe ein falsches Geburtsdatum angegeben, um mich älter zu machen, um als volljährig zu gelten. Ich wollte nicht unter Vormundschaft gestellt werden.

– Und der Vorname? Warum ein anderer Vorname?

– Deinetwegen, Klaus. Als ich den Fragebogen im Büro der Grenzpolizei ausfüllte, habe ich an dich gedacht, an deinen Vornamen, an den Vornamen, der mich während meiner ganzen Kindheit begleitet hat. Da habe ich statt Lucas Claus geschrieben. Du hast es genauso gemacht, als du deine Gedichte unter dem Namen Klaus Lucas veröffentlicht hast. Warum Lucas? Zur Erinnerung an mich?

Ich sage:

– Zur Erinnerung an meinen Bruder, das stimmt. Aber woher wissen Sie, daß ich Gedichte veröffentliche?

– Ich schreibe auch, aber keine Gedichte.

Er öffnet seine Aktentasche, er holt ein großes Schulheft hervor und legt es auf den Tisch.

– Das ist mein letztes Manuskript. Es ist unvollendet. Ich habe keine Zeit mehr, um es abzuschließen. Ich lasse es dir hier. Du wirst den Schluß schreiben. Du mußt den Schluß schreiben.

Ich schlage das Heft auf, aber er hält mich mit einer Handbewegung zurück:

– Nein, nicht jetzt. Wenn ich weg bin. Es gibt etwas Wichtiges, was ich von dir wissen möchte. Woher stammt meine Verletzung?

– Welche Verletzung?

– Eine Verletzung dicht an der Wirbelsäule. Eine Schußverletzung. Woher stammt die?

– Wie soll ich das wissen? Mein Bruder Lucas hatte keine Verletzung. Er hatte eine Kinderkrankheit. Kinderlähmung, glaube ich. Ich war erst vier oder fünf, als er gestorben ist, ich kann mich nicht genau daran erinnern. Ich weiß nur, was man mir später erzählt hat.

Er sagt:

– Ja, richtig. Auch ich habe lange Zeit geglaubt, ich hätte eine Kinderkrankheit gehabt. So wurde es mir erzählt. Aber später habe ich erfahren, daß ich eine Kugel abgekriegt habe. Wo? Wie? Der Krieg hatte gerade erst begonnen.

Ich schweige, zucke die Achseln. Lucas fährt fort:

– Wenn dein Bruder tot ist, muß es ein Grab geben. Sein Grab. Wo ist das? Kannst du es mir zeigen?

– Nein, das kann ich nicht. Mein Bruder ist in einem Massengrab begraben, in der Stadt S.

Ach ja? Und die Gräber von Vater und Mutter, wo sind die? Kannst du mir die zeigen?

– Nein, das kann ich auch nicht. Mein Vater ist nicht aus dem Krieg zurückgekommen, und meine Mutter und mein Bruder Lucas sind zusammen in der Stadt S. begraben.

Er fragt:

– Ich bin also nicht an Kinderlähmung gestorben?

– Mein Bruder nicht. Er ist bei einem Bombenangriff ums Leben gekommen. Meine Mutter hatte ihn in die Stadt S. begleitet, wo er in einem Rehabilitationsheim weiterbehandelt werden sollte. Das Heim wurde bombardiert, und weder mein Bruder noch meine Mutter sind zurückgekommen.

Lucas sagt:

– Wenn man dir das erzählt hat, hat man dich belogen. Mutter hat mich nicht in die Stadt S. begleitet. Und sie hat mich nie dort besucht. Ich habe mit meiner angeblichen Kinderkrankheit mehrere Jahre in dem Heim gelebt, bevor es bombardiert wurde. Und ich bin bei dem Bombenangriff nicht umgekommen, ich habe überlebt.

Ich zucke abermals die Achseln:

– Sie ja. Mein Bruder nicht. Auch meine Mutter nicht.

Wir sehen uns in die Augen, ich halte seinem Blick stand:

– Es handelt sich, wie Sie sehen, um zwei verschiedene Schicksale. Sie müssen Ihre Nachforschungen in einer anderen Richtung fortsetzen.

Er schüttelt den Kopf:

– Nein, Klaus, und das weißt du genau. Du weißt, daß ich dein Bruder Lucas bin, aber du leugnest es. Wovor hast du Angst? Sag es mir, Klaus, wovor?

Ich erwidere:

– Vor nichts. Wovor sollte ich Angst haben? Wenn ich überzeugt wäre, daß Sie mein Bruder sind, wäre ich überglücklich, weil ich Sie wiedergefunden hätte.

Er fragt:

– Weshalb hätte ich zu dir kommen sollen, wenn ich nicht dein Bruder wäre?

– Ich weiß es nicht. Da wäre auch noch Ihr Aussehen.

– Mein Aussehen?

– Ja. Sehen Sie mich an und dann sich selbst. Gibt es die geringste körperliche Ähnlichkeit zwischen uns? Lucas und ich waren eineiige Zwillinge, wir glichen einander aufs Haar. Sie sind einen Kopf kleiner als ich und wiegen bestimmt dreißig Kilo weniger.

Lucas sagt:

– Du vergißt meine Krankheit, meine Behinderung. Es ist ein Wunder, daß ich wieder gehen gelernt habe.

Ich sage:

– Lassen wir das. Sagen Sie mir, was nach dem Bombenangriff mit Ihnen geschehen ist.

Er sagt:

– Da meine Eltern nicht nach mir suchten, brachte man mich zu einer alten Bäuerin in die Stadt K. Ich habe bei ihr gewohnt und gearbeitet bis zu meiner Abreise ins Ausland.

– Und was machten Sie im Ausland?

– Alles mögliche, schließlich habe ich Bücher geschrieben. Und du, Klaus, wie hast du nach Mutters und Vaters Tod gelebt? Nach dem, was du mir erzählst, bist du schon als kleiner Junge Waise geworden.

– Ja, ich war noch klein. Aber ich hatte Glück. Ich blieb nur ein paar Monate im Waisenhaus. Eine befreundete Familie hat mich aufgenommen. Ich fühlte mich sehr glücklich bei ihr. Es war eine große Familie mit vier Kindern, von denen ich die älteste, Sarah, später geheiratet habe. Wir haben zwei Kinder, ein Mädchen und einen Jungen. Jetzt bin ich Großvater, ein glücklicher Großvater.

Lucas sagt:

– Das ist merkwürdig. Als ich hier hereinkam, hatte ich das Gefühl, daß du allein lebst.

– Im Moment lebe ich allein, das stimmt. Aber nur bis Weihnachten. Ich arbeite an einer Sache, die dringend fertig werden muß, und habe einen neuen Band Gedichte vorzubereiten. Danach werde ich zu Sarah, meiner Frau, und zu meinen Kindern und Enkelkindern in die Stadt K. fahren. Dort werden wir gemeinsam die Winterferien verbringen. In K. besitzen wir ein Haus, das wir von den Eltern meiner Frau geerbt haben.

Lucas sagt:

– Ich habe in der Stadt K. gelebt. Ich kenne sie genau. Wo liegt euer Haus?

– Am großen Platz, gegenüber vom Grand Hotel, neben der Buchhandlung.

– Ich war gerade mehrere Monate in der Stadt K. Ich habe sogar über der Buchhandlung gewohnt.

Ich sage:

– Was für ein Zufall. Es ist eine sehr schöne Stadt, nicht wahr? Als Kind habe ich meine Ferien oft dort verbracht, und meine Enkel sind auch gerne dort. Vor allem die Zwillinge, die Söhne meiner Tochter.

– Zwillinge? Wie heißen sie?

– Klaus und Lucas natürlich.

– Natürlich.

– Mein Sohn hat bisher nur ein Töchterchen, die Sarah heißt wie ihre Großmutter, das heißt meine Frau. Aber mein Sohn ist noch jung, er kann noch mehr Kinder in die Welt setzen.

Lucas sagt:

– Du bist ein glücklicher Mensch, Klaus.

Ich antworte:

– Ja. Sehr glücklich. Sie auch, denke ich, Sie haben doch auch eine Familie?

Er sagt:

– Nein. Ich habe immer allein gelebt.

– Warum?

Lucas sagt:

– Ich weiß nicht. Vielleicht hat mir niemand beigebracht, wie man liebt.

Ich sage:

– Das ist schade. Kinder bringen einem viel Freude. Ich kann mir mein Leben nicht ohne sie vorstellen.

Mein Bruder steht auf:

– Man wartet auf mich im Wagen. Ich will dich nicht länger stören.

Ich lächle:

– Sie haben mich nicht gestört. Sie werden nun also in Ihre Wahlheimat zurückkehren?

– Natürlich. Ich habe hier nichts mehr zu tun. Adieu, Klaus.

Ich stehe auf:

– Ich begleite Sie.

Am Gartentor gebe ich ihm die Hand:

– Auf Wiedersehen. Ich hoffe, daß Sie Ihre richtige Familie doch noch wiederfinden. Ich wünsche Ihnen viel Glück.

Er sagt:

– Du spielst deine Rolle bis zum Schluß, Klaus. Wenn ich gewußt hätte, daß du ein so hartes Herz hast, hätte ich nie versucht, dich wiederzutreffen. Ich bedaure aufrichtig, daß ich gekommen bin.

Mein Bruder steigt in den großen schwarzen Wagen, der abfährt und ihn mit fortnimmt.

Als ich die Treppe zur Veranda hinaufgehe, rutsche ich auf den vereisten Stufen aus, ich stürze, meine Stirn schlägt auf eine Steinkante, das Blut rinnt mir in die Augen, vermischt sich mit meinen Tränen.

Ich möchte am liebsten dort liegenbleiben, bis ich vor Kälte sterbe, aber das kann ich nicht, ich muß mich morgen früh um Mutter kümmern.

Ich kehre ins Haus zurück, ich gehe ins Badezimmer, ich wasche meine Wunde, ich desinfiziere sie, ich klebe ein Pflaster darauf, dann gehe ich wieder in mein Arbeitszimmer, um das Manuskript meines Bruders zu lesen.

Am nächsten Morgen fragt Mutter:

– Wo hast du dich verletzt, Klaus?

Ich sage:

– Draußen auf der Treppe. Ich bin hinausgegangen, um zu sehen, ob die Tür abgeschlossen ist. Ich bin auf dem Glatteis ausgerutscht.

Mutter sagt:

– Du hattest bestimmt zuviel getrunken. Du bist ein Säufer, du bist ungeschickt und zu nichts zu gebrauchen. Hast du meinen Tee noch nicht fertig? Das ist doch nicht zu glauben! Außerdem ist es kalt. Könntest du nicht eine halbe Stunde früher aufstehen, damit ich ein geheiztes Haus und einen fertigen Tee vorfinde, wenn ich aufwache? Du bist ein Faulpelz, ein Nichtsnutz.

Ich sage:

– Hier ist der Tee. In ein paar Minuten wird es warm sein, du wirst sehen. Um die Wahrheit zu sagen, ich habe überhaupt nicht geschlafen, ich habe die ganze Nacht geschrieben.

Sie sagt:

– Schon wieder? Der Herr zieht es vor, die ganze Nacht zu schreiben, anstatt sich um die Heizung und den Tee zu kümmern. Schreib doch tagsüber, arbeite wie alle anderen, und nicht in der Nacht.

Ich sage:

– Ja, Mutter. Es wäre besser, tagsüber zu schreiben. Aber in der Druckerei habe ich mir angewöhnt, nachts zu arbeiten. Ich kann nichts dafür. Auf jeden Fall gibt es am Tag zu viele Dinge, die mich davon abhalten. Es müssen Besorgungen gemacht werden, ich muß das Essen zubereiten, und vor allem stört mich der Straßenlärm.

Mutter antwortet:

– Und ich bin auch noch da, nicht wahr? Sag es nur, sprich es deutlich aus, ich bin es, die dich tagsüber stört. Du kannst erst schreiben, wenn deine Mutter im Bett liegt und eingeschlafen ist, stimmt's? Ich hab es begriffen, und zwar schon lange.

Ich sage:

– Wahrhaftig, Mutter, ich muß ganz für mich sein, wenn ich schreibe. Ich brauche Ruhe und Einsamkeit.

Sie sagt:

– Soviel ich weiß, bin ich weder laut noch lästig. Du brauchst es mir nur zu sagen, und ich gehe nicht mehr aus dem Zimmer. Ich werde dich nicht mehr stören, du brauchst nur noch die Besorgungen und die Mahlzeiten zu machen, du wirst nichts anderes mehr zu tun brauchen als zu schreiben, wenn ich einmal im Grab bin. Dort werde ich jedenfalls meinen Sohn Lucas wiederfinden, der mich nie schlecht behandelt hat, der sich nie gewünscht hat, ich sei tot oder nicht mehr da. Dort werde ich glücklich sein, und niemand wird mir auch nur den geringsten Vorwurf machen.

Ich sage:

– Mutter, ich mache dir keinen einzigen Vorwurf, und du störst mich auch nicht. Ich mache gern die Einkäufe und sorge für die Mahlzeiten, aber die Nächte brauche ich zum Schreiben. Seitdem ich nicht mehr in der Druckerei arbeite, sind meine Gedichte unsere einzige Einnahmequelle.

Sie sagt:

– Ja eben. Du hättest in der Druckerei bleiben sollen. Die Druckerei war eine normale, vernünftige Arbeit.

Ich sage:

– Mutter, du weißt doch, daß ich wegen meiner Krankheit gezwungen war, sie aufzugeben. Ich konnte nicht weitermachen, ohne meine Gesundheit zu gefährden.

Mutter antwortet nicht mehr, sie setzt sich vor den Fernsehapparat, aber beim Abendessen fängt sie wieder an:

– Das Haus verfällt immer mehr. Die Dachrinne hat sich gelöst, das Wasser fließt irgendwo in den Garten, bald wird es durchregnen. Der Garten ist voll Unkraut, die Zimmer sind schwarz von Rauch, weil der Herr so viele Zigaretten pafft. Die Küche ist gelb von seiner Qualmerei, die Gardinen vor den Fenstern im Wohnzimmer ebenfalls. Ganz zu schweigen vom Arbeitszimmer und dem Kinderzimmer, wo der Rauch sich überall festgesetzt hat. Man kann in diesem Haus nicht mehr atmen, nicht einmal mehr im Garten, wo die Blumen eingehen wegen des Gestanks, der aus dem Haus kommt.

Ich sage:

– Ja, Mutter. Beruhige dich, Mutter. Es sind keine Blumen im Garten, weil Winter ist. Ich werde die Zimmer und die Küche neu streichen lassen. Zum Glück erinnerst du mich daran. Wenn der Frühling kommt, wird alles neu gestrichen, und auch die Dachrinne wird repariert.

Nachdem Mutter ihr Schlafmittel eingenommen hat, beruhigt sie sich, sie geht zu Bett.

Ich setze mich vor den Bildschirm, ich sehe mir, wie jeden Abend, den Krimi an, ich trinke. Dann gehe ich in mein Arbeitszimmer, ich lese die letzten Seiten vom Manuskript meines Bruders und beginne zu schreiben.

*

Bei Tisch waren wir immer zu viert:

Vater, Mutter und wir beide.

Mutter sang den lieben langen Tag. In der Küche, im Garten, im Hof. Sie sang uns auch abends in unserem Zimmer in den Schlaf.

Vater sang nicht. Er pfiff manchmal, wenn er Holz hackte für den Küchenherd, und wir hörten seine Schreibmaschine, auf der er abends tippte und sogar bis spät in die Nacht.

Es war ein angenehmes, beruhigendes Geräusch, wie Musik, wie Mutters Nähmaschine, wie das Klappern des Geschirrs, das Singen der Drosseln im Garten, der Wind in den Blättern des wilden Weins an der Veranda und in den Zweigen des Nußbaums im Hof.

Die Sonne, der Wind, die Nacht, der Mond, die Sterne, die Wolken, der Regen, der Schnee, alles war wunderbar.

Wir kannten keine Angst. Weder vor Schatten noch vor den Geschichten, die die Erwachsenen sich erzählten. Kriegsgeschichten. Wir waren vier Jahre alt.

Eines Abends kommt Vater in Uniform nach Hause. Er hängt seinen Mantel und sein Koppel an den Garderobenhaken neben der Wohnzimmertür. An seinem Koppel hängt ein Revolver.

Vater sagt beim Essen:

– Ich muß in eine andere Stadt. Der Krieg ist erklärt, ich bin einberufen worden.

Wir sagen:

– Wir wußten nicht, daß Sie beim Militär sind, Vater. Sie sind doch Journalist und kein Soldat.

Er sagt:

– In Kriegszeiten werden alle Männer Soldaten, sogar die Journalisten. Vor allem die Journalisten. Ich muß beobachten und beschreiben, was an der Front geschieht. Das nennt man Kriegskorrespondent.

Wir fragen:

– Warum haben Sie einen Revolver?

– Weil ich Offizier bin. Die Soldaten haben ein Gewehr, und die Offiziere einen Revolver.

Vater sagt zu Mutter:

– Bring die Kinder ins Bett. Ich muß mit dir reden.

Mutter sagt zu uns:

– Geht ins Bett. Ich komme gleich und erzähle euch eine Geschichte. Sagt eurem Vater auf Wiedersehen.

Wir geben Vater einen Kuß, dann gehen wir in unser Zimmer, schleichen aber sogleich wieder hinaus. Wir setzen uns auf den Flur, genau hinter die Wohnzimmertür.

Vater sagt:

– Ich werde mit ihr zusammenleben. Es ist Krieg, ich habe keine Zeit zu verlieren. Ich liebe sie.

Mutter fragt:

– An die Kinder denkst du gar nicht?

Vater sagt:

– Sie erwartet auch ein Kind. Deshalb kann ich nicht länger schweigen.

– Du willst die Scheidung?

– Das ist nicht der richtige Zeitpunkt. Nach dem Krieg werden wir weitersehen. Vorläufig werde ich schon mal das Kind anerkennen, das geboren wird. Es ist möglich, daß ich nicht zurückkomme. Man weiß das nie.

Mutter fragt:

– Du liebst uns nicht mehr?

Vater sagt:

– Darum geht es nicht. Ich liebe euch. Ich werde mich immer um die beiden Jungen und um dich kümmern. Aber ich liebe auch eine andere Frau. Kannst du das verstehen?

– Nein. Das kann und will ich nicht verstehen.

Wir hören einen Schuß. Wir öffnen die Wohnzimmertür. Es war Mutter, die geschossen hat. Sie hält noch Vaters Revolver. Sie schießt noch einmal. Vater liegt am Boden, Mutter schießt immer wieder. Neben mir stürzt auch Lucas zu Boden. Mutter wirft den Revolver weg, sie schreit, sie kniet sich neben Lucas.

Ich renne aus dem Haus, ich laufe auf die Straße, ich rufe: ›Hilfe‹, Leute halten mich fest, bringen mich zurück ins Haus, sie versuchen, mich zu beruhigen. Sie versuchen auch, Mutter zu beruhigen, aber sie schreit weiter: ›Nein, nein, nein.‹

Das Wohnzimmer ist voller Leute. Die Polizei kommt und zwei Krankenwagen. Wir werden alle ins Krankenhaus gebracht.

Im Krankenhaus bekomme ich eine Spritze, damit ich einschlafe, denn ich schreie noch immer.

Am nächsten Tag sagt der Arzt:

– Es geht ihm gut. Er hat nichts abgekriegt. Er kann nach Hause.

Die Krankenschwester sagt:

– Wohin nach Hause? Dort ist niemand mehr. Er ist erst vier Jahre alt.

Der Arzt sagt:

– Sprechen Sie mit der Fürsorgerin.

Die Krankenschwester geht mit mir in ein Büro. Die Fürsorgerin ist eine alte Frau mit einem Haarknoten. Sie stellt mir Fragen.

– Hast du eine Großmutter? Eine Tante? Eine Nachbarin, die dich gern hat?

Ich frage:

– Wo ist Lucas?

Sie sagt:

– Er ist hier, im Krankenhaus. Er ist verletzt.

Ich sage:

– Ich möchte zu ihm.

Sie sagt:

– Er ist bewußtlos.

– Was heißt das?

– Er kann jetzt nicht sprechen.

– Ist er tot?

– Nein, aber er braucht Ruhe.

– Und meine Mutter?

– Deiner Mutter geht es gut. Aber zu der kannst du auch nicht.

– Warum nicht? Ist sie auch verletzt?

– Nein, sie schläft.

– Und mein Vater, schläft der auch?

– Ja, dein Vater schläft auch.

Sie streicht mir übers Haar.

Ich frage:

– Warum schlafen alle, nur ich nicht?

Sie sagt:

– Das ist nun mal so. So was kann vorkommen. Eine ganze Familie schläft ein, und derjenige, der nicht schläft, bleibt allein.

– Ich will nicht allein bleiben. Ich will auch schlafen, wie Lucas, wie meine Mutter, wie mein Vater.

Sie sagt:

– Einer muß wach bleiben und auf sie warten, um für sie zu sorgen, wenn sie wieder da sind, wenn sie wieder wach werden.

– Sie werden doch wieder wach?

– Der eine oder andere von ihnen, ja. Das wollen wir jedenfalls hoffen.

Wir schweigen einen Moment. Sie fragt:

– Kennst du niemanden, der sich bis dahin um dich kümmern könnte?

Ich frage:

– Bis wann?

– Bis einer von deinen Angehörigen wieder da ist.

Ich sage:

– Nein, niemand. Und ich möchte nicht, daß jemand sich um mich kümmert. Ich möchte nach Hause.

Sie sagt:

– Du kannst nicht alleine zu Hause leben in deinem Alter. Wenn du niemanden hast, mußt du in ein Waisenhaus.

Ich sage:

– Das ist mir egal. Wenn ich nicht in unserem Haus leben kann, dann ist es mir egal, wo ich hinkomme.

Eine Frau tritt ins Büro, sie sagt:

– Ich möchte den kleinen Jungen abholen. Ich möchte ihn bei mir aufnehmen. Er hat sonst niemanden. Ich kenne seine Familie.

Die Fürsorgerin sagt zu mir, daß ich auf dem Korridor warten soll. Auf den Korridoren sind Leute. Sie sitzen auf Bänken, sie reden miteinander. Fast alle haben einen Morgenrock an.

Sie sagen:

– Es ist schrecklich.
– Ein Jammer, eine so schöne Familie.
– Sie hatte recht.
– Die Männer, da sieht man's wieder.
– Eine Schande, hier ein Liebchen, da ein Liebchen.
– Und das gerade jetzt, wo der Krieg anfängt.
– Man hat wirklich andere Sorgen.

Die Frau, die gesagt hat, ›Ich möchte den kleinen Jungen zu mir nehmen‹, kommt aus dem Büro. Sie sagt zu mir:

– Du darfst mitkommen. Ich heiße Antonia. Und du? Bist du Lucas oder Klaus?

Ich gebe Antonia die Hand:

– Ich bin Klaus.

Wir nehmen den Bus, wir gehen ein Stück zu Fuß. Wir betreten ein kleines Zimmer, in dem ein breites Bett und ein Kinderbett stehen, ein Gitterbettchen.

Antonia sagt zu mir:

– Du bist doch noch nicht zu groß, um in dem Bettchen schlafen zu können, oder?

Ich sage:

– Nein.

Ich lege mich ins Kinderbett. Ich habe gerade genug Platz, meine Füße stoßen an die Stäbe.

Antonia sagt weiter:

– Das Bettchen ist für mein zukünftiges Kind. Es wird dein Brüderchen oder dein Schwesterchen sein.

Ich sage:

– Ich habe schon einen Bruder. Ich will keinen anderen. Auch keine Schwester.

Antonia liegt auf dem breiten Bett, sie sagt:

– Komm, komm zu mir.

Ich klettere aus dem Bett, ich gehe zu ihr hinüber. Sie nimmt meine Hand, sie legt sie auf ihren Bauch:

– Fühlst du es? Es bewegt sich. Bald wird es bei uns sein.

Sie zieht mich an sich, aufs Bett, sie wiegt mich hin und her:

– Wenn es nur genauso hübsch wird wie du.

Dann legt sie mich wieder ins Kinderbett.

Jedesmal, wenn Antonia mich in ihren Armen wiegte, fühlte ich, wie das Baby sich bewegte, und ich glaubte, es sei Lucas. Ich täuschte mich. Aus Antonias Bauch kam ein kleines Mädchen heraus.

Ich sitze in der Küche. Zwei alte Frauen haben mir gesagt, ich solle in der Küche bleiben. Ich höre Antonia schreien.

Ich rühre mich nicht. Die beiden alten Frauen kommen von Zeit zu Zeit, um Wasser heißzumachen und um mir zu sagen:

– Bleib schön ruhig.

Später sagt eine der Alten zu mir:

– Du kannst hineingehen.

Ich gehe ins Zimmer, Antonia streckt mir die Arme entgegen, sie küßt mich, sie lacht:

– Es ist ein kleines Mädchen. Schau. Ein hübsches kleines Mädchen, dein Schwesterchen.

Ich schaue in das Bettchen. Ein bläuliches kleines Ding liegt darin und schreit. Ich nehme ihr Händchen, ich zähle, streichle ihre Fingerchen, es sind zehn. Ich stopfe ihr ihren linken Daumen in den Mund, sie hört auf zu weinen.

Antonia lächelt mir zu:

– Wir nennen sie Sarah. Gefällt dir der Name?

Ich sage:

– Ja, irgendein Name. Das ist egal. Sie ist doch mein Schwesterchen, nicht wahr?

– Ja, richtig, dein Schwesterchen.

– Und Lucas' Schwester auch?

– Ja, Lucas' auch.

Antonia fängt an zu weinen. Ich frage sie:

– Wo werde ich jetzt schlafen? Das kleine Bett ist besetzt.

Sie sagt:

– In der Küche. Ich habe meine Mutter gebeten, dir ein Bett in der Küche zu machen.

Ich frage:

– Darf ich nicht mehr bei euch im Zimmer schlafen?

Antonia sagt:

– Es ist besser, wenn du in der Küche schläfst. Das Baby wird oft weinen und alle mehrmals nachts wach machen.

Ich sage:

– Wenn es weint und wenn es dich stört, brauchst du ihm nur den Daumen in den Mund zu stecken. Den linken Daumen wie bei mir.

Ich gehe zurück in die Küche. Es ist nur noch eine alte Frau da, Antonias Mutter. Sie macht mir Brote mit Honig. Sie gibt mir Milch zu trinken. Dann sagt sie:

– Leg dich hin, mein Kleiner. Du kannst dir das Bett aussuchen, das dir am besten gefällt.

Auf der Erde liegen zwei Matratzen mit Kopfkissen und Decken. Ich wähle die Matratze unterm Fenster, denn von da aus kann ich den Himmel und die Sterne sehen.

Antonias Mutter legt sich auf die andere Matratze, und bevor sie einschläft, betet sie:

– Allmächtiger Gott, hilf mir. Das Kind hat nicht mal einen Vater. Meine Tochter mit einem Kind, das keinen Vater hat! Wenn das mein Mann wüßte! Ich habe ihn belogen. Ich habe die Wahrheit vor ihm geheimgehalten. Und das andere Kind, das nicht mal ihr eigenes ist! Und das ganze Unglück. Was muß ich tun, um diese Sünderin zu retten?

Großmutter murmelt vor sich hin, und ich schlafe ein, glücklich darüber, nah bei Antonia und Sarah zu sein.

Antonias Mutter steht zeitig auf. Sie schickt mich zum

Einkaufen in ein Geschäft unseres Viertels. Ich brauche nur die Liste hinzulegen und das Geld.

Antonias Mutter bereitet die Mahlzeiten. Sie badet das Baby und wickelt es ein paarmal am Tag. Sie macht die Wäsche, die sie an Leinen über unseren Köpfen in der Küche aufhängt. Dabei murmelt sie die ganze Zeit etwas vor sich hin. Vielleicht Gebete. Sie bleibt nicht lange bei uns. Zehn Tage nach Sarahs Geburt reist sie mit ihrem Koffer und ihren Gebeten wieder ab.

Ich bin gern allein in der Küche. Am Morgen stehe ich früh auf und hole Milch und Brot. Wenn Antonia aufwacht, komme ich ins Zimmer und bringe Sarah ihr Fläschchen und Antonia Kaffee. Manchmal gebe ich Sarah das Fläschchen, danach darf ich beim Baden mithelfen, und ich versuche, sie mit Spielzeug zum Lachen zu bringen, das Antonia und ich gemeinsam für sie gekauft haben.

Sarah wird immer niedlicher. Sie bekommt Haare, und sie bekommt Zähne, sie kann schon lachen, und sie hat gelernt, ihren linken Daumen zu lutschen.

Leider muß Antonia wieder arbeiten, weil ihre Eltern ihr kein Geld mehr schicken.

Antonia geht jeden Abend weg. Sie arbeitet in einem Nachtlokal, sie tanzt und singt. Sie kommt spät in der Nacht nach Hause, morgens ist sie müde, sie kann sich nicht um Sarah kümmern.

Jeden Morgen kommt eine Nachbarin, sie badet Sarah, dann setzt sie die Kleine mit ihren Spielsachen in ihr Ställchen in der Küche.

Ich spiele mit ihr, während die Nachbarin das Mittagessen zubereitet und die Wäsche wäscht. Nachdem sie das Geschirr gespült hat, geht sie fort, und dann kümmere ich mich um alles, wenn Antonia noch schläft.

Am Nachmittag fahre ich Sarah in ihrem Sportwagen spazieren. Wir bleiben ein Weilchen in den Parkanlagen, wo Spielplätze sind, und ich lasse Sarah im Gras laufen, im Sand spielen, ich setze sie auf die Schaukel.

Mit sechs Jahren komme ich in die Schule. Das erste Mal begleitet Antonia mich. Sie spricht mit dem Lehrer und läßt mich allein. Sobald die Schule aus ist, renne ich nach Hause, um zu sehen, ob alles in Ordnung ist und um Sarah auszufahren.

Wir machen immer weitere Spaziergänge, und so kommt es, daß ich eines Tages ganz zufällig wieder in meiner Straße bin, in der Straße, in der ich mit meinen Eltern gewohnt habe.

Ich sage Antonia nichts davon und erzähle es auch sonst niemandem. Aber jeden Tag richte ich es so ein, daß ich an dem Haus mit den grünen Fensterläden vorbeikomme, ich bleibe einen Moment davor stehen und weine, Sarah weint mit mir.

Das Haus steht leer. Die Fensterläden sind geschlossen, der Kamin raucht nicht. Der Vorgarten ist voller Unkraut; hinten im Hof sind bestimmt die Nüsse vom Baum gefallen, und niemand hat sie aufgelesen.

Eines Abends, als Sarah schläft, schleiche ich aus dem Haus. Ich laufe durch die Straßen, lautlos, in tiefdunkler Nacht. Wegen des Krieges sind alle Lichter in der Stadt gelöscht, die Fenster in den Häusern sorgfältig abgedunkelt. Mir genügt das Sternenlicht, ich habe alle Straßen, alle Wege im Kopf.

Ich klettere über den Zaun, ich gehe um das Haus herum, ich setze mich unter den Nußbaum. Meine Hände fühlen die harten trockenen Nüsse im Gras. Ich stopfe mir die Taschen damit voll. Am nächsten Tag gehe ich mit einem Sack wieder hin und sammle so viele Nüsse auf, wie ich tragen kann. Als Antonia den Sack mit den Nüssen in der Küche sieht, fragt sie:

– Woher kommen diese Nüsse?

Ich sage:

– Aus unserem Garten.

– Welchem Garten? Wir haben keinen Garten.

– Dem Garten von dem Haus, in dem ich früher gewohnt habe.

Antonia nimmt mich auf den Schoß:

– Wie hast du den wiedergefunden? Wie kommt es, daß du dich daran erinnerst? Du warst damals erst vier Jahre alt.

Ich sage:

– Jetzt bin ich acht. Sagen Sie mir, Antonia, was ist geschehen? Sagen Sie mir, wo sind alle? Was ist aus ihnen geworden? Aus Vater, Mutter und Lucas?

Antonia weint und drückt mich fest an sich:

– Ich hatte gehofft, du würdest alles vergessen. Ich habe nie mit dir darüber gesprochen, damit du alles vergißt.

Ich sage:

– Ich habe nichts vergessen. Jeden Abend, wenn ich den Himmel ansehe, denke ich an sie. Sie sind dort oben, nicht wahr? Sie sind alle tot.

Antonia sagt:

– Nein, nicht alle. Nur dein Vater. Ja, dein Vater ist tot.

– Und meine Mutter, wo ist die?

– In einem Krankenhaus.

– Und mein Bruder Lucas?

– In einem Rehabilitationszentrum. In der Stadt S., nahe an der Grenze.

– Was ist mit ihm geschehen?

– Er hat eine Kugel abgekriegt, eine abgeprallte Kugel.

– Wieso denn eine Kugel?

Antonia schiebt mich beiseite, sie steht auf:

– Laß mich, Klaus, bitte, laß mich in Ruhe.

Sie geht in ihr Zimmer, sie legt sich aufs Bett, sie schluchzt weiter. Sarah fängt auch an zu weinen. Ich nehme sie auf den Arm, ich setze mich zu Antonia aufs Bett.

– Weinen Sie nicht, Antonia. Sagen Sie mir alles. Es ist besser, wenn ich alles weiß. Ich bin jetzt alt genug, um die Wahrheit zu erfahren. Sich Fragen zu stellen, ist schlimmer als alles zu wissen.

Antonia nimmt Sarah, legt sie neben sich und sagt zu mir:

– Leg dich auf die andere Seite, damit sie einschläft. Sie darf nicht hören, was ich dir sage.

Wir bleiben schweigend auf dem breiten Bett liegen, alle drei, schweigend, eine ganze Weile. Antonia streichelt bisweilen Sarahs Haar, dann wieder meins. Als wir Sarah regelmäßig atmen hören, wissen wir, daß sie eingeschlafen ist. Antonia blickt zur Decke und beginnt zu sprechen. Sie erzählt mir, wie meine Mutter meinen Vater erschossen hat.

Ich sage:

– Ich erinnere mich an die Schüsse und an die Krankenwagen. Und an Lucas. Hat Mutter denn auch auf Lucas geschossen?

– Nein, Lucas wurde aus Versehen von einer Kugel getroffen. Die Kugel hat ihn dicht an der Wirbelsäule verletzt. Er war monatelang bewußtlos, und man dachte, er würde behindert bleiben. Jetzt hofft man, daß er wieder ganz gesund wird.

Ich frage:

– Ist Mutter auch in der Stadt S., wie Lucas?

Antonia sagt:

– Nein, deine Mutter ist hier in der Stadt. In einer Heilanstalt.

Ich frage:

– Heilanstalt? Was heißt das? Ist sie krank oder wahnsinnig?

Antonia sagt:

– Wahnsinn ist eine Krankheit wie jede andere.

– Darf ich sie besuchen?

– Ich weiß nicht. Besser nicht. Es ist zu traurig.

Ich überlege einen Augenblick, dann frage ich:

– Warum ist meine Mutter wahnsinnig geworden? Warum hat sie meinen Vater erschossen?

Antonia sagt:

– Weil dein Vater mich liebte. Er liebte mich und Sarah.

Ich sage:

– Sarah war damals noch nicht geboren. Es war also Ihretwegen. Alles ist Ihretwegen geschehen. Ohne Sie hätte das Glück in dem Haus mit den grünen Fensterläden auch während des Krieges angedauert, und sogar noch nach dem Krieg. Ohne Sie wäre mein Vater nicht tot, meine Mutter nicht wahnsinnig, mein Bruder kein Krüppel, und ich wäre nicht allein.

Antonia schweigt. Ich gehe aus dem Zimmer.

*

Ich gehe in die Küche, ich nehme das Geld, das Antonia für die Einkäufe bereitgelegt hat. Sie läßt jeden Abend das Geld, das für die Einkäufe am nächsten Tag nötig ist, auf dem Küchentisch.

Ich verlasse das Haus. Ich gehe bis zu einer großen, breiten Straße, auf der Busse und Straßenbahnen fahren. Ich frage eine alte Frau, die an der Straßenecke auf den Bus wartet:

– Bitte, welcher Bus fährt zum Bahnhof?

Sie fragt:

– Zu welchem Bahnhof, mein Kleiner? Es gibt drei.

– Zu dem, der am nächsten liegt.

– Steig in die Straßenbahn Nummer fünf, dann in den Bus Nummer drei. Der Schaffner wird dir sagen, wo du umsteigen mußt.

Ich komme an einem großen Bahnhof an, der voller Menschen ist. Sie schubsen sich, schreien, fluchen. Ich stelle mich in die Schlange, die vor einem Schalter wartet. Wir rücken langsam vor. Als ich schließlich an die Reihe komme, sage ich:

– Bitte eine Fahrkarte nach der Stadt S.

Der Angestellte sagt zu mir:

– Der Zug nach S. fährt nicht von hier ab. Da mußt du zum Südbahnhof gehen.

Ich steige wieder in Busse und Straßenbahnen. Es ist dunkel, als ich am Südbahnhof ankomme, und der nächste Zug nach S. fährt erst am nächsten Morgen. Ich gehe in den Wartesaal, ich finde einen Platz auf einer Bank. Es sind viele Leute da, die Luft ist schlecht, und der Pfeifen- und Zigarettenrauch brennt mir in den Augen. Ich versuche zu schlafen, aber sobald ich die Augen schließe, sehe ich Sarah allein im Zimmer, Sarah, die in die Küche kommt, Sarah, die weint, weil ich nicht da bin. Sie ist die ganze Nacht allein, denn Antonia muß fort zur Arbeit, und ich sitze in einem Wartesaal, um morgen in eine andere Stadt zu fahren, in die Stadt, wo mein Bruder Lucas lebt.

Ich will in die Stadt, wo mein Bruder lebt, ich will meinen Bruder wiederfinden, dann werden wir zusammen unsere Mutter suchen. Morgen früh fahre ich nach S. Ja, ich werde fahren.

Ich kann nicht schlafen. Ich stelle fest, daß die Lebensmittelkarten in meiner Tasche sind, ohne sie haben Antonia und Sarah nichts zu essen.

Ich muß zurück.

Ich laufe schnell. Meine Turnschuhe machen kein Geräusch. Am nächsten Morgen bin ich nahe an unserem Haus, ich stelle mich nach Brot an, dann nach Milch, ich gehe nach Hause.

Antonia sitzt in der Küche. Sie nimmt mich in die Arme:

– Wo warst du? Sarah und ich haben die ganze Nacht geweint. Du darfst uns nicht wieder allein lassen.

Ich sage:

– Ich werde euch nicht wieder allein lassen. Hier sind Brot und Milch. Es fehlt etwas Geld. Ich war am Bahnhof. Und dann an einem anderen Bahnhof. Ich wollte in die Stadt S. fahren.

Antonia sagt:

– Wir werden bald zusammen hinfahren. Wir werden deinen Bruder wiederfinden.

Ich sage:

– Ich möchte auch meine Mutter besuchen.

An einem Sonntag nachmittag gehen wir in die Heilanstalt. Antonia und Sarah bleiben in der Eingangshalle. Eine Krankenschwester führt mich in einen kleinen Raum, in dem ein Tisch und ein paar Sessel stehen. Vor dem Fenster befindet sich ein rundes Tischchen mit Grünpflanzen. Ich setze mich, warte.

Die Schwester kommt zurück und führt eine Frau im Morgenrock am Arm. Sie hilft ihr, sich in einen der Sessel zu setzen.

– Sag deiner Mutter guten Tag, Klaus.

Ich sehe die Frau an. Sie ist dick und alt. Ihre fast grauen Haare sind nach hinten gekämmt und im Nacken mit einem Wollfaden zusammengebunden. Das sehe ich, als sie sich umdreht und lange auf die geschlossene Tür starrt. Dann fragt sie die Schwester:

– Und Lucas? Wo ist der?

Die Krankenschwester antwortet:

– Lucas konnte nicht kommen, aber hier ist Klaus. Sag deiner Mutter guten Tag, Klaus.

Ich sage:

– Guten Tag, Mutter.

Sie fragt:

– Warum bist du allein? Warum ist Lucas nicht bei dir?

Die Schwester sagt:

– Lucas wird auch bald kommen.

Mutter schaut mich an. Dicke Tränen rollen aus ihren blaßblauen Augen. Sie sagt:

– Lügen. Nichts als Lügen.

Ihre Nase läuft. Die Schwester putzt ihr die Nase. Mutter läßt den Kopf auf die Brust sinken, sie sagt nichts mehr, sie schaut mich nicht mehr an.

Die Schwester sagt:

– Wir sind müde. Wir gehen wieder ins Bett. Willst du deiner Mutter einen Kuß geben, Klaus?

Ich schüttele den Kopf, ich stehe auf.

Die Schwester sagt:

– Du findest doch allein zurück zum Ausgang, nicht wahr?

Ich sage nichts, ich gehe aus dem Zimmer. Ich gehe an Antonia und Sarah vorbei, ohne etwas zu sagen, ich verlasse das Gebäude, ich warte vor der Tür. Antonia faßt mich an der Schulter, und Sarah nimmt meine Hand, aber ich mache mich frei und stecke die Hände in die Taschen. Wir gehen ohne ein Wort zu sprechen zur Autobushaltestelle.

Am Abend, bevor Antonia zur Arbeit geht, sage ich zu ihr:

– Die Frau, die ich gesehen habe, ist nicht meine Mutter. Ich werde sie nicht noch einmal besuchen. Sie müssen sie besuchen, damit Ihnen klar wird, was Sie aus ihr gemacht haben.

Sie fragt:

– Wirst du mir nie verzeihen, Klaus?

Ich antworte nicht. Sie fügt hinzu:

– Wenn du wüßtest, wie sehr ich dich liebe.

Ich sage:

– Das sollten Sie nicht. Sie sind nicht meine Mutter. Meine Mutter müßte mich lieben, aber sie liebt nur Lucas. Es ist Ihre Schuld.

Die Front rückt näher. Die Stadt wird Tag und Nacht bombardiert. Wir verbringen viel Zeit im Keller. Wir haben Matratzen und Decken dort hingebracht. Unsere Nachbarn kommen anfangs auch in den Keller, aber eines Tages sind sie verschwunden. Antonia sagt, man habe sie deportiert.

Antonia hat ihren Arbeitsplatz verloren. Das Nachtlokal, in dem sie sang, existiert nicht mehr. Die Schule ist geschlossen. Es ist sehr schwer, sich Nahrungsmittel zu beschaffen, sogar mit Lebensmittelkarten. Zum Glück hat Antonia einen Freund, der ab und zu kommt und uns Brot, Milchpulver, Kekse und Schokolade mitbringt. Am Abend bleibt der Freund bei uns, weil er wegen der

Sperrstunde nicht nach Hause zurück kann. In solchen Nächten schläft Sarah bei mir in der Küche. Ich wiege sie hin und her, ich erzähle ihr von Lucas, den wir bald wiederfinden werden, wir betrachten die Sterne und schlafen dabei ein.

Eines Morgens weckt Antonia uns schon früh. Sie sagt, wir sollen uns warm anziehen, mehrere Hemden und Pullover übereinander, unsere Mäntel und mehrere Paar Socken, denn wir werden eine weite Reise machen. Unsere restlichen Sachen packt sie in zwei Koffer.

Antonias Freund holt uns mit einem Auto ab. Wir laden die Koffer in den Gepäckraum, Antonia setzt sich nach vorn, Sarah und ich nach hinten.

Der Wagen hält beinahe gegenüber von meinem früheren Haus, am Friedhofseingang. Der Freund bleibt im Wagen, Antonia geht rasch und zieht Sarah und mich an der Hand mit sich fort.

Wir bleiben vor einem Grab mit einem Holzkreuz stehen, auf dem der Name meines Vaters zu lesen ist, sein doppelter Vorname, mein eigener und der meines Bruders: Klaus-Lucas T.

Auf dem Grab liegt zwischen mehreren verwelkten Sträußen ein beinah frischer weißer Nelkenstrauß.

Ich sage zu Antonia:

– Meine Mutter hatte überall Nelken im Garten. Es waren die Lieblingsblumen meines Vaters.

Antonia sagt:

– Ich weiß. Sagt eurem Vater auf Wiedersehn, Kinder.

Sarah sagt freundlich:

– Auf Wiedersehn, Vater.

Ich sage:

– Er war nicht Sarahs Vater. Er war nur unser Vater, der Vater von Lucas und mir.

Antonia sagt:

– Ich habe es dir doch erklärt. Hast du es nicht verstanden? Dann eben nicht. Kommt, wir dürfen keine Zeit verlieren.

Wir gehen zurück zum Wagen, wir fahren zum Südbahnhof. Antonia bedankt sich bei ihrem Freund und sagt ihm auf Wiedersehn.

Wir stellen uns vor dem Schalter in die Schlange. Erst da traue ich mich, Antonia zu fragen:

– Wohin fahren wir?

Sie sagt:

– Zu meinen Eltern. Aber vorher werden wir in der Stadt S. haltmachen und deinen Bruder Lucas mitnehmen.

Ich ergreife ihre Hand, ich küsse sie:

– Danke, Antonia.

Sie zieht ihre Hand zurück:

– Du sollst mir nicht danken. Ich habe nur den Namen der Stadt und den Namen des Rehabilitationszentrums, mehr weiß ich nicht.

Als Antonia die Fahrkarten bezahlt, wird mir klar, daß ich mit dem Haushaltsgeld die Fahrt in die Stadt S. nicht hätte bezahlen können.

Die Reise ist unbequem. Der Zug ist überfüllt, alle flüchten vor der Front. Wir haben zu dritt einen einzigen Sitzplatz, wer sitzt, nimmt Sarah auf den Schoß, der andere steht. Wir wechseln uns mehrmals ab. Die Fahrt dauert nicht fünf Stunden, wie vorgesehen, sondern zwölf Stunden, weil immer wieder Alarm ist. Der Zug hält dann auf freier Strecke, die Reisenden springen hinaus und legen sich in den Feldern flach auf den Boden. Wenn das geschieht, breite ich meistens meinen Mantel auf der Erde aus, ich lege Sarah darauf und mich dann auf sie, um sie vor Kugeln, Splittern und Geschossen zu schützen.

Spät am Abend erreichen wir die Stadt S. Wir nehmen ein Zimmer in einem Hotel. Sarah und ich legen uns sofort in das große Bett, Antonia geht noch einmal hinunter in die Bar, um Auskunft zu holen, und kommt erst am nächsten Morgen wieder.

Jetzt hat sie die Adresse des Heims, in dem Lucas sein müßte. Wir gehen am nächsten Tag hin.

Es ist ein Gebäude in einem Park. Es ist halb zerstört. Es ist leer. Wir sehen rauchgeschwärzte Mauerreste.

Das Heim wurde vor drei Wochen bombardiert.

Antonia stellt Nachforschungen an. Sie fragt bei der Ortsverwaltung, sie versucht, Überlebende ausfindig zu machen. Sie findet schließlich die Adresse der Direktorin. Wir gehen zu ihr.

Sie sagt:

– Ich erinnere mich deutlich an den kleinen Lucas. Er war der größte Schlingel des ganzen Hauses. Immer garstig, immer mußte er alle ärgern. Ein unerträgliches Kind, wirklich unverbesserlich. Er hat nie Besuch bekommen, niemand hat sich für ihn interessiert. Wenn ich mich recht entsinne, war es ein Familiendrama. Mehr kann ich Ihnen nicht sagen.

Antonia läßt nicht locker:

– Nach dem Bombenangriff, haben Sie ihn da wiedergesehen?

Die Direktorin sagt:

– Ich bin selbst bei dem Angriff verletzt worden, aber niemand interessiert sich für mich. Viele Leute kommen zu mir und fragen nach ihrem Kind. Für mich interessiert sich niemand. Ich habe doch auch zwei Wochen im Krankenhaus gelegen, nach dem Angriff. Der Schock, verstehen Sie? Ich war für all diese Kinder verantwortlich.

Antonia fragt noch:

– Denken Sie mal nach. Was wissen Sie von Lucas? Nach dem Angriff, haben Sie Lucas da wiedergesehen? Was hat man mit den überlebenden Kindern gemacht?

Die Direktorin sagt:

– Ich habe ihn nicht wiedergesehen. Ich sage Ihnen noch einmal, ich war selbst verletzt. Die Kinder, die noch am Leben waren, hat man nach Hause geschickt. Die Toten hat man auf dem Friedhof der Stadt begraben. Alle anderen, die nicht umgekommen waren und von denen man keine Adresse hatte, hat man aufgeteilt, auf die Dörfer, auf die Bauernhöfe, auf die Kleinstädte. All diese Leute werden die Kinder zurückgeben, wenn der Krieg einmal vorbei ist.

Antonia sieht die Liste durch, auf der die Verstorbenen der Stadt verzeichnet sind.

Sie sagt zu mir:

– Lucas ist nicht tot. Wir werden ihn wiederfinden.

Wir steigen wieder in den Zug. Wir kommen in einem kleinen Bahnhof an, wir gehen bis zur Stadtmitte. Antonia trägt die schlafende Sarah auf dem Arm, ich trage die Koffer.

Am Hauptplatz bleiben wir stehen. Antonia klingelt, eine alte Frau macht auf. Diese alte Frau kenne ich schon. Es ist Antonias Mutter. Sie sagt:

– Gott sei Lob und Dank! Ihr seid heil und gesund. Ich hatte furchtbare Angst. Ich habe immerzu für euch gebetet.

Sie nimmt mein Gesicht in ihre beiden Hände:

– Und du bist mit ihnen gekommen?

Ich sage:

– Es ging nicht anders. Ich muß mich um Sarah kümmern.

– Natürlich mußt du dich um Sarah kümmern.

Sie drückt mich an sich, sie küßt mich, dann nimmt sie Sarah auf den Arm:

– Wie hübsch du bist, und so groß.

Sarah sagt:

– Ich bin müde. Ich will bei Klaus schlafen.

Wir schlafen beide in dem Zimmer, in dem Antonia schlief, als sie noch ein Kind war.

Sarah nennt Antonias Eltern Großmutter und Großvater, ich nenne sie Tante Mathilda und Onkel Andreas. Onkel Andreas ist Pastor, und er ist nicht beim Militär, weil er eine Krankheit hat. Sein Kopf wackelt immerzu, als sagte er andauernd ›nein‹.

Onkel Andreas geht mit mir in den Straßen der kleinen Stadt spazieren, manchmal bis es dunkel wird. Er sagt:

– Ich habe mir immer einen Jungen gewünscht. Ein Junge hätte verstanden, warum ich diese Stadt so liebe. Er hätte die Schönheit dieser Straßen, dieser Häuser, dieses Himmels verstanden. Ja, die Schönheit dieses Himmels, den man nirgendwo anders findet. Schau nur. Es gibt keine Worte für solche Himmelsfarben.

Ich sage:

– Es ist wie ein Traum.

– Ein Traum, jawohl. Ich habe nur eine Tochter. Sie ist sehr früh, sehr jung aus dem Haus gegangen. Sie ist mit einem kleinen Mädchen und dir zurückgekommen. Du bist nicht ihr Sohn, du bist nicht mein Enkelsohn, aber du bist der Junge, auf den ich gewartet habe.

Ich sage:

– Ich muß zu meiner Mutter, sobald sie wieder gesund ist, ich muß auch meinen Bruder Lucas wiederfinden.

– Ja, freilich. Ich hoffe, daß du ihn wiederfindest. Aber wenn du ihn nicht findest, kannst du für immer bei uns bleiben. Du kannst studieren und dir den Beruf aussuchen, der dir gefällt. Was möchtest du mal werden, wenn du groß bist?

– Ich möchte Sarah heiraten.

Onkel Andreas lacht:

– Das kannst du nicht. Ihr seid Bruder und Schwester. Eine Ehe zwischen euch ist nicht möglich. Es ist gesetzlich verboten.

Ich sage:

– Dann will ich eben nur mit ihr zusammenwohnen. Niemand kann mir verbieten, weiterhin mit ihr zusammenzuwohnen.

– Du wirst noch viele andere junge Mädchen kennenlernen, die du heiraten möchtest.

Ich sage:

– Das glaube ich nicht.

Bald wird es gefährlich, in den Straßen spazierenzugehen, und abends darf man nicht mehr aus dem Haus. Was tun, wenn immer wieder Alarm ist und Bomben fallen? Tagsüber gebe ich Sarah Unterricht. Ich bringe ihr Lesen und Schreiben bei, ich stelle ihr Rechenaufgaben. Im Haus sind viele Bücher, auf dem Speicher findet man sogar die Kinderbücher und Schulbücher von Antonia.

Onkel Andreas bringt mir das Schachspiel bei. Wenn die Frauen ins Bett gehen, fangen wir mit einer Partie an und spielen bis tief in die Nacht.

Anfangs gewinnt immer Onkel Andreas. Wenn er anfängt zu verlieren, verliert er auch die Lust am Spiel.

Er sagt zu mir:

– Du bist zu gut für mich, mein Junge. Ich habe keine Lust mehr zu spielen. Ich habe zu nichts mehr Lust, alles läßt nach. Ich habe nicht einmal mehr interessante Träume, ich träume nur noch banales Zeug.

Ich versuche, Sarah das Schachspiel beizubringen, aber Schach gefällt ihr nicht. Sie wird müde, sie regt sich auf, sie spielt lieber einfachere Gesellschaftsspiele, aber am liebsten hört sie Geschichten, die ich ihr vorlese, irgendwelche Geschichten, auch wenn ich sie schon zwanzigmal vorgelesen habe.

Als der Krieg weiter wegrückt in ein anderes Land, sagt Antonia:

– Wir können zurück in die Hauptstadt, nach Hause.

Ihre Mutter sagt:

– Ihr werdet verhungern. Laß Sarah noch ein Weilchen hier. Wenigstens so lange, bis du eine Arbeit und eine passable Wohnung gefunden hast.

Onkel Andreas sagt:

– Laß auch den Jungen bei uns. In unserer Stadt sind gute Schulen. Sobald man seinen Bruder wiedergefunden hat, nehmen wir auch den bei uns auf.

Ich sage:

– Ich muß wieder in die Hauptstadt. Ich will wissen, was aus meiner Mutter geworden ist.

Sarah sagt:

– Wenn Klaus in die Hauptstadt zurückgeht, gehe ich mit.

Antonia sagt:

– Ich fahre allein. Sobald ich eine Wohnung habe, komme ich zurück und hole euch.

Sie küßt Sarah, dann mich. Sie flüstert mir ins Ohr:

– Ich weiß, daß du gut auf sie aufpaßt. Ich verlaß mich auf dich.

Antonia geht fort, wir bleiben bei Tante Mathilda und Onkel Andreas. Wir sehen sauber aus, sind ordentlich angezogen und bekommen reichlich zu essen, aber wir dürfen nicht aus dem Haus wegen der fremden Soldaten und des allgemeinen Durcheinanders. Tante Mathilda hat Angst, daß uns etwas zustößt.

Wir haben jetzt jeder ein eigenes Zimmer. Sarah schläft in dem Zimmer, das ihre Mutter vorher hatte; ich schlafe im Gästezimmer.

Am Abend ziehe ich einen Stuhl ans Fenster, ich schaue hinunter auf den Platz. Er ist beinahe leer. Nur ein paar Betrunkene und Soldaten kommen noch vorbei. Manchmal geht ein Junge, der scheinbar jünger ist als ich, hinkend über den Platz. Er spielt auf einer Mundharmonika, er geht in eine Kneipe, kommt wieder heraus, geht in eine andere. Gegen Mitternacht, wenn alle Lokale schließen, verläßt der Junge, immer noch Mundharmonika spielend, die Stadt Richtung Westen.

Eines Abends zeige ich Onkel Andreas das Kind:

– Warum darf der so spät abends noch ausgehen?

Onkel Andreas sagt:

– Ich beobachte ihn seit einem Jahr. Er wohnt bei seiner Großmutter am Ende der Stadt. Die Frau ist sehr arm. Das Kind ist wahrscheinlich ein Waisenkind. Er spielt gewöhnlich in den

Kneipen, um sich etwas Geld zu verdienen. Die Leute sind daran gewöhnt, ihn bei sich zu sehen. Niemand würde ihm ein Haar krümmen. Er steht unter dem Schutz der ganzen Stadt, und Gott schützt ihn auch.

Ich sage:

– Er muß glücklich sein.

Onkel sagt:

– Bestimmt.

Drei Monate später kommt Antonia und holt uns. Tante Mathilda und Onkel Andreas wollen uns nicht weglassen.

Tante Mathilda sagt:

– Laß die Kleine noch hier. Sie ist glücklich hier, und es fehlt ihr an nichts.

Onkel Andreas sagt:

– Laß wenigstens den Jungen hier. Jetzt, wo allmählich wieder Ordnung eintritt, könnten wir beginnen, nach seinem Bruder zu forschen.

Antonia sagt:

– Die Nachforschungen könnt ihr ohne ihn anstellen, Vater. Ich nehme sie mit, alle beide, ihr Platz ist bei mir.

*

Wir haben jetzt eine große Vierzimmerwohnung in der Hauptstadt. Außer den Schlafzimmern gibt es noch ein Wohnzimmer und ein Bad.

Am Abend unserer Ankunft erzähle ich Sarah eine Geschichte, ich streichle ihr Haar, bis sie einschläft. Ich höre Antonia und ihren Freund im Salon miteinander sprechen.

Ich ziehe meine Turnschuhe an, ich gehe die Treppe hinunter, ich laufe durch die mir bekannten Straßen. Alles ist jetzt beleuchtet, die Straßen, die Gassen, die Passagen, es ist kein Krieg mehr, es gibt keine Verdunklung mehr und keine Sperrstunde.

Ich bleibe vor meinem Haus stehen, in der Küche brennt Licht. Zuerst glaube ich, daß jetzt Fremde dort wohnen. Auch im Wohnzimmer geht das Licht an. Es ist Sommer, die Fenster stehen offen. Ich gehe näher heran. Jemand spricht, es ist eine Männerstimme. Vorsichtig schaue ich durchs Fenster. Meine Mutter sitzt in einem Sessel und hört Radio.

Eine Woche lang gehe ich mehrmals am Tag zu dem Haus und beobachte meine Mutter. Sie geht ihren Beschäftigungen nach, ist mal in diesem Zimmer, mal in jenem, meistens in der Küche. Sie kümmert sich auch um den Garten, sie pflanzt und gießt Blumen. Am Abend liest sie lange im elterlichen Schlafzimmer, dessen Fenster auf den Hof hinausgeht. Jeden zweiten Tag kommt eine Krankenschwester auf dem Fahrrad, sie bleibt ungefähr zwanzig Minuten, unterhält sich mit Mutter, mißt ihren Blutdruck, gibt ihr manchmal eine Spritze.

Einmal am Tag, morgens, kommt ein junges Mädchen mit einem vollen Korb und geht mit einem leeren Korb wieder weg. Und da mache ich weiterhin die Besorgungen für Antonia, die jetzt sehr gut allein fertig würde und die sogar einen Freund hat, der ihr helfen könnte.

Mutter ist schlanker geworden. Sie sieht nicht mehr alt und verwahrlost aus wie damals, als ich sie im Krankenhaus sah. Ihr Gesicht hat wieder den gütigen Ausdruck wie früher, ihr Haar hat wieder seine alte Farbe und seinen Glanz. Es ist zu einem dicken rötlichen Knoten zusammengesteckt.

Eines Morgens fragt Sarah mich:

– Wohin gehst du, Klaus? Wohin gehst du so oft? Sogar nachts. Ich bin heute nacht in dein Zimmer gegangen, weil ich einen Alptraum hatte. Du warst nicht da, und ich hatte große Angst.

– Warum gehst du nicht in Antonias Zimmer, wenn du Angst hast?

– Ich mag nicht zu ihr gehen. Wegen ihres Freundes. Er schläft fast jede Nacht bei uns. Wohin gehst du so oft, Klaus?

– Ich gehe spazieren, mehr nicht. Ich gehe in den Straßen spazieren.

Sarah sagt:

– Du gehst vor dem leeren Haus auf und ab, du weinst vor dem leeren Haus, stimmt's? Warum nimmst du mich nicht mehr mit?

Ich sage zu ihr:

– Das Haus ist nicht mehr leer, Sarah. Meine Mutter ist wieder da. Sie wohnt wieder in unserem Haus, und ich muß auch wieder dahin zurück.

Sarah beginnt zu weinen:

– Du wirst mit deiner Mutter zusammenwohnen? Du wirst nicht mehr bei uns wohnen? Was werde ich ohne dich machen, Klaus?

Ich küsse sie auf die Augen:

– Und ich? Was werde ich ohne dich machen, Sarah?

Wir weinen alle beide, wir liegen uns in den Armen, eng aneinandergeschmiegt auf dem Sofa im Wohnzimmer. Wir pressen uns immer enger aneinander, wir umklammern uns mit den Armen, mit den Beinen. Die Tränen laufen uns übers Gesicht, ins Haar, in den Hals, in die Ohren. Wir werden von Schluchzern geschüttelt, wir zittern, wir frieren.

Ich fühle, daß meine Hose naß wird zwischen den Beinen.

– Was macht ihr da? Was ist los?

Antonia trennt uns, sie schiebt uns weit auseinander, sie setzt sich zwischen uns, sie schüttelt mich an den Schultern:

– Was hast du getan?

Ich rufe:

– Ich habe Sarah nichts getan.

Antonia nimmt Sarah in die Arme:
– Großer Gott. Das hätte ich mir denken können.
Sarah sagt:
– Ich glaube, ich habe meine Hose naßgemacht.
Sie schlingt den Arm um den Hals ihrer Mutter:
– Mama, Mama! Klaus wird bei seiner Mutter wohnen.
Antonia stottert:
– Was? Was?
Ich sage:
– Ja, Antonia, es ist meine Pflicht, bei ihr zu wohnen.
Antonia ruft:
– Nein!
Dann sagt sie:
– Ja, du mußt zurück zu deiner Mutter.

Am nächsten Morgen begleiten mich Antonia und Sarah. Wir bleiben an der Ecke der Straße, meiner Straße stehen. Antonia gibt mir einen Kuß, sie reicht mir einen Schlüssel:

– Hier ist der Wohnungsschlüssel. Du kannst weiterhin kommen, wann du willst. Ich halte das Zimmer für dich frei.

Ich sage:

– Danke, Antonia. Ich werde euch so oft wie möglich besuchen.

Sarah sagt nichts. Sie ist blaß, sie hat gerötete Augen. Sie schaut zum Himmel. Einem wolkenlosen blauen Himmel an einem Sommermorgen. Ich schaue Sarah an, dieses kleine siebenjährige Mädchen, meine erste Liebe. Es wird die einzige bleiben.

Ich bleibe gegenüber vom Haus stehen, auf der anderen Straßenseite. Ich stelle meinen Koffer ab, ich setze mich drauf. Ich sehe das junge Mädchen mit ihrem Korb kommen und später wieder weggehen. Ich bleibe sitzen, ich habe keine Kraft aufzustehen, ich habe Magenschmerzen. Gegen Mittag bekomme ich Hunger, mir wird schwindlig.

Am Nachmittag kommt die Krankenschwester auf dem Fahrrad. Ich laufe rasch über die Straße, mit dem Koffer in der Hand, ich fasse die Schwester am Arm, bevor sie den Garten betritt:

– Bitte, Schwester. Ich habe auf Sie gewartet.

Sie fragt:

– Was willst du? Bist du krank?

Ich sage:

– Nein, ich habe Angst. Ich habe Angst, ins Haus zu gehen.

– Warum willst du ins Haus gehen?

– Das hier ist mein Haus, meine Mutter. Ich habe Angst vor meiner Mutter, ich habe sie seit sieben Jahren nicht mehr gesehen.

Ich stottere und zittere. Die Krankenschwester sagt:

– Beruhige dich. Du bist wohl Klaus. Oder bist du Lucas?

– Ich bin Klaus. Lucas ist nicht da. Ich weiß nicht, wo er ist. Niemand weiß es. Deshalb habe ich Angst, meine Mutter wiederzusehen. Ganz allein. Ohne Lucas.

Sie sagt:

– Ja, ich verstehe. Es war richtig von dir, auf mich zu warten. Deine Mutter bildet sich ein, daß sie Lucas erschossen hat. Wir werden zusammen hineingehen. Komm mit.

Die Krankenschwester klingelt, meine Mutter ruft aus der Küche:

– Herein. Die Tür ist offen.

Wir gehen durch die Veranda, wir bleiben im Wohnzimmer stehen. Die Schwester sagt:

– Ich habe eine große Überraschung für Sie.

Meine Mutter erscheint in der Küchentür. Sie wischt sich die Hände an der Schürze, sie schaut mich mit großen Augen an, sie sagt leise:

– Lucas?

Die Schwester sagt:

– Nein, es ist Klaus. Aber Lucas wird bestimmt auch wiederkommen.

Mutter sagt:
– Nein, Lucas wird nicht wiederkommen. Ich habe ihn erschossen. Ich habe meinen kleinen Jungen erschossen, er kommt nie wieder.

Mutter setzt sich in einen Sessel im Wohnzimmer, sie zittert. Die Schwester schiebt den Ärmel von Mutters Kleid hoch, sie gibt ihr eine Spritze. Meine Mutter läßt sie gewähren. Die Krankenschwester sagt:

– Lucas ist nicht tot. Er wurde in ein Rehabilitationszentrum gebracht, das habe ich Ihnen doch schon einmal gesagt.

Ich sage:

– Ja, in ein Heim in der Stadt S. Ich habe dort nach ihm gesucht. Das Heim ist durch Bombenangriffe zerstört worden, aber Lucas steht nicht auf der Liste der Toten.

Mutter fragt ganz leise:

– Lügst du auch nicht, Klaus?

– Nein, Mutter, ich lüge nicht.

Die Krankenschwester sagt:

– Es ist jedenfalls sicher, daß Sie ihn nicht erschossen haben.

Mutter ist jetzt beruhigt. Sie sagt:

– Wir müssen dorthin. Mit wem bist du dort gewesen, Klaus?

– Mit einer Dame aus dem Waisenhaus. Sie hat mich begleitet. Sie hatte Verwandte in der Nähe der Stadt S.

Mutter sagt:

– Waisenhaus? Man hat mir gesagt, du seist in einer Familie untergebracht worden. Einer Familie, die dich sehr gut versorgte. Du mußt mir ihre Adresse geben, ich möchte mich bedanken.

Ich fange wieder an zu stottern:

– Ich weiß ihre Adresse nicht. Ich war nicht lange bei ihr. Weil sie dann nämlich deportiert wurden. Danach bin ich in ein Waisenhaus gekommen. Es fehlte mir an nichts, und alle waren sehr nett zu mir.

Die Krankenschwester sagt:

– Ich gehe jetzt. Ich habe noch viel zu tun. Willst du mitkommen, Klaus?

Ich begleite sie bis vors Haus. Sie fragt mich:

– Wo warst du in den sieben Jahren, Klaus?

Ich sage zu ihr:

– Sie haben doch gehört, was ich meiner Mutter erzählt habe.

Sie sagt:

– Ja, das habe ich gehört. Aber es ist nicht die Wahrheit. Du lügst sehr schlecht, mein Kleiner. Wir haben in den Waisenhäusern nachgeforscht, du warst in keinem. Und wie hast du das Haus wiedergefunden? Woher wußtest du, daß deine Mutter wieder zu Hause ist?

Ich schweige. Sie sagt:

– Du kannst dein Geheimnis für dich behalten. Du hast bestimmt einen Grund dafür. Aber vergiß nicht, daß ich deine Mutter seit Jahren pflege. Je mehr ich über sie weiß, desto besser kann ich ihr helfen. Du kommst hier plötzlich an mit deinem Koffer, da darf ich dich doch wohl fragen, wo du herkommst.

Ich sage:

– Nein, das dürfen Sie nicht. Ich bin da, das ist alles. Sagen Sie mir, wie ich mich Mutter gegenüber verhalten soll?

Sie sagt:

– Verhalte dich, wie du es für richtig hältst. Hab Geduld mit ihr. Wenn sie einen Anfall bekommen sollte, rufst du mich an.

– Einen Anfall, wie ist das?

– Keine Angst. Es wird nicht schlimmer sein als heute. Sie schreit, sie zittert, das ist alles. Hier hast du meine Telefonnummer. Wenn was ist, sag mir Bescheid.

Mutter schläft in einem Sessel im Wohnzimmer. Ich nehme meinen Koffer und richte mich im Kinderzimmer ein, am Ende des Flurs. Es stehen immer noch die beiden Betten darin, Erwachsenenbetten, die unsere Eltern kurz vor der ›Geschichte‹ gekauft hatten. Ich habe immer noch kein Wort für das, was mit uns geschehen ist. Ich könnte sagen Drama, Tragödie, Katastrophe, aber in meinem Kopf nenne ich es nur ›die Geschichte‹, für die es kein Wort gibt.

Das Kinderzimmer ist sauber, die Betten sind es auch. Man sieht, daß Mutter uns erwartete. Aber am meisten wartet sie auf meinen Bruder Lucas.

*

Wir essen schweigend in der Küche, da sagt Mutter plötzlich:

– Ich bereue ganz und gar nicht, daß ich deinen Vater erschossen habe. Wenn ich die Frau kennen würde, der zuliebe er mich verlassen wollte, würde ich auch sie umbringen. Wenn ich Lucas verletzt habe, ist das ihre Schuld, alles ist ihre Schuld, nicht meine.

Ich sage:

– Mutter, quäl dich nicht. Lucas ist nicht an seiner Verletzung gestorben, er wird wiederkommen.

Mutter fragt:

– Wie sollte er das Haus wiederfinden?

Ich sage:

– Wie ich. Wenn ich es wiedergefunden habe, wird auch er es wiederfinden.

Mutter sagt:

– Du hast recht. Wir dürfen vor allem nicht von hier fort. Denn hier wird er uns suchen.

Mutter nimmt Medikamente zum Schlafen, sie geht früh zu Bett. Nachts gehe ich in ihr Zimmer und sehe nach ihr. Sie schläft auf dem Rücken, am Rand des großen Bettes, das Gesicht zum Fenster gedreht, neben sich den Platz freilassend, wo ihr Mann schlief.

Ich schlafe wenig. Ich betrachte die Sterne, und so wie ich bei Antonia jeden Abend an meine Familie und unser Haus dachte, so denke ich hier an Sarah und ihre Familie und ihre Großeltern in der Stadt K.

Als ich aufwache, sehe ich wieder die Zweige des Nußbaums vor meinem Fenster. Ich gehe in die Küche, ich gebe Mutter einen Kuß. Sie lächelt mich an. Es gibt Kaffee und Tee. Das junge Mädchen bringt frisches Brot. Ich sage ihr, daß sie nicht mehr zu kommen braucht, daß ich die Besorgungen selbst machen werde.

Mutter sagt:

– Nein, Veronika. Kommen Sie auch weiterhin. Klaus ist noch zu klein, um Besorgungen machen zu können.

Veronika lacht:

– So klein ist er auch wieder nicht. Aber er würde in den Geschäften nicht finden, was nötig ist. Ich arbeite in der Küche des Krankenhauses, dort finde ich, was ich hierher bringe, verstehst du, Klaus? Im Waisenhaus wart ihr mit dem Essen verwöhnt. Du kannst dir nicht vorstellen, was man anstellen muß, um in der Stadt etwas Eßbares aufzutreiben. Du würdest immer nur Schlange stehen vor den Geschäften.

Mutter und Veronika haben viel Spaß miteinander. Sie lachen und umarmen sich. Veronika erzählt Mutter ihre Liebesgeschichten. Dumme Geschichten: ›Dann hat er zu mir gesagt, dann hab ich zu ihm gesagt, und dann hat er versucht, mich zu küssen.‹

Veronika hilft Mutter beim Haarefärben. Sie gebrauchen dafür ein Produkt, das Henna heißt, Mutters Haarfarbe wird davon wieder wie früher. Veronika kommt auch zur Gesichtspflege. Sie legt Mutter ›Masken‹ auf, sie schminkt sie mit kleinen Bürsten, Tuben und Stiften.

Mutter sagt:

– Ich will anständig aussehen, wenn Lucas zurückkommt. Er soll keine verwahrloste, häßliche alte Frau vorfinden. Verstehst du, Klaus?

Ich sage:

– Ja, ich verstehe, Mutter. Aber mit deinem grauen Haar und ohne Schminke wärst du ebenso schön.

Mutter gibt mir eine Ohrfeige:

– Geh in dein Zimmer, Klaus, oder geh sonstwo hin. Du machst mich nervös.

Sie fügt, zu Veronika gerichtet, hinzu:

– Warum habe ich keine Tochter wie Sie?

Ich gehe weg. Ich kreise um das Haus, in dem Antonia und Sarah wohnen, ich gehe auch auf den Friedhof und suche das Grab meines Vaters. Ich bin nur einmal mit Antonia dort gewesen, und der Friedhof ist groß.

Ich gehe wieder nach Hause, ich versuche, Mutter bei der Gartenarbeit zu helfen, aber sie sagt zu mir:

– Geh spielen. Nimm deinen Roller oder dein Dreirad.

Ich sehe Mutter an:

– Siehst du denn nicht, daß das Spielsachen für kleine Kinder sind?

Sie sagt:

– Da sind auch die Schaukeln.

– Ich habe auch keine Lust zum Schaukeln.

Ich gehe in die Küche, ich nehme ein Messer und schneide alle vier Stricke der Schaukel durch.

Mutter sagt:

– Du hättest wenigstens ein Brett hängen lassen können. Lucas würde sich darüber freuen. Du bist ein schwieriges Kind, Klaus. Sogar boshaft.

Ich gehe hinauf ins Kinderzimmer. Ich lege mich aufs Bett und schreibe Gedichte.

Es kommt vor, daß Mutter uns abends ruft:

– Lucas, Klaus, kommt zum Essen!

Ich betrete die Küche. Mutter sieht mich an und stellt den

dritten Teller, der für Lucas bestimmt war, zurück in den Küchenschrank oder wirft ihn in den Ausguß, wo er natürlich zerbricht, oder sie tut Lucas etwas auf, so als wäre er da.

Es kann auch passieren, daß Mutter mitten in der Nacht ins Kinderzimmer kommt. Sie klopft mit leichter Hand auf Lucas' Kopfkissen, sie spricht mit ihm:

– Schlaf gut. Träum schön. Bis morgen.

Dann geht sie wieder, aber es kommt auch vor, daß sie länger an seinem Bett kniet und einschläft, mit dem Kopf auf Lucas' Kopfkissen.

Ich bleibe regungslos in meinem Bett liegen, ich atme so leise wie möglich, und wenn ich am nächsten Morgen aufwache, ist Mutter nicht mehr da. Ich befühle das Kopfkissen im anderen Bett, es ist noch naß von Mutters Tränen.

Was ich auch tue, ich kann es Mutter nicht recht machen. Wenn mir eine Erbse vom Teller rollt, sagt sie:

– Du wirst nie lernen, ordentlich zu essen. Schau Lucas an, er macht die Decke nie schmutzig.

Wenn ich einen ganzen Tag im Garten jäte und völlig verschmutzt ins Haus komme, sagt sie zu mir:

– Du siehst aus wie ein Schwein. Lucas hätte sich nicht so dreckig gemacht.

Wenn Mutter ihr Geld erhält, das wenige Geld vom Staat, geht sie in die Stadt und kommt mit teuren Spielsachen zurück, die sie unter Lucas' Bett versteckt. Sie sagt warnend zu mir:

– Geh ja nicht dran. Diese Spielsachen müssen neu bleiben für Lucas, wenn er kommt.

Ich weiß jetzt, welche Medikamente Mutter einnehmen muß.

Die Krankenschwester hat mir alles erklärt.

Wenn sie die Medikamente nicht nehmen will oder es vergißt, rühre ich sie ihr in den Kaffee, in den Tee oder in ihre Suppe.

Im September gehe ich wieder zur Schule. Es ist dieselbe Schule, in die ich schon vor dem Krieg gegangen bin. Ich müßte Sarah dort wiedertreffen. Sie ist nicht da.

Nach den Schulstunden klingele ich bei Antonia. Niemand öffnet. Ich schließe mit meinem Schlüssel auf. Es ist niemand da. Ich gehe in Sarahs Zimmer. Ich öffne die Schubladen, die Schränke, kein Heft, kein einziges Kleidungsstück.

Ich verlasse das Haus, ich werfe den Wohnungsschlüssel vor eine Straßenbahn, die vorbeifährt, ich kehre zu meiner Mutter zurück.

Ende September begegne ich Antonia auf dem Friedhof. Ich habe das Grab endlich gefunden. Ich bringe einen Strauß weißer Nelken hin, die Lieblingsblumen meines Vaters. Auf dem Grab liegt schon ein Strauß. Ich lege meinen daneben.

Antonia, die auf einmal neben mir steht, fragt mich:

– Bist du bei uns gewesen?

– Ja. Sarahs Zimmer war leer. Wo ist sie?

Antonia sagt:

– Bei meinen Eltern. Sie muß dich vergessen. Sie dachte immer nur an dich, sie wollte immer zu dir, dich bei deiner Mutter finden oder sonstwo.

Ich sage:

– Ich denke auch immerzu an sie. Ich kann nicht ohne sie leben, ich will mit ihr zusammenleben, ganz gleich wo, ganz gleich wie.

Antonia nimmt mich in die Arme:

– Ihr seid Bruder und Schwester, vergiß das nicht, Klaus. Ihr könnt euch nicht lieben, wie ihr euch geliebt habt. Ich hätte dich nie bei uns aufnehmen sollen.

Ich sage:

– Bruder und Schwester. Was heißt das schon? Niemand wird es erfahren. Wir haben verschiedene Namen.

– Hör auf damit, Klaus, hör auf. Vergiß Sarah.

Ich gebe keine Antwort, Antonia fügt hinzu:

– Ich erwarte ein Baby. Ich habe wieder geheiratet.

Ich sage:

– Sie lieben einen anderen Mann, Sie haben ein anderes Leben, warum kommen Sie dann noch hierher?

– Ich weiß nicht. Vielleicht deinetwegen. Du warst sieben Jahre lang mein Sohn.

Ich sage:

– Nein, nie. Ich habe nur eine Mutter, die, bei der ich jetzt lebe und die durch Sie wahnsinnig geworden ist. Durch Ihre Schuld habe ich meinen Vater verloren, meinen Bruder, und jetzt nehmen Sie mir auch meine kleine Schwester.

Antonia sagt:

– Glaub mir, Klaus, mir tut das alles sehr leid. Ich habe das alles nicht gewollt. Ich konnte nicht ahnen, welche Folgen es haben würde. Ich habe deinen Vater wirklich geliebt.

Ich sage:

– Dann müssen Sie meine Liebe zu Sarah doch verstehen.

– Es ist eine unmögliche Liebe.

– Ihre war es auch. Sie brauchten nur fortzugehen und meinen Vater vergessen, bevor es zu der ›Geschichte‹ kam. Ich möchte Sie hier nicht wieder antreffen, Antonia. Ich möchte Sie nicht wieder an Vaters Grab antreffen.

Antonia sagt:

– Gut, ich komme nicht wieder. Aber ich werde dich nie vergessen, Klaus.

Mutter hat sehr wenig Geld. Sie bekommt eine kleine Rente vom Staat, eine Invalidenrente. Ich bin eine zusätzliche Belastung für sie. Ich muß so schnell wie möglich Arbeit finden.

Veronika macht mir den Vorschlag, Zeitungen auszutragen.

Ich stehe um vier Uhr früh auf, ich gehe zur Druckerei, nehme einen Packen, gehe durch die Straßen, die mir zugeteilt sind und lege die Zeitungen vor die Türen, ich stecke sie in die Briefkästen, schiebe sie unter die Eisengitter der Geschäfte.

Wenn ich heimkomme, ist Mutter noch nicht auf. Sie steht erst gegen neun Uhr auf. Ich mache Kaffee und Tee, und ich gehe zur Schule, wo ich auch zu Mittag esse. Ich komme erst gegen fünf Uhr abends nach Hause.

Die Krankenschwester kommt immer seltener. Sie sagt, daß Mutter wieder gesund ist, sie braucht nur Beruhigungsmittel und Schlaftabletten. Veronika kommt auch immer seltener. Nur noch um Mutter zu berichten, wie enttäuscht sie von ihrer Ehe ist.

Mit vierzehn Jahren verlasse ich die Schule. Ich mache eine Druckerlehre, die mir von dem Unternehmen angeboten wird, für das ich drei Jahre lang die Zeitungen ausgetragen habe. Ich arbeite von zehn Uhr abends bis sechs Uhr früh.

Gaspar, mein Chef, teilt sein Nachtessen mit mir. Mutter denkt nicht daran, mir eine Mahlzeit für die Nacht mitzugeben, sie denkt nicht einmal daran, Kohlen für den Winter zu bestellen. Sie denkt an gar nichts, nur an Lucas.

Mit siebzehn Jahren bin ich Drucker. Ich verdiene nicht schlecht, verglichen mit anderen Berufen. Ich kann Mutter einmal im Monat in den Schönheitssalon bringen zum Haarefärben, zur Dauerwelle und zu einer ›Generalüberholung‹ von Gesicht und Händen. Sie will nicht alt und häßlich aussehen, wenn Lucas kommt.

Mutter macht mir fortwährend Vorwürfe, daß ich von der Schule abgegangen bin:

– Lucas hätte weitergelernt. Er wäre Arzt geworden. Ein großer Arzt.

Als es in unserem verfallenen Haus durchregnet, sagt Mutter:

– Lucas wäre Architekt geworden. Ein großer Architekt.

Als ich ihr meine ersten Gedichte zeige, liest Mutter sie und sagt:

– Lucas wäre Schriftsteller geworden. Ein großer Schriftsteller.

Ich zeige meine Gedichte nicht mehr, ich verstecke sie.

Der Maschinenlärm hilft mir beim Schreiben. Er gibt meinen Sätzen einen Rhythmus, er weckt Bilder in meinem Kopf. Wenn ich spät in der Nacht mit dem Setzen der Zeitungsseiten fertig bin, setze und drucke ich meine eigenen Texte, die ich mit dem Pseudonym ›Klaus Lucas‹ unterzeichne, zur Erinnerung an meinen toten oder verschollenen Bruder.

Was wir in der Zeitung drucken, steht in totalem Widerspruch zur Realität. Wir drucken jeden Tag hundertmal den Satz: ›Wir sind frei‹, aber in den Straßen sehen wir überall Soldaten einer fremden Armee, jeder weiß, daß es viele politische Gefangene gibt, Reisen ins Ausland sind verboten, und sogar im Innern des Landes können wir nicht in jede beliebige Stadt fahren. Ich weiß es, denn einmal wollte ich zu Sarah in der kleinen Stadt K. Ich bin bis zur Nachbarstadt gekommen, wo man mich festgenommen und nach einem nächtlichen Verhör in die Hauptstadt zurückgeschickt hat.

Wir drucken hundertmal am Tag: ›Wir leben glücklich und im Überfluß‹, und ich denke, daß das für die anderen zutrifft, daß nur Mutter und ich so elend und unglücklich leben wegen der ›Geschichte‹, aber Gaspar sagt, daß wir keineswegs eine Ausnahme sind, daß er selbst, seine Frau und ihre drei Kinder schlechter leben denn je.

Auch wenn ich frühmorgens auf dem Weg von der Arbeit nach Hause den Leuten begegne, die um diese Zeit auf dem Weg zur Arbeit sind, sehe ich nirgends Glück und erst recht keinen Überfluß. Wenn ich frage, warum wir so viele Lügen drucken, antwortet Gaspar mir:

– Stell vor allem keine Fragen. Tu deine Arbeit und kümmere dich um nichts anderes.

Eines Morgens wartet Sarah vor der Druckerei auf mich. Ich gehe an ihr vorbei, ohne sie zu erkennen. Ich drehe mich erst um, als ich meinen Namen höre:

– Klaus!

Wir sehen uns an. Ich bin müde, dreckig, schlecht rasiert. Sarah ist hübsch, frisch, elegant. Sie ist jetzt achtzehn Jahre alt. Sie spricht als erste:

– Gibst du mir keinen Kuß, Klaus?

Ich sage:

– Entschuldige, ich fühle mich nicht sehr sauber.

Sie küßt mich auf die Wange. Ich frage:

– Woher weißt du, daß ich hier arbeite?

– Ich habe deine Mutter gefragt.

– Meine Mutter? Bist du bei uns gewesen?

– Ja, gestern abend. Gleich nach meiner Ankunft. Du warst schon weg.

Ich hole mein Taschentuch hervor, ich wische mir den Schweiß vom Gesicht:

– Hast du ihr gesagt, wer du bist?

– Ich habe ihr gesagt, daß ich eine Freundin aus unserer Kinderzeit bin. Sie hat mich gefragt: ›Aus dem Waisenhaus?‹ Ich habe gesagt: ›Nein, aus der Schule.‹

– Und Antonia? Weiß sie, daß du hier bist?

– Nein, das weiß sie nicht. Ich habe ihr gesagt, ich würde zur Universität gehen, um mich einzuschreiben.

– Um sechs Uhr morgens?

Sarah lacht:
– Sie schläft noch. Und es ist wahr, daß ich zur Universität gehen will. Etwas später. Wir haben Zeit, irgendwo einen Kaffee zu trinken.
Ich sage:
– Ich bin müde. Ich muß schlafen. Und ich muß Mutter das Frühstück machen.
Sie sagt:
– Du scheinst dich nicht zu freuen, mich wiederzusehen.
– Wie kommst du darauf, Sarah! Wie geht es deinen Großeltern?
– Gut. Aber sie sind sehr alt geworden. Meine Mutter wollte auch sie zu sich nehmen, aber Großvater will nicht aus seiner kleinen Stadt weg. Wir könnten uns öfter sehen, wenn du willst.
– In welcher Fakultät willst du dich einschreiben?
– Ich möchte Medizin studieren. Jetzt, wo ich wieder hier bin, könnten wir uns jeden Tag sehen, Klaus.
– Du mußt einen Bruder oder eine Schwester haben. Als ich Antonia das letzte Mal sah, war sie schwanger.
– Ja, ich habe zwei Schwestern und einen kleinen Bruder. Aber ich möchte von uns beiden sprechen, Klaus.
Ich frage:
– Welchen Beruf hat dein Stiefvater, daß er für euch alle aufkommen kann?
– Er ist in der Parteidirektion. Redest du absichtlich immerzu von etwas anderem?
– Ja, ich tue es absichtlich. Es hat keinen Sinn, von uns beiden zu sprechen. Es gibt dazu nichts zu sagen.
Sarah sagt sehr leise:
– Hast du vergessen, wie sehr wir uns liebten? Ich habe dich nicht vergessen, Klaus.
– Ich dich auch nicht. Aber es hat keinen Sinn, sich wiederzusehen. Hast du das noch nicht begriffen?

– Doch. Jetzt habe ich es begriffen.

Sie winkt ein Taxi heran, das vorbeikommt, und fährt davon.

Ich gehe zur Autobushaltestelle, ich warte zehn Minuten, und ich steige in den Bus, wie jeden Morgen, in einen stinkenden, überfüllten Autobus.

Als ich zu Hause ankomme, ist Mutter, ganz gegen ihre Gewohnheit, schon aufgestanden. Sie sitzt in der Küche und trinkt ihren Kaffee. Sie lächelt mich an:

– Sie ist sehr hübsch, deine kleine Freundin Sarah. Wie heißt sie weiter? Wie heißt sie mit Nachnamen?

Ich sage:

– Ich weiß nicht, Mutter. Sie ist nicht meine Freundin. Ich habe sie jahrelang nicht gesehen. Sie besucht Klassenkameraden von früher, das ist alles.

Mutter sagt:

– Ist das alles? Das ist schade. Es wäre für dich an der Zeit, eine Freundin zu haben. Aber du bist wahrscheinlich zu unbeholfen, um den Mädchen zu gefallen. Vor allem solch einem Mädchen aus guter Familie. Und dann noch mit deinem Handwerksberuf. Bei Lucas wäre das anders. Ja, diese Sarah wäre genau das Mädchen, das zu Lucas passen würde.

Ich sage:

– Ganz sicher, Mutter. Entschuldige, Mutter, ich bin schrecklich müde.

Ich lege mich ins Bett, und bevor ich einschlafe, spreche ich in Gedanken mit Lucas, wie ich es seit vielen Jahren tue. Was ich ihm sage, ist immer ungefähr das Gleiche. Ich sage ihm, daß er Glück hat, wenn er tot ist, und daß ich gern mit ihm tauschen würde. Ich sage ihm, daß er das bessere Los gezogen hat, daß ich die größere Last zu tragen habe. Ich sage ihm, daß das Leben nicht den geringsten Sinn hat, es ist ein Un-Sinn, eine Verirrung, ein endloses Leiden, die Erfindung eines Un-Gottes, dessen Bösartigkeit über unseren Verstand geht.

Sarah sehe ich nicht wieder. Manchmal ist mir, als begegnete ich ihr auf der Straße, aber sie ist es nie.

Einmal gehe ich an dem Haus vorbei, in dem Antonia früher gewohnt hat, aber an den Briefkästen stehen nur Namen, die ich nicht kenne, und Antonias neuen Namen weiß ich sowieso nicht.

Jahre später erhalte ich eine Hochzeitsanzeige. Sarah heiratet einen Chirurgen, die Adresse verrät, daß die beiden Familien im reichsten, elegantesten Viertel der Stadt wohnen, dem sogenannten ›Rosenhügel‹.

›Mädchen‹ habe ich viele. Mädchen, die ich in den Kneipen um die Druckerei treffe, dort, wo ich vor und nach der Arbeit gewöhnlich einkehre. Es sind Arbeiterinnen oder Kellnerinnen, ich sehe sie selten mehrmals hintereinander, und ich nehme keine von ihnen mit nach Hause, um sie Mutter vorzustellen.

Ich verbringe die Sonntagnachmittage bei meinem Chef Gaspar und seiner Familie. Wir spielen Karten und trinken Bier. Gaspar hat drei Kinder. Die Älteste, Esther, spielt mit uns, sie ist fast so alt wie ich, sie arbeitet seit ihrem dreizehnten Lebensjahr in einer Textilfabrik, in der Weberei. Die beiden Söhne, die etwas jünger und auch Drucker sind wie ich, verbringen die Sonntagnachmittage außer Haus. Sie gehen zu Fußballspielen, ins Kino, sie spazieren in der Stadt herum. Anna, Gaspars Frau, die Weberin ist wie ihre Tochter, macht den Abwasch, die Wäsche und bereitet das Abendessen. Esther hat blondes Haar, blaue Augen und ein Gesicht, das an Sarahs Gesicht erinnert. Aber sie ist nicht Sarah, sie ist nicht meine Schwester, sie ist nicht mein Leben.

Gaspar sagt:

– Meine Tochter ist in dich verliebt. Heirate sie. Ich gebe sie dir. Du bist der einzige, der sie verdient.

Ich sage:

– Ich will nicht heiraten, Gaspar. Ich muß mich um meine Mutter kümmern und auf Lucas warten.

Gaspar sagt:

– Auf Lucas warten? Armer Irrer.

Er fügt hinzu:

– Wenn du Esther nicht heiraten willst, kommst du besser nicht mehr zu uns.

Ich gehe nicht mehr zu Gaspar. Von da an verbringe ich meine ganze Freizeit zu Hause, allein mit Mutter, abgesehen von den Stunden, in denen ich ziellos auf dem Friedhof oder in der Stadt herumlaufe.

Mit fünfundvierzig Jahren werde ich Chef in einer anderen Druckerei, die einem Verlag gehört. Ich arbeite nicht mehr nachts, sondern von acht Uhr morgens bis sechs Uhr abends, mit zwei Stunden Mittagspause. Meine Gesundheit ist damals schon schwer angegriffen. Meine Lungen sind voll Blei, mein Blut, das wenig Sauerstoff bekommt, wird langsam vergiftet. Man nennt das Saturnismus, die Krankheit der Drucker, der Setzer. Ich habe Magenkrämpfe und Anfälle von Übelkeit. Der Arzt sagt, ich solle viel Milch trinken, so oft wie möglich an die frische Luft gehen. Ich mag keine Milch. Ich leide auch an Schlaflosigkeit und bin infolgedessen nervlich und körperlich völlig erschöpft. Nach dreißig Jahren Nachtarbeit kann ich mich nicht mehr daran gewöhnen, nachts zu schlafen.

In der neuen Druckerei drucken wir alle möglichen Texte, Gedichte, Prosa, Romane. Der Verlagsleiter kommt oft, um die Arbeit zu kontrollieren. Eines Tages hält er mir meine eigenen Gedichte unter die Nase, die er auf einem Regal gefunden hat:

– Was ist das? Von wem sind die Gedichte? Wer ist dieser Klaus Lucas?

Ich stottere herum, denn normalerweise habe ich nicht das Recht, eigene Texte zu drucken:

– Das bin ich. Es sind meine Gedichte. Ich drucke sie nach der Arbeit.

– Wollen Sie damit sagen, daß Sie Klaus Lucas, der Verfasser dieser Gedichte sind?

– Ja, das bin ich.

Er fragt:

– Wann haben Sie die Gedichte geschrieben?

Ich sage:

– In den letzten Jahren. Ich habe noch viele andere geschrieben, früher, als ich jung war.

Er sagt:

– Bringen Sie mir alles, was Sie haben. Kommen Sie morgen früh mit allem, was Sie geschrieben haben, in mein Büro.

Am nächsten Morgen gehe ich mit meinen Gedichten ins Büro des Verlegers. Es sind mehrere hundert Seiten, tausend vielleicht.

Der Verleger wiegt das Paket in der Hand:

– So viel? Haben Sie nie versucht, sie zu veröffentlichen?

Ich sage:

– Daran habe ich nie gedacht. Ich schrieb für mich, um mich zu beschäftigen, zu meinem Vergnügen.

Der Verleger lacht:

– Zu Ihrem Vergnügen? Ihre Gedichte sind nicht gerade das, was man sehr vergnüglich nennen würde. Jedenfalls die nicht, die ich schon gelesen habe. Aber vielleicht waren Sie in Ihrer Jugend fröhlicher?

Ich sage:

– In meiner Jugend bestimmt nicht.

Er sagt:

– Ja richtig. Es war keine Zeit zum Fröhlichsein damals. Aber seit der Revolution hat sich viel geändert.

Ich sage:

– Nicht für mich. Für mich hat sich nichts geändert.

Er sagt:

– Zumindest können Sie jetzt Ihre Gedichte veröffentlichen.

Ich sage:

– Wenn Sie das meinen, wenn Sie das glauben, dann tun Sie es. Aber bitte geben Sie niemandem meine Adresse und sagen Sie keinem, wie ich heiße.

*

Lucas ist gekommen und wieder gegangen. Ich habe ihn weggeschickt. Er hat mir sein unvollendetes Manuskript dagelassen. Ich bin dabei, es zu Ende zu schreiben.

Der Mann von der Botschaft hatte mir sein Kommen nicht angekündigt. Zwei Tage nach dem Besuch meines Bruders klingelt er abends um neun Uhr bei mir. Zum Glück ist Mutter schon im Bett.

Der Mann hat krauses Haar, er ist mager und blaß. Ich führe ihn in mein Arbeitszimmer.

Er sagt:

– Ich spreche Ihre Sprache nicht gut, verzeihen Sie, wenn ich mich etwas ungeschickt ausdrücke. Ihr Bruder, das heißt, ihr angeblicher Bruder, Claus T., hat sich heute das Leben genommen. Er hat sich um vierzehn Uhr fünfzehn am Ostbahnhof unter einen Zug geworfen, gerade als wir ihn in sein Land zurückbringen wollten. Er hat einen Brief für Sie in unserer Botschaft hinterlassen.

Der Mann reicht mir einen Umschlag, auf dem steht: ›Für Klaus T.‹

Ich öffne den Umschlag. Auf einer Briefkarte lese ich: ›Ich möchte neben unseren Eltern begraben sein.‹ Gezeichnet Lucas.

Ich reiche dem Mann aus der Botschaft die Karte:

– Er möchte hier beerdigt werden.

Der Mann liest die Karte, er fragt mich:

– Warum unterschreibt er mit Lucas? War er wirklich Ihr Bruder?

Ich sage:

– Nein. Aber er glaubte es so fest, daß ich ihm seinen Wunsch nicht abschlagen kann.

Der Mann sagt:

– Das ist sonderbar. Vor zwei Tagen, nach seinem Besuch bei Ihnen, haben wir ihn gefragt, ob er jemanden von seiner Familie wiedergefunden habe. Seine Antwort war nein.

Ich sage:

– Das ist die Wahrheit. Es besteht keine verwandtschaftliche Beziehung zwischen uns.

Der Mann fragt:

– Geben Sie trotzdem die Genehmigung, ihn neben Ihren Eltern zu begraben?

Ich sage:

– Ja. Neben meinem Vater. Das ist der einzige Tote in meiner Familie.

Wir gehen hinter dem Leichenwagen, der Mann aus der Botschaft und ich.

Es schneit. Ich trage einen Strauß weißer Nelken und einen Strauß roter Nelken. Ich habe sie in einem Blumengeschäft gekauft. In unserem Garten wachsen keine Nelken mehr, nicht einmal mehr im Sommer. Mutter pflanzt dort alle möglichen Blumen, nur keine Nelken.

Neben dem Grab meines Vaters wird ein neues Grab ausgehoben. Man läßt den Sarg meines Bruders hinunter, man errichtet ein Kreuz, das meinen Namen trägt, nur anders geschrieben.

Ich gehe jeden Tag zum Friedhof. Ich betrachte das Kreuz mit dem Namen Claus, und ich denke, daß ich es durch ein anderes mit dem Namen Lucas ersetzen müßte.

Ich denke auch, daß wir bald alle vier wieder zusammensein werden. Wenn Mutter einmal tot ist, gibt es für mich keinen Grund mehr weiterzuleben.

Der Zug – das ist eine gute Idee.

Lizenzausgabe für die Büchergilde Gutenberg,
Frankfurt am Main und Wien

Band 1: ›Das große Heft‹
Mit freundlicher Genehmigung des Rotbuch Verlags, Hamburg
Titel der französischen Originalausgabe: ›Le grand cahier‹

Aus dem Französischen von Eva Moldenhauer

Band 2: ›Der Beweis‹
Mit freundlicher Genehmigung der Piper Verlag GmbH, München
Titel der französischen Originalausgabe: ›La Preuve‹

Aus dem Französischen von Erika Tophoven-Schöningh

Band 3: ›Die dritte Lüge‹
Mit freundlicher Genehmigung der Piper Verlag GmbH, München
Titel der französischen Originalausgabe: ›Le troisième mensonge‹

Aus dem Französischen von Erika Tophoven

Gestaltung und Herstellung: Thomas Pradel, Frankfurt am Main
Illustrationen: Tatijana Lontkijević
Satz: Reinhard Amann, Aichstetten
Druck und Bindung: Kösel, Kempten
Printed in Germany 1999 · ISBN 3 7632 4927 3